中国西部开发信息百科
·贵州卷·

本卷编委会 编

Zhongguo Xibu Kaifa
Xinxi Baike
Guizhou Juan

贵州科技出版社
●贵阳●

图书在版编目(CIP)数据

中国西部开发信息百科.贵州卷/黄钧儒主编.
贵阳:贵州科技出版社,2003.1
ISBN 7-80662-237-3

Ⅰ.中... Ⅱ.黄... Ⅲ.①西部大开发(中国)-
经济信息②经济信息-贵州省 Ⅳ.F127

中国版本图书馆 CIP 数据核字(2003)第 006466 号

* * *

责任编辑　夏同珩　丁聪

贵州科技出版社出版发行

(贵阳市中华北路 289 号　邮政编码:550004)
出版人:丁　聪
印刷:北京佳信达艺术印刷有限公司　全国新华书店经销
开本:787mm×960mm　1/16　印张:25　字数:470 千字　插页:20
2003 年 9 月第 1 版　2003 年 9 月第 1 次印刷
定价:85.00 元

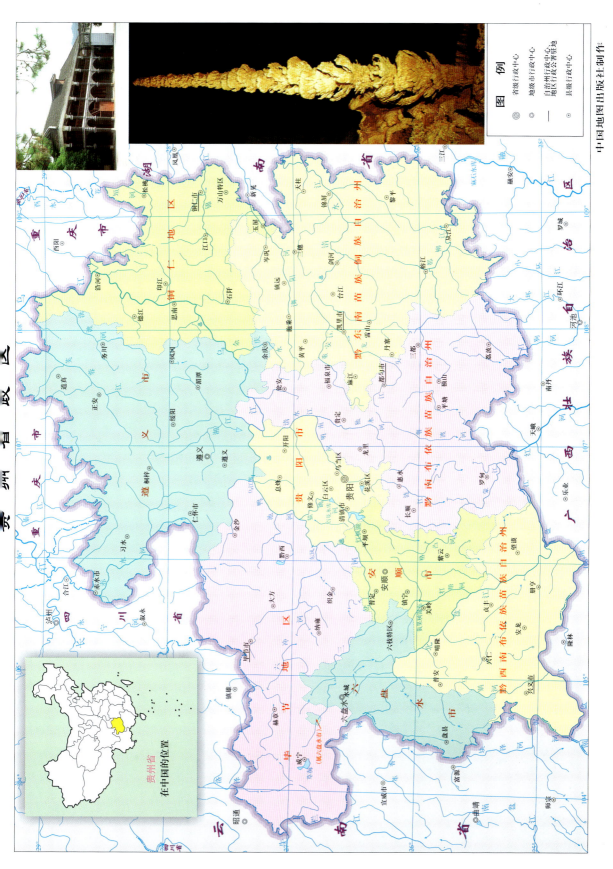

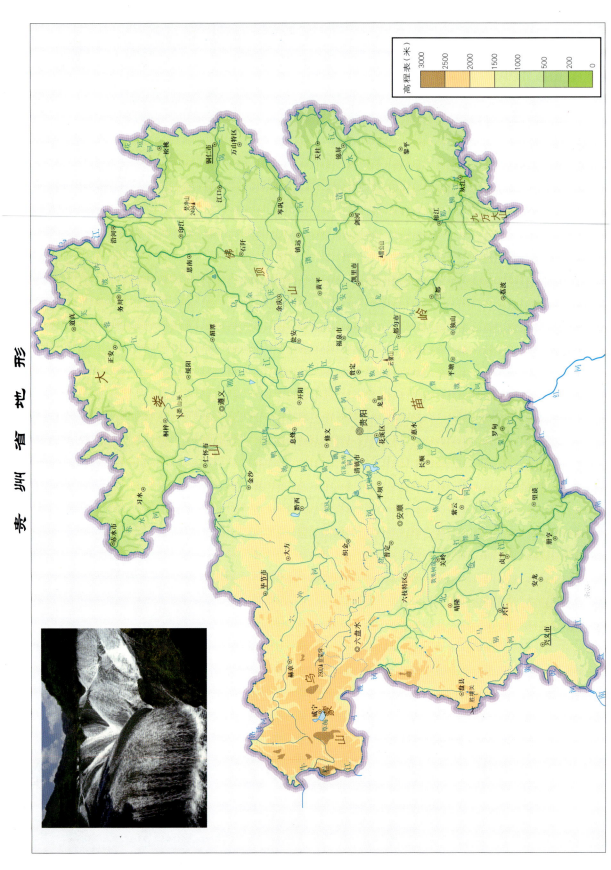

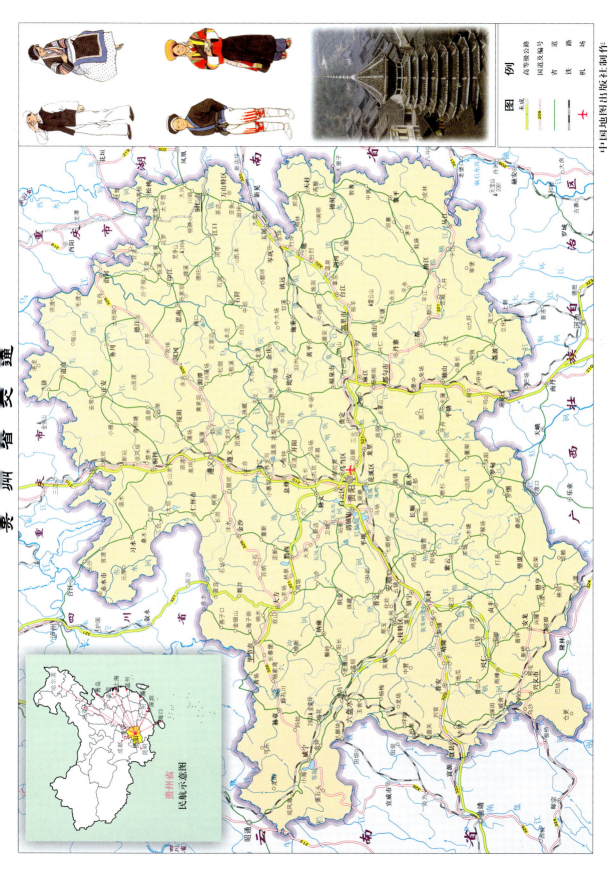

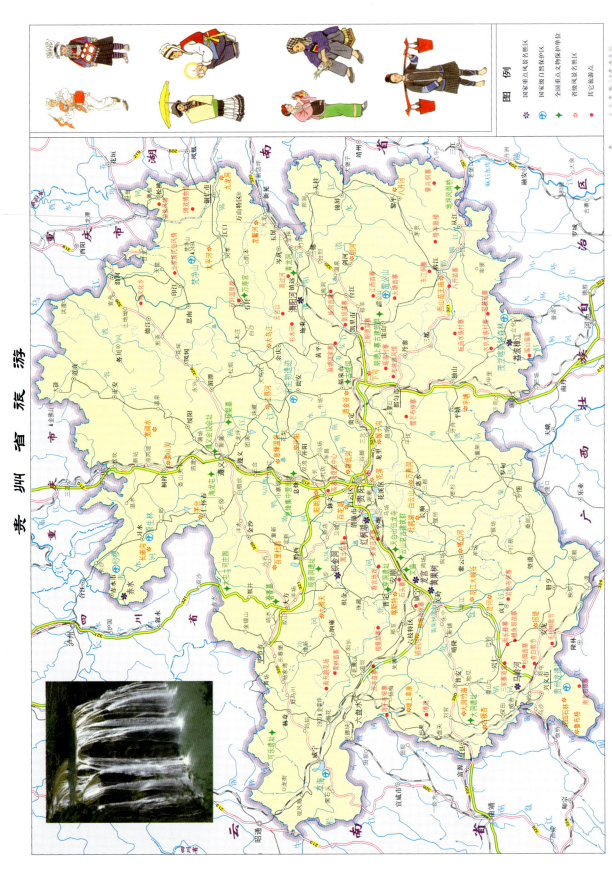

图1 贵阳市远眺

图2 阳明祠

图3 黔灵湖夕照

图4 贵阳市遵义路

图5 黔灵公园内的弘福寺

图6 甲秀楼远眺

图7 甲秀楼夜景

图8 黔灵湖之夏

图9 烟波浩渺的百花湖

图10 百花湖夕照

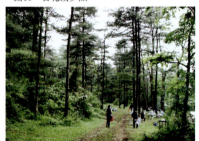
图11 长坡岭国家森林公园中遗存的古驿道

图12 长坡岭国家森林公园一角

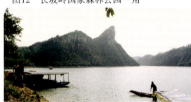
图13 镇山村泛舟

图14 镇山村夕照

图15 雾霭中的红枫湖

图20 青岩古镇老街巷

图16 停靠在红枫湖中小岛旁的游船

图21 黄果树景区内的吊桥

图17 青岩古镇古城墙

图22 洒金谷的桥

图18 天河潭一隅

图23 冬日的六广河峡谷之一

图19 天河潭钙华瀑布群之一

图24 冬日的六广河峡谷之二

图25 冬日花溪公园一角

图37 都匀市的休闲广场

图26 贵阳森林公园之早春

图31 花溪公园坝上桥

图38 花溪公园内的百步桥

图27 六广河峡谷上的公路桥

图32 花溪公园之秋

图28 香纸沟锅底菁景区

图33 情人谷的天梯与吊桥

图35 香纸沟的小桥流水,竹径通幽

图39 都匀市区的文峰塔

图29 冬季里的高坡草场

图30 高坡山原台地景观

图34 南江峡谷上的吊桥

图36 南江峡谷漂流

图40 南江峡谷三叠水瀑布

图41 遵义会议会址

图42 遵义会议在此楼召开

图43 四洞沟瀑布群之一

图44 赤水竹海

图45 遵义仿古步行街

图46 遵义会议会址前的广场

图47 娄山关的盘山道

图48 息烽集中营旧址

图49 四洞沟瀑布群之二

图50 繁茂的各种植物

图55 珍稀植物桫椤

图51 荔波樟江风光

图53 乐安江从沙滩村落中蜿蜒流过

图52 邓小平题写的娄山关关名摩崖石刻

图54 四洞沟瀑布群之三

图56 沙滩黎庶昌故居"钦使第"院墙

图59 黄果树瀑布群之一

图60 黄果树瀑布群之二

图67 黄果树瀑布夜景

图72 天星景区的水上石林之一

图61 黄果树瀑布群之三

图65 黄果树瀑布群之四

图71 天星景区内划竹筏的苗家女

图66 荔波樟江大桥

图62 大瀑布下的清幽闲适之处

图68 龙宫天池

图63 天星景区的水上石林之一

图69 龙宫休闲山庄

图64 龙宫漩塘景区附近一景

图73 龙门旁的栈道及汀步桥

图74 洒金谷深水秀

图70 龙宫龙门

图75 一进龙宫后山景区

图82 安龙招堤

图76 屯堡石围墙

图58 安顺文庙 ②

图78 红崖碑

图84 蜡染制成品

图80 屯堡石板房

图83 苗族蜡染制作

图79 屯堡地戏

图85 万峰林

图77 马岭河峡谷漂流

图86 八音坐唱

图81 梭戛生态博物馆资料陈列馆

图78 万峰湖

图87 梭戛苗族姑娘

图88 小七孔桥

图89 鸳鸯湖

图90

图91

图92

图93 大七孔景区之一

图94

图95

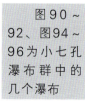
图96

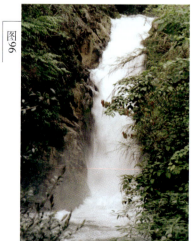

图90~92、图94~96为小七孔瀑布群中的几个瀑布

图97 梵净山远眺

图101 梵净山石景之三

图98 梵净山石景之一

图102 梵净山石景之四

图99 梵净山石景之二

图100 珍稀植物珙桐

图105 黔金丝猴

图103 金顶天桥

图104 剪刀峡

图106 梵净山金顶（近景）和主峰凤凰山（远景）

图107 日月同辉映照梵净山蘑菇石

图111 梵净山植被①

图108 梵净山下太平河的木梁桥

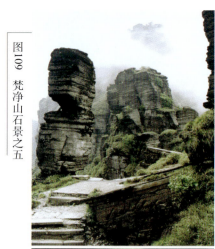

图109 梵净山石景之五

图110 九龙洞中的『海龟石』

图111 梵净山观音阁②

图112　施秉云台山

图116　黎平肇兴侗寨寨门

图113　苗寨晾谷架

图117　肇兴侗寨的鼓楼（中）与风雨桥（左）

图114　黎平红军桥（1935年红军长征时经过此桥）

图118　岜莎苗寨

图115　镇远清龙洞

图119　苗族走亲盛宴

图120　施秉杉木河景之一

图121　潕阳河景之一

图122　潕阳河景之二

图123　黎平高屯天生桥

图124　施秉杉木河景之二

图126　潕阳河景之三

图126　潕阳河景之四

图127 万峰林夕照

图135 贞丰境内的双乳峰

图137 杉木河漂流

图128 马岭河大峡谷

图129 金筑大酒店

图136 芦笙、芒筒集体舞(丹寨)

图130 贵毕高等级公路上的大桥之一

图138 奢香墓

图131 织金洞中的霸王盔

图133 织金洞中的银雨树

图139 东风湖

图132 织金漪结河

图134 威宁草海

图140 织金裸结河

图141 雷山西江千户苗寨

图142 黎平会议会址(1935年中国工农红军在此召开中央政治局会议)

图145 着盛装的苗家女

图143 演唱侗族大歌

图146 演唱苗族琵琶歌

图144 苗乡斗牛

图147 苗族的东方迪斯科(反排木鼓舞)

总编委会

总 主 编：曾培炎
副总主编：王春正　李子彬　段应碧　王志宝
委　　员：(按姓氏笔画为序)
　　　　　丁　聪　王郁明　巨　伟　刘长明　刘宗昌　刘慈慰
　　　　　那顺孟和　朱布久　米吉提·卡德尔　邱菊生　杜　平
　　　　　李书敏　杨新书　杨陈清　陈友初　陈兴芜　陈献政
　　　　　陈凯峰　张　伟　张学良　和段琪　周先旺　周殿富
　　　　　赵公卿　郭光华　俞荣根　南相福　钱丹凝　徐　平
　　　　　夏同珩　黄一九　黄永科　黄浮云　黄钧儒　康利华
　　　　　曾　铎　强文祥　解　洪　额敦桑布

编审组

组　　长：杜　平　曾　铎
成　　员：(按姓氏笔画为序)
　　　　　王跃平　叶麟伟　齐　郁　那　明　那大庆　汪一鸣
　　　　　汪阳红　陈孝全　陈国平　何晓东　李蓉君　时咏梅
　　　　　杨　波　陆　勇　吴瑞临　侯彦君　胡　平　赵守富
　　　　　唐一雄　晋美旺扎　夏同珩　彭少富

策划组织工作委员会

主　任：周　谊
副主任：宁吉喆　杜　平　徐　平
委　员：(按姓氏笔画为序)
　　　　丁　聪　　王为珍　　王郁明　　邓正权　　巨　伟　　冯大真
　　　　叶红专　　刘　红　　刘长明　　刘立强　　刘宗昌　　刘慈慰
　　　　那顺孟和　杨新书　　李书敏　　李宗柏　　张广生　　张庆黎
　　　　胡大卫　　胡兆璋　　胡明琇　　赵公卿　　赵玉秋　　高　伟
　　　　黄振益　　章远新　　康利华　　惠西平　　蔡永春　　额敦桑布

本卷编委会

主　编：黄钧儒
副主编：肖自立　徐　静　谢家雍　牟代居

条目撰写者

黄钧儒　肖自立　徐　静　谢家雍　牟代居
蒋德学　陈康海　余　红　罗　芬　李　青
魏　敏　曾国强　任永强　杨雪梅　黄　晓
张美涛　戈　弋　王德庆　李金虹　李晓君
吴　杰　李迎喜　胡高英　夏　明

Contents · 总目

策划者的话	[5]	简目	[13]
序	[7]	详目	[17]
前言	[9]	正文	[1]
凡例	[11]	附录	[339]

策划者的话

"秦时明月汉时关,万里长征人未还","大漠孤烟直,长河落日圆"……古往今来,这些千年绝唱几乎成了人们心头的西部写照。战乱、荒凉———一片悲壮气氛。到了近代,仍是贫穷、落后。但是,这片土地同样是祖国的壮丽山河。这里是中华民族的发祥地。这里不仅有世界奇迹秦始皇兵马俑和丝绸之路、敦煌石窟、大足石刻、布达拉宫等丰富的历史遗存,还有众多地域辽阔的自然生态保护区和九寨沟、武陵源等神奇瑰丽的自然景色,这里还是我国自然矿产资源和水力发电资源最为丰富的蕴藏地。然而,由于历史、自然等各种原因,西部的发展长期滞后,人民生活相对贫困。新中国建立后,尤其改革开放以来,西部经济固然大有改观,但和我国东部比较,差距仍在日益扩大。

为了使中国获得长期的可持续发展,使13亿人民都能过上幸福富裕的生活,党中央、国务院提出了西部大开发的发展战略。这是中央总揽全局作出的重大决策。因为没有西部的现代化,就谈不上中国的现代化;没有西部的小康,就谈不上中国社会的全面小康!中国56个兄弟民族就谈不上协调发展,共享繁荣。作为出版工作者,积极配合西部开发,大力推出宣传西部、建设西部的出版物,理所当然成为我们义不容辞的历史责任。因此我们策划组织了这套《中国西部开发信息百科》丛书,目的是提供一部直接为西部开发服务的全面、系统的资讯类工具书。

这套丛书从讨论选题开始,即得到新闻出版总署和中央宣传部的重视和支持,很快列入国家"十五"重点图书规划。工作启动后,原国家计委、国务院西部开发办,西部各省、区、市、建设兵团和有关自治州计委、开发办也都给予大力支持。尤为令人鼓舞的是曾培炎同志与国家发展和改革委员会及西部办其他领导同志欣然担任本书正副总主编,并批示要认真抓好编写质量。西部地区的全部科技出版社、重庆出版社和西藏、青海、宁夏人民出版社积极投入所在地区的各分卷组织工作。中国计划出版社、中国建筑工业出版社、中国地图出版社、电子工业出版社和上海科技、江苏科技、辽宁科技三家东部地区的出版社也以不同方式参与或支持这套丛书的出版工作。所有这些充分体现了出版界对西部开发的热情关注,体现了出版界的团结协作和出版人的社会责任感。在此,我们谨向所有支持此书出版的领导同志、有关单位、广大作者和编辑出版人员表示由衷的感谢和诚挚的敬意。

这套丛书从出版意图、框架体例、内容安排到编写方法都经过反复讨论,中途举行了两次全国性的审稿会议。我们期望书中的内容对从事西部开发的各级政府机构和研究部门,对关注西部商机的海内外投资者,对有志献身西部开发的广大干部和知识分子,特别是即将走出校门的大专院校毕业生,都会有实际的参考价值。

实现西部大开发是一项宏伟的历史性工程,要有几代人的共同奋斗。只要我们坚持以邓小平理论和"三个代表"重要思想为指导,扎扎实实地做好各项工作,我们一定会取得伟大成功。不久的将来,我们就会看到"玉门关外春风暖,西部大地花更红"的繁荣景象。

《中国西部开发信息百科》丛书
策划组织工作委员会
2003年6月

序

王春正

实施西部大开发战略,加快中西部地区发展,是以江泽民同志为核心的第三代中央领导集体高瞻远瞩、总揽全局、审时度势,为进一步推进我国现代化建设、巩固民族团结、保障边疆稳定和促进东中西部地区经济协调发展而作出的重大战略决策,也是我们在新的历史条件下按照党的十六大精神,全面贯彻"三个代表"重要思想,全面建设小康社会的重大实际行动。

三年多来,在党中央、国务院的正确领导下,经过各地区、各部门特别是西部地区广大干部群众的共同努力,西部大开发有了一个良好开端,西部地区经济社会发展呈现出生机勃勃的新气象。西部地区投资和经济快速增长,居民消费和收入水平不断提高;国家重点支持西部开发的政策措施得到落实,一批重大项目相继开工,基础设施建设迈出实质性步伐;退耕还林工程全面启动,生态环境保护和建设显著加强;农村基础设施建设明显加强,农民生产生活条件逐步改善;科技、教育和社会事业加快发展,人才开发力度加大;经济结构调整不断推进,对外开放进一步扩大;各少数民族地区经济建设步伐加快。

同时,我们也要清醒地认识到,西部大开发是一项宏大的系统工程和艰巨的历史任务,也是世界经济开发史上前所未有的壮举。西部地区基础设施仍然十分薄弱,生态环境恶化的趋势尚未扭转,科技教育滞后和产业结构不合理等问题还相当突出。实施西部大开发战略,任重而道远。无论是在资金、技术和人才等要素的合理配置,还是在制度创新、开放搞活和管理创新等方面,我们仍然面临着许多全新的课题,其中还有一些是严峻的挑战。因此,继续推进西部大开发,既要有紧迫感,又要有长期奋斗的思想准备。要坚持从实际出发,积极进取、量力而行,统筹规划、科学论证,突出重点、分步实施。以加快基础设施建设为基础,以加强生态环境保护和建设为根本,以调整产业结构为关键,以发展科技教育为重要保障,以改革开放为强大动力,以提高人民生活水平为出发点,扎扎实实地推进西部大开发。

不久前召开的党的十六次全国代表大会,对建设中国特色社会主义经济、政治、文化和党的建设等各项工作作出了全面部署。当前和今后一段时期,是我国全面建设小康社会、加快推进社会主义现代化的重要战略机遇,也是为实施西部大开发战略奠定坚实基础的关键时期。我们要按照党的十六大精神,全面贯彻"三个代表"重要思想,进一步提高对西部大开发重大意义的认识,贯彻落实中央关于西部大开发的战略部署、政策措施和总体规划。重点抓好基础设施和生态环境建设,争取十年内取得突破性进展。积极发展有特色的优势产业,推进重点地带开发。发展科技教育,培养和用好人才。加大对西部地区的政策支持,着力改善投资环境,引导外资和国内资本参与西部开发。增强西部地区自我发展能力,在改革开放中走出一条加快发展的新路。

实施西部大开发,涉及685万平方千米的国土面积和3.6亿人口。西部12个省区市以及144个地市(州、盟)不仅经济发展水平与东部省市存在较大差距,而且它们之间在自然地理条件、经济技术基础、社会发展水平及其历史文化风俗等方面,也存在着或大或小的差异。因此,调动社会各方面积极因素推进西部大开发,要求我们更多地关注西部、研究西部、宣传西部,帮助东中西部地区广大干部群众、国内外各类投资经营者、港澳台同胞乃至世界上一切关心我国西部大开发的友好人士,更好地了解进而熟悉西部各地的基本区情,更加主动地参与西部大开发。所以,组织编辑《中国西部开发信息百科》丛书是很有意义的。在此,我也对本丛书的策划者、组织者和众多作者为西部开发所做的工作表示感谢。

2003年1月

前言

世纪之交,西部大开发的号角吹响了。

实施西部大开发战略,加快西部地区经济和社会发展,是以江泽民同志为核心的党中央高瞻远瞩、审时度势、统揽全局的重大战略决策。在党的十六大报告中江泽民同志再次强调:"实施西部大开发战略,关系全国发展的大局,关系民族团结和边疆稳定。"并指出:"西部地区要进一步解放思想,增强自我发展能力,在改革开放中走出一条加快发展的新路。"贵州是西部省份,是国家实施西部大开发的一个重点。

贵州是一个自然景观奇特、秀美的地方,神秘而迷人。尤其是贵州独特的民族文化和生活习俗,给风景如画、山河秀丽的贵州更增神韵。敬爱的周恩来总理视察贵州时曾赞美道:"贵州山川秀丽,气候宜人,资源丰富,人民勤劳。只要贵州各族人民在中国共产党领导下,加强团结,努力工作,那么,贵州的社会主义建设必将后来居上,大有希望。"正如周恩来所说的那样,建国以来,特别是改革开放的二十多年来,贵州经济蒸蒸日上,综合实力不断增强,人民生活水平不断提高,通信、电力等基础设施不断改善,初步形成了公路、铁路、航空和内河航运相结合的综合运输体系,为进一步加强对外经济技术合作奠定了坚实的物质基础。

贵州地处西南,既不沿边又不沿海,虽然改革开放的二十多年来,贵州经济社会发展取得令人瞩目的成就,但由于历史上的种种原因,贵州与全国及周边邻近的省、区、市仍存在很大的差距,远远落后于全国。跨入 21 世纪,在西部大开发这一宏伟壮观的舞台上,在面对我国加入世界贸易组织(WTO)新的形势下,作为西部的贵州到底应该扮演什么角色?是甘于落后还是奋起直追?是"等靠要"还是抢抓机遇、迎接挑战?一个铿锵有力的声音回答是:必须把握机遇,大展宏图,后来居上;必须从因循守旧的传统观念中摆脱出来,树立开拓进取的精神;必须突破内陆意识和自然经济观念,增强开放意识和市场意识;必须摒弃"等靠要"思想,强化发展意识和竞争意识。《中国西部开发信息百科·贵州卷》正是基于这样的认识而诞生的。它的出版在宣传中国西部的贵州,进一步介绍贵州在西部大开发中的各种重要资源信息,加快"把贵州建设成为大西南南下出海和陆路交通枢纽,长江、珠江上游的重要生态屏障,南方重要的能源、原材料基地,以航空、航天、电子信息生物技术为代表的高新技术产业基地,自然风光与民族文化相结合的旅游大省"的建设步伐,打造一个"经济繁荣、社会进步、生活安定、民族团结、山河秀美"的新贵州;旨在促进招商引资、扩大对外开放,让贵州冲出国门、走向世界,让世界了解贵州;旨在为国内外客商来贵州投资兴业、旅游观光提供便利,促进西部大开发战略更好地在贵州实施。

《中国西部开发信息百科·贵州卷》是一部辞书类、公益性、服务性的工具书,具有较强的实用性。全书资料新颖,数据翔实,内容简练,查阅方便,其特点是突出与西部大开发有关的重要资源信息,可为国内外投资者、开发者(商)和政府部门、有关研究单位提供参考资料,也可作为各大专院校、科研机构图书馆、资料室用书。

《中国西部开发信息百科·贵州卷》的编撰历时近一年,通过大量的调查研究、收集资料、综合分析、归纳概括,乘着中国共产党第十六次代表大会的东风,今天终于问世了。它凝聚着广大理论研究人员辛勤的努力与智慧。它得到全省各级政府、各部门的大力支持,在此表示衷心感谢!希望它的出版能够使更多方面的人士了解贵州、认识贵州、研究贵州、开发贵州、建设贵州、振兴贵州,从而使贵州走向更加辉煌的明天。

凡例

一、《中国西部开发信息百科》按综合、重庆、四川、贵州、云南、西藏、陕西、甘肃、青海、宁夏、新疆、内蒙古、广西、新疆生产建设兵团、湖北恩施自治州、湖南湘西自治州、吉林延边自治州等分别列卷出版，共17卷。

二、各卷(综合卷除外)分为九大部分：Ⅰ综合信息；Ⅱ资源信息；Ⅲ产业产品发展信息；Ⅳ地区发展信息；Ⅴ发展计划信息；Ⅵ招商引资信息；Ⅶ政策法规信息；Ⅷ企业信息；Ⅸ历史文化信息。

三、全书内容以条目形式表述，按内容归类设Ⅰ、一、(一)、条3~4个层次。第一层用"罗马数字"Ⅰ~Ⅸ表示；第二层用"汉字数字"表示；第三层用"带括号的汉字数字"表示；第四层为条目，用"鱼尾号"表示，个别内容较多的条目用阿拉伯数字表示其中的小条目(不加鱼尾号)。

四、全书设有总目、简目、详目三个目录。总目反映全书内容的构成；简目列出Ⅰ、一、(一)名称，后注详目页码；详目列出Ⅰ、一、(一)、条目名称，后注正文页码。

五、查阅时宜先查简目，找出Ⅰ、一、(一)所在详目页码，再通过详目查找具体条目。

六、条目释文力求使用规范的现代汉语。

七、为便于读者阅读，本书在一些条目释文中配有必要的图表。图均集中在文前，并配有图号，如图1、图2等；表格均在本条目下列出，若只有一个表，不标表序，只标表题；若超过一个表时，则分别编上序号，标在表题之前。

八、如有参考文献，在书后集中列出本卷所参阅的参考文献。

九、本书所用汉字，以国家语言文字工作委员会1986年10月重新发表的《简化字总表》为准。

十、本书所用标点符号，以《中华人民共和国国家标准》

GB/T 15834—1995为准。

十一、本书所用数字,以《中华人民共和国国家标准》GB/T 15835—1995为准。

十二、本书所用量和单位,以《中华人民共和国国家标准》GB 3100~3102—93为准。但为了方便阅读,正文中"单位"用中文符号表示,如千克、米、千米等,温度用"℃"、经纬度用"°、′、″"表示。

十三、本书中所用统计数据,主要以国家和各部门、省区市及州公开出版的统计年鉴或年报为基础,并进行必要的计算、分析和整理。

Contents 简目

Ⅰ 综合信息

一、历史沿革 …………………… [17]
二、行政区与地名 ……………… [17]
三、主要城市 …………………… [17]
四、自然地理 …………………… [17]
　(一)地理位置及地形地貌 ……… [17]
　(二)主要山脉及山峰 …………… [17]
五、人口与民族 ………………… [17]
六、经济社会发展概况 ………… [18]

Ⅱ 资源信息

一、气候资源 …………………… [18]
二、土地资源 …………………… [18]
三、水资源 ……………………… [18]
四、能源资源 …………………… [18]
五、矿产资源 …………………… [19]
六、生物资源 …………………… [19]
七、旅游资源 …………………… [19]
　(一)各市州地旅游资源 ………… [19]
　(二)主要旅游景区(点) ………… [19]
　(三)主要旅行社(公司) ………… [20]
八、科技、教育及人力资源 …… [20]
　(一)科技 ………………………… [20]
　(二)教育及人力资源 …………… [20]
九、其他 ………………………… [21]
　(一)影剧院、博物馆 …………… [21]
　(二)全国历史文化名城 ………… [21]
　(三)全国重点文物保护单位 …… [21]

Ⅲ 产业产品发展信息

一、第一产业 …………………… [21]
　(一)各市州地第一产业 ………… [21]
　(二)种植业 ……………………… [21]
　(三)林业 ………………………… [21]
　(四)牧业、渔业 ………………… [22]
二、第二产业 …………………… [22]

（一）各市州地工业…………………[22]
　　（二）各分类工业概况 ……………[22]
三、第三产业………………………………[22]
　　（一）铁路运输业 …………………[22]
　　（二）公路运输业 …………………[22]
　　（三）水上运输业 …………………[22]
　　（四）航空运输业 …………………[23]
　　（五）医疗卫生事业 …………………[23]
　　（六）电信及信息港 …………………[23]
　　（七）交易市场、人才交流中心及
　　　　技术交易市场 …………………[23]
　　（八）宾馆、饭店 ……………………[23]
四、高新技术及信息产业…………………[23]
五、名特优产品……………………………[23]

Ⅳ 地区发展信息

一、省及市州地发展概述………………[24]　　二、国家级、省级开发区概述 ………[24]

Ⅴ 发展计划信息

一、发展目标………………………………[24]
二、部门发展方向和任务…………………[25]
三、重点规划地区发展目标和主
　　要任务…………………………………[25]

Ⅵ 招商引资信息

一、外商投资项目的审批…………[25]
二、工商注册登记程序……………[25]
三、主要招商机构…………………[25]
四、重大招商引资项目……………[25]
　　（一）城建及房地产开发…………[25]
　　（二）农业及农产品加工…………[25]
　　（三）机械电子…………………[26]
　　（四）建材能源…………………[26]
　　（五）食品饮料业………………[26]
　　（六）冶金化工…………………[26]
　　（七）医药医疗器械……………[26]
　　（八）科教文化…………………[27]
　　（九）旅游………………………[27]
　　（十）其他………………………[27]

Ⅶ 政策法规信息

一、财政……………………………[27]　　二、金融信贷………………………[27]

三、税收…………………………[27]　　九、生态环境……………………[28]
四、基本建设与技术改造投资……[27]　　十、教育…………………………[28]
五、对外经济贸易………………[27]　　十一、科技扶持…………………[28]
六、外商投资……………………[27]　　十二、人事与户籍………………[28]
七、土地与矿产资源……………[27]　　十三、其他………………………[28]
八、农村与农业…………………[28]

Ⅷ. 企业信息

一、省市企业概述………………[28]　　(八)电子企业……………………[29]
二、企业简介……………………[28]　　(九)轻纺企业……………………[29]
　(一)煤炭企业…………………[28]　　(十)轻工企业……………………[29]
　(二)石化企业…………………[28]　　(十一)建材企业…………………[29]
　(三)冶金企业…………………[28]　　(十二)交通水利企业……………[29]
　(四)有色金属企业……………[29]　　(十三)制药、食品企业…………[29]
　(五)机械企业…………………[29]　　(十四)建筑、房地产企业………[30]
　(六)国防企业…………………[29]　　(十五)其他………………………[30]
　(七)电力企业…………………[29]

Ⅸ. 历史文化信息

一、贵州史事……………………[30]　　四、贵州历史文化名人…………[30]
二、贵州古代桥文化……………[30]　　五、贵州典故……………………[30]
三、贵州酒文化…………………[30]

附　录

一、驻外办事机构………………[30]　　三、主要宾馆……………………[30]
二、各类市场……………………[30]　　四、旅行社………………………[30]

Contents 详目

Ⅰ.综合信息

一、历史沿革 ……………………… [3]
  贵州的历史 ……………………… [3]
二、行政区与地名 …………………… [4]
  行政区划 ………………………… [4]
  各市州地县名称 ………………… [5]
三、主要城市 ………………………… [6]
  贵阳市 …………………………… [6]
  六盘水市 ………………………… [8]
  遵义市 …………………………… [8]
  安顺市 …………………………… [9]
  都匀市 …………………………… [9]
  凯里市 …………………………… [10]
  铜仁市 …………………………… [11]
  兴义市 …………………………… [11]
  赤水市 …………………………… [11]
  清镇市 …………………………… [12]
  毕节市 …………………………… [13]
  仁怀市 …………………………… [13]
  福泉市 …………………………… [14]
  重要城镇 ………………………… [14]
四、自然地理 ………………………… [14]
  (一)地理位置及地形地貌 ……… [14]
  地理位置 ………………………… [14]
  地形地貌 ………………………… [14]
  高原 ……………………………… [15]

  山地 ……………………………… [15]
  丘陵 ……………………………… [16]
  山原 ……………………………… [16]
  平坝 ……………………………… [16]
  河流 ……………………………… [16]
  湖泊 ……………………………… [17]
  黔中山原丘陵平坝区 …………… [17]
  黔北中山峡谷区 ………………… [18]
  黔东山地丘陵区 ………………… [18]
  黔南山地河谷区 ………………… [18]
  黔西北山原山地区 ……………… [18]
  黔西南山原丘陵盆地区 ………… [18]
  (二)主要山脉及山峰 …………… [19]
  大娄山脉 ………………………… [19]
  武陵山脉 ………………………… [19]
  苗岭山脉 ………………………… [19]
  乌蒙山脉 ………………………… [19]
  老王山脉 ………………………… [20]
  娄山关 …………………………… [20]
  梵净山 …………………………… [20]
  雷公山 …………………………… [20]
  金鼎山 …………………………… [21]
  云雾山 …………………………… [21]
  韭菜坪 …………………………… [21]
五、人口与民族 ……………………… [21]
  人口概况 ………………………… [21]

人口分布 …………………………… [21]
历次人口普查主要数据 ……………… [22]
少数民族人口概况 …………………… [23]
世居少数民族人口及分布 …………… [23]
民族自治地方简表 …………………… [24]
少数民族的语言 ……………………… [24]
少数民族的文字 ……………………… [24]
少数民族的主要节日 ………………… [25]
苗族 …………………………………… [25]
布依族 ………………………………… [25]
侗族 …………………………………… [26]
土家族 ………………………………… [26]
彝族 …………………………………… [26]
仡佬族 ………………………………… [26]

水族 …………………………………… [27]
白族 …………………………………… [27]
回族 …………………………………… [27]
八个人口较少的世居少数民族 ……… [27]
六、经济社会发展概况 …………… [28]
国内生产总值 ………………………… [28]
固定资产投资 ………………………… [28]
三次产业 ……………………………… [28]
就业结构 ……………………………… [29]
地方财政收入 ………………………… [29]
城镇居民人均可支配收入 …………… [29]
农民人均纯收入 ……………………… [29]
城市化水平 …………………………… [30]

Ⅱ 资源信息

一、气候资源 ……………………… [33]
气候概述 ……………………………… [33]
灾害性天气 …………………………… [33]
二、土地资源 ……………………… [34]
土地资源概述 ………………………… [34]
土地资源类型及特征 ………………… [34]
农业用地 ……………………………… [35]
林业用地 ……………………………… [35]
牧业用地 ……………………………… [35]
渔业用地 ……………………………… [36]
城镇工矿交通用地 …………………… [36]
难利用地 ……………………………… [36]
主要土壤类型 ………………………… [36]
黄壤 …………………………………… [36]
红壤 …………………………………… [36]
黄棕壤 ………………………………… [37]
水稻土 ………………………………… [37]
石灰土 ………………………………… [37]
紫色土 ………………………………… [37]
粗骨土 ………………………………… [37]

石质土 ………………………………… [37]
山地草甸土 …………………………… [38]
潮土 …………………………………… [38]
沼泽土 ………………………………… [38]
新积土 ………………………………… [38]
红黏土 ………………………………… [38]
三、水资源 ………………………… [38]
水资源概述 …………………………… [38]
降雨量分布 …………………………… [39]
地表水 ………………………………… [39]
地下水 ………………………………… [41]
水利化程度 …………………………… [42]
四、能源资源 ……………………… [42]
能源资源概述 ………………………… [42]
六盘水煤田 …………………………… [42]
织纳煤田 ……………………………… [43]
煤炭资源的开发利用 ………………… [43]
水城矿务局 …………………………… [43]
六枝工矿(集团)公司 ………………… [43]
盘江煤电集团 ………………………… [43]

林东矿务局	[44]	动物资源概况	[52]
主要河流水能资源	[44]	畜禽资源	[52]
乌江水系水能资源	[44]	野生动物资源	[52]
主要水电站	[44]	黔金丝猴	[52]
主要电厂	[45]	水产资源	[52]
"黔电送粤"工程	[45]	生物多样性	[53]
五、矿产资源	[46]	生态系统多样性	[53]
主要矿产保有储量	[46]	物种多样性	[54]
煤矿	[47]	遗传多样性	[54]
煤层气	[47]	**七、旅游资源**	[54]
铝土矿	[47]	旅游资源概况	[54]
汞矿	[48]	(一)各市州地旅游资源	[54]
锑矿	[48]	贵阳市旅游资源	[54]
锰矿	[48]	贵阳市文化旅游	[55]
磷矿	[48]	黔灵公园	[55]
重晶石	[48]	甲秀楼	[55]
金矿	[48]	花溪公园	[55]
烂泥沟金矿区	[49]	天河潭	[56]
晴隆县老万场金矿区	[49]	百花湖	[56]
紫木凼金矿区	[49]	阳明洞	[56]
册亨县板其金矿区和丫他金矿区	[49]	六广河	[56]
锦屏县花桥金矿区	[49]	六盘水市旅游资源	[56]
六、生物资源	[49]	遵义市旅游资源	[56]
植物资源概况	[49]	安顺市旅游资源	[57]
森林资源	[50]	黔南自治州旅游资源	[57]
用材林	[50]	黔东南自治州旅游资源	[57]
经济林	[50]	黔西南自治州旅游资源	[57]
牧草资源	[50]	铜仁地区旅游资源	[58]
农作物资源	[50]	毕节地区旅游资源	[58]
茶桑果资源	[51]	(二)主要旅游景区(点)	[58]
野生经济作物	[51]	赤水竹海森林公园	[58]
食用菌资源	[51]	黔西百里杜鹃森林公园	[58]
药用植物资源	[51]	九龙山国家森林公园	[58]
珍稀植物资源	[51]	燕子岩国家森林公园	[58]
银杉	[51]	凤凰山国家森林公园	[58]
珙桐	[51]	瑶人坡国家森林公园	[59]
秃杉	[51]	长坡岭国家森林公园	[59]
桫椤	[52]	黄果树瀑布风景区	[59]

龙宫风景区	[59]	红崖碑	[70]
红枫湖风景区	[59]	"欲飞"摩崖石刻	[70]
马岭河峡谷风景区	[60]	华严洞石刻	[70]
织金洞风景区	[60]	写字崖	[70]
㵲阳河风景区	[60]	观音洞遗址	[71]
荔波樟江风景区	[60]	旅游区	[71]
赤水十丈洞风景区	[60]	(三)主要旅行社(或公司)	[71]
梵净山自然保护区	[61]	贵州国际体育旅游公司	[71]
威宁草海自然保护区	[61]	贵州海外旅游总公司	[72]
茂兰喀斯特森林自然保护区	[61]	贵州天马国际旅行社	[72]
赤水桫椤原始森林自然保护区	[61]	贵州省中国国际旅行社	[72]
习水自然保护区	[61]	贵阳市花溪国际旅行社	[73]
雷公山自然保护区	[61]	贵州省中国青年旅行社	[73]
息烽集中营旧址	[61]	贵州省中国旅行社	[73]
南江峡谷	[62]	**八、科技、教育及人力资源**	[73]
青岩古镇	[62]	(一)科技	[73]
招提	[63]	科技概述	[73]
泥凼石林	[63]	贵州省科学院	[74]
万峰林	[63]	中国科学院地球化学研究所	[75]
万峰湖	[64]	贵州省社会科学院	[75]
六枝梭戛	[64]	贵州省农业科学院	[76]
娄山关风景名胜区	[65]	贵州省林业科学院	[76]
沙滩文化公园	[65]	贵州省建筑设计研究院	[77]
江界河	[65]	贵州省交通规划勘察设计研究院	[77]
猴子沟	[65]	贵州桥梁设计院	[78]
玛格诺吉草原	[66]	贵州省交通科学研究所	[78]
飞云崖	[66]	院士情况	[78]
龙鳌河风景名胜区	[66]	涂光炽院士	[78]
青龙洞	[67]	欧阳自远院士	[78]
九龙洞	[67]	科研成果	[79]
杉木河漂流	[67]	企业技术中心简介	[79]
民族节日	[68]	贵州铝厂技术中心	[79]
民族歌舞	[69]	中国江南航天工业集团技术中心	[79]
戏剧和曲艺	[69]	中国振华电子集团公司技术中心	[79]
民族建筑	[69]	中国贵州航空工业集团公司技术中心	[79]
民族工艺	[69]	(二)教育及人力资源	[80]
民族礼俗	[70]	教育概述	[80]
民族风情旅游村寨	[70]	在校大中专学生	[80]

贵州大学	[81]	镇远	[91]
贵州工业大学	[82]	(三)全国重点文物保护单位	[91]
贵州师范大学	[82]	遵义会议会址	[91]
贵州民族学院	[83]	杨粲墓	[92]
贵州财经学院	[83]	青龙洞	[92]
贵阳医学院	[84]	增冲鼓楼	[93]
贵阳中医学院	[84]	息烽集中营旧址	[93]
遵义医学院	[85]	大屯土司庄园	[93]
贵州广播电视大学	[86]	奢香墓	[93]
劳动力资源概述	[86]	穿洞遗址	[94]

九、其他 [87]

		大洞遗址	[94]
(一)影剧院、博物馆	[87]	黔西观音洞遗址	[94]
北京路影剧院	[87]	可乐遗址	[94]
百花剧场	[87]	天台山伍龙寺	[95]
贵阳大剧院	[87]	石阡万寿宫	[95]
博物馆概况	[88]	云山屯古建筑群	[95]
贵州省博物馆	[88]	福泉城墙	[95]
黎平会议会址文物陈列室	[89]	郎德上寨古建筑群	[96]
贵州民族婚俗博物馆	[89]	海龙屯	[96]
梭戛生态博物馆	[90]	地坪风雨桥	[96]
(二)全国历史文化名城	[90]	安顺文庙	[97]
遵义	[90]		

Ⅲ 产业产品发展信息

一、第一产业	[101]	(二)种植业	[103]
第一产业概述	[101]	种植业概述	[103]
(一)各市州地第一产业	[101]	贵阳市种植业	[103]
贵阳市第一产业	[101]	六盘水市种植业	[104]
六盘水市第一产业	[101]	遵义市种植业	[104]
遵义市第一产业	[102]	安顺市种植业	[104]
安顺市第一产业	[102]	黔南自治州种植业	[104]
黔南自治州第一产业	[102]	黔东南自治州种植业	[105]
黔东南自治州第一产业	[102]	黔西南自治州种植业	[105]
黔西南自治州第一产业	[102]	铜仁地区种植业	[105]
铜仁地区第一产业	[102]	毕节地区种植业	[105]
毕节地区第一产业	[103]	(三)林业	[106]

林业概述 …………………………… [106]
贵阳市林业 ………………………… [106]
六盘水市林业 ……………………… [106]
遵义市林业 ………………………… [106]
安顺市林业 ………………………… [106]
黔南自治州林业 …………………… [106]
黔东南自治州林业 ………………… [107]
黔西南自治州林业 ………………… [107]
毕节地区林业 ……………………… [107]
铜仁地区林业 ……………………… [107]
(四)牧业、渔业 …………………… [107]
牧业概述 …………………………… [107]
贵阳市牧业 ………………………… [107]
六盘水市牧业 ……………………… [107]
遵义市牧业 ………………………… [108]
安顺市牧业 ………………………… [108]
黔南自治州牧业 …………………… [108]
黔东南自治州牧业 ………………… [108]
黔西南自治州牧业 ………………… [108]
铜仁地区牧业 ……………………… [108]
毕节地区牧业 ……………………… [108]
渔业概述 …………………………… [108]
二、第二产业 ……………………… [109]
工业概述 …………………………… [109]
(一)各市州地工业 ………………… [110]
贵阳市工业 ………………………… [110]
六盘水市工业 ……………………… [110]
遵义市工业 ………………………… [110]
安顺市工业 ………………………… [111]
黔南自治州工业 …………………… [111]
黔东南自治州工业 ………………… [111]
黔西南自治州工业 ………………… [112]
铜仁地区工业 ……………………… [112]
毕节地区工业 ……………………… [112]
(二)各分类工业概况 ……………… [112]
煤炭工业 …………………………… [112]
电力工业 …………………………… [113]
冶金工业 …………………………… [114]
有色金属工业 ……………………… [114]
黄金工业 …………………………… [115]
化学工业 …………………………… [115]
机械工业 …………………………… [116]
电子工业 …………………………… [116]
国防科技工业 ……………………… [117]
轻纺工业 …………………………… [118]
卷烟工业 …………………………… [119]
食品工业 …………………………… [119]
建材工业 …………………………… [120]
医药产业 …………………………… [121]
建筑工业 …………………………… [122]
三、第三产业 ……………………… [123]
(一)铁路运输业 …………………… [123]
铁路运输业概述 …………………… [123]
黔桂铁路 …………………………… [124]
渝黔铁路 …………………………… [124]
贵昆铁路 …………………………… [124]
湘黔铁路 …………………………… [124]
南昆铁路贵州段 …………………… [124]
水柏铁路 …………………………… [125]
株六铁路复线贵州段 ……………… [125]
渝怀铁路贵州段 …………………… [125]
(二)公路运输业 …………………… [125]
公路运输业概述 …………………… [125]
贵黄高等级公路 …………………… [126]
贵遵高等级公路 …………………… [126]
凯麻高速公路 ……………………… [126]
贵新高等级公路 …………………… [127]
贵毕高等级公路 …………………… [127]
遵崇高速公路 ……………………… [127]
国道公路 …………………………… [127]
(三)水上运输业 …………………… [128]
水上运输业概述 …………………… [128]
乌江航运 …………………………… [128]
南盘江航运 ………………………… [128]
北盘江航运 ………………………… [128]
赤水河航运 ………………………… [129]

(四)航空运输业 …………………… [129]	五、名特优产品 ……………………… [142]
民用航空运输业概述 ………………… [129]	茅台酒 ………………………………… [142]
贵阳龙洞堡机场 ……………………… [129]	董酒 …………………………………… [142]
铜仁大兴机场 ………………………… [130]	珍酒 …………………………………… [142]
(五)医疗卫生事业 …………………… [130]	习酒 …………………………………… [142]
医疗卫生事业发展概述 ……………… [130]	鸭溪窖酒 ……………………………… [142]
(六)电信及信息港 …………………… [132]	贵州醇 ………………………………… [142]
电信通信业概述 ……………………… [132]	刺梨糯米酒 …………………………… [142]
贵州信息港 …………………………… [132]	黑糯米酒 ……………………………… [143]
(七)交易市场、人才交流中心及技术	杜仲酒 ………………………………… [143]
交易市场 ………………………… [133]	天麻酒 ………………………………… [143]
大型商品交易市场 …………………… [133]	都匀毛尖 ……………………………… [143]
人才交流中心概述 …………………… [135]	遵义毛峰茶 …………………………… [143]
贵州省人才交流中心 ………………… [135]	贵定云雾茶 …………………………… [143]
贵阳市人才交流中心 ………………… [135]	石阡泉都碧龙茶 ……………………… [143]
技术交易市场概述 …………………… [136]	安顺茶叶 ……………………………… [143]
贵州技术创新中心 …………………… [136]	开阳南贡茶 …………………………… [143]
(八)宾馆、饭店 ……………………… [136]	雷山银球茶 …………………………… [143]
宾馆及饭店设施概况 ………………… [136]	台江苦丁茶 …………………………… [143]
贵州饭店 ……………………………… [137]	湄潭茶 ………………………………… [143]
贵阳神奇大酒店 ……………………… [137]	安顺蜡染 ……………………………… [143]
贵阳金筑大酒店 ……………………… [137]	安顺三刀 ……………………………… [144]
贵州鲜花酒店 ………………………… [137]	安顺地戏面具 ………………………… [144]
贵州柏顿酒店 ………………………… [138]	大方漆器 ……………………………… [144]
百成大酒店 …………………………… [138]	玉屏箫笛 ……………………………… [144]
贵龙饭店 ……………………………… [138]	织金砂陶 ……………………………… [144]
贵阳腾龙大酒店 ……………………… [138]	遵义通草堆画 ………………………… [144]
贵州华联酒店 ………………………… [138]	赤水香扇 ……………………………… [144]
贵阳山林大酒店 ……………………… [138]	思州石砚 ……………………………… [144]
金阳宾馆 ……………………………… [139]	平塘牙州陶 …………………………… [144]
金桥饭店 ……………………………… [139]	普安龙溪石砚 ………………………… [145]
黔贵大酒店 …………………………… [139]	荔波凉席 ……………………………… [145]
华城大酒店 …………………………… [139]	万山竹雕 ……………………………… [145]
云岩宾馆 ……………………………… [139]	晴龙翡翠 ……………………………… [145]
金城大酒店 …………………………… [140]	印江白皮纸 …………………………… [145]
四、高新技术及信息产业 …………… [140]	印江石雕 ……………………………… [145]
高新技术产业概述 …………………… [140]	天麻 …………………………………… [145]
信息产业概述 ………………………… [140]	杜仲 …………………………………… [145]

吴茱萸	[145]	肠旺面	[147]
黔党参	[145]	关岭花江狗肉	[147]
茯苓	[146]	遵义豆花面	[147]
石斛	[146]	遵义羊肉粉	[147]
金银花	[146]	折耳根	[147]
冰片	[146]	赤水冬笋	[147]
朱砂	[146]	江口豆腐干	[147]
猕猴桃	[146]	独山盐酸	[148]
刺梨	[146]	织金竹荪	[148]
榕江西瓜	[146]	威宁火腿	[148]
威宁大黄梨	[146]	威宁荞酥	[148]
惠水金钱橘	[147]	镇宁波波糖	[148]
阿栗杨梅	[147]	侗乡腌鱼	[148]
盘县银杏	[147]	名烟	[148]
铜仁花生	[147]		

Ⅳ 地区发展信息

一、省及市州地发展概述	[151]	毕节地区发展概述	[153]
发展概述	[151]	二、国家级、省级开发区概述	[154]
贵阳市发展概述	[151]	新天高新技术产业开发区	[154]
六盘水市发展概述	[152]	国家级贵阳经济技术开发区(小河开发区)	[154]
遵义市发展概述	[152]	金阳新区	[155]
安顺市发展概述	[152]	省级开发区概述	[156]
黔南自治州发展概述	[152]	遵义经济技术开发区	[156]
黔东南自治州发展概述	[153]	安顺开发区	[156]
黔西南自治州发展概述	[153]		
铜仁地区发展概述	[153]		

Ⅴ 发展计划信息

一、发展目标	[161]	安顺市发展目标	[163]
总体发展目标	[161]	黔南自治州发展目标	[164]
贵阳市发展目标	[161]	黔东南自治州发展目标	[165]
六盘水市发展目标	[162]	黔西南自治州发展目标	[165]
遵义市发展目标	[163]	铜仁地区发展目标	[166]

毕节地区发展目标 …………………… [167]	农业科技发展目标和主要任务 ……… [174]
二、部门发展方向和任务 …………… [167]	工业科技发展目标和主要任务 ……… [175]
旅游发展总体规划 …………………… [167]	社会发展科技目标和主要任务 ……… [175]
旅游业发展方向 ……………………… [168]	应用基础研究发展目标和主要任务 … [175]
特色旅游区 …………………………… [168]	教育发展的战略要点和主要目标 …… [176]
综合旅游区 …………………………… [169]	新闻出版业发展目标 ………………… [177]
农业发展目标 ………………………… [169]	三、重点规划地区发展目标和
林业发展目标和总体建设布局 ……… [170]	主要任务 ………………………… [177]
水利发展目标、总体布局和主要任务 … [171]	乌江干流沿岸地区 …………………… [177]
能源发展方向、目标和主要任务 …… [172]	六盘水综合开发区 …………………… [179]
环境保护总体构想、发展目标和主	南、北盘江—红水河综合开发区 …… [180]
要任务 …………………………… [173]	

Ⅵ. 招商引资信息

一、外商投资项目的审批 …………… [185]	垃圾系列焚烧设备 …………………… [196]
外商投资项目审批程序 ……………… [185]	氧化锌避雷器生产 …………………… [196]
申请设立中外合资(合作)企业需要	移动式供水系统的开发 ……………… [196]
报送的文件 ……………………… [186]	白云水厂建设 ………………………… [196]
申请设立外资企业所需报送的文	新添城市干道温泉路建设 …………… [196]
件 ………………………………… [187]	清镇市日产10万吨东郊水厂 ………… [197]
二、工商注册登记程序 ……………… [187]	贵阳市花溪污水处理厂 ……………… [197]
个体工商户 …………………………… [187]	贵阳市白云区日10万吨污水处理厂 … [197]
私营企业 ……………………………… [188]	纳雍县污水处理厂建设 ……………… [198]
合伙企业 ……………………………… [188]	织金县城垃圾卫生填埋场 …………… [198]
三、主要招商机构 …………………… [190]	织金县城区污水处理厂 ……………… [198]
主要招商机构综述 …………………… [190]	织金县城自来水工程 ………………… [198]
贵州省贸易合作厅 …………………… [190]	(二)农业及农产品加工 ……………… [198]
贵州省发展计划委员会 ……………… [191]	现代农业科技示范园区建设 ………… [198]
贵州省经济贸易委员会 ……………… [192]	绿色畜禽养殖及深加工 ……………… [199]
贵州省工商行政管理局 ……………… [193]	金竹高新农业示范园区建设 ………… [199]
贵州省招商引资局(贵州省对外经	贵阳白云下堰667公顷花卉产业 …… [200]
济协作办公室) …………………… [194]	断桥果蔬基地综合开发 ……………… [200]
四、重大招商引资项目 ……………… [195]	西部生态农业开发生产基地 ………… [200]
招商引资项目综述 …………………… [195]	三都水族自治县麻竹生产基地 ……… [201]
(一)城建及房地产开发 ……………… [195]	特优苗木花卉繁育基地建设 ………… [201]
六盘水市中心区煤气二期工程 ……… [195]	楠竹笋、林两用基地建设 …………… [201]

年产 1 000 吨猕猴桃系列食品加工 …… [201]
α亚麻酸系列保健品开发 …………… [202]
都匀毛尖系列茶产品 ………………… [202]
雷山县山野菜系列产品加工 ………… [202]
年产 3 000 万只全降解植物发泡餐具 … [203]
牛羊肉类系列产品加工项目改扩建
　工程 …………………………………… [203]
赫章县苦荞系列食品加工项目 ……… [203]
赫章县 5 000 吨马铃薯淀粉生产项目
　………………………………………… [204]
应用生物工程发酵技术开发生产年
　产 1 万吨鲜食辣椒产品农业产
　业化项目 ……………………………… [204]
贵州牛来香实业有限公司二期技术
　改造 …………………………………… [204]
酸辣椒系列产品开发 ………………… [205]
东峰集团独山盐酸菜厂年产 5 000
　吨盐酸菜系列产品技术改造 ……… [205]
年产 600 吨南瓜粉项目 ……………… [205]
从江香猪系列特色食品开发 ………… [206]
生姜、荞麦绿色系列保健食品、板栗
　食品 …………………………………… [206]
魔芋系列产品开发 …………………… [206]
8 万吨马铃薯深加工及品种改良 …… [206]
18%沙黄乳油生产线 ………………… [206]
德江县无水柠檬酸厂 ………………… [207]
(三)机械电子 ………………………… [207]
片式叠层电感器生产 ………………… [207]
片式二极管、三极管生产 …………… [207]
片式开关生产 ………………………… [207]
片式继电器生产 ……………………… [208]
压电蜂鸣片生产 ……………………… [208]
贵州科技城 …………………………… [208]
贵州软件园 …………………………… [209]
系列小口径 KU 频段数据站天线 …… [209]
大型农机具液压传动装置 …………… [210]
WS67K 多轴数控板料折弯机 ……… [210]
轻型汽车用变速器 …………………… [210]

年产 35 万幅新型无石棉刹车片 …… [210]
磨料磨具二期扩建工程 ……………… [211]
(四)建材能源 ………………………… [211]
日产 1 000 吨熟料新型干法水泥生
　产线 …………………………………… [211]
仁怀市圆满贯水电站 ………………… [211]
(五)食品饮料加工 …………………… [211]
刺梨汁提取加工、大豆蛋白异黄酮
　提取、刺梨基地建设 ………………… [212]
"美容减肥茶"系列产品 ……………… [212]
年产 5 000 吨苦丁茶保健饮料 ……… [212]
德江县天麻保健系列饮料加工 ……… [212]
信友核桃乳厂扩建 …………………… [213]
石阡县银杏食品加工项目 …………… [213]
(六)冶金化工 ………………………… [213]
锂离子电池扩产项目 ………………… [213]
纳雍县甲醇生产线建设 ……………… [213]
纳雍县硫化钠、硫化硫酸钠生产 …… [213]
贵州金沙县贵马建材有限责任公司
　日产 1 000 吨新型干法水泥生产线 [214]
年产 240 吨薄荷油脑生产线 ………… [214]
年产 10 万吨脱氟磷肥 ………………… [214]
年产 5 000 吨直接法氧化锌 ………… [215]
液氮冷能再生精细胶粉(年产 2 万吨
　项目) ………………………………… [215]
煤炭井下气化合成甲醇 ……………… [215]
水钢新建 4 号焦炉 …………………… [216]
盘县焦化总厂 ………………………… [216]
年产 40 万吨生物复合肥工程 ……… [216]
织金县肥田矿井 ……………………… [216]
响水矿井建设 ………………………… [216]
盘县年产 60 万吨洗煤厂 …………… [216]
(七)医药医疗器械 …………………… [217]
制药用微波干燥灭菌设备的生产 …… [217]
医用制氧机、空气压缩机生产 ……… [217]
GMP 中药压膜包衣 PV 生产线 …… [217]
清开灵冻干粉针开发生产 …………… [218]
新型高效复合氨基酸胶囊制剂生

产线 …………………………… [218]
毕节乾锦药用、保健植物园区建设 …… [218]
支气管哮喘胶囊药品开发 ……………… [219]
超临界萃取薯蓣皂素 …………………… [219]
26.67公顷天麻种植与加工项目 ……… [219]
贵州医药工业园项目 …………………… [220]
同济堂药品配送中心建设 ……………… [220]
(八)科教文化 ………………………… [220]
黔南民族师范学院学生公寓、食堂
  及后勤设施建设项目 ……………… [220]
都匀市体育中心 ………………………… [221]
(九)旅游 ……………………………… [221]
阳明洞风景区旅游开发 ………………… [221]
贵阳市白云区杏花公园 ………………… [221]
大方县百里杜鹃旅游风景区开发

项目 …………………………… [222]
遵义北部新城温泉公园 ………………… [222]
荔波樟江风景名胜区旅游资源开
  发与自然生态环保建设项目 ……… [222]
涟江—燕子洞风景名胜区旅游扶贫
  项目 ………………………………… [223]
马岭河峡谷万峰湖风景名胜区顶效旅
  游服务小区 ………………………… [223]
(十)其他 ……………………………… [223]
贵阳金桥国际会议中心(五星级酒
  店)建设 …………………………… [223]
贵州省遵义市青坑至茅台二级公
  路 …………………………………… [224]
红果至威舍二级公路改造 ……………… [224]

Ⅶ 政策法规信息

一、财政 …………………………………… [227]
  加强财政性资金管理 ………………… [227]
二、金融信贷 ……………………………… [228]
  国债专项资金管理 …………………… [228]
  做好利用国际金融组织和外国政府贷款工作
    …………………………………………… [230]
  进一步做好金融安全区创建工作 …… [231]
三、税收 …………………………………… [233]
  贯彻国务院《社会保险费征缴暂行条
    例》有关问题 …………………… [233]
  贵州省2002年扩大农村税费改革试点方案
    …………………………………… [233]
四、基本建设与技术改造投资 …………… [235]
  鼓励和促进中小企业发展若干政策 … [235]
  加快电力建设实施西电东送有关具
    体问题 …………………………… [236]
五、对外经济贸易 ………………………… [238]
  大力发展对外承包工程 ……………… [238]

六、外商投资 ……………………………… [239]
  鼓励外商和华侨、港澳台同胞投资条
    例 ………………………………… [239]
  下放外商投资项目审批权限和简化
    审批程序的暂行办法 …………… [240]
  做好重点项目招商引资工作 ………… [241]
  投资软环境综合治理整治方案 ……… [241]
  外商投资服务中心一站式工作实施
    意见 ……………………………… [243]
七、土地与矿产资源 ……………………… [245]
  省级经济技术开发区试行办法 ……… [245]
  贵州省土地利用总体规划 …………… [247]
  加强国有土地资产管理 ……………… [248]
  进一步加强乡镇煤矿管理的决定 …… [249]
  进一步做好关闭整顿小煤矿和煤矿
    安全生产工作的通知 …………… [250]
  进一步加强和完善开办煤矿审批工
    作的通知 ………………………… [251]

进一步治理整顿矿产资源管理秩序
　　意见 ……………………………… [252]
八、农村与农业 ……………………… [253]
进一步加强天然林资源保护工作 …… [253]
切实抓好退耕还林还草工程的通知 … [254]
九、生态环境 ………………………… [255]
城市绿化管理办法 …………………… [255]
森林公园管理办法 …………………… [255]
关于酸雨控制区和二氧化硫污染控
　　制区有关问题的通知 ……………… [256]
贵州省环境保护目标责任制实施办
　　法 …………………………………… [257]
加快发展环保产业 …………………… [258]
实施西电东送工程中切实加强环境
　　保护 ………………………………… [258]
进一步加快绿色通道建设 …………… [259]
加强城市绿化建设 …………………… [260]
加快花卉产业发展 …………………… [261]
十、教育 ……………………………… [262]
加快职业教育改革和发展 …………… [262]

深化教育改革扩大普通高中招生规
　　模改革收费等有关问题 …………… [262]
普通中等专业学校实行招生并轨 …… [263]
中小学布局结构调整意见 …………… [263]
进一步做好计算机教育工程 ………… [264]
十一、科技扶持 ……………………… [265]
科学技术奖励办法 …………………… [265]
十二、人事与户籍 …………………… [266]
积极推进劳动预备制度加快提高劳
　　动者素质 …………………………… [266]
进一步加强和改进知识分子工作 …… [267]
加快农村乡土人才开发 ……………… [268]
深化贵州省大中专毕业生就业制度
　　改革 ………………………………… [269]
高校毕业生志愿服务西部的八项政
　　策 …………………………………… [270]
调整部分户口政策 …………………… [270]
十三、其他 …………………………… [271]
"西部大开发"国家鼓励类产业企业
　　的管理 ……………………………… [271]

VIII 企业信息

一、省市企业概述 …………………… [275]
企业概述 ……………………………… [275]
贵阳市企业概述 ……………………… [275]
六盘水市企业概述 …………………… [276]
遵义市企业概述 ……………………… [276]
安顺市企业概述 ……………………… [276]
二、企业简介 ………………………… [277]
(一)煤炭企业 ………………………… [277]
盘江煤电(集团)有限责任公司 ……… [277]
贵州水城矿业(集团)有限责任公司 … [278]
贵阳矿灯厂 …………………………… [278]
(二)石化企业 ………………………… [278]
贵州开磷(集团)有限责任公司 ……… [278]
贵州水晶集团 ………………………… [279]

贵州轮胎股份有限公司 ……………… [279]
贵州西众塑胶股份有限公司 ………… [279]
贵州永力橡胶(集团)有限公司 ……… [280]
贵州宏峰塑胶制品有限公司 ………… [280]
贵阳白云化盐有限责任公司 ………… [280]
遵义双源化工(集团)有限责任公司 … [281]
贵州红星发展股份有限公司 ………… [281]
贵州南风日化有限公司 ……………… [282]
贵州宏福实业开发有限总公司 ……… [282]
贵州剑峰化工股份有限公司 ………… [282]
贵州省福泉磷肥厂 …………………… [283]
贵州省岑巩县精细化工厂 …………… [283]
贵州毕化有限责任公司 ……………… [284]
(三)冶金企业 ………………………… [284]

中国七砂集团有限责任公司 ………… [284]	(九)轻纺企业 …………………………… [298]
贵州红枫铁合金股份有限公司 ………… [285]	贵州凯里纺织有限责任公司 …………… [298]
贵州省黄金集团公司 …………………… [285]	(十)轻工企业 …………………………… [298]
水城钢铁(集团)有限责任公司 ………… [285]	贵州新华印刷厂 ………………………… [298]
遵义钛厂 ………………………………… [285]	贵州黄果树烟草(集团)有限责任
贵州钢绳(集团)有限责任公司 ………… [286]	公司 ………………………………… [299]
遵义铁合金(集团)有限责任公司 …… [286]	贵州驰宇烟草(集团)有限公司毕节
贵州龙腾铁合金有限责任公司 ………… [287]	卷烟厂 ……………………………… [299]
(四)有色金属企业 ……………………… [287]	贵阳第二玻璃厂 ………………………… [299]
贵州铝厂 ………………………………… [287]	贵州瀑布啤酒(集团)有限公司 ……… [300]
遵义铝业股份有限公司 ………………… [288]	贵州茅台酒厂有限责任公司 …………… [300]
安吉铸造厂 ……………………………… [288]	贵州茅台酒厂(集团)习酒有限责任
(五)机械企业 …………………………… [289]	公司 ………………………………… [300]
中国贵州航空工业集团有限责任	贵州振业董酒股份有限公司 …………… [301]
公司 ………………………………… [289]	贵州青酒集团有限责任公司 …………… [301]
贵州红阳机械(集团)公司 …………… [289]	贵州醇酒厂 ……………………………… [302]
贵州天力柴油机有限责任公司 ………… [290]	贵州都匀毛尖茶集团公司 ……………… [302]
南方汇通股份有限公司 ………………… [290]	(十一)建材企业 ………………………… [303]
普天万向物流技术股份有限公司 ……… [291]	贵州水泥厂 ……………………………… [303]
贵阳万江航空机电有限公司 …………… [291]	贵州水城水泥股份有限公司 …………… [303]
贵阳电线厂 ……………………………… [291]	(十二)交通、水利企业 ………………… [304]
贵州红湖机械厂 ………………………… [292]	中国铁道部第五工程局(集团)有限
虹山轴承总公司 ………………………… [292]	公司 ………………………………… [304]
贵州云马飞机制造厂 …………………… [292]	中国水利水电第九工程局 ……………… [304]
(六)国防企业 …………………………… [293]	贵州省公路工程总公司 ………………… [305]
中国江南航天集团 ……………………… [293]	贵州省桥梁工程总公司 ………………… [305]
贵州黎阳航空发动机公司 ……………… [293]	贵阳市公共交通总公司 ………………… [306]
贵州新安航空机械有限责任公司… [294]	(十三)制药、食品企业 ………………… [306]
(七)电力企业 …………………………… [294]	贵州神奇集团 …………………………… [306]
贵州省电力公司 ………………………… [294]	贵州老来福药业有限公司 ……………… [307]
贵州乌江水电开发有限责任公司 ……… [295]	贵州益佰制药有限责任公司 …………… [307]
(八)电子企业 …………………………… [295]	贵州益康制药有限责任公司 …………… [308]
贵州移动通信公司 ……………………… [295]	贵州奔驰动物药业有限责任公司 ……… [308]
中国振华电子集团有限公司 …………… [296]	贵州润丰(集团)实业有限公司 ……… [308]
贵阳海信电子有限公司 ………………… [296]	贵州信邦制药股份有限公司 …………… [309]
贵阳仪器仪表工业公司 ………………… [296]	贵州威门药业股份有限公司 …………… [309]
贵州长征电器股份有限公司 …………… [297]	贵阳南明老干妈风味食品有限责任
贵州永安电机总厂 ……………………… [297]	公司 ………………………………… [310]

贵州贵宝(集团)股份有限公司 ……… [310]
遵义天楼野木瓜有限公司 ……… [311]
贵州牛来香实业有限公司 ……… [312]
贵州永红食品有限责任公司 ……… [312]
贵州东峰集团独山盐酸菜厂 ……… [313]
贵州潍阳神植物油有限公司 ……… [313]
(十四)建筑、房地产企业 ……… [313]
贵州鸿基(集团)房地产开发有限公司 ……… [313]
贵州虹祥房地产开发有限公司 ……… [314]
(十五)其他 ……… [314]
贵阳市供水总公司 ……… [314]

Ⅸ 历史文化信息

一、贵州史事 ……… [319]
唐蒙通夜郎 ……… [319]
诸葛亮平定南中 ……… [319]
播州土司的兴衰 ……… [320]
宋隆济抗暴 ……… [321]
明成祖开设贵州 ……… [321]
王阳明与贵州文化 ……… [322]
郑、莫、黎与沙滩文化 ……… [323]
严修视学贵州 ……… [323]
护国运动在贵州 ……… [324]
文通书局与贵州近代企业 ……… [324]
遵义会议 ……… [325]
贵州的三线建设 ……… [326]

二、贵州古代桥文化 ……… [326]
古代桥文化概述 ……… [326]
毕节七星关桥 ……… [327]
盘江索桥 ……… [327]
葛镜桥 ……… [328]
混子桥 ……… [328]

三、贵州酒文化 ……… [329]
酒文化概述 ……… [329]
多姿多彩的酒礼酒俗 ……… [329]

四、贵州历史文化名人 ……… [331]
奢香 ……… [331]
王守仁 ……… [331]
何腾蛟 ……… [332]
周渔璜 ……… [333]
郑珍 ……… [333]
莫友芝 ……… [334]
丁宝桢 ……… [335]
黎庶昌 ……… [336]
赵以炯 ……… [336]

五、贵州典故 ……… [337]
"宫保鸡" ……… [337]
夜郎自大 ……… [337]
黔驴技穷 ……… [338]

附 录

一、驻外办事机构 ……… [341]
贵州省人民政府驻外办事机构一览表 ……… [341]

二、各类市场 ……… [342]
贵州省各市州地主要购物商场一览表 ……… [342]
贵州省各市州地文化用品商店一览表 ……… [344]

三、主要宾馆 ……… [345]
贵州省主要宾馆一览表 ……… [345]

四、旅行社 ……… [347]
贵州省旅行社一览表 ……… [347]

Ⅰ 综合信息

一、历史沿革

【贵州的历史】

贵州简称"黔"或"贵",是我国古人类发祥地之一。春秋以前,今贵州大部分地区,属于"荆楚"或"南蛮"的一部分。春秋时期,境内部族林立,著名的有牂牁国,其政治中心叫夜郎邑。春秋末期,牂牁国衰落,牂牁江(今北盘江)流域另一支"濮"人兴起,占领了牂牁国北部领土,仍以夜郎邑为中心,定国号为夜郎。战国后期,今贵州东部为秦、楚相争的黔中属地一部分,西南部仍是夜郎国辖地。秦统一中国后,今贵州东北、西北部分属蜀郡、巴郡、黔中郡,其余大部分地区仍为古夜郎国辖地。汉初,今贵州绝大部分地区仍为古夜郎国。公元前111年,汉武帝用武力征西南夷、南夷。夜郎侯入朝,受封为夜郎王,维持夜郎国号。公元前110年,汉武帝置牂牁郡,领17县,其中7县地域在今贵州境内。公元前28年至公元前25年,夜郎侯国灭,郡县制度在夜郎地区最后确立。三国时,牂牁全境隶属蜀汉益州。隋时,在贵州置牂牁州牂牁郡、明阳郡、沅陵郡,辖有今贵州东、南、北部大部分地区。唐时,全国划分为10道,后增为15道,今贵州地域分属黔中道、剑南道、岭南道管辖。宋朝建立后,大行政区称路,今贵州地域分属夔州路、荆湖北攻路、潼遗川路、广南西路、剑南西路、剑南东路等,主要属夔州路。公元974年,土著首领普贵以所领矩州(今贵阳及近邻地区)归顺,土语言"矩"曰"贵",朝廷敕书就其所语称"惟尔贵州,远在要荒……","贵州"名称就此见于文献。当时的贵州,只限于今贵阳及其周围地区。元代,全国置11行中书省,简称行省,行省下设路,边远地区设司,今贵州地域分属湖广、四川和云南3行省,置八番顺元宣慰等司和普定路、普安路。明代,公元1382年(洪武十五年),贵州始置都指挥使司,首次建立了省一级的军事机构。公元1413年,设置贵州布政使司,贵州始成为一个行省。公元1416年(永乐十四年),又置贵州提刑按察使司,管刑法。至此,贵州三司与各行省相同。清初沿用明制。公元1665年,康熙平水西、乌撒后,分别设置黔西、平远、大定、威宁等府,将曾一度划归湖广的黎平府再隶贵州;公元1727年(雍正五年),又将四川所属遵义府改隶贵州,将广西红水河、南盘江以北之地拨贵州置永丰州,旋又拨广西的荔波、湖广的平溪、天柱归贵州。至此,今贵州疆域基本形成。清代后期,贵州的行政区划仍为前期的府、州、厅、县。迄于清末,贵州设12个府、13个州、33个县、11个厅、3个直系厅。至民国时期,府、州、厅改为县,省行政首脑为民政长,下设黔中、黔西、黔东三道观察使。1914年,改民政长为巡按使,观察使为道尹,省城置贵阳县。1916年废巡按使,设省长。1920年废道。1935年,设立省政府委员会,下设若干处、厅、局政府机构,省下设11个行政督察专员区,分辖各县。1941年置贵阳市。1948年,设1个直辖区、6个行政督察区,分辖78个县,县下建立乡镇保甲,全省有乡镇1 397个,保12 940个,甲128 435个。1949年11月15日,贵阳市解放。12月16日,贵州省人民政府宣布成立。全省行政区划设1个省辖市(贵阳市)、8个专区(贵阳、遵义、铜仁、镇远、独山、兴仁、安顺、毕节)、1个专区辖市(遵义市),共置79个县。几经变动,到2001年底,全省辖贵阳、六盘水、遵义、安顺4个地级市和黔东南、黔南、黔西南3个自治州及毕节、铜仁2个地区,共有56个县、11个自治县、9个县级市、9个市辖区、2个特区和696个镇、764个乡、253个民族乡、77个街道办事处。省会为贵阳市。

二、行政区与地名

【行政区划】
贵州省行政区划据2001年末统计:贵阳市辖6区3县1市,市人民政府驻南明区;六盘水市辖1区1特区2县,市人民政府驻钟山区;遵义市辖1区2市8县2自治县,市人民政府驻红花岗区;铜仁地区辖1市1特区4县4自治县,行政公署驻铜仁市;毕节地区辖1市6县1自治县,行政公署驻毕节市;安顺市辖1区2县3自治县,市人民政府驻西秀区;黔南布依族苗族自治州辖2市9县1自治县,州人民政府驻都匀市;黔东南苗族侗族自治州辖1市15县,州人民政府驻凯里市;黔西南布依族苗族自治州辖1市7县,州人民政府驻兴义市。详见下表:

贵州行政区划一览表 (2001年)

名称	地级单位	地级市	县级单位	县	其中自治县	县级市	市辖区	特区	镇	街道办事处	乡	民族乡
全省合计	9	4	87	67	11	9	9	2	696	77	764	253
贵阳市	1	1	10	3		1	7		28	34	53	19
六盘水市	1	1	4	2			1	1	30	4	64	50
遵义市	1	1	13	10	2	2	1		165	13	62	8
安顺市	1	1	6	5	3		1		37	6	43	11
黔南布依族苗族自治州	1		12	10	1	2			99	5	136	12
黔东南苗族侗族自治州	1		16	15		1			90	5	116	17
黔西南布依族苗族自治州	1		8	7		1			80		49	3
铜仁地区	1		10	8	4	1		1	69	4	95	56
毕节地区	1		8	7	1	1			98	6	146	77

资料来源:《贵州省统计年鉴(2002年)》

【各市州地县名称】
Name of Each State, City, Prefecture and County

贵州省各市州地县名称见下表:

贵州省各市州地县名称表 (2001年)

市州地名称 State(City, Prefecture)	县(市、区、特区)名称 County(City, District, Special Region)
贵阳市 Guiyang	南明区 云岩区 小河区 花溪区 乌当区 白云区 金阳新区 清镇市 Nanming Yunyan Xiaohe Huaxi Wudang Baiyun Jinyang Qingzhen 开阳县 息烽县 修文县 Kaiyang Xifeng Xiuwen
六盘水市 Liupanshui	钟山区 六枝特区 盘县 水城县 Zhongshan Liuzhi Panxian Shuicheng
遵义市 Zunyi	红花岗区 赤水市 仁怀市 遵义县 桐梓县 绥阳县 正安县 凤冈县 Honghuagang Chishui Renhuai Zunyi Tongzi Suiyang Zhengan Fenggang 湄潭县 余庆县 习水县 道真仡佬族苗族自治县 务川仡佬族苗族自治县 Meitan Yuqing Xishui Daozhen(Gelo&Miao) Autonomous County Wuchuan(Gelo&Miao) Autonomous county
安顺市 AnShun	西秀区 平坝县 普定县 关岭布依族苗族自治县 Xixiu Pingba Puding Guanling(Bouyei&Miao) Autonomous County 镇宁布依族苗族自治县 紫云布依族苗族自治县 Zhenning(Bouyei&Miao) Autonomous County Ziyun(Miao&Bouyei) Autonomous County

续表

市州地名称 State (City, Prefecture)	县（市、区、特区）名称 County (City, District, Special Region)							
黔南布依族苗族自治州 Qiannan (Bouyei & Miao) Autonomous State	都匀市 Duyun	福泉市 Fuquan	荔波县 Libo	贵定县 Guiding	瓮安县 Wengan	平塘县 Pingtang	罗甸县 Luodian	长顺县 Changshun
	龙里县 Longli	惠水县 Huishui	独山县 Dushan	三都水族自治县 Sandu (Shui) Autonomous County				
黔东南苗族侗族自治州 Qiandongnan (Miao & Dong) Autonomous State	凯里市 Kdli	黄平县 Huangping	施秉县 Shibing	三穗县 Sanhui	镇远县 Zheyuan	岑巩县 Cengong	天柱县 Tianzhu	锦屏县 Jinping
	剑河县 Jianhe	台江县 taijiang	黎平县 Liping	榕江县 Rongjiang	从江县 Congjiang	雷山县 LeiShan	麻江县 Majiang	丹寨县 Danzhai
黔西南布依族苗族自治州 Qianxinan (Bouyei & Miao) Autonomous State	兴义市 Xingyi	兴仁县 xingren	普安县 puan	晴隆县 Qinglong	安龙县 Anlong	望谟县 Wangmo	贞丰县 Zhenfeng	册亨县 Ceheng
铜仁地区 Tongren	铜仁市 Tongen	江口县 Jiangkou	石阡县 Shiqian	思南县 SiMn	德江县 Dejiang	沿河土家族自治县 Yanhe (Tujia) Autonomous County		
	松桃苗族自治县 Songtao (Miao) Autonomous Cotmty		玉屏侗族自治县 Yuping (Dong) Autonomous County		印江土家族苗族自治县 YinJiang (Tujia & Miao) Autonomous County		万山特区 Wangshan	
毕节地区 Bijie	毕节市 Bijie	大方县 Dafang	黔西县 Qianxi	金沙县 JInsha	织金县 Zhijin	纳雍县 Nayong	赫章县 Hezhang	
	威宁彝族回族苗族自治县 Weining (Y1, Hui & Miao) Autonomous County							

三、主要城市

【贵阳市】

贵州省省会。位于贵州省中部，东、南与黔南布依族苗族自治州接壤，西靠安顺市和毕节地区，北邻遵义市。1996年1月实行市带县体制，现辖云岩、南明、小河、花溪、乌当、白云、金阳7个区和清镇市及修文、开阳、息烽3个县，总面积8 046平方千米，占全省的4.56%，2001年末，全市总人口341.29万，人口密度为每平方千米424人。贵阳是贵州省的政治、经济、文化中心，已建成冶金、机械、轻工为主的综合性工业基地和全省最集中的航空、航天、机电加工工业基地——贵阳国家级经济技术开发区,国内生产总值占全省的27.9%;市内有13所高等院校。贵阳是西南重要的交通枢纽,贵阳南站是西南最大的铁路货运编组站;湘黔、川黔、黔桂、贵昆铁路在此交汇;境内有210、320国道公路通过,随着贵黄、贵遵、贵新、贵毕、凯麻公路的陆续建成,贵阳与全省大多数市、州、地已有高等级公路相连,此外,还建有4D级现代化的龙洞堡机场。

贵阳历史悠久,名胜古迹众多,自然、人文风光绚丽多彩。汉时属牂牁,西晋建兴元年(313年)置夜郎郡,唐高祖武德四年(621年)置矩州,宋称贵州,元袭称贵州,明永乐十一年(1413年)称贵城,明庆隆三年(1569年)更名贵阳府,民国三十年(1941年)置贵阳市,简称筑。城区有黔灵山弘福寺、甲秀楼、阳明祠等名胜古迹;修文县有阳明洞;城区近郊有风景如画的花溪公园、历史悠久的青岩古镇、民族风情浓郁的高坡苗寨;远郊有风景名胜区红枫湖、百花湖、南江生态旅游区、息烽温泉、六广河峡谷等风景区以及国家级重点文物保护单位息烽集中营旧址。经过不断的开发建设,贵阳已成为海内外游客所喜爱的旅游热点(图1、图4)。

贵阳气候温和,生物多样化,能源、矿产资源丰富。境内属亚热带高原季风气候区,气候温暖湿润,冬无严寒,夏无酷暑,年均气温15℃,年均降水量1 197毫米,年日照1 278小时左右,年相对湿度76.9%,无霜期270天左右。全市有维管束植物177属1 300余种;国家重点保护的植物有香果树、鹅掌楸、青檀、青钱柳、银杏、杜仲、天麻、厚朴等;国家重点保护的动物有大鲵(娃娃鱼)、白冠长尾雉、云豹、白鹇、猕猴、林麝、苏门羚、穿山甲、鸳鸯等。已探明矿种有52种,主要有煤、铁、硅、重晶石、大理石、耐火黏土、铝土矿、磷、硫、汞等。铝土矿保有储量4.3亿吨,占全国的五分之一,矿床主要集中在修文县和清镇市,有特大型、大型、中型矿床9个,其中清镇市猫场铝土矿储量1.5亿吨,为国内著名特大型铝土矿。磷矿储量4.64亿吨,是全国三大磷矿基地之一,全国70%以上的优质磷矿集中在贵阳。煤炭储量9亿吨,"一市三县"及3个郊区均有分布,具有品种多、埋藏浅、易开发等特点。境内有大小河流98条,水资源总量为46.79亿立方米,其中地表水35亿立方米,地下水11.79亿立方米,地下水水质好,流量稳定,具有较高的开发利用价值;有水电装机容量近100万千瓦,年发电量100多亿千瓦小时。

贵阳的城市建设与发展坚持人口、经济、社会、环境和资源相协调的可持续发展战略,不断完善城市功能,其发展目标是:到2010年,把贵阳建设成为经济繁荣、产业结构合理、科学技术先进、服务体系完善、社会文明、城市布局合理、环境与生态良好、交通便捷的现代化城市,力争城市经济社会和科技综合实力达到全国省会城市中等水平。预测2005年贵阳市域城市化水平为53%,2010年贵阳市域城市化水平达58%。随着城市新区——金阳新区建设力度的不断加强和各项基础设施的完善,未来城区将形成以中心区和金阳新区为双中心,与周围7个片区构成组团式空间布局的城市结构,各片区之间以绿色空间相隔离,"山中有城,城中有山"的城市特点将日显突出。

【六盘水市】

位于贵州省西部,是20世纪60年代崛起的一座新兴工业城市。城区钟山区面积35.1平方千米。境内煤炭资源和铁矿石资源丰富、质量好,20世纪50年代后期开始进行开发,1965年三线建设开始,成为煤炭、钢铁的重点建设地区,1967年成立六盘水地区,1978年改设六盘水市。境内属亚热带湿润季风气候区,年均气温13℃~14℃,无霜期230~300天,年均降雨量1 200~1 500毫米,冬暖夏凉,气候宜人。已发现矿种有30余种,已探明储量的有煤、铁、铅、锌、铀、镍、银、锗、镉、镓、铟、硫铁矿、石灰石、白云石、萤石、石膏等,其中以煤、铁、铅、锌储量为多。煤储量居全省之首。六盘水煤田可靠储量711亿吨,探明储量164亿吨,煤种齐全,煤质优良,埋藏浅。旅游资源独具特色,境内自然景观与人文景观丰富,加之有浓郁的民族风情和冬无严寒、夏无酷暑的自然气候优势,为发展旅游业奠定了良好基础。较为著名和开发价值大的景点,主要有六枝境内的牂牁江风景名胜区和盘县境内的丹霞山、长海子湖、碧云洞、凉风洞、沙河龙滩口溶洞、老厂竹海、妥乐银杏林、火铺杜鹃花林、大洞古人类遗址、红军第二第六军团盘县会议会址以及水城境内的峰林—溶盆地貌景观、金盆干河天生桥、杨梅林场与茶园、滥坝黑松林等。六盘水是多民族居住地区。境内有38个民族,其中少数民族37个,世居少数民族7个。少数民族人口70多万,占全市总人口的27%。全市有50个民族乡,民族乡地域面积占全市总面积的65%。

【遵义市】

位于贵州省北部,是黔北地区政治、经济、文化中心和交通枢纽。1997年8月原遵义地区撤地建市后,原遵义市改名为红花岗区。遵义处于沿江开放城市重庆和内陆开放城市贵阳之间,自然资源丰富,锰、硅、铁、硫、煤、石灰石、大理石等矿产资源储量较大。红花岗区已建成门类较为齐全的工业体系,有100余种工业产品获省、部及国家名优产品称号。遵义是闻名遐迩的国酒之乡,以国酒"茅台"为代表的一批名优酒早已饮誉海内外,使遵义赢得了"中国酒文化名城"的美称。遵义交通便利,川黔电气化铁路以及210国道、326国道公路穿越全境,贵阳至遵义的高等级公路已全线通车,已形成以红花岗区为中心的黔北交通网络,遵义至重庆市崇溪河的高速公路不久即将建成通车;已普及程控电话,开通了无线寻呼移动电话及国内、国际长途直拨电话。全市电力装机容量已达95.4万千瓦,保证了工农业生产用电,发展了民用电热。城区拥有南郊、北郊两大水厂,城市自来水日供能力已达15万吨。红花岗区现有各类批发市场86个,大中型市场百余家,总面积30.7541万平方米;有各类科研机构93个,各类专业技术人员约4万人;有各级各类学校168所(其中大中专院校20余所),在校生8.9万余人;有各类专科和综合性医院25家。红花岗区作为新遵义市的中心城区,以交通、供电、给排水、遵义会议纪念区改造等为重点的城市基础设施建设已全面推进;金鼎山、新蒲、深溪三镇划归红花岗区管辖,拓展了红花岗区的发展空间;城市绿化覆盖率已达39.3%。人均绿地面积20余平方米。遵义是国务院首批公布的历史文化名城。随着建设步伐不断加快,城市配套设施不断完善,遵义正向着"经济繁荣,文化昌盛,环境优美,人民富裕,民风高尚"的现代化工业城市和旅游城市迈进。

【安顺市】

位于贵州省中西部。始建于明代,地处滇黔要道,自古为黔中商业重镇,素有"滇之喉、黔之腹"之称。安顺是贵州省重要的旅游城市。境内年平均气温为14℃~16℃,冬无严寒,夏无酷暑,气候宜人。交通便利,有贵昆铁路贯穿全境,旅游专列"黄果树"号每日往返于贵阳和安顺之间,西南第一条高等级公路从贵阳经安顺直达黄果树,给旅游者提供了便捷的交通条件。安顺市周围高密度地聚集有4个国家级风景区、2个省级风景区及众多的景区景点。安顺市以西45千米有"黄果树大瀑布"、"十八飞瀑"瀑布群和"天星桥"奇景,以南27千米有"龙宫",以东65千米有"红枫湖",以北125千米有"织金洞"、"百里杜鹃"。安顺市是古夜郎国的中心地带,境内有国家级重点文物保护单位普定穿洞遗址以及"千古之谜"红崖天书,以石雕建筑群著称于世的安顺府文庙和百余处古遗址、古建筑、古墓葬、摩崖石刻、古岩画等人文景观。居住在安顺的苗、布依、仡佬等多种少数民族在漫长的历史中形成了自己独特的文化习俗,石头村落与田园风光相映成趣,民族节日多姿多彩,民族头饰、服饰、手工制品各具特色,屯堡地戏古朴、粗犷。浓郁的民族风情,已成为吸引各地旅客的重要旅游资源。

【都匀市】

贵州省黔南布依族苗族自治州(以下简称"黔南自治州")首府,是全州的政治、经济、文化和交通中心,贵州省的新兴工业城市。工业以机械、电子、化工、建材、食品加工、药业等行业为主,总产值占全州的40%以上。农业产业化已开始起步,并初步形成茶叶、蔬菜、果品、饲料加工、优势药材等产业。境内气候宜人,年平均气温16℃,无霜期在300天左右,年平均降雨量1 431.1毫米,为省、州多雨区之一,且雨热同季。平均海拔938米,山地、丘陵、盆地(坝子)等均有分布。水资源比较丰富,水能理论蕴藏量12.5万千瓦,其中已开发利用的仅占3%左右,开发潜力大。矿产资源中仅铅锌矿探明工业储量就达50多万吨,为全省最大铅锌矿床,其他已探明的矿藏主要有:煤储量2 705.7万吨,铁矿石储量655.7万吨,硅石储量1亿多吨。此外还有重晶石、磷矿石、石英砂、石灰石等。动植物资源中,仅珍稀动物就达18种,其中有大鲵(娃娃鱼)、穿山甲、黑熊、小灵猫、红腹锦鸡、林麝、毛冠鹿等9种国家重点保护动物;属于国家重点保护的珍稀植物有香果树、十齿花、杜仲、天麻、马尾松、鹅掌楸、穗花杉、黄连8种,此外列入国家级保护植物的还有银杏、水杉、柔毛油杉、铁杉、檀木等。茶、香菇、木耳、当归、茯苓等为当地名特产品。驰名国内外的都匀毛尖茶为历史传统名茶。都匀山川秀丽,旅游资源丰富。位于市区东南5千米的尧林溶洞,洞长2千米,面积1万余平方米。有大小洞厅30多个。位于市区西北20千米的斗篷山水源林自然保护区,主峰海拔1 961米,为全州第一高峰,面积60平方千米;山上有大小溪流百余条,山顶有一占地近2公顷的"天池",池水终年不涸;山内森林为稀有原始次生林区,区内活立木总蓄积量约20万立方米,有罗汉松、楠木、水杉、银杏等稀有树种和爬行类、两栖类动物数百种。位于市区西部15千米的螺丝壳水源林保护区,总面积45平方千米,最高峰海拔1 738米,有大小溪流30多条。区内森林覆盖率为60%左右,有松、杉、樟等树木和虎、豹、熊、麝、旱獭等动物。此外,在省级风景名胜区——都匀剑江风景名胜区,有飞架剑江上的各式古代和现代桥梁,使都匀享有"花园式桥城"之称。都匀为多民族杂居区,以布依族、汉族、苗族、水族为主体共有31个民族,少数民族占总人口的63.50%。民族风情多姿多彩,民族节日众多,较有影响的节日近100个。作为贵州的南大门,都匀的区位优势明显,交通便利。市境位于大西南通往广东、广西和沿海港口城市的"南下通道"上;经过都匀的贵新高等级公路北接贵遵高等级公路和成渝高速公路,南出湛江和北海,西连滇藏,东接凯麻高速公路直通湖广;黔桂铁路横贯都匀,是成都、重庆到广西柳州的必经之路;湘黔铁路与株六铁路复线的最近枢纽车站距都匀仅半小时车程;已动工的重庆—贵阳—都匀—南宁高等级公路在都匀境内有51千米,都匀至贵阳龙洞堡机场汽车行程仅一个多小时。都匀特有的地理位置和区位优势,使都匀成为南下通道和东联西进挺进东南亚经济圈的"桥头堡"及东南沿海经济战略西移的"落脚点"。加之电力充足、通信便利、地域辽阔,构成了较好的投资环境。

【凯里市】

位于贵州省东南部,是国家民族事务委员会、国家体制改革委员会批准的民族自治地方改革开发实验区——黔东南苗族侗族自治州(以下简称"黔东南自治州")首府所在地。全市总面积1 306平方千米,总人口42万,是一个以苗族为主体、多民族聚居的城市,也是全国41个"绿都"之一。凯里建置沿革已有500年历史,明清时期曾有"小京州"美称。几百年来,生活在凯里这块土地上的各族人民用自己的智慧和勤劳,创造了辉煌灿烂的民族文化。境内生物矿产资源丰富,医药植物和野生动物种类达500多种,还有煤、铁、铅、锌、重晶石、铝土矿、石英石、硅石岩等矿藏,其中硅石的二氧化硅含量高达98%,名列西南之冠。作为新兴的工业城市,凯里已形成以电子、轻纺、建材为主,包括煤炭、造纸、冶金、食品、制药、木材加工等产业的工业体系。凯里气候宜人,属亚热带湿润季风气候,冬无严寒、夏无酷暑。凯里山清水秀,景色迷人,多民族聚居,被誉为"苗岭明珠",是"芦笙的故乡"、"歌舞的海洋",素有"百节之乡"的美称。以其得天独厚的自然景观、古朴浓郁的民族风情和丰富独特的民族文化,被确立为贵州东线民族风情旅游中心。基础设施条件也比较好,湘黔铁路和320国道贯穿全境,凯里火车站是湘黔线上的一个重要车站,是连接中原地区和西南地区的重要枢纽。随着国家重点建设项目株(洲)六(盘水)电气化铁路复线和西南出海大通道重庆至南宁高等级公路以及凯里到麻江高速公路的建成,凯里交通变得更为便捷。此外,全市已开通国际、国内程控电话、移动电话及无线寻呼,杭—福—贵—成光缆横贯境内。市内有一座总装机容量50万千瓦的凯里火力发电厂,年发电量在30亿千瓦小时以上。位于凯里大友庄民族改革开放试验区的万博商贸城是凯里最大的物贸批发市场,并以此为核心辐射四周,建成了集商贸、观光、娱乐、休闲、饮食、居住为一体的开放区。

【铜仁市】

位于贵州省东北部,东邻湖南,北接重庆、湖北,素有"黔东门户"之称,是铜仁地区行署所在地,全区的政治、经济、文化中心和湘、黔、渝、鄂四省、市边区的商品集散地。全市面积1 515平方千米,辖7乡5镇4个办事处,总人口33万。资源丰富,有汞、钾、银、铅、锌、钒、锰、石英砂等10多种储量大、易开发的优质矿藏和以油桐、花生、油菜、猕猴桃、淡竹、大鲵、穿山甲等开发潜力大的动植物为代表的700余种生物资源;水能理论蕴藏量6.6万千瓦,可开发量6万千瓦。铜仁市位于武陵山脉主峰梵净山下,风光优美,由铜岩阁、水晶阁、东山寺等12个景点和锦江上的10座彩虹桥组成的十里锦江景观,多姿多彩的九龙洞风景区,都是得天独厚的旅游资源。铜仁市交通条件不断改善,渝怀铁路过境铜仁段的修建,大兴机场的改造复航,玉屏—铜仁高等级公路、铜仁至江口旅游公路、梵净山旅游大道、铜松过境线的修建,加之现有400千米的省道和市乡道,形成了纵横贯通的交通网络。全市现有工业企业150余家,形成了以冶金、建材、电力、化工、食品加工为主的工业体系,是省建20个经济强县(市)之一。进入21世纪,铜仁市的发展目标是:抓住国家实施西部大开发战略的历史性机遇,建设一个经济发达、环境优美、设施完善,集旅游、轻工、商贸为一体的山水园林城市。

【兴义市】

位于贵州省的西南部,是黔西南布依族苗族自治州(以下简称"黔西南自治州")的首府。地处滇、黔、桂三省(区)交界处,东邻安龙,北靠盘县、普安、兴仁,南隔南盘江与广西的西林、隆林相望,西倚黄泥河界云南罗平。春秋战国时属牂牁国。战国至秦再至汉武帝时属夜郎国。汉武帝元鼎六年(前111年)设宛温县隶牂牁郡。三国蜀后主建兴三年(226年)属兴故郡。晋泰始七年(271年)改名兴汉县。东晋至清初更名与隶属纷繁。清嘉庆三年(1798年)设兴义县。城郊的顶效猫猫洞是旧石器时代遗址,对人类历史研究颇具价值,万屯东汉古墓群以出土精美铜车马声震全国。境内还有穿云洞等名胜古迹,有马岭大峡谷、车柳温泉、彩霞珍珠瀑布群等景区。

【赤水市】

位于贵州省西北部的赤水河中下游,是黔北通往川南的重要门户。东南与习水接壤,西北分别与四川古蔺、叙永、合江三县交界,总面积1 801平方千米。辖9个镇、5个乡、3个街道办事处、297个行政村、31个居委会,总人口30万,其中城区常住人口8万。城市面积8平方千米。赤水为黔西北重要古镇,历史悠久,受巴蜀文化影响较深,是贵州开发较早地区。建置始于北宋大观三年(公元1109年),初名仁怀县,治所在今复兴镇。在历史上,赤水长期隶属巴蜀,清雍正六年(公元1728年),随遵义府划归贵州。民国三年(1914年)改设赤水县。1990年9月撤县建赤水市。赤水是革命老区,因1935年红军四渡赤水而名扬中外。属中亚热带季风气候区,雨量充沛,年平均雨量1 292.3毫米。赤水山川秀丽,资源丰富,是"国家级重点风景名胜区"、"全国生态试验示范建设试点地区"、"中国十大竹乡之一"。盛产亚热带水果,是贵州省水果商品基地县(市)之一。赤水国家重点风景名胜区规划面积328平方千米,由十丈洞大瀑布景区、四洞沟瀑布群景区、竹海国家森林公园、国家级桫椤自然保护区、天台山景区、丙安景区、月亮湖景区、九曲湖景区、长嵌沟景区、九角洞景区等十大景区组成。全市森林覆盖率为63%。景区森林覆盖率达90%以上,常绿阔叶林原始植被完整,珍稀动植物种类繁多。景观以瀑布、湖泊、竹海、桫椤、丹霞地貌、原始森林为主要特色,兼有古代人文景观和红军长征遗迹,水资源丰富,是全国首批100个电气化县(市)之一。矿产资源以天然气、煤、盐卤、硅砂为主。天然气储量255亿立方米,是全省最大的气田,年开采量最高达1.8亿立方米。已初步形成了包括化工、电力、竹木加工、造纸、造船、机械、建筑、建材、酿造、印刷、皮革、服装、森工、食品加工等工业门类和旅游业的城市经济体系。主要企业有赤天化集团有限责任公司、贵州油气勘探开发公司、贵州赤水华一造纸厂、贵州赤水轮船公司、贵州赤水造船厂、新锦竹业公司。在交通方面,"黄金大道"赤水河绕城而过,可通江达海,赤水港是贵州第一大港,年货运吞吐量200多万吨,客运量200多万人次。

【清镇市】

位于贵州省中部,距省会贵阳市中心约30千米。有600多年建城史和300多年建县史。1992年撤县设市,市人民政府驻红枫湖镇。经国务院批准,自1996年元月起,清镇市划为贵阳市辖县级市。城市化率为22%。境内居住有苗、布依、彝、仡佬、土家、侗等30个少数民族,占总人数的21.6%。1999年被列为省建20个经济强县(市)之一。属亚热带季风湿润气候区,兼有高原型和季风型气候特点,气候温暖湿润,雨热同季,雨量充沛。境内河流湖库星罗棋布,水面占全省总面积的7%左右,可供养殖水面占全省的1/10,水资源、水面面积和蓄水量居全省之冠。境内有大、中、小电厂(站)22座,总装机容量146.34万千瓦,年发电量69亿千瓦小时。矿产资源丰富,有铝土矿、赤铁矿、硫铁矿、磷矿、硅矿、重晶石、白云石、大理石、耐火黏土、方解石、煤等30多种矿藏,储量大,品质优,易开采。面积80多平方千米的猫场矿区是目前全国已知铝土矿储量最大的整体连片矿区。境内有贵州红枫铁合金股份有限责任公司等10多家中央、省、贵阳市属大中型企业。清镇已成为在全省有相当地位的资金、技术、人才、设备密集的集电力、采矿、磨料、冶金、化工、发电、电建、纺织为一体的现代化大型工矿企业基地。清镇具有明显的区位优势,交通方便,处于黔中经济产业带的中心,有贵黄、滇黔、清毕、站织公路穿境而过,距4D级贵阳龙洞堡机场30千米,有高速公路相连。清镇市山清水秀,文物古迹众多,民族风情古朴浓郁。境内有红枫湖国家级风景名胜区和百花湖省级风景名胜区,有近年来开发的东风湖等4个市级风景名胜区以及8个少数民族风情旅游点,此外还有市级文物保护单位26处。这些景区景点,使清镇成为贵州西线旅游的枢纽和发展潜力巨大的旅游观光胜地。随着国家西部大开发战略的实施,清镇市提出了建设"经济发达、基础设施完善、环境优美的山水园林城市"和"进一步发展成为'城连水、水连城'的旅游特色突出的贵阳市卫星城市"。

【毕节市】

位于贵州省西北部,北邻四川的叙永、古蔺,西接云南省的镇雄、威信,是黔西北政治、经济、文化中心和黔西北的大门。元代建驿,明代设卫,清代置县,民国二十四年(1935年)成为贵州省第四行政监察专员公署驻地。1949年11月贵州毕节专区专员公署驻毕节县城,1993年12月撤县设市。全市总面积为3 141.9平方千米,辖27个镇、8个乡(含6个民族乡)、6个办事处,聚居着彝、苗、白等22个民族,总人口120万(农业人口108万),少数民族人口占总人口的9.34%。毕节是一座历史悠久、民族风情浓郁的城市。交通方便,自贵毕高等级公路通车后,由贵阳驱车到毕节只需要3个小时。

【仁怀市】

位于贵州省的西北部,赤水河中游,大娄山脉西段北侧,东抵遵义县、桐梓县;南接金沙县,北连习水县,西邻四川省古蔺县,是黔北经济区与川南经济区的连接点。境内茅台镇是享誉世界的贵州茅台酒的产地。1995年11月30日经国务院批准撤县设市。总面积1 788.1平方千米。有汉、苗、布依、彝、亿佬、壮、侗、白、土家、傣、水等10个民族,少数民族人口占市人口总数的3%。农业、酒业、矿业、建材业、旅游业、电力业是仁怀的支柱产业。境内属中亚热带季风气候区,年平均温度15.6℃,年平均无霜期314天,年日照时数1 266.7小时,年平均降雨量1 032.5毫米。矿产资源丰富,已探明的主要矿产有煤、硫铁、铁、铜、锌、高岭土、制陶黏土、萤石、磷矿石以及矿泉水等10多种。煤炭储量有25亿吨,硫铁矿储量约为1.5亿吨,高岭土储量约16万吨。产于赤水河中游茅台镇的茅台酒,是中国酱香型白酒的典型代表,历史悠久,工艺独特,被誉为中国的国酒。茅台酒厂(集团)有限责任公司目前已发展成为一家拥有资产13亿元、职工3 000余人、年生产茅台酒4 000多吨、创税3亿余元的国家特大型名酒企业。此外,以怀酒、茅河窖、酒中酒、华堂酒、藏酒、亚洲醇、挚诚系列酒、小糊涂仙酒等为主的各种窖曲酒,在国内颇负名望。近年,仁怀市在国家农业部、开发办的扶持帮助下,建立了3 400公顷的优质高粱生产基地,酿酒主要原料基本能够自给。全市工业已初步形成以酿酒业为主体,建材、化工、采掘、冶炼、印刷、机械制造、造纸等多业并举、共同发展的格局。中枢、茅台、鲁班、五马、茅坝是全市工业较为集中的地区。所有乡镇和80%的村已通公路,所有乡镇全部开通了程控电话、移动电话和无线寻呼业务。电力供应方面,已于1993年与国家电网联网。

【福泉市】

位于贵州省的中部,东接黄平县和凯里市,南邻麻江县,西靠开阳、龙里、贵定三县,北连瓮安县。秦始皇三十三年(前214年)设且兰县,属象郡。汉属牂牁郡。隋称宾化县。明置平越卫属平越军民府。清康熙十一年(1672年)改为平越县,嘉庆三年再改置平越直隶州。民国设平越县,隶独山专区。1953年定名福泉县。现有的福泉市城始建于明代,为贵州境内保存较完整的城垣。名胜古迹有豆腐桥(葛镜桥)、仙人洞、羊子洞、福泉山、月亮寺等。磷工业发达,是中国重要的磷工业基地。紧邻贵新、贵凯高等级公路,有铁路专线与湘黔及黔桂线相通,交通十分方便。

【重要城镇】

贵州省有许多重要的城镇。其中:遵义县的虾子镇是辣椒集散中心;新舟镇有厚重的文化积淀,沙滩文化公园就位于本镇;仁怀县的中枢镇、茅台镇是国酒"茅台"的原产地;贞丰县的兴北镇是花椒集散中心;安顺市的幺铺镇是肉牛屠宰和牛肉加工中心;罗甸县的龙坪镇是贵州省最大的反季节果菜生产基地;贵阳市的花溪镇是集文化教育与自然景观为一体的高原明珠;贵阳市的青岩镇,是我国十大古镇之一;贵阳市的小河镇和新添寨镇是贵州省的高新技术开发区;贵阳市的艳山红镇是中国最大的铝业基地之一;开阳县的金中镇和福泉市的道坪镇是中国最大的磷肥和磷化工生产基地。另外,贵州省境内的大部分县(市、区)府驻地,几乎都是当地的政治、经济、文化中心和交通枢纽,也是重要城镇。

四、自然地理

(一)地理位置及地形地貌

【地理位置】

贵州省地处中国西南部,位于北纬24°37′~29°13′、东经103°36′~109°35′之间,东接湖南,北连四川和重庆,西毗云南,南邻广西。省境东西相距595千米,南北相距509千米,全省总面积176 167平方千米,约占全国总面积的1.8%。

【地形地貌】

贵州地形地貌属于中国西部高原山地,地势西部最高,中部稍低,自中部向北、东、南三面倾斜。全省地貌结构是东西三级阶梯,南北两面斜坡。西部海拔1 500~2 800米,中部海拔1 000米左右,北、东、南部边缘河谷地带500米左右。最高点是位于西部水城特区和赫章县交

自然地理

界处的韭菜坪,海拔2 900米;最低点是东南部黎平县水口河出省处,海拔137米。北部的大娄山、东北部的武陵山、西部的乌蒙山、中南的苗岭、西南部的老王山五大山脉,构成了贵州高原地形的基本骨架和贵州省境内长江水系与珠江水系的多条河流的分水岭。贵州地貌类型复杂多样,高原、山地占全省土地面积的87%,丘陵占10%,盆地、河流阶地占3%。岩溶地貌分布广泛,类型齐全,形态多样,碳酸岩出露面积占全省总面积的67.75%。层状地貌明显,除自西向东的三大阶梯外,局部地区地貌也呈阶梯下降。主要由高原、山地、丘陵组成,自西向东依次分布是:西部的黔西北高原,是云南高原向东延伸的一部分,海拔多在2 000~2 400米之间,除部分被强烈切割为中山山地外,高原面保存比较完整,地势起伏平缓,为高原丘陵地貌;中部的黔中高原,是贵州高原的主体,海拔多在1 000~1 400米之间,除深切河谷地段外,多数地面起伏不大,丘陵盆地广为分布;黔西北高原和黔中高原之间的过渡地带,河流深切,地面崎岖破碎,大部分地域成为典型的高中山和中山地貌;东部的黔东高原,是贵州高原向湘西丘陵的过渡地带,海拔多在600~800米之间,地面起伏较大,大部分为低山丘陵地貌;在贵州高原的南、北边缘分别是黔北中山峡谷地貌、黔南低山河谷及低山丘陵地貌。贵州高原内有延伸较长的山脉和山岭。西部有北东走向的乌蒙山,海拔2 000米以上,为北盘江、乌江、赤水河、牛栏江的分水岭,最高峰韭菜坪海拔2 900米;北部有北东走向的大娄山,是乌江和赤水河的分水岭,海拔1 000~1 500米,最高峰白马山,海拔1 965米;中南部有东西走向的苗岭,海拔1 100~1 500米,是长江水系和珠江水系的分水岭,最高峰雷公山海拔2 178米;东北部有北东走向的武陵山,海拔1 200~2 500米,最高峰凤凰山海拔2 572米。在这四大山脉之间,散布着相对高差100~200米的丘陵和大小不等、形态各异的峡谷、河谷盆地或岩溶盆地。

【高原】

高原面保存较完整的是黔西北高原,主要分布在西北部的威宁(自治县)、赫章一带。高原面由西向东倾斜,为滇东高原的延续部分,海拔1 900~2 400米,剥夷平面保存比较完整,地面起伏和缓,平缓丘陵和宽浅盆地相间分布,丘顶到谷底的相对高度一般为20~50米,边缘一带可大于100米,风化残积碎屑层厚达1米以上。

【山地】

海拔大于500米、相对高度大于200米的地区总称为山地。主要分布在黔东南镇远—凯里—丹寨一线以东和黔东北梵净山一带的轻变质岩地区,黔西南望谟、册亨以及黔北习水、道真、务川及黔南苗岭等地的石灰岩、砂岩地区,海拔大部地区为800~1 400米,其中梵净山、雷公山达2 000米以上。山地地貌顺应地质构造发育和明显受岩性控制。由于长期河流的下切侵蚀作用和地下水的强烈溶蚀作用,地貌形态上的首要特征是相对高差较大,坡度较陡。变质岩、砂页岩地区,山体高大连绵,河谷深切,河道狭窄,谷坡陡急,坡度多在35°~45°以上,谷地两岸山峰对峙,峰体翠碧,林木葱茏。石灰岩地区,峰丛沟谷、峰林盆地连片,河流明伏相间,基岩裸露面积大,石山广布,土层厚度10~50厘米。

【丘陵】

丘陵地区指相对高度低于200米的起伏地面,其面积约占全省的10%,在全省各地和各海拔均有分布,以黔中、黔西南及黔东边缘地区分布较为集中。全省的丘陵分成两大类,一类是分布在海拔500米以下的典型丘陵,另一类是分布在不同海拔山原上的山原丘陵。典型丘陵主要分布在东部边缘和北部赤水一带,海拔一般300~500米,少数低于300米,岩石以变质岩和砂质岩为主,局部地区零星出露石灰岩,地面起伏不大,相对高度100米左右,地形坡度15°~30°,平均切割深度50米左右。山原丘陵分布范围很广,除北盘江支流打邦河、红水河支流涟江和曹渡河以及乌江支流三岔河、猫跳河、干坝河等流域的分水岭地区有集中分布外,乌江中游南北两岸各支流的河间地区、马别河与南北盘江的河间地区以及潕阳河的上游地区等都有分布。丘陵具有面积大、水热条件较好、土壤母质较好、垦殖指数高等特点,是贵州省最重要的农业发展区。

【山原】

山原是丘状高原向山地的过渡地带(图30)。全省除西北高原和东部、北部及南部的山地、丘陵外,多属此种类型地貌。这类地貌一般分布在河流的上源地区,河流多裂点,顶面地表起伏较和缓,保留尚未遭到破坏的古准平原的地貌形态,地势开阔,耕地集中连片,土质肥沃,地表覆盖物深厚,是贵州省重要的农业生产基地。在这类地貌上,组成的岩石多为石灰岩、白云岩、泥灰岩,岩溶地貌广泛发育,石芽、溶沟、漏斗、落水洞、竖井、天坑、干谷、石柱、峰林、峰丛槽谷、溶蚀洼地、溶洞、伏流、天生桥、岩溶瀑布、岩溶丘陵等分布普遍,到处都是千姿百态的自然景观,有利于发展喀斯特生态旅游。

【平坝】

贵州省的平坝就是山间盆地,全省各地均有分布。分河谷盆地和岩溶盆地两大类型。河谷盆地多分布在河流上、中游,常发育在河流流经的构造盆地、地层软弱带、构造破碎带和河流主流与支流交界处。海拔自周围山地向盆地中心呈三四级阶梯下降,从第一级到第三级大致分别属堆积、基座和侵蚀三种类型,地面平坦,盆地的第三级高出河面也不过30~40米,地面坡度一般均在15°以下,坡度最小的在5°以下。岩溶盆地多分布在碳酸盐地区的分水岭地带,常与石灰岩山原丘陵伴随出现。盆地内地呈环形阶梯层状分布,地下岩溶发育,地表有较厚的亚黏土堆积,耕地均集中分布在溶蚀洼地和槽谷内,是贵州省种植业的主要基地。贵州全省没有一个面积大于50平方千米的平坝,但有22个面积超过667公顷的平坝、80余个面积为334~667公顷的中等平坝和5 900多个面积为6.7~334公顷的小平坝。这些平坝成为农业最发达的地域。22个超过667公顷的大坝分布在惠水、贵阳、绥阳、桐梓、余庆、德江、水城、织金、都匀、独山、平塘、贵定、凯里、天柱、榕江、荔波、安顺、平坝、兴义以及黄平的旧州、威宁的草海、思南的塘头。

【河流】

贵州境内的河流以乌蒙山、苗岭为

分水岭,以北属长江流域,以南属珠江流域。长江流域面积115 747平方千米,占全省总面积的65.7%;珠江流域面积60 381平方千米,占全省总面积的34.3%。长江流域分为4个水系:乌江水系,流域面积66 830平方千米,跨省境西部、中部、东北部;金沙江支流上源横江—牛栏江水系,流域面积4 967平方千米,位于省境西北一隅;长江上游支流赤水河—綦江水系,流域面积13 696平方千米,位于省境西北边缘及北缘;洞庭湖沅江上源清水河水系,流域面积30 254平方千米,位于省境东部。珠江流域分为4个水系:南盘江水系,流域面积7 831平方千米,位于省境西南边缘;北盘江水系,流域面积21 288平方千米,位于省境西南部腹地;红水河水系,流域面积15 948平方千米,位于省境南部;柳江水系,流域面积15 314平方千米,位于省东南部。南盘江为珠江干流西江上源,从云南进入贵州西南境,与北盘江汇合后称红水河,为黔桂界河。红水河与柳江汇合后称黔江。贵州省的主要河流,除清水河发源于中部、都柳江发源于南部外,其余都发源于西部,河流皆随地势呈放射状向东、南、北三面进入邻省。各主要河流的上游大都河谷开阔,河流较平缓,田多水少;中游河谷束放相间,比降小,水流湍急,水力资源丰富;下游河谷深切,水量大,水流湍急,水力资源丰富,河流比降略缓,有通航、放木之利。

【湖泊】

贵州省的天然湖泊中面积较大的只有草海,其余的湖泊面积都很小,当地称为海子、塘、堰等。草海位于黔西北的威宁彝族回族苗族自治县城郊,海拔2 100米,水面25平方千米,蓄水1.4亿立方米,是贵州高原最大的淡水湖,素有"高原明珠"美称,现为国家级自然保护区,是国家一级保护珍禽——黑颈鹤主要越冬栖息之地,也是理想的旅游和避暑胜地。贵州省有许多人工湖,红枫湖位于黔中清镇市与平坝县境内,距清镇市中心约5千米,水面57.2平方千米,库容6.01亿立方米,是集山、水、岛、洞以及多民族村寨于一体的国家重点风景名胜区。与红枫湖紧紧相连的是百花湖,水面14.5平方千米,库容1.91亿立方米,也是一个风景如画的人工湖。集发电、灌溉、旅游等多功能于一体的大型水库主要有:位于黔西南的万峰湖,水面78平方千米,库容102亿立方米;位于黔中的乌江水库,库容23亿立方米;位于乌江中游的东风电站水库;位于滇黔界河黄泥河的鲁布格水库。

【黔中山原丘陵平坝区】

分布在贵州省的中部,包括黔西、金沙以东,黄平以西,绥阳以南,惠水、镇宁以北的广大地区。地势自西向东以及自中央向南、北两侧倾斜,海拔800~1 000米。地貌以山原丘陵洼地和山原丘陵盆地为主,大部分地区起伏和缓,是省内除西北部高原以外地势起伏较小地区。以乌江为界,南部地势稍高,海拔900~1 400米,地貌以石灰岩、白云岩、白云质灰岩组成的山原丘陵洼地、丘陵盆地和峰丛槽谷为主;乌江以北地势较低,海拔800~1 200米,个别山峰达1 600米以上,地貌以石灰岩山原丘陵及宽谷盆地为主,面积较大的坝子较多。区内地面开阔平缓,土层深厚,耕地集中连片,农业灌溉的水资源充足,水利化程度相对较高,是贵州省最主要的粮食及多种经济作物主产区。

【黔北中山峡谷区】

分布在大娄山以北。地势南高北低,海拔多在800~1 200米。以中山峡谷地貌为主,丘陵、盆地、岩溶洼地零星分布。东部沿河、务川、道真、正安一带以石灰岩为主,多单面山与箱状山谷。中部桐梓、仁怀及习水(部分)一带石灰岩山地与和砂页岩山地均有分布,山地多剥蚀面,谷地以峡谷为主。西部赤水一带(包括习水一部分)为砂页岩山地,多方山和构造平台。赤水河上、中、下游河谷分别为峡谷、嶂谷和宽谷,宽谷中有丘陵及河谷平原。区内地势高低相差悬殊,山地面积广大,利于发展林业和多种经济作物。

【黔东山地丘陵区】

分布在梵净山、雷公山以东地区,地势西高东低,除梵净山、雷公山海拔在2 000米以上外,大部分地区海拔在800米以下。全区沟壑发育,水网密布,地表分割破碎,山地和丘陵地貌显著。以潕阳河为界分为南、北两部分,南部为细屑轻变质岩中低山和丘陵河谷地貌,地表切割深,坡度陡,疏松沉积物厚;北部为灰岩、白云岩山原、山地和丘陵河谷地貌,除梵净山和乌江下游沿岸外,地面切割较浅,坡度也较小。区内大部分面积为土复山地,蚀余堆积物厚,为农作物和林木生长提供了良好条件。

【黔南山地河谷区】

分布在贵州南部苗岭中段以南地区。地势南高北低,北部长顺、惠水、都匀一带海拔1 200~1 500米,南部红水河一带海拔300~400米,相对高度300~500米。以中山河谷、低山河谷为主。东部平塘、独山、荔波一带为石灰岩分布区,岩溶发育,峰丛山地、峰林洼地、暗河、伏流等分布普遍,基岩裸露面积大,地下水丰富。西部罗甸、望谟一带以砂页岩为主,沟谷发育,地面起伏大,为低山河谷地貌,从河谷到山顶垂直差异明显。切割深度大且闭塞谷地多,纬度偏低,热量条件优越,宜于发展亚热带作物和林木。

【黔西北山原山地区】

分布在盘县及晴隆以北、黔西及织金以西地区。地势西高东低,海拔1 400~2 400米,最高峰韭菜坪海拔达2 900米,相对高差400~700米,是全省地势最高地区。区内除西部和西北部外,大部分地区山高坡陡,地势起伏较大,山原山地地貌显著。西北部威宁、赫章一带为滇东高原的东延部分,波状起伏的高原面较完整,地貌类型较单一,石灰岩高原丘陵洼地与丘陵盆地分布宽广。东部毕节、大方、纳雍、水城、盘县、普安、晴隆一带为云南高原向黔中山原过渡的斜坡地带,地貌类型复杂,既有石灰岩峰丛山地、丘陵洼地和沙页岩侵蚀山地,又有玄武岩方山台地、锥状山地和断裂谷地。该区地形地貌复杂,土地资源丰富,发展林牧业潜力大。

【黔西南山原丘陵盆地区】

分布在普安以南、望谟以西、南盘江以北地区。地势北、西高,东、南低,北部海拔1 500~2 000米。南部的南、北盘江河谷地带海拔400米左右,西部海拔1 400~1 800米,东部海拔800米以下。除南、北盘江和马别河沿岸为砂页岩中、低山河谷或石灰岩峰丛山地外,大部分地区为石灰岩山原丘陵盆地和峰丛槽谷,岩溶湖(海子)分布较广,纬度偏低,热量条件优越,适宜于发展农林牧业。特别是南部低热河谷地带,是贵州省发展南亚热带作物和经济林木条件最佳地区。

(二)主要山脉及山峰

【大娄山脉】

位于贵州省北部,为东北—西南走向,西起毕节,东北延伸至四川,在贵州境内长约300千米,宽约150千米,海拔1 500～2 000米,相对高度平均500米,是乌江与赤水河的分水岭,也是贵州高原与四川盆地的界山。大娄山由三支并列的山脉组成:西支位于桐梓与习水之间,呈东北—西南走向,南起四川古蔺,经贵州向北进入重庆綦江,海拔300～1 500米,是习水河与桐梓河的分水岭;中支由仁怀经桐梓县的松坎向北进入重庆,是綦江与芙蓉江的分水岭,海拔1 400～1 600米,常有1 900米以上的山峰;东支位于桐梓与遵义之间,由金沙向东北延伸至重庆,是芙蓉江与洪渡河的分水岭,有一系列海拔1 600米以上的山峰(遵义境内有海拔1 608米的金鼎山、1 722米的白云岩,绥阳境内有海拔1 755米的太阳山、1 795米的仙人峰)。大娄山面向四川盆地边缘的北坡较陡,面向黔中高原的南坡较缓。山脉构造脉络清晰,常有山间盆地分布。在大娄山的中段,有著名的娄山关和历史名镇板桥镇。

【武陵山脉】

位于贵州省东北部,呈北—北东走向,由湖南延伸入境内,是沅江水系与乌江水系的分水岭,海拔一般为1 500～2 500米,相对高度700～1 500米,在贵州境内地势起伏绵延,主要由北部的梵净山、中部的老岭和南部的佛顶山组成,这些山岭拔地而起,海拔均在1 500米以上,显著高出周围地区800～2 000米,侵蚀切割强烈,地形崎岖,山势雄伟,坡度陡峭;高山周围多是起伏较小、切割较浅的低山和中山,其间有面积不大的山间盆地星罗棋布。梵净山、老岭和佛顶山是黔东的三大佛教名山,梵净山是国家级自然保护区,已成为旅游胜地。

【苗岭山脉】

横亘于贵州省中部,呈东西走向,是珠江水系与长江水系的分水岭。一般指西起惠水、东达雷山的分水岭高地,长约180千米,宽约50千米,东西断续延绵;但也泛指西起六枝、东达锦屏、贵阳以南、独山以北的分水岭高地。一般海拔1 200～1 600米,东段雷公山海拔2 179米,西段斗篷山海拔1 961米。苗岭在地质构造上并无明显脉络,其东部受强烈切割,起伏较大,相对高度常达500～700米,是一片中山区,其间有河谷盆地。西部是岩溶山地,由山间溶蚀盆地和地面较平缓的夷平面组成,层状地貌显著,地面起伏较小,但也有海拔1 700米以上的山峰。雷公山、香炉山、月亮山被称为苗岭的三大名山。

【乌蒙山脉】

位于贵州省西北部,呈东北—西南走向,由云南延伸入黔,绵延于威宁、赫章等地,是牛栏江、横江与北盘江、乌江的分水岭,海拔一般为2 000～2 600米,主脉常有超过2 800米的山峰。通常所指的乌蒙山包括不同走向的三支山脉:

西支在威宁草海以西,以西凉山为主脉,向北延伸至云南昭通,海拔2 600米以上;东北支经威宁草海东侧和威宁的恒底,跨云南镇雄,穿过毕节、大方抵金沙,海拔一般为1 800~2 400米;东南支插入水城、六枝,呈西北—东南走向,是北盘江与三岔河的分水岭,海拔一般为1 300~2 600米,其北端的韭菜坪,海拔2 900米,是乌蒙山的最高峰,也是贵州境内海拔最高的山峰。乌蒙山常有坦荡的夷平面和宽阔的盆地、湖泊(俗称海子)散布其间。威宁盆地是乌蒙山区最大的盆地,草海是乌蒙山区著名的湖泊,也是贵州省境内最大的天然湖泊。草海是国家一级珍稀动物黑颈鹤的越冬栖息地,是国家级自然保护区。

【老王山脉】
位于贵州省西南部,在韭菜坪与乌蒙山脉相连。过去习称乌蒙山东南支。实际与乌蒙山不属于同一构造,走向也不同,是一独立山脉。它北起威宁,经水城、六枝,南达紫云、望谟,长约250千米,宽约30千米,呈西北—东南走向,是北盘江与三岔河的分水岭,海拔一般为1 300~2 600米,地势自西北向东南逐渐降低。山脉脉络清晰,切割强烈,相对高度常达700米以上,山高坡陡,峡谷平行相间,河流落差极大,水能蕴藏量大。山脉中段有中外闻名的黄果树大瀑布、花江大峡谷,关岭土关镇一带有三国古战场遗址。

【娄山关】
位于大娄山主脉的脊梁上,是一个沿裂隙溶蚀而成的隘口,海拔1 226米。关口周围悬崖绝壁,山峰高达1 400~1 600米,东西两侧为大小山峰锁峙,南北是高差为400米的峡谷,川黔公路在群山之中蜿蜒通过关口,成为川黔交通咽喉。毛泽东曾写下"雄关漫道真如铁,而今迈步从头越,从头越,苍山如海,残阳如血"的诗句,成为描写娄山关的千古名篇。娄山关北麓的历史重镇板桥镇,是自古以来黔中入川始点。娄山关(图47、图51)和板桥已成为中外嘉宾入黔必选的旅游胜地。

【梵净山】
国家级自然保护区。坐落于贵州省东北部铜仁地区的江口、印江、松桃三县交界处。周80余千米,面积440余平方千米,平均海拔2 000米以上,是我国亚热带地区森林生态系统稳定和平衡的典型区域。区内有属国家重点保护的珍稀动植物黔金丝猴、华南虎、大鲵、红腹角雉、髭蟾、珙桐、贵州紫薇、香果树等。梵净山最高点凤凰山海拔2 572米,是武陵山的主峰。梵净山是佛教名山,海拔2 490米的金顶上,有保存完好的明代古庙宇建筑群,属于贵州省文物保护单位。梵净山集自然、人文景观和生物多样性于一体,是科研和教学的重要基地,也是旅游胜地(图97~111①、②)。

【雷公山】
苗岭主峰,主体分布于雷山县境内,有一部分山体分布在台江县境内的西南部,最高峰黄阳山海拔2 178米,由11座2 000米以上山峰组成。山体高大绵延,河谷切割幽深,相对高差大,地面坡度陡峭。气候垂直变化大且类型多样。雷公山是国家级自然保护区,有亚热带常绿阔叶林4万公顷,有珍稀树种秃杉。雷公坪、小雷公坪及黑水塘三处泥藓沼泽约70公顷,是自然保护区重要的保护对象。

雷公山山势雄伟,林木葱翠,夏季凉爽宜人,是旅游消夏的佳境。

【金鼎山】

位于遵义县西北,距遵义市城中心约15千米。海拔1 608米,相对高度800来米。南坡较缓而北坡十分陡峭,山势十分雄伟,因富集磷素夜间常见磷光。东侧的海龙囤是贵州最后一位土司杨应龙的屯兵要塞遗址,也是杨氏土司军队与明朝廷讨伐军决战的古战场遗址。金鼎山历来是黔北民众朝山拜佛和旅游观光的胜地,古庙建筑群正在恢复之中。

【云雾山】

黔南名山,因周年云雾缭绕而得名。坐落于黔南自治州的贵定、龙里、惠水三县交界处。海拔1583米,西侧坡度平缓,东、南、北三面坡度十分陡峭。山势雄伟,林木苍翠,云雾缭绕,盛产优质茶叶。气候垂直分布十分明显,生物种类繁多,是开展科研教学和消夏旅游的理想之地。

【韭菜坪】

位于贵州省西北赫章县与水城县二塘交界处,海拔2 900米,是全省的最高点。因其海拔高,风大寒冷,很少有人涉足山顶,原始植被保存较完好,是进行科研和登山探险的理想之地。

五、人口与民族

【人口概况】

根据第五次人口普查主要数据公报,2000年末,贵州省总人口为3 755.72万,比上年末增加45.66万,增长率为1.23%,与上年总人口增长率相比略有下降。贵州省在普查标准点的总人口为3 524.50万,占全国普查标准点大陆总人口126 583万人的2.78%。据普查资料,1999年11月1日至2000年10月31日,全省出生人口为72.14万人,出生率为20.59‰,死亡人口为26.38万人,死亡率为7.53‰,自然增长人口为45.76万人,自然增长率13.06‰。

【人口分布】

本省人口密度为每平方千米213人,其中,人口密度最高为贵阳市,每平方千米422人;人口密度最低为黔南自治州,每平方千米145人。2000年各市、州、地人口见下表:

贵州省各市州地人口密度表 （2001年）

市州地名	总面积（万平方千米）	普查时点总人口（万人）	年末总人口（万人）	占全省人口比重（%）	年末人口密度（人/平方千米）
全 省	17.6	3524.50	3755.72	100.00	213
贵阳市	0.80	371.82	337.45	8.98	422
六盘水市	0.99	274.36	287.83	7.66	291
遵义市	3.08	654.25	713.96	19.01	232
安顺市	0.93	233.18	252.31	6.72	271
黔南自治州	2.62	356.97	379.73	10.11	145
黔东南自治州	3.03	384.45	422.49	11.25	146
黔西南自治州	1.68	286.52	296.54	7.90	177
铜仁地区	1.80	330.26	374.77	9.98	208
毕节地区	2.68	632.68	690.64	18.39	258

【历次人口普查主要数据】

贵州省历次人口普查的有关数据见下表：

贵州省历次人口普查主要数据统计表

项目	第一次人口普查 1953.7.1	第二次人口普查 1964.7.1	第三次人口普查 1982.7.1	第四次人口普查 1990.7.1	第五次人口普查 2000.11.1
一、总人口(万人)	1 503.73	1 714.05	2 855.29	3 239.11	3 524.50
二、总户数(万户)	340.15	390.96	568.68	724.63	931.17
户均人口数(人)	4.42	4.38	5.02	4.47	3.79
三、按性别分					
男(万人)	759.80	868.48	1 464.08	1 676.98	1 846.95
女(万人)	743.93	845.57	1391.21	1 562.13	1 677.55
四、性别比(女=100.00)	102.13	102.71	105.24	107.35	110.10
五、按民族分：					
汉族(万人)	1 109.84	1 312.89	2 112.95	2 115.45	2 190.54
少数民族(万人)	393.89	401.02	667.53	1 054.32	1 333.96
民族不详(万人)		0.13	74.81	73.34	
六、按文化程度分：					
大学(万人)			11.09	25.16	67.07
高中(万人)			84.72	127.21	198.29
初中(万人)			325.86	474.36	721.82
小学(万人)			822.65	1 209.36	1 536.52
15岁以上不识字或识字少			1 202.24	972.21	489.49

【少数民族人口概况】

贵州是一个多民族省份。据第五次人口普查,全省共有49个民族成分。除占人口多数的汉族外,另有48个少数民族,少数民族个数仅次于云南、新疆,居全国第3位。少数民族人口为1 333.96万人,占全省总人口的37.85%,少数民族人口占全省总人口的比重仅次于西藏、新疆、青海、广西,居全国第5位。世居的少数民族17个,他们是苗族、布依族、侗族、土家族、彝族、仡佬族、水族、白族、回族、瑶族、壮族、畲族、毛南族、蒙古族、仫佬族、满族、羌族。其中,人口在10万以上的有9个:苗族430.0万人,布依族279.8万人,侗族162.9万人,土家族143.0万人,彝族84.4万人,仡佬族55.9万人,水族37.0万人,白族18.7万人,回族16.9万人。全国的苗族、布依族、侗族、仡佬族、水族主要聚居在贵州。其中,苗族人口占全国苗族总人口的50.0%,布依族人口占全国布依族总人口的97.0%,侗族人口占全国侗族总人口的56.0%,仡佬族人口占全国仡佬族总人口的98.0%,水族人口占全国水族总人口的93.0%。

【世居少数民族人口及分布】

贵州世居少数民族及人口分布见下表:

贵州世居少数民族人口分布表 (2000年11月1日)

世居少数民族	人口数(万人)	主要分布区域
苗族	430.0	黔东南、黔南、黔西南、贵阳、安顺、毕节、六盘水、松桃。
布依族	279.8	黔南、黔西南、安顺、六盘水、贵阳。
侗族	162.9	黔东南、黔南、铜仁、万山。
土家族	143.0	遵义、铜仁、沿河、印江。
彝族	84.4	毕节、六盘水。
仡佬族	55.9	务川、道真、遵义、安顺、黔西。
水族	37.0	三都、黔南、黔东南。
白族	18.7	毕节、六盘水。
回族	16.9	兴仁、威宁、平坝、六盘水、贵阳。
瑶族	4.8	荔波、榕江、从江、雷山、三都。
壮族	4.5	从江、黎平、独山、荔波、贵阳。
畲族	4.3	麻江、凯里、福泉、都匀。
毛南族	3.9	平塘、独山、惠水。
蒙古族	3.0	石阡、毕节。
仫佬族	2.7	麻江、黄平、凯里、福泉。
满族	2.0	黔西、大方、金沙。
羌族	0.16	石阡、江口。
其他少数民族	80.00	毕节、安顺、黔南、黔东南。
合计	1333.96	

【民族自治地方简表】

贵州省现有 3 个自治州、11 个自治县。详细情况请见下表。

贵州省民族自治地方简表 （2000年底）

名称	成立时间	州(县)府驻地	面积（平方千米）	年末总人口（万人）	少数民族占%
黔东南苗族侗族自治州	1956.7.23	凯里市	30 302	422.49	73.84
黔南布依族苗族自治州	1956.8.8	都匀市	26 197	379.78	53.32
黔西南布依族苗族自治州	1982.5.1	兴义市	16 796	296.53	40.42
威宁彝族回族苗族自治县	1954.11.11	草海镇	6 295	106.68	24.21
松桃苗族自治县	1956.12.31	蓼皋镇	2 688	62.21	41.73
三都水族自治县	1957.1.2	三合镇	2 380	31.52	93.75
镇宁布依族苗族自治县	1963.9.11	城关镇	1 718	33.72	58.72
紫云苗族布依族自治县	1966.2.11	松山镇	2 280	32.88	68.49
关岭布依族苗族自治县	1981.12.31	关索镇	1 466	31.62	58.13
玉屏侗族自治县	1984.11.7	平溪镇	517	13.78	75.25
印江土家族苗族自治县	1987.11.20	城关镇	1 969	40.29	70.56
沿河土家族自治县	1987.11.23	红旗镇	2 476	54.27	71.29
务川仡佬族苗族自治县	1987.11.26	都濡镇	2 766	40.95	78.14
道真仡佬族苗族自治县	1987.11.29	玉溪镇	2 156	32.90	79.30

【少数民族的语言】

在本省世居的 17 个少数民族中，除回族、满族、羌族、蒙古族、土家族较早改用汉语外，其余都有自己的语言，均属汉藏语系，分属不同的语族和语支。苗语、畲语属苗瑶语族苗语支；瑶语属苗瑶语族瑶语支；布依语、壮语属壮侗语族壮傣语支；侗语、水语、毛南语属壮侗语族侗水语支；彝语、白族语为藏缅语族彝语支；仡佬语的语属至今尚难确定。各族语言内部在语音、语词上大同小异，从而形成同一民族语言里分成若干方言和土语。如苗语分为东部、中部和西部三大方言，又分为 6 个次方言、13 个土语。一般都有 2～3 个方言，3～5 个土语。多数少数民族群众在与外地、外民族交往中使用汉语。全省有约 500 万少数民族人口不通汉语，500 万人民族语、汉语兼通，300 万人说汉语。少数民族语言至今仍是广大少数民族群众的主要思维载体和文化传承工具。

【少数民族的文字】

中华人民共和国成立前，仅彝族、水族和部分苗族有文字，其余少数民族只有语言而无文字。中华人民共和国成立后，中国科学院和中央民族事务委员会于 1956 年共同组织 700 多人的 7 个调查队，分赴云、贵、川等 16 个少数民族较多的省份调查研究，开始了少数民族文字的创制和改革工作。在贵州主要是对苗文、布依文、侗文进行调查、分析和创制、改进工作，同时也对彝文进行了规划和修订。经过多次调查研究和分析讨论，并再三广泛征求意见，并在相当的范围内进行试推广，最后修订成 4 种苗文，都是以 26 个拉丁字母为字母的拼音文字。黔东南苗文声母 32 个、韵母 26 个、声调

8个;川黔滇苗文声母6个、韵母28个、声调8个;滇东北苗文声母55个、韵母21个、声调8个;湘西苗文声母48个、韵母36个、声调6个。布依文以布依语第一土语为基础,以规范的望谟县复兴镇话为标准音,规定3个音节结构、正字和正字规则、书写规则,由32个声母、87个韵母、8个声调组成表音文字。侗文以南部方言为基础方言,以榕江县车江乡章鲁语为标准音,以音节为书写单位,由32个声母、64个韵母和9个声调组成表音文字。彝文方面,创建了一种拉丁字母的新彝文,但在推广过程中,群众对老的音节文字的彝文更容易接受,因此至今仍用音节彝文,老彝文也经过了多次规划和修订。

【少数民族的主要节日】

贵州少数民族都有自己的传统节日。据不完全统计,全省民族节日有近千个。大致可分为四种类型:一类是祭祀祖先的节日。如苗族的"四月八",彝族的火把节,水族的端节、卯节、额节,仡佬族的拜树节,等等。还有各种各样的"吃新节",吃新米、吃新糯米、吃新玉米等,都要祭祖、祭神,庆贺五谷丰登,祈望来年继续丰收。二类是牛王节。为感谢耕牛在农业中的重要贡献,布依族、土家族在四月八举行"牧童节",给牛"做生祝寿",侗族在四月八或六月六的"祭牛神",仡佬族在十月初一举行的"敬牛王",要杀鸡备酒打糍粑敬牛神。三类是纪念性和供祭自然物的节日。如土家族的"过赶年",苗族的"跳花节",布依族的"三月三"、"六月六",瑶族正月初一的"稀饭节",或纪念战斗英雄,或祭祀土地山神,或纪念先民曾经有过的艰辛苦难。四类是回族独特节日。受伊斯兰教的影响,有开斋节、古尔邦节和圣纪节。另外,中华民族传统节日春节、清明节、端午节、七月半、中秋节、重阳节等,也已成为少数民族的共同节日,并往往加入本民族自己的内容,使这些节日更加丰富多彩。

【苗族】

苗族起源于黄帝时期的"九黎"、尧舜时期的"三苗"。其先民是五千多年前居住在黄河流域到长江流域以及长江中游以南被史籍称为"南蛮"的氏族和部落。后经过若干年代的迁徙,迄今主要分布在贵州、湖南、云南、四川、广西、湖北、海南;国外则主要在东南亚、北美。苗族自称"牡"、"蒙"、"毛"、"果雄"。历史上曾因地而异,在"苗"字前冠以不同名称,如"长裙苗"、"黑苗"等,中华人民共和国成立后统称苗族(图145)。贵州苗族人口最多,第五次人口普查为430万,占贵州总人口的12.20%,占贵州少数民族人口的32.23%,占全国苗族的50%。贵州每个县都有苗族人口分布,但主要集中在黔东南、黔南和黔西南3个自治州及毕节、安顺、铜仁等地、市。苗族语言属汉藏语系苗瑶语族苗语支,分为黔东(中部)、川黔滇(西部)、湘西(东部)三大方言。中华人民共和国成立前,曾创制苗文,因条件所限未能广泛推行。现在推广使用的是中华人民共和国成立以后于1956年创制的拉丁化拼音文字。苗族主要从事农业,兼营林、牧业。

【布依族】

布依族主要聚居在黔南、黔西南、安顺、贵阳等地。第五次人口普查为279.8

万。布依族自称"濮越"、"濮尧",史书记载曾有多种称谓,中华人民共和国成立后统一称为"布依族"。布依先民源于"濮越"人,战国晚期到西汉的"夜郎"国都与现在的布依族有渊源关系。贵州境内多处发现了"越人"文化的石器及文物。布依族有自己本民族的语言,属汉藏语系壮侗语族壮傣语支,没有方言差别,有黔南、黔中、黔西3个土语区。中华人民共和国成立后,党和政府帮助创建了布依文。布依族主要从事农业。

【侗族】

第五次人口普查全省侗族人口为162.9万,主要分布在黔东南、黔南、铜仁、万山等地。侗族自称"干",隋唐文献中多称"峒人"、"峒僚",此后亦称"峒蛮"、"峒苗",中华人民共和国成立后统称"侗族"。侗族族源研究者众,至今无定论。有古越说、百越说、骆越说、瓯越说、干越说等。就其演变,又有越为僚说、武陵蛮与越融合为僚说以及越与"黔中蛮"、"武陵蛮"、"五溪蛮"及"僚"有关说,等等,有学者认为"干越"说为是。侗族语言属汉藏语系壮侗语族侗水语支,与壮语、布依语、傣语尤其是与毛南语、仫佬语、水语有着密切的亲缘关系。有南、北两个方言和3个土语。侗族历史上无文字,沿用汉文,中华人民共和国成立后,以榕江章鲁话为标准音,用拉丁文字母为符号,创立了侗文,现仍在推广。侗族历史文化悠久,节日众多,舞蹈艺术颇具特色,并擅长木石建筑,全木结构的侗族鼓楼,是民族建筑艺术的瑰宝。侗族主要从事农业,兼营林业。渔业和畜牧业较为发达,第二、第三产业也有较大发展,主食以稻米、糯米、玉米、麦子、薯类为主。

【土家族】

第五次人口普查全省土家族人口为143.0万,主要分布在遵义、铜仁、沿河、印江等地。土家族自称"毕兹卡",意为本地人。土家族的先民史籍称谓颇多,有"禀君种"、"极蛮"、"赛人"、"酉西蛮"、"信州蛮"、"巴建蛮"、"土民"、"土蛮"、"土兵"等。土家族的族源有两种说法:一说秦灭巴后,是定居于湘、鄂、川、黔的巴人、汉人融合而成;一说土家语与彝语相近以及风俗相似或相同等现象,认为源于唐中叶之乌蛮。现代更有研究者认为据《春秋·左氏传》和《山海经》记载,周武王伐纣时就有"巴人"参加,土家族源于巴人。土家族语言属汉藏语系藏缅语族,语支未定,分为南、北两个方言,无本民族文字,通行汉文。

土家族主要从事农业,水稻、玉米、薯类和杂粮是重要农作物。

【彝族】

第五次人口普查全省彝族人口84.4万,主要分布在毕节、六盘水等地、市。彝族自称繁多,因地而异,有"诺苏"、"撒尼"、"阿细"等。中华人民共和国成立后统称为"彝族"。其族源为古氐羌支系,在其先民的频繁迁徙过程中,南下西移,与当地土著部落不断融合而形成。彝族语言属汉藏语系藏缅语族彝语支,分为6个方言。彝文史称"爨文"、"韪书",渊源古老,是一种表意的音节文字。彝族以农、畜牧业为主,山区以种植荞麦、马铃薯、豆类等杂粮为主,也有种植水稻、玉米的少数平坝地区,畜牧业以养羊、牛为主。

【仡佬族】

第五次人口普查全省仡佬族人口为

55.9万，主要分布在务川、道真、正安、松桃、遵义、黔西等地。仡佬族自称"哈仡"、"埃审"、"布尔"、"仆"等，在汉文献中，唐代称"葛僚"、"仡僚"，宋代称"僔僚"、"僔佬"，元明清三代称"仡佬"。中华人民共和国成立后，统称为仡佬族。仡佬族语言属汉藏语系，语族、语支不详。无本民族文字，通用汉文。仡佬族以农业为主，兼营手工业。

【水族】

第五次人口普查全省水族人口37.0万，主要分布在三都及黔南、黔东南自治州境内。水族语言属汉藏语系壮侗语族侗水语支。水族有一种古老文字，称为"水书"。现存的"水书"约200余字（一说400余字），水书因字数少，不能成为思想交流的工具，只在祭祀、宗教、丧葬等活动中使用。水族自称"虽"，一说为"篦子"，有疏通理顺之意。水族是由历史上"百越"族群中"骆越"的一支发展起来的。其先民原住广西南宁附近的"岜虽山"，后逆都柳江而上，最后驻足三都、荔波等地。明末邝露《赤雅》一书记有"余亦僚类"，过去多称"水家"、"水家苗"，中华人民共和国成立后统称"水族"。水族以农业的种植水稻为主，尤喜糯稻。

【白族】

第五次人口普查全省白族人口为18.7万，主要分布在大方、毕节、织金、黔西、纳雍、威宁（自治县）和赫章等县、市。白族自称"僰人"、"白尼"等。贵州白族在元明时期又统称"罗苴"，但其自称仍为"白尼"、"白人"。中华人民共和国成立后统称"白族"。白族语言属汉藏语系藏缅语族，现居盘县、纳雍、大方的白族通用汉语汉文，居威宁、赫章及水城的部分白族人口则通用彝语。白族的族源有土著说和外来、多元之说，一些研究者认为与古氐羌族有密切的渊源关系。白族以农业为主，种植玉米、马铃薯、豆类杂粮，平坝地区也种水稻、小麦。

【回族】

第五次人口普查全省回族人口16.9万，主要分布在威宁、兴仁、平坝等县，其他各地都有回民居住。回族何时进入贵州，史无确证。大约在公元1253年，南宋宝佑元年，蒙古贵族忽必烈率十万大军攻云南大理国时，分驻于今威宁境内的军队中，就有回族军士。元、明、清直至抗日战争时期，也不断有回民从云南及各地迁入贵阳及省内各地。贵州回族一般使用汉语汉文，但宗教活动中则使用阿拉伯文和波斯文经典；在民族内部交往中，也保留一些阿拉伯语和波斯语。回族以农业生产为主，

【八个人口较少的世居少数民族】

第五次人口普查，全省瑶族人口4.8万，壮族人口4.5万，畲族人口4.3万，毛南族人口3.9万，蒙古族人口3.0万，仫佬族人口2.7万，满族人口2.0万，羌族人口0.16万。他们大多数分布在省的东部、南部和西部，这些少数民族多有自己的语言而少有文字，有的少数民族，如壮族、蒙古族、满族在全国有自己的文字，但在贵州则少用或未用，多通汉文。其族源都有自己的出处，但多是跨省而居。文化和风俗习惯都有自己的特色，但由于长期杂居共处，共同学习和借鉴，许多节日都共同欢庆，但各自保留了独特的风情习俗。这些民族都以农业生产为主，种植水稻、玉米、小麦、薯类、

豆类及各种杂粮。

六、经济社会发展状况

【国内生产总值】
2001年,贵州省国内生产总值为1 084.9亿元,比2000年增长8.8%。其中第一产业为274.17亿元,占25.3%,增长1.1%;第二产业为419.74亿元,占36.0%,增长11.0%;第三产业为390.99亿元,占38.7%,增长12.6%。在第二产业中,工业为335亿元,占79.8%,增长10.2%;建筑业为84.74亿元,占2.0%,增长14.5%。国内生产总值在9个市州地的分布依次为:贵阳市303亿元,遵义市253亿元,毕节地区127亿元,黔南自治州106亿元,六盘水市91亿元,黔东南自治州86亿元,铜仁地区67亿元,黔西南自治州67亿元,安顺市64亿元;三次产业所占的比例为:第一产业占25.3%,第二产业占38.7%,第三产业占36%。人均国内生产总值在9个市州地的分布依次为:贵阳市8 921元,遵义市3 520元,六盘水市3 122元,黔南自治州2 782元,安顺市2 503元,黔东南自治州2 503元,黔南自治州2 254元,毕节地区1 831元,铜仁地区1 786元。

【固定资产投资】
2001年,全省全社会固定资产投资533.74亿元,比2000年增长19.3%。按隶属关系分:中央为127.54亿元,增长19.3%;地方为406.2亿元,增长20.9%。按经济类型分:国有经济为357.69亿元,增长17.3%;集体经济为32.45亿元,下降21.1%;其他经济为153.6亿元,增长34.6%。按管理渠道分:基本建设为238.81亿元,增长21.3%;更新建设为118.55亿元,增长26.7%;房地产开发为7.01亿元,增长43.9%;其他投资为109.37亿元,下降1%。

【三次产业】
第一产业:2001年全省农林牧渔业总产值(当年价)为418.61亿元,比2000年增长1.2%;其中农业产值为279.95亿元,下降0.1%;林业产值为15.08亿元,下降15.9%;牧业产值为118.46亿元,增长6.9%;渔业产值为5.13亿元,增长10.2%。农林牧渔业增加值(当年价)为247.17亿元,比2000年增长1.1%。其中农业为187.45亿元,下降0.2%;林业为11.85亿元,下降16.1%;牧业71.39亿元,增长6.7%;渔业为3.48亿元,增长10%。农林牧渔业商品率45.9%。其中,农业商品率39.4%;林业商品率48.7%;牧业商品率59.4%;渔业商品率76.8%。主要农林牧渔业产品产量为:粮食1 100.3万吨,油料作物71.32万吨,烤烟26.38万吨,甘蔗65.11万吨,麻类0.14万吨,水果62.93

万吨,水产品6.89万吨。肉类131.7万吨,其他畜产品产量9.15万吨。第二产业:2001年全省工业总产值为952.44亿元,比2000年增长13.2%。其中,轻工业为327.55亿元,增长10.4%,重工业为624.89亿元,增长14.7%;国有经济为535.98亿元,增长8.2%,非国有经济为416.46亿元,增长20.3%;公有经济为676.61亿元,增长9.6%,非公有经济为275.83亿元,增长23%;规模以上经济为696.63亿元,增长12.6%。第三产业(国内生产总值):2001年全省为390.99亿元,比2000年增长12.6%。其中,增长10%以上的是:地质勘查业和水利管理,增长37.8%;商业饮食业,增长34.9%;卫生、体育、社会福利事业,增长27.7%;农林牧渔服务业,增长23.3%;国家党政机关、社会团体,增长23.1%,教育、文艺、广播电影电视事业,增长20.1%;房地产业,增长15.1%,批发和零售贸易餐饮业,增长10.1%。

【就业结构】

2001年,全省从业人员总计2 068.01万人,比2000年增长1.1%。按产业分:第一产业1 692.33万人,第二产业133.88万人,第三产业241.8万人。在从业人员中,从事第一产业的占81.8%,从事第二产业的占6.5%,从事第三产业的占11.7%。有职工人数总计189.17万人,其中:国有单位148.87万人,占职工人数总计的78.7%;集体单位15.72万人,占职工人数总计的8.3%;其他单位24.58万人,占职工人数总计的13%。当年新就业人数总计16.59万人,比2000年增长4.9%。其中,来源于城市的10.5万人,增长1.4%;来源于农村的2.19万人,增长14.1%;来源于大学、中专、技校的毕业生3.43万人,增长10.6%;来源于其他渠道的0.4万人,增长4.4%。

【地方财政收入】

2001年,全省财政总收入为177.04亿元,比2000年增长15.7%;其中地方财政总收入为99.75亿元,占财政总收入的56.34%,比2000年增长17%。各市州地地方财政收入为:贵阳市27.97亿元,比2000年增长15.8%;六盘水市5.41亿元,比2000年增长14.3%;遵义市12.47亿元,比2000年增长7.5%;安顺市4.15亿元,比2000年增长16.4%;黔南自治州6.03亿元,比2000年增长8.9%;黔西南自治州4.59亿元,比2000年增长10.1%;黔东南自治州5.17亿元,比2000年增长7.2%;毕节地区8.33亿元,比2000年增长16.2%;铜仁地区44亿元,比2000年增长11%。

【城镇居民人均可支配收入】

2001年,全省城镇居民平均每人年可支配收入为5 451.91元,比2000年增长6.4%。其中最低收入户为2 076.49元,最高收入户为11 370.74元,中等收入户为5 249.83元。平均每人年实际收入为5 467.18元。其中最低收入户为2 085.87元,最高收入户为11 390.85元,中等收入户为5 263.84元。恩格尔系数为41%。人均消费性支出为4 492.25元,其中最低收入户为1 898.3元,低收入户为2 597.9元,中等偏下收入户为3 535.28元。

【农民人均纯收入】

2001年,全省农民人均纯收入为1 411.73元,比2000年增长2.7%。其中最高的是云岩区,为3 402元;最低的是三都水族自治县,为1 096元。2000元以上的有13个县(市、特区、市辖),1 500~2 000元的有18个县(市、特区、市辖),1 000~1 500元的有56个县(市、特区、市辖)。

【城市化水平】 2001年全省总人口为3 798.51万,其中市镇人口910.12万,占23.96%;非农业人口549.27万,占14.46%。

II 资源信息

一、气候资源

【气候概述】

贵州省位于副热带东亚大陆的季风区内,气候类型属中国亚热带高原季风湿润气候。全省大部分地区气候温和,冬无严寒,夏天酷暑,四季分明。高原气候或温热气候只限于海拔较高或低洼河谷的少数地区。包括中部、北部和西南部在内的全省大部分地区,年平均气温在14℃~16℃之间,南部边缘的河谷低洼地带和北部赤水河谷地带,为18℃~19℃。东部河谷低洼地带为16℃~18℃,海拔较高的西北部为10℃~14℃。各地7月平均气温为22℃~25℃,1月平均气温为4℃~6℃,全年极端最高气温在34.0℃~36.0℃之间,极端最低气温在-6.0℃~-9.0℃之间,但其出现天数均很少或不出现,或仅在多年之中偶尔出现。全省大部分地区的气候四季分明,贵阳市在四季划分上具有代表性,四季以冬季最长,约105天;春季次之,约102天;夏季较短,约82天;秋季最短,约76天。

【灾害性天气】

本省气象灾害主要出现有干旱、低温、雪凝、冰雹、暴雨洪涝、干旱、倒春寒等。冬半年经常受极地南下强冷空气侵袭。秋末、春初往往有早、晚霜冻,春季往往有"倒春寒",冬季地面气温可降至零摄氏度或零摄氏度以下,有降雪和凝冻。各地终年均可出现冰雹,但以春季为多,占全年雹日的73.2%;其次为冬季,占全年的12.3%;再次为夏季,占全年的8.3%,秋季最少,仅占全年的6.2%。西北部高寒地区,倒春寒天气过程次数较多,日数较长。一般年份,4月上中旬开始,贵州省自东向西先后进入雨季,暴雨天气也随之发生,5~7月是西南季风活跃和盛行的季节,暴雨发生频率最高。7月下旬以后暴雨发生频率显著下降,8~9月的暴雨天气仍时有发生,直到10月上旬雨季结束,暴雨才很少出现。雨淞在贵州一般称为凝冻,雨淞初日的特点基本上是西部早、东部迟,由西向东推迟。一年中,1月份出现次数最多,2月份次之。

二、土地资源

【土地资源概述】

全省总面积176 167平方千米,约占全国土地总面积的1.8%。按利用状况分:现有耕地毛面积490.15万公顷,占全省总面积的27.8%;林业用地878.06万公顷(含林草混合地),占49.85%,森林覆盖率为38.06%;草地(含林草混合地)428.73万公顷,占24.34%;水域26.47万公顷,占1.5%;城镇村寨及工矿道路的用地约120万公顷,占6.8%;难利用地756万公顷,占4.31%。以行政区划分为:贵阳市8 034平方千米,占全省总面积的4.6%;六盘水市9 914平方千米,占5.6%;遵义市30 762平方千米,占17.5%;铜仁地区18 003平方千米,占10.2%;黔西南自治州16 804平方千米,占9.5%;毕节地区26 853平方千米,占15.2%;安顺市9 267平方千米,占5.3%;黔东南自治州30 337平方千米,占17.2%;黔南自治州26 193平方千米,占14.9%。以地形分:贵阳市山地3 219平方千米,占40.1%;丘陵3 579平方千米,占44.5%;山间平坝1 236平方千米,占15.4%;六盘水市山地6 609平方千米,占66.7%;丘陵2 762平方千米,占27.9%;山间平坝543平方千米,占5.5%;遵义市山地19 054平方千米,占61.9%;丘陵9 434平方千米,占30.7%;山间平坝2 274平方千米,占7.4%;铜仁地区山地11 535平方千米,占64.1%;丘陵5 344平方千米,占29.7%;山间平坝1 124平方千米,占6.2%;黔西南自治州山地10 545平方千米,占62.8%;丘陵5 144平方千米,占30.4%;山间平坝1 145平方千米,占6.8%;毕节地区山地15 524平方千米,占57.8%;丘陵9 168平方千米,占34.1%;山间平坝2 161平方千米,占8%;安顺市山地4 334平方千米,占46.8%;丘陵3 537平方千米,占38.2%;山间平坝1 396平方千米,占15%;黔东南自治州山地22 100平方千米,占72.8%;丘陵7 060平方千米,占23.3%;山间平坝1 177平方千米,占3.9%;黔南自治州山地15 820平方千米,占60.4%;丘陵8 199平方千米,占31.3%;山间平坝2 174平方千米,占8.3%。以海拔高程分:1 000米及其以下面积为79 575平方千米,占全省总面积的45.17%;1 000~2 000米的面积为67 507平方千米,占38.32%;2 000米以上的面积为29 085平方千米,占16.51%。

【土地资源类型及特征】

贵州土地资源主要有以下几个特点:一是山地面积大,丘陵平坝面积小。在全省176 167平方千米的总面积中,海拔高于500米、相对高差大于200米的山地面积约占87%。二是土地类型复杂。从热量地域差异看，全省农林牧土地资源位处4个热量带；从地貌类型差异看，仅黔中地区就有8个土地类、22个土地型、77个土地亚型。三是土地资源垂直分异明显。在较小的面积内因海拔高差大而从山脚到山顶依次发育红壤—黄红壤—黄壤—山地黄棕壤—山地灌丛草甸土或矮林棕色森林土的现象普遍存在，因而为"立体农业"的发展提供了天然条件。四是山高坡陡，中低等土地资源比重大。山地面积占全省总面积的87%，地面坡度大多在30°~40°。尤其是黔西北高原斜坡和黔中山原与黔西北高原的过渡地带，山陡坡长，中下等土地占80%以上。五是人均土地数量少，土地过垦严重。2001年末人均土地仅有0.46公顷，现有耕地中有80万公顷左右是不宜耕作的陡坡耕地和劣质耕地，过垦耕地占现有耕地总面积的16.3%。

【农业用地】

在全省现有耕地毛面积490.15万公顷中，有净耕地面积373.15万公顷，其中田107.8万公顷，占净耕地面积的30.9%；土224.35万公顷，占69.1%。在耕地中有54.2%系坡耕地。在旱坡耕地中，坡度在25°以上的陡坡耕地面积有76.68万公顷，占40.2%，这些耕地需要退耕还林还草。现有园地面积16.6万公顷，其中果园10.71万公顷，茶园3146.67公顷，桑园1.27万公顷。

【林业用地】

全省现有林业用地878.06万公顷，森林覆盖率不加灌木为30.43%，加灌木为38.06%。林业用地中，林地536.1万公顷，占61.01%；疏林地47.49万公顷，占5.4%；灌木林地134.37万公顷，占15.65%；未成林地30.5万公顷，占3.47%；有宜林荒山128.04万公顷，其他林地1.56万公顷。全省的主要林区分布在黔东南自治州。森林覆盖率最低的是六盘水市及毕节地区。

【牧业用地】

全省现有成片草地204万公顷，零星草地296万公顷（含连片面积20公顷以下草地、林草混合地、田土坎以及以其他形式存在的草资源地面积）。林业用地和牧业用地大多兼用，甚至于耕地中除净耕地面积外也大多农牧兼用，因此可发展牧业的土地面积十分广阔。成片的草地全省各市州地均有分布，其中面积在667公顷以上的有220片，最大的为4 000公顷；面积在333~667公顷的有675片，20~333公顷的有20 000多片。全省草地分7个分区：一是黔西北区，包括威宁及赫章、水城、盘县的西部地区，有成片草地10.5万公顷；二是黔西南区，包括兴义、安龙、贞丰、兴仁、晴隆、普安以及水城、盘县、六枝、关岭的部分地区，有成片草地35.3万公顷；三是黔中区，包括贵阳市及安顺市、黔东南自治州、毕节地区、六盘水市、黔西南自治州的部分地区，有成片草地76.4万公顷；四是黔北区，包括整个遵义市、沿河、德江、思南、石阡以及金沙、江口、瓮安等县的部分地区，有成片草地24.7万公顷；五是黔东北区，包括松桃、铜仁、万山、玉屏、岑巩以及印江、江口、镇远等县的部分地区，有成片草地11.6万公顷；六是黔东南区，包括天柱、锦屏、黎平、从江、榕江、雷山、台江、剑河、三穗等县以及镇远、施秉、凯里、丹寨、三都等县的部分地区,有成片草地31.2万公顷,七是黔南区,包括册亨、望谟、罗甸等县以及独山、荔波等县的部分地区,有成片草地14.1万公顷。

【渔业用地】

全省水面不广,总体上讲没有大规模发展渔业的土地条件。但有保证灌溉的稻田60万公顷,实施稻田养鱼的前景好。

【城镇工矿交通用地】

20世纪80年代初贵州城镇村寨及工矿道路的用地约80万公顷,占全省总面积的4.5%。近20年来城镇村寨及工矿道路用地扩张很快,用地面积在120万公顷以上,占全省总面积的7%以上。

【难利用地】

难利用的土地主要指严重石漠化的土地。全省发生石漠化的土地面积占土地总面积的13.3%。其中,已彻底石漠化完全不能生长植物的面积有75.6万公顷左右。

【主要土壤类型】

全省有6个土纲、10个亚纲、15个土类、36个亚类、115个土属、417个土种。在15个土类中,有黄壤、红壤、黄棕壤、石灰土、紫色土、水稻土、山地灌丛草甸土、赤红壤8个主要土类。根据土壤的地域差异,可分为三个亚带:中亚热带常绿阔叶林黄壤—黄红壤亚带,广泛分布于全省东部和中部广大地区,其下分6个土区;北亚热带常绿落叶阔叶混交林高原黄棕壤—黄壤亚带,位于西部、西北部,分为2个土区;南亚热带季雨林赤红壤—红壤亚带,分布于西南部,仅1个土区。

【黄壤】

面积783.4万公顷,占全省土壤总面积的46.4%,是全省的第一大土类。主要分布在800~1 200米以砂岩、页岩地貌为主的黔中山丘,其次也出现在岩溶地貌不纯碳酸盐岩发育的岩溶地貌上。在全省各市州地中,分布在黔东南自治州的面积最大,占全省黄壤总面积的1/4以上;其次是遵义市、铜仁地区和黔南自治州,占全省黄壤总面积的42%左右。黄壤分布的东西带幅宽约350千米,南北带幅宽约300千米,垂直带幅宽800~900米。在黄壤分布的海拔上,出现由东到西逐渐抬升规律。东部黄壤出现的下限为500~600米,上限为1 400米;中部,黄壤出现的下限为800~1 000米,上限为1 400~1 600米;西部黄壤出现的下限为1 100米,上限为1 900~1 950米。耕种黄壤的分布以坡垮地为主,95%以上的黄壤分布在山地丘陵上。

【红壤】

面积114.6万公顷,占全省土壤总面积的6.74%。主要分布在东部与湖南接壤的低山丘陵和与广西接壤的南部低山丘陵、河谷、盆地以及山原峡谷,在六盘水市和安顺市也有少量面积的红壤分布。主要分布在砂岩、页岩、板岩出露的常态侵蚀地貌上,少量在岩溶地貌不纯碳酸盐岩上出现。分布海拔在205~1 100米之间,其中大部分分布在海拔400~700米之间。空间分布上表现出四大特点:第一,分布的海拔上限由东到西逐步抬升,东段黔东南自治州东部分布海拔上限为500米,中段黔南自治州南部分布海拔上限为800米,西段黔西南自治州南部分布海拔上限为1 000米。

第二,分布的垂直宽幅由东到西、由南到北逐步增大,东段黔东南自治州东南部分布垂直宽幅为280米,中段黔南自治州南部分布垂直宽幅为560米,西段黔西南自治州南部分布垂直宽幅为790米;东段向北移到铜仁地区东部分布垂直宽幅为400米。第三,分布的南北水平宽由东到西逐步减小,东段从黔东南自治州东南部到铜仁地区东部分布的南北水平宽达180千米,西段从黔西南自治州南部到北盘江伸入的六盘水市以及安顺市分布的南北水平宽仅有80千米。第四,分布的东西水平幅宽是南部大于北部,南部分布东西幅度达270千米,北部分布东西幅度仅有40千米。

【黄棕壤】

面积98.6万公顷,占全省土壤总面积的6.2%。主要分布在本省的西部和西北部中山上部和高中山的中上部,也零星分布在其他地区的1400米以上地带。分布下限为1400米,分布上限为2600米。毕节地区分布面积最大,占全省黄棕壤总面积的63.7%;其次是六盘水市,占16%。

【水稻土】

毛面积155.02万公顷,净面积115.47万公顷,分别占全省耕地总面积的31.63%和30.09%。广泛分布于全省各地,分布上限最高可达海拔2300米,92.8%的水稻土面积分布在海拔1400米以下地域;全省9个市州地均有水稻土分布,其中遵义市面积最大,次为黔东南自治州、黔南自治州、铜仁地区、贵阳市。稻田面积占耕地总面积在50%以上的有黔东南、铜仁、黔南3个州地。

【石灰土】

面积278.56万公顷,占全省土壤总面积的17.5%。广泛分布在除黔东南自治州以外的各市州地。凡有碳酸盐出露的地域,均有石灰土的发生和发育。石灰土是旱作耕作土的主体之一,全省有耕种石灰土67.86万公顷,占全省旱耕地面积的20.25%。其中以安顺、贵阳、黔南、黔西南、遵义等地区分布的比重为最大。

【紫色土】

面积88.67万公顷,占全省土壤总面积的5%左右。主要分布在黔北、黔西和黔西北,其中尤以黔北赤水河流域的赤水、习水最为集中。从空间分布看,以遵义、毕节两市地分布面积最大,其次是六盘水市,3个市地紫色土面积占全省紫色土总面积的82.4%。紫色土类矿质养分较为丰富,自然肥力较高,因而垦殖率高,适宜多种作物、林木、果树生长发育。全省现有耕作紫色土35.15万公顷,占全省紫色土总面积的39.7%和全省耕地总面积的7%。

【粗骨土】

面积95.5万公顷。其中林草地面积为61.2万公顷,占全省粗骨土总面积的64.1%。境内广为分布,从低海拔到高海拔,从常态地貌到岩溶地貌,从砂页岩到玄武岩,均有粗骨土发育。但以黔北中山峡谷、黔南低山峡谷和黔西高原与黔中高原的过渡地带分布较多。从分布空间看,以遵义、黔南、毕节3个市州地为多,占全省粗骨土总面积的76.4%。全省有耕作粗骨土34.3万公顷,占全省耕地总面积的7%左右。

【石质土】

面积11.84万公顷,仅占全省土地总面积的0.8%。连片分布不多见,零

资源信息

星分布在石质山地上。主要分布在六盘水市和安顺市的切割深的高原山地上。

【山地草甸土】

面积2.23万公顷,占全省土壤总面积的0.14%。分布很零星,分布的海拔变幅很大,主要发育在亚热带中山区孤峰和山脉主峰的上部。安顺、黔西南两市州出现在1 450～1 600米以上的山顶和山脊台地上;黔东南、铜仁两州地出现在海拔1 900～2 100米的山脉主峰地势平缓的山脊地段;六盘水市则出现在海拔2 300～2 600米以上的高中山地。

【潮土】

面积1.33万公顷,占全省土壤总面积的0.08%。分布很零星,主要分布在河流的下游及地势平缓处。毕节、六盘水、铜仁、黔西南等市州地均有分布。

【沼泽土】

面积0.69万公顷,占全省土壤总面积的0.044%。分布很零星,主要分布在贵阳市的磊庄黑土坝、金华农场黑土坝、中曹乡中院、毕节的朱昌、赫章的兴发、纳雍的补作和寨乐以及威宁、雷山、水城、盘县、安顺等县、市的一些小地域。沼泽土大多经排水后即可开垦成为农耕地。因此,垦殖率已高达80%以上。

【新积土】

面积0.43万公顷,占全省土壤总面积的0.03%。主要是零星分布在水系附近的低凹地带或山前坡麓。六盘水市有0.25万公顷,毕节地区有0.17万公顷,安顺市有153公顷。

【红黏土】

全省只有镇宁、安顺、普定、平坝、清镇等县、市有零星分布,总面积只有167公顷。

三、水资源

【水资源概述】

贵州省多年平均降雨量为1 191毫米。降雨年际变化不大,最大与最小年比值为1.5～2.0,个别地区达到2.5。降雨年内分布极不均匀,集中在雨季降落,一般6～8月降雨量占全年总量的50%～60%。地区间分布也极不均衡,最大为1 817.9毫米,最小为806.8毫米,一般南部多于北部,山区多于河谷地带。全省东、南部降雨量较大,雨季早,多在4～8月,西、北部雨量小,雨季晚,多在6～10月。全省有3个多雨区和4个少雨区。多雨区是:黔东北梵净山东南侧、锦江和松桃河上游多雨区,其多雨中心最大年降雨量平均值为1 769毫米;黔东南苗岭东端和雷公山南侧、都柳江和清水江分水岭地带,其多雨中心最大年降雨量平均值为1 623毫米;黔西南南、北盘江和乌江上源三岔河一带,形成5个多雨中心;其中最大年降雨量平均值最高的为1 765毫米,最低的也达1 425毫米。少雨区是:乌蒙山脉西、北坡以及乌江上游与金沙江的分水岭,年降雨平均值为800毫米;潕水河谷及乌江中游河谷,年降雨量平均值在1 100毫米以内;娄山山脉西侧的赤水河河谷,年降雨平均值在1 000毫米以内;南、北盘江及红水河河谷,年降雨量在1 100毫米以下。全省境内平均年产水量为1 035亿立方米,一般丰水年为1 201亿立方米,平水年为1 025亿立方米,一般枯水年为900亿立方米,特枯年为735亿立方米。按水系分,长江流域水资源总量为668亿立方米,占全省水资源总量的64.54%;珠江流域为367亿立方米,占全省水资源总量的35.46%。全省每平方千米的产水量为58.8万立方米,长江流域为57.7万立方米,珠江流域为60.8万立方米。此外,省外河流流经贵州省的过境水量平均值为291.7亿立方米。在自然状态下,水质是良好的,但受岩石成分的影响,大部分河流和岩溶地下的总硬度大于80克/升,pH值大于7,偏碱性。

【降雨量分布】

全省年降雨量在900~1 500毫米之间,变幅600毫米左右。存在两个降雨高值区和两个降雨低值区。一个高值区出现在黔西南,以晴隆、普安为中心,常年降雨1 400~1 500毫米;另一个高值区出现在黔南,以都匀、丹寨为中心,常年降雨也是1 400~1 500毫米。一个低值区出现在黔西北,以毕节、赫章为中心,常年降雨800~900毫米;另一个低值区出现在黔东南,以镇远、施秉为中心,常年降雨900~1 000毫米。降雨量时间分布不均,大多数地区是夏秋多、冬春少。贵阳市5~9月的降雨量占全年的82%(2000年)。降雨量的时间分布规律大致是:南部雨旱季较分明,北部雨旱季欠分明;低热河谷地带(尤其是南部的红水河谷地带),冬春旱情突出。

【地表水】

贵州水资源总量包括地面径流和地下径流两部分,其中大部分由地面径流入河。全省多年平均年径流量在350~1 000毫米之间,变化基本与降雨分布一致,由东南向西北递减,全省平均年径流深为588毫米。按水系分,长江流域为577毫米,珠江流域为608毫米。其中较高的有沅江水系的671毫米,南盘江水系的685毫米,柳江水系的668毫米;较低的有金沙江水系的402毫米,赤水河的483毫米。年径流的年际变化比降大,实测最大最小年比值为2~3,个别地区高达4,径流在年内分配与降雨大致一致,枯水期出现在12月至次年4月,夏旱年份7~8月也出现过短时最小流量。丰水期在5~10月,丰水期水量占全年总水量的75%~85%,见下表:

流域面积在1 000平方千米以上河流流量表

流域	水 系	河 流	发源地	流域面积(平方千米)	河 长(千米)	落差(米)	多年平均流量(立方米每秒)	河床比降(%)	备 注
长 江	金沙江水系	牛栏江	云南杨林海	1 887	81½	340	136	2.38	云贵界河段81千米
		白水河	威宁凉山	2 769	80.2	980	61.4	12.2	
	长江上游支流水系	赤水河	云南镇雄	1 135	320	529	260	1.66	
		桐梓河	遵义平正	3 248	122	588	52.9	4.8	
		习水河	习水寨坝	1 513	116	700	24.2	6.04	川黔界河
		二道河	大方雨沙	1 363	74.74	1 469	17	19.7	
		松坎河	桐梓凉风垭	1 156	50	620	14.8	10.3	
	乌江水系	乌 江	威宁香炉山	66 830	802+72½	1 979.6+56/2	1 295	2.05	黔渝界河段72.1千米
		六冲河	赫章各部	10 137	273.4	1294	175.9	4.7	
		白甫河	毕节黄泥	2 364	110.7	796	30.6	7.2	
		猫跳河	安顺旧州	3 248	181	549.6	55.9	3.0	
		野济河	黔西纸厂	2 234	106	795	31.2	7.51	
		偏岩河	金沙三岔	2 176	139	830	29.2	5.97	
		湘 江	遵义金顶	4 929	149	639	84.4	4.7	
		湄 江	湄潭永乐	2 442	122	334	42.7	2.9	
		清水江	平坝活龙	6 600	215	739	118	3.44	
		独水河	贵定云雾山	2 242	125	397.2	42.4	3.15	
		鱼梁河	修文三元	1 033	80	699	16.9	8.8	
		余庆河	瓮安永和	1 489	110.6	776	27.8	7.02	
		六池河	德江彭家桥	2 098	112	470	35.8	4.2	
		石阡河	石阡黑山沟	2 128	116	501.5	44.77	4.4	
		印江河	印江梵净山北麓	1 230	95.4	752	21.3	7.9	
		洪渡河	正安谢坝	3 712	203	981	90.9	5.1	
		芙蓉江	绥阳枧坝	6 859	200.4	991	161	4.95	
		清溪河	桐梓岩坪乡	1 494	80.9	720	25.4	9.0	
		梅 江	南川老屋基	1 074	69.3	1 184	25.1	17.3	
	沅江上源清水江水系	清水江	都匀斗篷山	17 157	452.2	1 274.7	355	3.97	
		重安江	福泉黄丝	2 770	143.8	645.4	48.9	4.65	
		巴拉河	雷山猫鼻岭	1 323	141.1	652	37.4	4.63	
		南哨河	雷山高岳山	1 258	88.9	967	35.1	10.8	
		六洞河	三穗高桥	2 072	185.2	551	37.3	2.96	
		亮 江	黎平高兴	1 638	120	442	32.5	3.7	
		洪州河	黎平地转坡	1 080	84	563	22.7	16.5	
		㵲 水	瓮安云顶	6 486	220	454	111	2.06	
		龙江河	岑巩板凳坡	1 709	125.7	647	30.7	5.2	
		车坝河	岑巩石板溪	1 292	79	568	17.2	7.2	
		锦 江	江口凤凰山	4 020	144	567	106	3.93	
		小 江	松桃懒板凳	1 379	103	111.8	21.8	10.85	
		松桃河	松桃椅子山	1 541	110	187.7	43.6	1.71	

续表

流域	水系	河流	发源地	流域面积(平方千米)	河长(千米)	落差(米)	多年平均流量(立方米每秒)	河床比降(%)	备注
珠江	南盘江水系	南盘江	云南沾益水洞	7 831	263.5	425	688	1.61	黔桂界河
		黄泥河	云南富源	1 273	49	466	170	9.5	云贵界河
		马别河	盘县老厂	2 924	142.5	1 374	75.7	9.6	
	红水河水系	红水河		15 948	105	66	1 900	0.6	云贵界河上源为南盘江
		蒙江	花溪党武	8 555	250.2	802.6	142.3	3.7	
		格凸河	长顺马路	2 443	228	764	33	6.0	
		坝王河	惠水甲烈	2 208	136	796	43.3	5.9	
		曹渡河	都匀摆忙	4 978	171.6	767	83.8	4.7	
		六洞河	都匀翁谷	2 768	121.6	505	56	3.7	
	北盘江水系	北盘江	云南沾益马雄山	23 288	327	1 006	390	3.1	云贵界河
		拖长江	盘县沙陀	1 096	54	646.3	27.5	4.6	
		可渡河	云南宣威观音山	3 076	154.6	986	37	6.8	
		乌都河	盘县营盘山	2 155	95	912	33	9.6	
		月亮河	水城峡沟	1 037	77.3	1 080	18	16.8	
		麻沙河	兴仁潘家庄	1 391	89	779	24.8	8.8	
		打帮河	六枝二塘	2 891	132.2	960	60	9.5	
		清水河	镇宁江龙	2 117	134	1 005	40	7.5	
		大田河	兴仁雨樟	2 352	121	853	41.4	7.0	
	柳江水系	都柳江	独山里纳	11 326	310	1 176	212	3.8	
		寨蒿河	黎平高洋	2 319	102	911	52	8.9	
		平永河	雷山冷竹山	1 080	85.2	1 208	21.8	12.6	
		双江	黎平高寅	1 372	89.5	819	29.6	8.6	
		漳江	三都石蜡	3 988	99	557	72.4	5.6	
		方村河	独山弄根	1 543	87	687	35.2	7.9	

资源来源：《贵州省志·贵州地理志》

【地下水】

全省地下水资源总量多年平均值为258.7亿立方米，平均地下径流模数为14.7万立方米每平方千米，占河川径流总量的24.8%。按流域分，长江流域多年平均地下水资源总量为184亿立方米，占总量的71.1%，平均地下径流模数为15.9亿立方米每平方千米；珠江流域地下水资源总量为74.7亿立方米，占28.9%，平均地下水径流模数为12.4万立方米每平方千米。地下水径流模数以沅江水系的锦江、松桃河最大，达20.4万立方米每平方千米；红水河、柳江、黔江区最小，为11.3万立方米每平方千米。总的来说，在天然条件下，地下水水质一般较好，但在人口集中、工业和生活污水排放量大的城镇，局部地区的浅层地下水已不同程度地受到污染。全省普查天然水资源443.784亿立方米每年，枯季地下水天然资源为229.07亿立方米每年。根据各地区利用地下水的已有的数据统计，全省地下水可开采量约为130.2177万吨每日。地下水的利用除满足工农业生产和城镇生活用水外，地下热水形成的温泉全省已发现80余处,以低温热水泉为主。

【水利化程度】

全省现有总灌溉面积为654 570公顷,占全省耕地总面积的17.55%。其中,有效灌溉面积为653 370公顷,占总灌溉面积的99.82%;有效实灌面积510 680公顷,占总灌溉面积的78.02%;旱涝保收面积为37 120公顷,占总灌溉面积的82.06%。有效灌溉面积中,水田为579 780公顷,占88.74%;水浇地3 590公顷,占11.26%。在总灌溉面积中还有:林地200公顷,果园70公顷,牧草10公顷,其他920公顷。在总灌溉面积中,机电提灌面积为70 070公顷,占10.71%;节水灌溉面积为251 420公顷,占38.41%。水利灌溉面积主要是水稻田,水利化程度达到50.43%。全省水利工程年供水量为533 594万立方米,其中年向农业供水量为473 339万立方米,占88.71%;向水电供水为2 571 091万立方米。全省蓄水工程年供水量为237 968万立方米,其中向农业供水207 221万立方米,占87.08%;向水电供水1 332 053万立方米。

四、能源资源

【能源资源概述】

贵州能源充足,种类齐全,储量丰富,分布广,开发利用价值大。主要有煤炭、水能和生物能源,还有地热、太阳能、铀矿、天然气等。全省煤炭资源远景储量2 419亿吨(1998年数,下同),保有储量523.15亿吨,居全国第5位。其中,21.8%的储量煤可做炼焦用,是南方冶金用焦的主要资源。煤炭资源主要集中分布在西部、中部和北部地区,六枝、盘县、水城一带的煤以炼焦为主,资源保有储量137.07亿吨,焦用煤86.65亿吨,占63.2%,是长江以南重要的焦煤基地。织金、纳雍、大方一线均为无烟煤,发热量高,含硫量低,热稳定性好,是优质无烟煤基地。全省水能资源理论蕴藏量为1 874.5万千瓦(1999年数,下同),居全国第6位。蕴藏量最大的为乌江水系(754.86万千瓦)、北盘江水系(274.24万千瓦);最小的都柳江水系(106.41万千瓦)、金沙江水系(45.1万千瓦)。全省煤层气31 511亿立方米,其中,埋藏深度在1 500米以上储量为23 347亿立方米,主要分布在六盘水、织纳和遵义3个煤田,储量大于500亿立方米的构造单位16个。

【六盘水煤田】

六盘水矿区含3个统配煤矿:盘江矿区、水城矿区和六枝矿区。有关技术指标见下表:

六盘水矿区三个矿区的有关技术指标统计表

矿区名称	探明储量(亿吨)	保有储量(亿吨)	炼焦用煤(亿吨)	原煤设计能力(万吨/年)
盘江矿区	72.5	97.0	49.9	435
水城矿区	50.1	49.9	30.1	430
六枝矿区	13.8	13.3	9.4	255

【织纳煤田】

在织金、纳雍、大方一线，已探明储量154亿吨，是江南最大的无烟煤基地。资源富集又相对集中，为建设坑口电站，就地将煤炭转化为电能输出提供了很好的条件。

【煤炭资源的开发利用】

经过50余年的建设与发展，贵州煤炭资源的开发已经具备了相当规模，建成了以炼焦煤为主的六盘水煤炭基地，形成了包括勘探、设计、科研、施工、生产在内的煤炭工业体系。2000年末，全省共有国有煤矿矿井59对，核定能力1 563万吨/年；国有重点选煤厂11座，核定原煤入洗能力1 276万吨/年。其中，盘江煤电(集团)公司、水城矿务局已发展成为全国煤炭大型企业。贵州现已成为我国南方最大的产煤省和惟一的煤炭净调出省。2001年产原煤3 731.39万吨、洗精煤产量316万吨。国有重点煤矿产原煤1 076万吨，占29.2%；国有地方煤矿产原煤307万吨，占8.3%；乡镇煤矿产原煤2 294万吨，占62.5%。

【水城矿务局】

地处六盘水市，含水城煤田的水城片区、格目底片区、杨梅发耳片区和纳雍煤田的纳雍片区等13个含煤构造单元，地质储量138亿吨，现动用储量13.4亿吨，有气肥煤、焦煤、贫煤、瘦煤、无烟煤，以水城片区炼焦煤为主，其特点是以低硫、低炭、微磷、高发热量著称，是南方较大的炼焦煤、动力煤生产和拟出口煤基地。现有8对生产矿井，原煤设计生产能力640万吨/年，核定生产能力618万吨/年。有选煤厂3座，选洗加工能力500万吨/年。

【六枝工矿(集团)公司】

地处六盘水市的六枝特区，含六枝片区和织金片区，矿区面积4036.34平方千米，保有储量91.78亿吨，其中六枝片区14.30亿吨，织金片区77.48亿吨。六枝片区以炼焦煤为主，织金片区以无烟煤为主。现有6对生产矿井，原煤设计生产能力186万吨/年，核定生产能力156万吨/年。有选煤厂2座，选洗加工生产能力96万吨/年。

【盘江煤电集团】

地处六盘水市的盘县境内，矿区面积649平方千米，有33个勘探井田，探明储量94.8亿吨，远景储量为383亿吨。井田勘探程度高，煤种齐全，以炼焦煤为主，是我国南方最大的炼焦煤和动力煤生产、出口基地。盘江煤电集团公司由原盘江矿务局改制而成，是南方第一家煤电企业上市公司。现有6对矿井，原煤设计生产能力855万吨/年，选洗加工能力855万吨/年，水泥生产能力6万吨/年，发电装机3.75万千瓦。

【林东矿务局】

地处贵阳近郊，含煤构造单元10个，共计21个勘探区，保有储量8.4亿吨。井田勘探程度较高，煤种齐全。现有矿井4对，原煤设计生产能力为69万吨/年，发电装机2.4万千瓦。

【主要河流水能资源】

贵州有水能资源理论蕴藏量在1万千瓦以上的河流150条。全省主要河流水能资源如下表：

贵州省主要河流水能资源表

水系名称	流域面积(平方千米)	理论蕴藏量(万千瓦)	可开发量(万千瓦)
全省合计	176 907	1 874.47	1 324.95
长江流域	116 524	1 107.49	858.78
乌江水系	67 500	754.86	626.90
沅江水系	30 401	203.95	118.41
长江上游干流水系	13 770	103.58	96.79
金沙江水系	4 583	45.10	16.68
珠江流域	60 383	766.98	466.17
南盘江水系	8 017	212.40	131.58
北盘江水系	20 440	274.24	168.06
红水河水系	16 658	173.93	33.64
都柳江水系	15 268	106.41	32.89

【乌江水系水能资源】

乌江是长江上游右岸最大支流，其上游分南、北两源，南源三岔河为正源，长325.6千米，北源六冲河长273.4千米，均发源于毕节乌蒙山东麓，至鸭池河汇集后称为乌江，自西南流向东北，贯穿贵州中部7个市、地38个县，经重庆东南的8个市、县后于涪陵注入长江，全长1 037千米。流域面积87 920平方千米，年径流量534亿立方米，与黄河水量相当，可开发水能资源8 340万千瓦，总落差2 123.5米。乌江水系河流众多，其中，流域面积在1 000平方千米以上的一级支流15条，贵州众多大型水电站均建于乌江水系之上。

【主要水电站】

2001年，全省发电装机容量665.1万千瓦，其中，水电240.96万千瓦，占36.2%；发电量369.41亿千瓦小时，其中，水电95.65亿千瓦小时，占25.9%。主要水电站情况见下表：

贵州主要水电站有关情况表

水电站	发电量（万千瓦小时）	上网电量（万千瓦小时）	平均设备利用小时	发电厂用电率 综合(%)	发电厂用电率 生产(%)
李官水电站	3 429	3 311	2 638	3.44	0.38
安定落洼水电站	7 318	6 921	4 945	5.42	0.89
红枫发电总厂	78 048	76 580	3 245	1.88	0.36
乌江渡发电厂	288 899	285 972	4 586	1.01	0.34
东风发电厂	204 870	203 928	4 017	0.46	0.23
普定电站	34 113	33 698	4 548	1.22	0.22

【主要电厂】

贵州能源资源水火互济，在全省发电总量中，火电约占74%。主要火力发电厂情况见下表：

贵州主要火力发电厂有关情况表

电厂名称	位置及主管	装机容量（万千瓦）	2001年发电量（亿千瓦小时）	发电标准煤耗率（克/千瓦小时）
清镇电厂	清镇后午，贵州	65.8	46.32	358
贵州电厂	贵阳中曹司，贵州	17.5(1×20)	12.80	372
水城电厂	水城汪家寨，贵州	2×5	7.75	382
遵义电厂	遵义市，贵州	32.4(2×12.5)	58.59	382
盘县电厂	六盘水盘江，贵州	5×20	51.42	333
安顺电厂	安顺市，贵州	2×30	43.58	347
凯里电厂	凯里市，贵州	2×12.5	36.33	353
金沙电厂	金沙县，贵州	4×12.5	39.93	345
习水电厂	习水市，贵州	13.5	2.79	394
大龙电厂	贵州代管	2×1.35	1.87	548
头步电厂	贵州代管	2×1.2	1.98	627
清镇发电厂二期机组	清镇市，贵州	13.0	9.09	390

【"黔电送粤"工程】

2000年8月23日召开的总理办公会同意国家计划委员会关于南方电网实施"西电东送"专题报告，明确"十五"期间贵州向广东送电400万千瓦及相关的电源、电网建设方案。11月7日，国家计委、国家电力公司在贵阳召开华南地区西电东送工作会议，对"十五"期间西电东送提出明确要求。随后洪家渡、引子渡和乌江渡电站扩机三大工程正式开工，标志着西电东送工程正式启动。黔粤两省经过充分协商，共同确认了"十五"期间"黔电送粤"分年度计划：2002年100万千瓦，2003年200万千瓦，2004年300万千瓦，2005年400万千瓦。两省电力公司和国电南方公司签订了2001年的售购电合同。2001年，贵州电网在建规模617万千瓦，其中火电414万千瓦(盘县电厂二期工程40万千瓦，习水电厂54万千瓦，黔北电厂120万千瓦，纳雍电厂120万千瓦，安顺电厂二期工程60万千瓦，贵阳电厂技改20万千瓦)，水电203万千瓦(洪家渡54万千瓦、引子渡36万千瓦，乌江渡扩机59万千瓦，索风营54万千瓦)。第二批项目有火电6项、水电3项，最终规模1720万千瓦，其中，火电1200万千瓦，水电520万千瓦。火电项目是：盘南电厂(一期工程4台×60万千瓦，最终规模6台×60万千瓦)，纳雍第二电厂(一期工程4台×30万千瓦，最终规模6台×30万千瓦)，鸭溪电厂(4台×30万千瓦)，黔西电厂(4台×30万千瓦)，发耳电厂(4台×60万千瓦)，大方电厂(一期工程4台×30万千瓦，最终规模6台×30万千瓦)。水电项目是：乌江构皮滩水电站300万千瓦，北盘江光照水电站120万千瓦，乌江思林水电站100万千瓦。"十五"期间，贵州电网新增装机将达800万千瓦，可以满足黔电送粤用电需要。同时，建设500千伏网架，2002年形成500千伏"日"字形环网，成为黔电送粤的一个坚强的送电电网。

五、矿产资源

【主要矿产保有储量】
贵州省主要矿产保有储量见下表：

贵州主要矿产资源统计表 （截至2001年底）

矿产名称	计量单位	保有储量	全国排列位次
煤	亿吨	492.49	5
铁	亿吨	20	20
汞	万吨	3.31	1
铝土矿	亿吨	4.25	2
铅	万吨	23.24	21
锑	万吨	24.74	4
锌	万吨	82.82	18

续表

矿产名称	计量单位	保有储量	全国排列位次
镁(炼镁白云岩)	万吨	3 213	3
金	亿吨	149	12
锰	万吨	7 693	3
稀土	万吨	149.79	2
萤石	万吨	200.1	9
镓	万吨	1.99	3
石膏	万吨	9 771.7	21
重晶石	万吨	1.13	1
硫铁矿	亿吨	6.12	4
化肥用砂岩	亿吨	1.06	1
冶金用砂岩	万吨	8 252	1
熔炼水晶	吨	1 110	3
饰面用灰岩	万立方米	3 701	2
饰面用辉绿岩	万立方米	352	1
玻璃用砂岩	万吨	5 128	7
砖瓦用黏土	万吨	1 672	6
砖瓦用页岩	万立方米	1 242	3
砖瓦用砂岩	万立方米	7 760	1
水泥配料用砂岩	万吨	9 183	5
水泥配料用页岩	万吨	2 692	10
水泥配料用黏土	万吨	10 714	8

【煤矿】

贵州素以"西南煤海"著称,87个县(市、特区、市辖区)中有74个产煤。资源相对集中于西部的六盘水市和毕节地区。全省资源总量2 149亿吨,探明储量535亿吨,在全国居第5位。2001年,全省有煤矿山2 518个,其中大中型矿山16个;全省有国有煤矿59对,核定能力1 878万吨/年,其中国有重点矿井19对,核定能力1 554万吨/年。国有重点选煤厂11座,核定能力1 276吨/年。2001年全省原煤产量3 731.39万吨。

【煤层气】

煤层气俗称瓦斯,是集中储藏于煤层中或分散在煤系岩层中的一种天然气体,主要成分为甲烷。贵州煤层资源丰富,全省2 000米以浅煤层气资源总量达3.15万亿立方米,仅少于山西,排全国第2位。

【铝土矿】

贵州是我国铝土矿的三大产区之一,已探明保有储量3.95亿吨(1999年)。主要分布于中部的贵阳—清镇—修文—遵义一线,尤以修文、清镇最丰富,占全省总量的74%,次为遵义县内,占 14%。在北部的务川、正安、道真及东部的凯里、黄平与瓮安等地也有分布。自 20 世纪 50 年代开始采掘以来，采冶较为普遍，规模逐渐扩大。以贵州铝厂建成的第一、第二铝矿规模最大，具有年生产矿石 90 万吨的生产能力。其他规模小，开采集中于修文、清镇，其他县、市亦有少量开采。2001 年末统计，全省有矿山 87 处，当年生产铝矿石 163 万吨。

【汞矿】

贵州是著名的"汞省"，资源丰富，早在两千年前就有"牂牁郡谈指出丹"（丹即汞）的文字记载，长期以来是我国汞资源最丰富和产量最多的省区。汞矿相对集中于务川、万山、铜仁、丹寨、三都与松桃、黄平、开阳、兴仁等 10 余个县、市。累计探明储量已逾 9 万吨，主要储量产地有 65 处。虽经长期开采，万山、铜仁、丹寨、三都等主要产区资源现仍有储量 3 万余吨。占全国总量的 38%，居全国第一位。

【锑矿】

中国是世界上锑资源最丰富和生产锑最多的国家。贵州是全国锑资源丰富的省、区之一，也是锑生产与外贸出口的重要基地。锑矿主要分布于黔西南、黔南、黔东南等地区，在 22 个县、市发现产地，共发现矿床、矿点 80 多处。累计探明储量 48.5 万吨，虽经长期开采，保有储量仍有 24 万吨，居全国第 4 位。

【锰矿】

贵州是我国三大锰矿集中产区之一，具有资源丰富、分布集中、矿床规模大、外部开发条件好等优势。在遵义、松桃、铜仁、从江等县、市探明了储量，主要储量产地 17 处，累计探明储量 8 096 万吨，虽经多年开采，保有储量仍有 7 181 万吨，占全国总量的 13%。居全国第 3 位。

【磷矿】

贵州是我国三大磷矿的集中产区之一，是全国富磷矿产出最多的省、区。全省 33 个县、市发现磷的产出，其中 24 个探明了储量，主要资源储量产地 57 处。全省累计探明储量达 26.8 亿吨，经开采消耗后保有储量 25.6 亿吨，居全国第 2 位，主要集中产于开阳、瓮安与福泉、织金等县市。贵州磷矿以品位富、质量优著称，矿石平均品位 22.2%。P_2O_5 含量大于 30% 的富矿高达 4.6 亿吨，占全国总量的 44%。2001 年底统计，全省有矿山 51 个，每年生产矿石 669.9 万吨

【重晶石】

贵州是我国重晶石产出最丰富的省、区，具有资源丰富，分布广泛，质量良好，开发潜力大的优势。全省 30 多个县、市有重晶石的产出。主要分布在东部地区，其次在西部与北部，中部也有产出。虽经多年开采消耗，保有储量仍高达 1.2 亿吨，居全国第一位。天柱县大河边和镇宁布依族苗族自治县乐纪是著名的大型产区，其中大河边资源储量达亿吨以上，乐纪现已建成全省规模最大、也是全国少有的年生产 20 万吨的矿山，在天柱大河边也建有规模较大的矿山。2001 年全省重晶石矿石产量为 48.8 万吨。

【金矿】

全省已知金矿产地 60 余处，其中达到矿床规模的有 10 多处。根据矿石矿物组合、金的赋存状态、矿石结构，可分为微细粒浸染型、石英脉型与金属型。其中微细粒浸染型金矿主要分布在黔西

南自治州,其次为黔南自治州、黔东南自治州和黔西部分地区。石英脉型金矿主要分布在黔东南自治州的天柱、锦屏、黎平一带和铜仁地区的江口、印江等地。多金属型金矿较少,已发现和探明的有从江县地虎、印江土家族苗族自治县石柱岩等矿床,为金、银、铜、铅、锌多金属矿床,储量规模较小。截止到1999年底,全省累计探明各种类型金矿储量C+D级149吨(金属量),保有C+D组145吨,其中,黔西南自治州保有储量占全省保有储量的92%。

【烂泥沟金矿区】

位于黔西南自治州贞丰县城东南约70千米处,矿区面积约42平方千米,包括磺厂沟、冗半、林潭、瑶家田等矿段,矿床类型为微细粒浸染型。其中磺厂沟段已探明C+D级金储量60吨,平均品位7克/吨,平均厚度12米。由于在当前的技术和经济条件下,按照《岩金矿地质勘探规范》规定,烂泥沟金矿区磺厂沟矿段的平均勘探深度仅为400米,已探明的60吨金属量均分布在海拔280米以上。

【晴隆县老万场金矿区】

距县城约47千米,矿体平均厚度15米,平均品位5克/吨。自1993年发现以来,实行边探边采,取得了较好的经济效益和社会效益。该矿可露采,易选冶。

【紫木凼金矿区】

隶属黔西南自治州兴仁县,距320国道上的回龙镇12千米,回龙镇距兴仁县城40千米。包括紫木凼、太平硐、香巴河、油杉冲等矿段。其中,紫木凼矿段已探明储量32吨,平均品位5.97克/吨,矿床类型为微细粒浸染型。矿区远景储量在50吨以上。

【册亨县板其金矿区和丫他金矿区】

两矿区矿床类型均为微细粒浸染型。板其金矿距县城45千米,南昆铁路经过矿区,并在板其设站。板其金矿探明金储量3.2吨,品位5.2克/吨。丫他金矿区距县城20千米,探明金储量1.3吨,品位5.09克/吨。

【锦屏县花桥金矿区】

又名同右金属矿区,位于锦屏县城南约28千米,是一个以层带型含金石英网脉为主的矿床,已初步查明矿床平均厚度0.7米,平均品位5克/吨,探明D+E级金储量约5吨。

六、生物资源

【植物资源概况】

到目前为止,已知贵州的高等植物约6 800余种。贵州农作物品种丰富,栽培的粮食作物、油料作物、经济作物近

600个种。据不完全统计,森林资源有木本植物124科（512属、2 450种），林木、林果品类也较多。天然牧草有400多种,优良牧草资源200余种。野生植物有3 800余种,可分为药用植物、经济植物和珍稀植物等几大类。野生药用植物资源主要有天麻、杜仲、桔梗、天冬、龙胆草等3 700余种,占全国中草药品种的80%。野生经济植物中,以纤维、鞣料、芳香油为主的工业用植物约600种。贵州列入国家保护植物名录的珍稀植物有70种,其中一级保护植物有银杉、珙桐、秃杉、桫椤等14种,占全国同类植物总数的50%。

【森林资源】

贵州树木种类繁多,森林类型多样,树木生长迅速,并且宜林荒山成片集中。森林资源中有木本植物124种（512属、2 450种），林木、林果品类也较多。用材树种有杉、华山松、马尾松等。木本油料树种主要有油桐、油茶、乌桕等。特种经济树种有漆树、杜仲、盐肤木、棕榈等。干果类树种有核桃、板栗等。珍稀树种有银杉、秃杉、桫椤、珙桐、鹅掌楸、水青树、闽楠等40余种。贵州森林资源的主要特点是:现有资源以天然林为主,森林自然生长率高,单位面积蓄积量低,资源分布不均。

【用材林】

是贵州森林中最重要的一个林种。构成树种以裸子植物中的松、杉、柏类树种为主,形成各种亚热带暖性针叶林。优势树种是杉、马尾松、云南松、华山松、柏。其中以马尾松分布较广,主要在东部和中部广大地区,多生长在各类酸性土丘陵山地。云南松则主要分布于西部地区;杉木林虽然在全省各地都有分布,但集中产区是东南部的清水江和都柳江流域。华山松主要分布在西北高原上;柏木则在省内钙质土丘陵山地零星分布。除上述针叶林外,尚有以壳斗科、樟科、木兰科、山茶科等阔叶林树种为主构成的阔叶林,其面积和立木蓄积量在用材林中均占有重要地位。

【经济林】

贵州经济林木种类多样,资源丰富。全省有栽培树种40多种,包括油桐、油茶、漆树、板栗、核桃等。贵州经济林木不仅类型丰富,温带、热带、亚热带种类兼备,而且分布很广。经济林木资源开发利用的历史悠久。油桐、漆树的利用已有一千多年的历史。油茶、核桃等已栽培四五百年。

【牧草资源】

贵州天然草地共有维管束植物201科、1 097属、3 971种。其中可以作畜牧饲料的有1 441种。在众多的饲用植物中,优良牧草的种类十分丰富。禾本科、豆科牧草中,有优良牧草资源260余种。禾本科中主要有鸭茅、茴香草、狗牙根,豆科中主要有白三叶、天蓝苜蓿、野豌豆,菊科中主要有蒲公英、野菊,莎科中主要有苔草、飘拂草。

【农作物资源】

贵州农作物品种丰富,栽培的粮食作物、油料作物、经济作物近600种。粮食作物中禾谷类有水稻、玉米、大麦、小麦、高粱、黍、荞等;豆类有大豆、蚕豆、绿豆、小豆等;薯芋类有甘薯、马铃薯、山药、蕉芋等;油料作物有油菜、花生、芝麻、向日葵等。经济作物有烟叶、茶、甘蔗、蚕桑等。粮食作物地方品种和本省育成种近 5 000 个。其中,稻类 2 706 个(水稻 2 370 个,旱稻 336 个;籼稻占 52.6%,糯稻占 40.7%,粳稻占 6.7%);小麦 106 个;玉米 637 个(其中硬粒型占 43.3%,中间型占 26.9%,蜡质型占 14.7%,马齿型占 12.8%,爆裂型占 2.2%);大麦 59 个;高粱 17 个;甘薯 5 个;马铃薯 80 个;大豆 405 个等。

【茶桑果资源】

贵州是茶树的原产地之一,品种资源丰富。目前推广种植的茶树优良品种有湄潭苔茶、石阡苔茶、贵定云雾茶、都匀毛尖茶、昆明中叶茶、云南大叶茶、福建大白茶等。贵州果树资源丰富,除亚热带果木外,温带和热带果木也有分布。其中常绿果树有甜橙、柑橘、柚子、枇杷、杨梅、荔枝、龙眼、杧果、橄榄等;落叶果树有梨、苹果、桃、李、杏、樱桃、葡萄、猕猴桃、无花果、板栗、银杏、拐枣、石榴、刺梨、草莓、香蕉、芭蕉、柿子等。桑树品种资源主要有鲁桑、长果桑、鸡桑、华桑、川桑。

【野生经济作物】

贵州野生经济植物中,以纤维、鞣料、芳香油为主的工业用植物有杉木、松木、泡桐、青冈、栎类等,约有 600 种;以维生素、蛋白质、淀粉、油脂植物为主的食用植物有栗类、青冈子类、胡桃、刺梨、食用菌等,达 200 余种,其中刺梨、猕猴桃、食用菌等具有较高的开发价值。

【食用菌资源】

贵州野生食用菌有 200 多种,主要的有 50 多种,其中侧耳、香菇、木耳、银耳、金针菇、茯苓、竹荪等品种已被驯化和开发利用。香菇主产于从江、榕江、黎平等地;茯苓主产于黎平、锦屏;竹荪主产于赤水、盘县、平坝、安顺等地。

【药用植物资源】

贵州野生药用植物有天麻、杜仲、桔梗、天冬、龙胆草等 3 700 余种,占全国中草药品种的 80%。贵州是全国四大中药材产区之一,许多中药材被誉为"地道中药材"而畅销国内外。在国内外市场占有重要地位的,有天麻、石斛、杜仲、厚朴、吴茱萸、黄柏、黔党参、何首乌、灵芝等 30 多种。

【珍稀植物资源】

贵州列入国家保护植物名录的珍稀植物有 71 种。其中,一级保护的有伯乐树科、贵州苏铁、辐花苣苔、宽叶水韭、单性木兰、光叶珙桐、梵净山冷杉、银杉、异形玉叶金花、掌叶木、云南穗花杉、红豆杉、南方红豆杉 14 种;二级保护的有 57 种;三级保护的有 35 种。

【银杉】

产于道真大沙河林区、桐梓狮溪柏枝坝,生于海拔 1 390~1 700 米的山地疏林中。为我国特有的单种属植物,古老的孑遗植物。由于繁殖能力低,生长环境差,现存数量稀少。黔北道真大沙河林区是国内银杉集中分布区之一。

【珙桐】

产于梵净山及绥阳宽阔水,生于海拔 1 400~1 700 米的山地林中。在梵净山局部地段有以其为主的落叶阔叶林。其花有两枚大形白色苞片,好似白鸽站立枝头,因而有"中国鸽子树"(图 100)之称。

【秃杉】

产于黔东南的榕江、雷山、剑河、从江等地,生于海拔 750~1 300 米的山地常绿阔叶林中,常呈斑块状林片存在。

起源于古老的孑遗植物,材质优良,树形高大挺拔。现存数量极为稀少。

【桫椤】

木本蕨类植物(图50)。产于赤水、册亨、安龙、贞丰、罗甸等地,生于海拔350~750米的河谷。赤水金沙沟一带较为丰富,生长良好,局部地段形成以其占优势的群落。

【动物资源概况】

贵州有丰富的动物资源。饲养性的畜禽有45种,包括牛、马、猪、羊、鸡、鸭、鹅、兔等。野生动物及珍稀动物有535种。列入国家保护的珍稀动物有83种,其中一级保护动物有黔金丝猴、黑叶猴、华南虎、云豹、豹、白鹳、黑鹳、黑颈鹤、中华秋沙鸭、金雕、白肩雕、白尾海雕、白头鹤、蟒14种,占全国同类动物总数的13%。另外贵州还有丰富的水产资源。

【畜禽资源】

贵州有优良畜禽品种32个,其中,培育品种2个,引进驯化品种2个,地方良种28个。编入全国畜禽品种志和品种图谱的有黔西马、三穗鸭、可乐猪、思南黄牛、从江香猪、贵州黑白奶牛、考力代羊、苏白猪等。纳入贵州省畜禽品种志的还有威宁黄牛、黔东南小个子牛、贵州水牛、黔北黑猪、黔东花猪、白洗猪、江口萝卜猪、贵州黑山羊、黔北麻羊、威宁绵羊、兴义鸭、威宁鸡、矮脚鸡、高脚鸡、从江小种鸡、赤水鸡、贵农金黄鸡、平坝灰鹅、天柱番鸭等。

【野生动物资源】

贵州列入国家保护的珍稀动物有83种,其中一级保护动物有黔金丝猴、黑叶猴、华南虎、云豹、豹、白鹳、黑鹳、黑颈鹤、中华秋沙鸭、金雕、白肩雕、白尾海雕、白头鹤、蟒等14种,占全国同类动物总数的13%。分布于贵州的二类保护动物有小熊猫、金猫、熊猴、猕猴、短尾猴、丛林猫、林麝、水鹿、穿山甲、红腹角雉、白冠长尾雉、鸳鸯、大鲵、藏酋猴、豺、黑熊、黄喉貂、水獭、斑林狸、大灵猫、小灵猫、鬣羚、斑羚、白琵鹭、黑脸琵鹭、凤头琵鹭、蜂鹰、鸢、苍鹰、褐耳鹰、赤腹鹰、凤头鹰、雀鹰、松雀鹰、普通鵟、灰脸鵟鹰、草原雕、白腹山雕、秃鹫、白尾鹞、鹊鹞、蛇雕、小隼、游隼、燕隼、红脚隼、红隼、白鹇、勺鸡、红腹锦鸡、白腹锦鸡、灰鹤、棕背田鸡、红翅绿鸠、褐翅鸦鹃、小鸦鹃、草鸮、红角鸮、领角鸮、雕鸮、黄脚鱼鸮、领鸺鹠、斑头鸺鹠、褐林鸮、灰林鸮、长耳鸮、短耳鸮、长尾阔嘴鸟、蓝翅八色鸫、山瑞鳖、细痣疣螈、贵州疣螈、虎纹蛙、胭脂鱼、金线鲃、拉步甲等。三类保护动物有毛冠鹿、赤麂、小麂、灰雁、斑头雁、杜鹃(所有种)、戴胜、啄木鸟(所有种)、黄鹂(所有种)、大山雀、蛇(所有种)、蛙类(所有种)、荔波壁虎等。

【黔金丝猴】

隶属于灵长目,猴科,仰鼻猴属。别名牛尾猴、灰金丝猴、白肩仰鼻猴(图105)。是我国列为一级重点保护的珍稀野生动物,也是《濒临动植物国际贸易公约(CITES)附录Ⅰ》中列为"E"级,即濒危度最高的动物。我国特产的3种金丝猴中,黔金丝猴是数量最少,栖息地最狭窄的一种。仅分布在贵州梵净山国家级自然保护区内,现有746±5只。

【水产资源】

全省有鱼类202种(含亚种),分别隶属于6目20科98属。其他水产养殖种质资源有大鲵、鳖、虾类、蟹类、螺蚌类等数百种。贵州鱼类以青苔等为食的鱼类资源最为丰富。稻田和塘库养鱼有很大潜力。

【生物多样性】

贵州位于我国西南,处在青藏高原东南侧、云贵高原东部的斜坡地带,动植物区系成分在我国具有过渡的性质,地形复杂,生境多样,有温带及北亚热带、中亚热带和南亚热带等气候区,孕育了种类繁多的生物类群,形成了类型复杂、组合多样、丰富而又独特的生物资源。贵州高等植物有 7 000 种以上,仅种子植物就有 5 000 种以上,野生脊椎动物有近 1 000 种,且分布有众多特有种。贵州的植物多样性和动物多样性目前在全国仅次于云南、四川、广西,而居第 4 位。

【生态系统多样性】

贵州生态系统包括森林生态系统、草地生态系统、湿地生态系统和农田生态系统等。森林生态系统分为天然林生态系统和人工林生态系统。根据森林类型的区分,也可将贵州森林划分为如下生态类型:针叶林包括低山(低中山)丘陵针叶林,有杉木林、马尾松林、秃杉林、福建柏林;中山(高原)针叶林,有云南松林、华山松林、大明松林、青岩油杉林、黄杉林、银杉林、长苞铁杉林、铁杉林、云南油杉林、梵净山冷杉铁杉林;干热河谷针叶林,有细叶云南松林;喀斯特针叶林,有柏木林、广东松林、短叶黄杉、广东松、南方铁杉林。阔叶林包括低山(低中山)丘陵湿性常绿阔叶林,有钩栲林、丝栗栲林、小红栲林、甜槠栲林、石栎林、木荷林、杨梅叶蚊母树、宜昌润楠、硬斗石栎林、粗穗石栎、硬斗石栎、薯豆林、西藏山茉莉林;低山河谷季雨林,有短萼仪花、田林细子龙、毛麻楝林;中山(高原)硬叶常绿阔叶林,有光叶高山栎林、黄背栎林;中山常绿落叶阔叶林混交林,有长柄水青冈林、亮叶水青冈林、米心水青冈林、贵州青冈林、珙桐林、鹅掌楸林、厚皮栲林、巴东栎林、多脉青冈林、白辛树林、大叶杨林、贵州山柳林;山顶苔藓矮林,有杜鹃、槭树矮林、山樱、山矾矮林、槭树矮林、贵州青冈矮林、花楸和杜鹃矮林,黄杨矮林;高原落叶阔叶林,有麻栎林、栓皮栎林、杨桦林;河漫滩落叶阔叶林,有枫杨林;喀斯特常绿落叶阔叶混交林,有椤木石楠林、青冈栎林、乌冈栎林、多穗石栎、鹅耳枥、化香林、鹅耳枥林、青檀林、川桂林、青冈栎、黔竹林、圆果化香、臭樟、贵州悬竹林。竹林包括毛竹林、方竹林、慈竹林、麻竹林、箭竹林。灌丛包括栎类灌丛、茅栗灌丛、月月青灌丛、小果蔷薇、火棘灌丛、黄荆灌丛、高山柏灌丛、杜鹃灌丛。经济林包括油桐林、油茶林、漆树林、核桃林、杜仲林、乌桕林、盐肤木林、紫胶寄主林。贵州草地多为森林遭受破坏后的次生植被,其类型结构主要为山地丘陵草丛、山地丘陵灌木草丛、山地丘陵疏林草丛、山地草甸、低地草甸。贵州湿地生态系统分为河流湿地生态系统、湖泊(含水库)湿地生态系统、沼泽生态系统、草甸湿地生态系统、苔藓湿地生态系统。贵州农田生态系统主要可分为草本类型和木本类型。草本类型包括旱作生态系统、水田生态系统。木本类型包括油茶林、茶丛、油橄榄林、油桐林、乌桕林、漆树林、核桃林、杜仲林、柑橘林、栗林、苹果林、梨林。

【物种多样性】

贵州省生物资源丰富,动、植物物种多样,在我国居重要地位,由于其区系地理成分复杂、古老,有明显的过渡性和复杂性,并有不少东亚特有种和贵州特有种,因而在我国具有重要意义。贵州野生脊椎动物有910种,国家重点保护的野生动物79种,其中,一级保护的15种,二级保护的64种。高等植物有7 000余种,国家重点保护野生植物71种,其中,一级保护的14种,二级保护的57种,三级保护的35种。

【遗传多样性】

贵州生物物种多样性丰富,因而遗传多样性亦丰富。野生动、植物的遗传多样性丰富度如物种多样性所述,目前在我国均居第4位,具有重要意义。栽培植物种类繁多,从亚热带到暖温带的栽培植物几乎应有尽有,还有一些热带作物。经过长期的自然选择和人工选育,形成了适应不同生态环境条件的类型和品种,具有丰富多样的遗传种质资源。根据农业品种资源调查,全省农作物品种近6 000个,其中不少是名特优的珍贵栽培种。优良的地方畜禽品种32个,其中,培育品种2个,引进驯化品种2个,地方良种28个。编入全国畜禽品种志和品种图谱的有黔西马、三穗鸭、可乐猪、思南黄牛、从江香猪、贵州黑白奶牛、考力代羊、苏白猪等。全省现记载鱼类202种(含亚种),分别隶属于6目20科98属。

七、旅游资源

【旅游资源概况】

贵州特殊的喀斯特地质地貌、原生的自然环境、浓郁的少数民族风情,形成了以自然风光、人文景观和民俗风情交相辉映的丰富旅游资源。省内有赤水竹海、黔西百里杜鹃、九龙山、燕子岩、凤凰山、瑶人坡、长坡岭7个国家级森林公园和黄果树、龙宫、红枫湖、织金洞、潕阳河、赤水、樟江、兴义马岭河峡谷8个国家级风景名胜区;有梵净山、茂兰喀斯特森林、威宁草海、赤水桫椤原始森林、雷公山和习水6个国家级自然保护区;有遵义会议会址、从江增冲鼓楼、盘县大洞等19处全国重点文物保护单位及239处省级文物保护单位。

(一)各市州地旅游资源

【贵阳市旅游资源】

贵阳是中国西南重要的交通枢纽,黔桂、湘黔、川黔、滇黔4条铁路和全省的公路干线在此交汇,民用航空航线可直达北京、上海、深圳、香港、曼谷等30多个城市。贵阳气候宜人，夏无酷暑，冬无严寒，属亚热带湿润温和气候，1月最冷平均气温5℃，盛夏7月平均气温24℃，被誉为"第二春城"。游览点有红枫湖国家级风景区、百花湖、黔灵公园、河滨公园、森林公园(图31)、花溪公园、天河潭、修文六广河峡谷(图23~24)、开阳南江峡谷(图34、图36、图40)、开阳紫江峡谷、香纸沟(图28、图35)、花溪镇山村(图13~14)、情人谷(图33)、长坡岭国家森林公园、息烽温泉、国家级文物保护单位修文阳明洞、国家级文物保护单位息烽集中营旧址、甲秀楼、翠微阁、阳明祠、黔灵公园弘福寺、青岩古镇、周渔璜故居、高坡洞葬、草场等(图29~30)。

【贵阳市文化旅游】

贵阳市文化旅游客运专线从黔灵公园开始，依次途经阳明祠(图2)、文昌阁、甲秀楼、火车站、花溪、镇山村口、镇山村，最后到达天河潭，每天共5辆巴士行驶在该线路上。百货大楼、时代广场、星力百货、百盛购物中心、智诚名店、钻石广场等是本地人购物常去的大商厦。阳明路花鸟古玩市场已成为贵阳人周末休闲的去处之一。贵州土特名产店大都集中在北京路。主要民族节日有苗族四月八(农历)。文艺演出有具贵州特色的黔剧、花灯剧、京剧、川剧、话剧、歌舞表演。市内有影剧院10余家，还有众多的保龄球馆、康乐宫、夜总会、酒吧和咖啡厅。近年来兴起的茶艺馆大都环境清幽，除可以品尝到清香四溢的香茗，还可以观赏到民俗表演。贵阳高尔夫球度假中心是全国惟一的高原森林高尔夫球场。贵阳夜市四季不衰，延安路夜市可以买到日用百货。小吃夜市在贵州饭店一带有环城北路夜市，客车站一带有黄金路夜市，喷水池附近的合群路夜市可以品尝到贵州各种小吃。风味小吃有肠旺面、牛肉粉、恋爱豆腐果、鸡肉饼、豆腐圆子、糕粑、碗耳糕、豆沙窝、洋芋粑、荷叶磁粑、糕粑稀饭、丝娃娃、炒田螺等。特产有蜡染、刺绣、挑花、播娜摩簸箕画、陈白秋原木艺术品、贵州奇石、中药材、茶叶、刺梨、"老干妈"辣椒酱等。

【黔灵公园】

位于贵阳市市区内东北角，由象王岭、檀山、白象山等群山连成，面积300多公顷。黔灵山是公园的主体部分，山上有黔灵寺(弘福寺,图5)，山前有麒麟洞、古佛洞、响石洞、洗钵池，山后松柏之间，耸立着高大的"解放贵州烈士纪念碑"，从小路九曲径可直达山顶。山后有黔灵湖(图3、图8)，四周青山环绕，湖水碧波粼粼，岸边有水榭楼台和石堤长廊。黔灵山气候温和，四季百花争艳，树木葱郁。林间有多种名贵药材，还有不少鸟类和成群的猕猴。

【甲秀楼】

位于贵阳市南明区。明万历二十六年(1598年)，在河中垒台作"奋鳌状"，名"鳌头矶"。台上建阁，取名"甲秀"，意为科甲挺秀。甲秀楼三层三檐四角攒尖顶，高约20米，护以白色雕花汉白玉栏杆，屹立江中。浮玉桥白玉浮波，横卧楼下，贯通南北两岸，原为九孔石桥，称"九眼照沙洲"，后修公路填埋二孔。楼基和桥历经400余年，历次洪水冲击，均无损坏(图6~7)。

【花溪公园】

位于贵阳市南明河上游约17千米

处,主要是以麟、凤、龟、蛇四山为中心展开。麟山是花溪公园的主峰,碧峰翠岩,仿佛一头身披绿毛的麒麟昂首天际,因而有"云卷青麟"之称。凤山在花圃田中缓缓隆起,登山可见远景。龟山如寿龟匍匐于公园之中,山势西去,河水东去。蛇山与龟山呼应,山势逶迤。花溪又是花的世界,花溪河两岸盛产彩蝶,种类达200多种。阳春三月,蝶阵花潮,令人目眩神迷(图25、图26、图32、图38)。

【天河潭】

是花溪四点(花溪公园、镇山村、花溪水库、天河潭)一线上著名的风景名胜。位于贵阳市花溪区石板镇西南5千米处,属花溪河上游冷饭河地段。这里有一座天生桥,桥高20米,跨度30米,桥面宽35米。天生桥侧有一直径达50米、深70米的溶蚀洼地,积水为潭,人称天河潭。沿山间石壁小道,穿天生桥洞,入天河潭内,行舟于绝壁下的"龙潭洞",可贯通全山;漫步于壁下另一旱洞"天河洞",可饱览洞中千姿百态的岩溶景观(图18~19)。

【百花湖】

位于贵阳市西北22千米的百花坡下,以湖水湛蓝、洁净和湖汊多、岛多而见长。湖中大小岛屿共有100多个,岛上有洞,洞中有水。渔舟上下,白鹭飞翔,野鸭逐浪,泛舟湖上,如在画中(图9~10)。

【阳明洞】

位于修文县城东约2千米处的龙冈山上。明正德初年(1506年),兵部主事王守仁(世称阳明)因上书言事,触怒宦官刘瑾,被贬到贵州龙场(今修文县城)作驿丞。王阳明在龙场三年中,除讲学外,还传播文化,培养了不少学人,深为当地人敬仰,对西南边陲的文化发展做出了贡献。龙冈山林木葱葱,在半山腰有二洞,其中一洞上部题刻"阳明别洞",笔力遒劲。洞底有石床、石桌、石椅、石凳,可容纳数十人。当年王阳明常在这里休息、读书、游玩,洞口有两株高大的翠柏,传为其亲手所栽。在洞的右侧,建有"何陋轩"和"君子亭"。

【六广河】

位于修文县六广镇,为修建乌江渡电站而形成的巨大人工湖泊。从白马滩至姊妹峰20余千米的水路,拥有白马峡、猴愁峡、飞龙峡、赤壁峡、象峡、剑壁峡、峦春峡7峡和"苍鹰搏击"、"白马奔野"、"镇龙峰"、"五姥赶场"、"玉泉叠翠"、"雄狮啸天"、"翠岭峦春"、"青龙洞瀑布"、"姊妹峰"等25处景观(图23~24、图27)。

【六盘水市旅游资源】

游览点有"贵州第一峰"韭菜坪、"世界最高的天生桥"水城干河天生桥、六枝滴水滩瀑布群、盘县大洞(古人类遗址)、穿洞遗址、郎山和丹霞佛寺。民族风情方面(图86),有六枝梭戛生态博物馆(图81、图87)、彝族火把节。

【遵义市旅游资源】

遵义(图45~46)是全国历史文化名城之一。遵义市的游览点有赤水国家级自然保护区、赤水竹海森林国家公园、赤水原生林国家级自然保护区、绥阳宽阔水自然保护区、绥阳温泉、遵义县金鼎山、遵义县共青湖、桐梓小西湖(张学良曾囚禁于此)、国家级文物保护单位遵义会议会址(图41~42)、遵义红军山、桐梓娄山关(图47、图52)、仁怀国酒文化城、遵义香山寺、仁怀怀阳洞。风味小吃有遵义羊肉粉、遵义豆花面、遵义凉粉、遵义脆皮鸡蛋糕、遵义黄粑、赤水豆花、赤水腊肉、赤水竹笋。特产有赤水竹扇、遵义手杖、赤水竹笋、遵义毛峰茶、湄江茶、赤水荔枝、赤水玉兰片、绥阳空心面等。

【安顺市旅游资源】

安顺气候宜人,冬无严寒,夏无酷暑,四季适宜旅游。游览点有黄果树国家级风景区(图21、图59~62、图65、图67、图71、图75)、龙宫国家级风景区(图68~70、图73)、天星桥景区(图63、图71~72)、漩塘景区(图64)、普定梭筛风景区、镇宁犀牛洞、夜郎湖、白马水库、关岭关索岭、"千古之谜"红崖天书(图78)、马马岩壁画、花江峡谷、平坝天台山、安顺文庙(图58)、华严洞、南郊摩崖、王若飞烈士故居、穿洞旧石器遗址、安顺屯堡(明代朱元璋远征滇黔屯垦戍边所形成)(图76、图79~80)。民族节日有布依族"三月三"、布依族"六月六"、苗族"四月八"、苗年、彝族丰收节、仡佬族吃新节。风味小吃有荞凉粉、油炸粑稀饭、油炸鸡蛋糕、白糖饺、水晶凉粉。特产有蜡染(图83~84)、布依地毯、地戏面具、石刻艺术品、安顺刀、镇宁波波糖等。

【黔南自治州旅游资源】

游览点有荔波樟江国家级风景区(图66及图88~96)、龙里猴子沟、福泉洒金谷(图22、图74)、都匀剑江(图37、图39)、瓮安江界河、平塘龙塘、三都百里林海、独山神仙洞、茂兰喀斯特国家级自然保护区、斗篷山、尧人山、都匀文峰塔、三都安塘水寨、荔波邓恩铭故居、长顺杜鹃湖。独特的民族风情有瑶族达努节、水族端节、瑶族凿壁谈婚、苗族吃新节、布依族"三月三"、布依族"六月六"。风味小吃有都匀冲冲糕、盐酸菜蒸肉、酸汤素菜。特产有荔波花土布、牙舟陶器、都匀毛尖茶、惠水金钱橘、贵定云雾茶、独山盐酸等。

【黔东南自治州旅游资源】

黔东南苗族侗族自治州被联合国世界文化保护基金会誉为"返璞归真、重归大自然"的世界一大旅游景区(图113~114)。旅游景点有潕阳河国家级风景区(图121~122、图125~126)、凯里香炉山、施秉云台山(图112)、施秉杉木河(图124、图137)、岑巩龙鳌河、雷公山、月亮山、黄平飞云崖、历史文化名城镇远、镇远古建筑群及青龙洞(图115)、西江苗寨(图141)、郎德苗寨、岜莎苗寨(图118)、榕江车江鼓楼、从江增冲鼓楼、锦屏隆里古城、黎平肇兴侗寨(图116~117)及高屯天生桥(图123)、岑巩马家寨和陈圆圆墓。独特的民族风情有芦笙会(图136)、爬坡节、吃新节、姊妹节、龙船节、苗年、侗年、"盘王"节、"林王"节、斗牛节(图144)、苗族飞歌、侗族大歌(图143)。风味小吃有酸汤鱼、腌鱼、姊妹饭、油茶、米酒。特产有蜡染、挑花、刺绣、银饰、黄平泥哨、黎平烙花筷、雷山银球茶、镇远道菜、榕江西瓜及岑巩思砚等。

【黔西南自治州旅游资源】

游览点有马岭河峡谷国家级风景名胜区(图77、图128)、泥凼石林、万峰林(图85、图127)、万峰湖(图78)、贞丰三岔河、安龙招堤(图82)、何应钦故居、明十八先生墓、兴义猫猫洞旧石器时代古文化遗址。独特的民族风情有布依族查白歌节、八音坐唱(图86)、苗族跳花坡。

风味小吃有兴义刷把头、贞丰糯米饭、兴义甜酒二块粑、兴义杠子面、鸡肉汤圆。特产有兴义大红袍(橘子)、海子梨、黑木耳、兴义二块粑、贵州醇等。

【铜仁地区旅游资源】

游览点有国家级自然保护区梵净山(图97~109及图111)、江口黑湾河、九龙洞(图110)、锦江河、乌江三峡、石阡温泉、铜仁市周逸群故居、德江县中共中央湘鄂西分局枫香溪会议会址、沿河土家族自治县黔东特区革命委员会旧址、印江土家族苗族自治县红军二、六军团会师纪念馆和石阡县中国工农红军二、六军团会议会址。风味小吃有绿豆粉等。特产有松桃花生、玉屏箫笛、思南甜酱瓜、德江皮蛋、德旺板栗、江口豆腐干等。

【毕节地区旅游资源】

游览点有织金洞国家级风景区(图130~133、图139~140)、国家级自然保护区威宁草海(图134)、百里杜鹃、大方奢香墓(图138)。独特的民族风情有苗族跳花场、威宁彝族过彝年、彝族火把节、彝族赛马节、苗族芦笙节、苗族踩月亮及坐花房。风味小吃有毕节汤圆、烤豆腐、荞酒、荞饭。特产有大方漆器、威宁火腿、竹荪、威宁细鱼、威宁梨、金冠苹果等。

(二)主要旅游景区(点)

【赤水竹海森林公园】

位于赤水市,以浩瀚的"竹海"(图44)风光为主。公园内有竹类40余种,楠竹1.133万余公顷。登上公园"观海楼"凭栏眺望,可见一望无际的莽莽竹原,铺山盖岭,山风吹过,竹涛阵阵,令人心旷神怡。区内有"天锣"、"地瀑"、"八仙树"、"夫妻树"等自然景观。

【黔西百里杜鹃森林公园】

距黔西县城25千米,方圆百余里,以天然的杜鹃花海而得名。有红、黄、白、紫、粉、黑各种颜色的杜鹃花23种,每年3~5月开放,最佳观花期为4月。在百里杜鹃花海里,不仅生长着白冠长尾雉、红腹锦鸡等104种珍贵鸟兽,而且有海拔2 221米高的九龙山,有像两只杜鹃鸟相吻、情意绵绵的对嘴岩,有52米高、宽15米的天然吊水大瀑布,有山水相映成趣的八仙湖、玲珑洞、狮山公园等60多处景点。

【九龙山国家森林公园】

位于安顺市西秀区东南,距安顺市中心22千米,紧临贵黄公路,320国道从中心景区穿越,与黄果树、龙宫、织金洞、红枫湖等国家级风景名胜区连片成线,地理位置极佳,开发条件优越。主峰九龙山脉,沿途有峰林峰丛盆地、宁谷汉墓、老虎洞、江坪水库等景点。位于森林公园的云山屯、本寨、竹林寨等是黔中地区"屯堡"的典型代表。

【燕子岩国家森林公园】

位于距赤水市25千米的风溪河西岸,总面积104平方千米。由燕子岩、皇木沟、恒山杉海、石伞四大景区组成。已开发建设的燕子岩景区内森林生态系统原始完美。"活化石"桫椤在这里生长茂密,植株高大,形态各异。

【凤凰山国家森林公园】

位于遵义市红花岗区中心湘江河畔。公园内峰峦起伏,林海浩瀚,山脉绵延,常年被一片绿色所笼罩,森林覆盖率在 90% 以上,内有著名的红军烈士陵园。包括小龙山、凤凰山、金狮山等山峰,最高峰海拔 1 058 米。建有独具民族风格的亭阁,还有根据古代传说建成的"金线吊葫芦"景观。

【瑶人坡国家森林公园】

位于三都水族自治县城东南约 10 千米处,园内峰岭连绵,山高谷深,悬崖处处,瀑布众多。原始森林中植物种群极为丰富,仅木本植物就有 430 余种。高质量、高品位的生态环境,将大自然的神奇融为一体,向游客展示自己不可替代的鲜明特色。产蛋石、风流草、斗鱼等文物、生物奇观,增添了公园的神秘色彩,独特的水族风情、多彩的神话传说更引人入胜。

【长坡岭国家森林公园】

位于贵阳市白云区粑粑坳,距贵阳市区 12 千米,公园面积 1 075 公顷,森林覆盖率 82.67%,林木茂密,夏无酷暑,冬无严寒,气候宜人。其森林景观类型有华山松—马尾松—刺槐等针阔叶混交景观林等。公园内地势平缓,牛筋草、车前草、三叶草等遍布林中,形成独特的林中天然草坪(图 11～12)。

【黄果树瀑布风景区】

位于安顺市西南 45 千米,由姿态各异的十几个地面瀑布、地下瀑布(图 59～61、图 62、图 65、图 67)和风光绮丽的天星公园组合而成,该景区是中国第一批国家级风景名胜区之一。黄果树大瀑布是风景区的中心,它是亚洲最大的瀑布,瀑高 74 米,宽 81 米。瀑布以万马奔腾之势,倾入犀牛潭中,浪花飞溅,水珠轻扬。枯水季节,瀑布犹如万缕银丝披挂。最奇特的是在瀑布背后有一个别有情趣的水帘洞。游人通过瀑布水帘,心旷神怡。下游天星景区由水、石、林、洞构成,石笋密集,植被茂盛,水到景成。这一带是布依族、苗族聚居区,民族风情浓郁。

【龙宫风景区】

距贵阳 132 千米,与黄果树瀑布相距 45 千米,交通方便,气候宜人,是一个天然的大型溶洞暗湖。景区总面积 60 平方千米,以壮观瑰丽的水溶洞、洞穴瀑布为主体,包括龙宫中心景区、油菜河景区、漩塘景区(图 64)等,集溶洞、瀑布、峡谷、绝壁、湖、石、民族风情、宗教文化为一体。尤以中心景区水溶洞最长,洞内瀑布最高,天然辐射最低,被国内称为"三最"。漩塘景区以漩水之奇、短河之多、洞中厅堂之大称为国内"三绝"。置身于此犹入人间仙境、世外桃源。龙宫里的 5 座宫殿,巍峨壮丽,千奇百怪,奇幻诡异,不可名状。其中的水晶宫,不但高大壮阔,而且四周钟乳石琳琅满目,美不胜收。风景区内还有三岔河田园风光、石林公园、龙旗洞和龙潭布依族村寨,山水林木、民族风情相映成趣(图 68～70、图 73)。

【红枫湖风景区】

位于清镇、平坝境内,距贵阳 33 千米。湖水面积 57 平方千米,蓄水 6 亿立方米,是贵州第一大人工湖。湖边红枫岭及湖岸多枫香树,深秋时节,枫叶红似火,红叶碧波,故名"红枫湖"。红枫湖由北湖、南湖、中湖、后湖 4 部分组成,湖中有岛屿 100 多个,景观以岩溶地貌和湖光山色为特色。北湖碧波万顷,中湖水深山奇,南湖山重水复,后湖群峰环水。山间有苗寨、布依寨、侗寨、鼓楼、风雨桥等70多个景点(图15～16)。

【马岭河峡谷风景区】

位于兴义市城区东北4千米处,峡谷长约15千米,两岸峭崖对峙,峡内河谷幽深,河水清澈见底。东侧矗立着高约200米、长约500米如刀斧砍般的巨崖,赭红色的岩页上披挂着丝丝缕缕的绿草,使近10万平方米的巨大崖壁红中透绿。崖上的瀑布奔腾直下,在阳光照射下银光闪闪,恰似万朵彩云。峡谷内除彩瀑崖、瀑布群外,还有天赐石窟、回峰崖、壁挂崖、龙头岛等景点。(图77、图128)

【织金洞风景区】

位于织金县城东22千米处,距贵阳151千米,面积约450平方千米,分为织金洞、织金古城、裸结河峡谷、洪家渡等四大部分。织金洞是景区中的精华,它是一座规模宏伟、造型奇特的洞穴资源宝库。洞深10余千米,两壁最宽处175米,相对高差达150多米,全洞容积达500万立方米。有10个景区、47个洞厅,洞内空间开阔,特别是有高达17米的奇绝国宝"银雨树",挺拔秀丽、亭亭玉立于白玉盘中,令人赞叹。还有透明晶亮、洁如冰花并能回避地心吸引力的卷曲石等。洞内岩质复杂,有40多种岩溶堆积形态,包括了世界溶洞中主要的形态类别,钟乳石千姿百态、五彩缤纷,被称为"岩溶博物馆"(图131、图133)。

【潕阳河风景区】

位于镇远、施秉、黄平三县境内,距贵阳348千米,包括潕阳河三峡、云台山、铁溪、历史文化名城镇远等,融自然山水、名胜古迹、民族风情为一体,面积400平方千米。潕阳河三峡是该景区的精华,其主水道长35千米,以峡奇、峰险、水绿为主要特色(图121～122、图125～126)。云台山位于潕阳河上游,地形起伏明显,峰峦重叠,组成千山万壑的岩溶奇观,其间还有不少庙宇和摩崖石刻。具有2000多年历史的国家级历史文化名城镇远,位于潕阳河下游,城内以青龙洞为代表的古建筑群,集佛、道、儒文化为一体,是贵州省保存完好、规模最大的古建筑群(图115)。

【荔波樟江风景区】

位于荔波县南郊(图51、图66),与广西壮族自治区的环江县、南丹县毗邻,属茂兰喀斯特森林自然保护区的一个部分。包括大小七孔(图88、图93)、响水河瀑布(图90～92、图94～96)、水上森林、鸳鸯湖(图89)、野猪林、瑶族风情等景观。景区内水、石、树、藤巧妙结合,浑然一体。是开展生态旅游、回归自然的理想游览区。

【赤水十丈洞风景区】

位于赤水市东南30千米处,距贵阳市462千米。十丈洞瀑布群是贵州大型瀑布风景区之一。其中,十丈洞瀑布高76米,宽80米,飞流直下"卧龙潭",巨瀑摇撼,潭水如沸。景区内有丹霞地貌的"典型帘状瀑布代表"中洞瀑布,有清代摩崖石雕佛像,有"佛光石"、穿崖洞、三圣殿、垂钓台、飞龙桥、暗瀑等诸多景点。这里河水出没于原始森林和深山峡谷,两岸群峰交耸,林木森森,保存有大面积常绿阔叶林和多种珍稀动物,有"活化石"之称的珍稀植物桫椤,在林中随处可见。该景区的人文景观主要有红军四渡赤水之战遗址和留下的纪念地以及历代留下的众多文物古迹

【梵净山自然保护区】

位于江口、松桃、印江三县交界处,东西宽21千米,总面积567平方千米,是中国亚热带森林生态系统保存最完好的地区之一。在近300平方千米的原始森林中,有木本植物400多种,受国家重点保护的珍稀树种有17种,珍奇动物有304种,其中以黔金丝猴最为出名。主峰凤凰山海拔2 572米。梵净山亦是中国五大佛教圣地之一。山上有金顶、太子石等景区(图97、图98、图106~107)。自古以来,弥勒道场梵净山与文殊道场五台山、地藏王道场九华山、普贤道场峨眉山、观音道场普陀山齐名。

【威宁草海自然保护区】

位于威宁彝族回族苗族自治县城郊。水面阔45平方千米,平均水深2米,最深处为5米,总蓄水量7亿立方米,是世界上人禽共生、和谐相处的十大候鸟活动场地之一,有珍禽186种,尤以国家一级保护的黑颈鹤(图134)最为稀贵,是冬春观鸟、夏秋避暑的最佳选择地。湖区有龙王庙、斗姥阁、六洞桥、观海楼、观鹿台等名胜和古迹遗址。

【茂兰喀斯特森林自然保护区】

位于黔南自治州荔波县樟江,距贵阳314千米。保护区东西长22.8千米,南北宽21.8千米,总面积2万公顷,森林覆盖率达91.6%。有各种乔木500多种,其中有被称为"活化石"的银杏、鹅掌楸;有国内独有的射毛悬竹、席竹;有国家重点保护的穗花杉、五针松等。是以典型的喀斯特地貌水文为基础、以大片亚热带喀斯特原始森林为特色的自然保护区。

【赤水桫椤原始森林自然保护区】

位于赤水市东南40千米处,距贵阳460千米。保护区内有4万多株1.8亿年前与恐龙同生共荣的桫椤依旧苍劲挺拔,神韵幽雅(图50、图55)。此外,还有大面积常绿阔叶草和多种珍稀动植物。

【习水自然保护区】

位于习水县境内,面积487平方千米,有世界上同纬度保存较为完好的中亚热带常绿阔叶林。保护区有70多科、250多种植物,属一级保护树种的有桫椤,二级保护树种有银杏、杜仲、福建柏、紫荆、荔枝。动物有100多种,其中属一类保护动物的有豹、云豹;二级保护动物有猕猴、藏酋猴、穿山甲、麝、水鹿、毛冠鹿等;属国家级保护的珍稀鸟类有鹤、鸳鸯、红腹锦鸡等。

【雷公山自然保护区】

位于黔东南自治州东南部,海拔2 178.8米,主峰距雷山县城28千米。区内生物资源丰富,生态环境优美,有各类生物近2 000余种,列入国家保护的珍稀、濒危动植物有43种,尤其是"活化石"植物秃杉,是国内特有的一类保护树种,且是全国面积最大、数量最多、保存最完整、原生性最强的一处,是中亚热带惟一的天然秃杉研究基地。

【息烽集中营旧址】

息烽集中营旧址位于息烽县城南6千米,是抗日战争时期国民党军统关押爱国进步人士的最大的秘密监狱,与重庆望龙门看守所、渣滓洞监狱统称为国民党军统的三大集中营,于1938年11月建立,1946年7月撤销,历时近8年。罗世文、马寅初、黄显声等知名共产党人和爱国人士1 200余人曾在此被关押,600多人在此被秘密杀害和折磨致死。其分部玄天洞囚禁处位于县城东8千米的深山峡谷中,杨虎城将军与夫人谢葆真、幼子杨拯中、幼女杨拯贵一家曾在这个人迹罕至的地方被关押了8年。现已被列为全国重点文物保护单位(图48)。

【南江峡谷】

开阳南江峡谷公园,距贵阳市60余千米。以发育典型、气势宏大的喀斯特峡谷风光和类型多样,姿态万千的瀑布群落为特色,是美学价值和科学价值都很高的风景区。峡谷全长40多千米,峭峰顶立,最深处达398米,经有关专家完成的科学考察结果显示:南江峡谷地层古老,河谷深切,为典型的低中山峡谷地貌景观,十分壮丽优美。峡谷内有自然景观80余处,各种姿态瀑布40多条,最高落差达150余米。景区现已开发18.4千米,旅游者可顺江在碧玉般的江水中进行惊险刺激的漂流,也可漫步于峭壁栈道,还可穿越典型的喀斯特原始森林。峭壁上藏酋猴、猕猴在攀援嬉戏,河中鸳鸯、野鸭畅游,鱼儿成群可见,江上鱼鹰、白鹭等小鸟飞翔,野趣盎然。南江大峡谷已具备了建立生态旅游示范区的丰富的自然资源,每晚的民族歌舞让人流连忘返,别具特色的木桶植物蒸汽浴,天然泉水游泳池,惟妙惟肖的释迦牟尼佛、弥勒佛以及忽隐忽现众多佛像构成的万佛山,户外烧烤、跨江溜索更能让人心旷神怡,开心尽兴(图34、图36、图40)。

【青岩古镇】

青岩古镇(图17、图20)位于贵阳市的南郊,距市区约29千米,这是贵州非常著名的文化古镇之一,也是中国著名的10个古镇之一。游客来到这里,立即就会感悟到悠悠古韵。青岩古镇历史悠久,自明洪武十一年(公元1378年)设青岩堡至今已有600多年了。明初,中央王朝为了控制西南边陲,于洪武六年(公元1373年)置贵州卫指挥使司,以控制川、滇、湘、桂驿道,因为青岩位于广西入贵阳门户的贵(阳)番(定番,今惠水县)主驿道之中段,在驿道上设传递公文的"铺"和传递军情的"塘"。驻军于双狮峰下驿道旁建屯,史称"青岩屯"。洪武十四年(公元1381年)朱元璋派30万大军远征滇黔,大批军队进入黔中腹地后驻下屯院,"屯"逐渐发展成军民同驻的村寨,"青岩屯"演变为"青岩堡"。天启四年至七年(公元1624～1627年)时领青岩土守备,领72寨,控制八番十二司的班麟贵在离青岩堡1千米的"四只把"坡(地名)建土城,时人称为"王城",音译汉语为"兵城"或"营盘"之意,这是今青岩城的雏形。土城居高踞险,原青岩堡内寨民为避兵祸,多搬入土城居住,使土城渐具规模,成了南下定番(今惠水),北上贵阳,西入平坝(县),东走龙里(县)的十字交通要塞。经数百年历史沧桑,多次整修扩建,由土城而至石砌城墙、石砌街巷。于今青岩城成了一座明清建筑风格的文化古镇。作为贵州省历史文化古镇,青岩的文物点多达百处,其中23处已收入《中国文物地图集——贵州分册》。在那亘古不变的狮子山下,古镇胜迹随处可见,交错密布于镇内的明清古建筑,总计有九寺、八庙、五阁、三洞、二祠一宫、一院等共37处,其中8座石碑坊现存3座。这些古建筑都是设计精巧、工艺精湛的佳作,如慈云寺的石雕、寿佛寺的木雕艺术均为贵阳市仅见的精品。寺庙、楼阁无不画栋雕梁、飞角重檐相间,虽年久失修,大部分仍风韵犹存。

青岩镇的镇容布局沿袭明清格局,至今仍存完好的朝门、腰门以及陈旧古老的石柜台和木柜台,总给人以悠悠古韵。新建的古镇商业街更使古镇遗风韵味得以弘扬。伫立在已经修复的定广门城墙上,仍依稀可见古城墙的遗址残迹,使人联想当年古镇作为军事要塞重兵屯集驻守的雄姿。面对"赵理伦百岁坊"上造型创意独到,被刘海粟大师叹为"实属罕见"的下山狮,以及另外两座石牌坊所蕴含的历史文化积淀,可以细细品味到古镇文化的部分缩影。踏进贵州历史上第一位状元赵以炯的府第、孙中山元帅府秘书长平刚先生的故居,还有震惊中外的"青岩教案"遗址以及周恩来、邓颖超、李克农等老一辈无产阶级革命家的亲属曾居住地,令人会为小镇拥有如此丰富的人文景观而赞叹。青岩还有自身特有而远近驰名的土特产品。玫瑰糖(原名"麻片糖")香甜可口,系平正宽家于1874年首户生产传承至今的百年老字号。青岩双花醋也有百岁高龄,至今不衰,其醋液浓稠持碗,色如酱油黑中带红,酸味适中,曲香回味悠长而略甜,"老贵阳"们对它颇为偏爱。

【招堤】

招堤,又称荷花池(图 82),位于安龙县城郊,建于 1694 年。面积约 5 平方千米。景区由招堤、金星山诸亭阁、荷塘、绿海、溶洞等景点构成一幅天然图画。招堤横亘陂塘海子,堤南连着金星山。每当盛夏,海子之中,团团的荷叶长得层层叠叠,阳光照处,一律透着绿和青光,又略微藏着几分游丝的碧雾,荷叶参差,小风徐来,此起彼伏。当微风飘拂时,招堤荷花袅娜的身姿,便轻盈地婆裟起舞;它的馨香便悄然无声地送给人们,让人阵阵微醺,融进和谐与安宁之中。

【泥凼石林】

泥凼石林,位于兴义城南部,长达 20 千米,总面积约 2 千余公顷。位于烟波浩渺的万峰湖畔,是万峰林中的一个盆景。石林区比较集中的有风坡弯、戴家坝、小寨等处。石林呈东北—西南走向的长条形,长 1.5 千米,宽约 1～3.2 千米,面积近 6.7 平方千米,为距今 2 亿年前后形成的水平状薄层灰岩,经大自然鬼斧神工雕琢成的锥状和叶片状石林。石林单个石峰最高 20 米,一般高 10 米,最低 8 米。这里集中和散落型的石林与峰林相互交融。其中的陇戛石林景观独特,它与著名的云南路南石林相比,有以下三个特点:一是凌天透空,数万平方米集中成片的石林,酷似一座傲然挺立了亿万年的"石头城";二是自然露面成林,酷似一群婀娜多姿的"少女";三是石林刚健,细条、片薄、穿孔多,造型奇特,错落有致。一石之上,有"宫殿",有"门窗",可谓一石多景,步移景迁。石林中有六座石峰,浑然组成"山川"两字,神形兼备,大有使古今书家退避三舍之势;"擎天柱"、"倚天剑"、"佛后石"、"蘑菇石"亭亭玉立,"顽猴望月"、"寿龟登天"、"群象争饮"栩栩如生;"将军出征"、"一夫当关"巍峨壮观;"姑嫂情深"、"醉翁踏月"、"采药老人"惟妙惟肖。还有"雾海云山"、"红日彩霞"和白马洞溶洞景观,美不胜收。

【万峰林】

位于马岭河峡谷中下游东西两岸,该景分为东峰林、西峰林两大景观。整个峰林从海拔 2 000 多米的七捧高原边沿和万峰湖北岸、黄泥河东岸成扇形展开,逶迤连绵到安龙、贞丰等地。西北高,东南低,向万峰湖、黄泥河倾斜。上线以海拔1 600米左右的高寒土山为界,下线至海拔800米左右的亚热带红壤土山,形成一个环形山带。长200多千米,宽30~50千米,兴义市境内有2 000多平方千米的面积。根据峰林的形态,分为列阵峰林、宝剑峰林、群龙峰林、罗汉峰林、叠帽峰林等五大类型。每一类都各具特色,既独立成趣,又与其他类型的峰林相辅相成,组成雄奇浩瀚的岩溶景观。在万峰林下纳灰河畔,田园风光格外秀丽,这里群峰环绕、绿树依依、河如玉带、良田万顷。春日繁花盛开、夏来麦浪翻滚、秋天稻谷飘香、冬季竹叶青青(图85、图127)。

【万峰湖】

景区位于风景区下游,处于云贵高原向广西过渡的南盘江大裂谷断层地带,由国家重点工程——天生桥一级电站大坝将南盘江拦截而成。高178米、长1 137米的高坝建成后,形成了全长144千米、总面积176平方千米、蓄102亿立方米的人工湖,跻身于全国五大淡水湖之列。湖周万峰环绕,故名"万峰湖"(图78)。湖内全岛、半岛、港湾、内湖交错。全岛和半岛有90个,大小港湾湖滩96处,内湖12个,其中红春—马鞍营景区,就是一个景色秀美的内湖。湖面开阔秀丽,水天相映,碧波荡漾,鱼跃鸢飞,港湾幽深,又多与河流小溪相连。沿岸峰林、石林、溶洞、石坑、森林等众多景点景观各具特色,相得益彰。湖岸是黔、滇、桂三省(区)的多民族山寨,古榕、松柏、翠竹、蕉叶、灌木、繁花密布其间。

布依族人民的吊脚楼里不时传出的山歌,诉说着这里的山绝水美与好客的传统美德。万峰湖气候宜人,四季可游,是一处旅游度假的理想湖区。特别是人称"海市蜃楼"、"万峰集秀"的红春坡阳口内湖景区,青山隐隐、绿水悠悠,让人流连忘返。一水连三省,民族风情浓郁,万峰湖既是一处旅游度假的好地方,又是三省(区)的水上黄金运输线。

【六枝梭嘎】

在贵州省中部六枝特区和织金县交界的崇山峻岭中,在距六枝特区60千米的梭嘎乡里居住着一支古老而又神秘的苗族支系——长角苗族。他们操苗族中部方言,主要分布在陇戛等12个村寨中,这一苗族分支仅有4 000余人。他们常年隐居于海拔2 000米左右的深山中,仍过着神秘而古老的部落式生活,与外界绝少联系,至今仍相当完整地保存和延续着一种古老的、以长角头饰为象征的独特苗族文化传统,其独特之处在于妇女头顶上戴有形似长角的大木梳,两角高于头顶两侧,角上绕有2~4千克重的头发。这种文化非常古朴:有十分平等的原始民主;有十分丰富的婚嫁、丧葬和祭祀礼仪;有别具风格的音乐舞蹈和十分精美的刺绣蜡染艺术。他们过着男耕女织的自然经济生活,恍若身处世外桃源,与世隔绝,甚至连婚姻至今还是在本民族内缔结,这种婚姻关系成为一条坚固的纽带,把这12个长角苗村寨紧紧连在一起。为保护和研究这里原始的民俗、民风,世界博物馆基金会在此投资建立了中国第一个生态博物馆——六枝梭嘎生态博物馆(图81、图87)。

【娄山关风景名胜区】

遵义娄山关风景名胜区，以全国历史文化名城遵义（今红岗区）为中心，南北贯穿遵义县和桐梓县境，总面积350平方千米，中心南距贵阳167千米，北距重庆330千米。风景区以人文景观取胜，文物古迹众多，既有举世闻名的遵义会议会址，又有统治播州700多年的杨氏土司各类建筑遗址。整个风景区分为乌江渡、播雅天池、红花岗区、凤凰山、海龙囤、娄山关、天门洞、夜郎镇等8个景区和8个独立景点。

【沙滩文化公园】

沙滩，是一块河水冲积而成的沙洲，位于禹门山北青田山脚下的洛安江河中心，四面环水，当地人称为"沙滩"（图53，图56），因形似古琴，文人又称他为"琴洲"。后来，人们把沙滩作为这一带地区的地名。沙滩为丘陵地区，几条小溪入洛安江，形成富庶的水乡，农家小院，屋宇层叠，绿竹屏绕，青瓦木屋如在画中，优越的地理环境，为沙滩文化的发祥和发展提供了条件，因郑珍与莫友芝迁居此处，加上郑珍学生、有曾国藩弟子之称的黎庶昌居住于此，沙滩成为黔中学术中心，郑莫二人被当时学界称为"西南巨儒"，黎庶昌则以诗文及对邦交所作出的重大贡献而闻名，他们的学术成就已形成"沙滩文化"顶峰。

【江界河】

江界河是乌江的一段，位于瓮安县境内，河上建有江界河大桥。该桥是交通部和贵州省重点科研项目"大跨度桁式组合拱桥研究"课题的依托工程，于1995年12月竣工通车。该桥位于瓮安县境内的乌江中游峡谷上，全长461米，主孔跨径330米、宽13.4米，桥面距水面高263米。大桥采用人字桅杆吊机悬吊拼装架设，其跨度居目前世界同类桥型之首，为世界第一座大跨度桁式组合拱桥。此项技术的研究和应用于1996年获贵州省科技进步一等奖，获贵州省第9次优秀工程设计一等奖，1997年度国家科技进步二等奖，1996年和1997年度获交通部公路工程优质工程一等奖。江界河大桥的建成，不仅沟通了瓮安与遵义的公路交通，方便了两地人民的经济交往，而且为四川、重庆车辆经贵州入广西、湖南提供了一条新的捷径。

【猴子沟】

猴子沟位于黔中腹地的龙里县城南面1千米处，总面积200余平方千米，西距贵阳53千米。山奇、水秀、泉清、洞灵。风景区主要由高原草场和森林峡谷两类景区组成，已被列为省级风景名胜区。风景区的地质构造，处于扬子台褶带黔南凹陷褶断层中的龙里覆背斜轴部。出露的地层主要为泥盆系和石炭系碳酸岩夹石英砂岩、页岩或夹砂页岩及无烟煤层。区内连续分布有面积广大的碳酸盐岩（石灰岩及白云岩），为喀斯特地貌发育提供了良好条件。

景区内植被茂密，植物种类繁多，其天然植被为亚热带常绿栎林和常绿、落叶阔叶混交林，还有竹林和天然台地草甸草原。据1993年初步调查，景区内有木本植物126科、216属、500余种，有鸟类、鱼类、两栖类、爬行类、哺乳类动物共25目、55科、122种，其中属于国家保护的珍稀动物有苏门羚、林麝、水獭、大鲵、穿山甲、红腹锦鸡和猕猴等，以猕猴最多，总数大约有500多只，故风景区称

"猴子沟"。猴子沟风景区主要有高原草场和森林峡谷两大景区。高原草场景区又由草原风光、王寨苗族村、古营盘遗址和炸哨山泉等景点组成。在高原草场上，嫩绿的草地无边无际，成群的牛羊散布在草原上，草场上的湖泊在阳光下银光闪闪。森林峡谷景区又由猴子沟峡谷、宝和冲峡谷、国翁峡谷、鬼洞谷等景区组成。猴子沟地处深山地区，从龙里平山硫铁矿的简易公路可到达景区边缘地带，目前可进入性尚差。在猴子沟景区沿河谷而上，两岸是青翠的竹林，峡谷两边谷坡陡峭，峰丛石芽发育。在悬崖上有一根10米高的石柱，形似古代战将，名为"岳飞塑像"。临河处住着几户人家，如在世外桃源。这一带景点众多，有"双峰絮语"、"碧螺跨涧"、"峭壁古松"。主岔河往东进入宝和冲峡谷，景点有"九叠泉"、"猴王拜师"、"定海神针"、"猴王把关"、"孔雀开屏"、"天台峰"等。由岔河往西可进入国翁峡谷，峡谷两岸是茂密的竹海，山中部是保存完好的喀斯特森林，林中经常有猴群出没。国翁一带住有十几户人家，以造纸和种地为主，这里古老的造纸作坊把人们带回到古老的年代。国翁峡谷中的景点有"双龙飞瀑"、"仙人搭桥"、"千年茶园"、"楼梯岩"、"石门"和"巨鹰岩"等。

【玛格诺吉草原】

位于龙里县境内，由5座海拔1 700米的高山草原串在一起，面积20平方千米，当地称之为玛格诺吉[苗语（美丽的姑娘居住的地方）]大草原。这里是一个草原旅游点，茫茫草原上成群的牛羊像天上流动的云彩，遍野的鲜花散发着芳香。游客车到，苗族姑娘盛情送上花环，献上喷香的奶茶，唱起祝酒歌。还可以观赏到草原风味浓郁的骑马、打靶、斗马、歌舞表演和星光月夜的草原篝火晚会等精彩节目。

【飞云崖】

飞云崖景区系国家级潕阳河风景名胜区十大景区之一，距黄平县城12千米，以其有悬空石崖形如飞云而得名，历来为黔中一大名胜，史籍记载详尽和历代文人题咏之多，在中国、在贵州颇有盛名。明代哲学家王阳明赞之曰："天下山水之奇聚于黔中，黔中山水之奇聚于斯崖。"景区内古建筑建于明代正统八年（1443）年，后经不断增修保存至今。现为贵州省重点文物保护单位，省民族节日博物馆。景区内古树参天，流水潆洄，一座拱桥横跨溪上，桥东石坊岿然。过石坊拾级而登，便是飞云崖。它似洞非洞，内甚宽敞。顶上崖檐覆出，石乳倒垂；其下澄潭邃谷，幽深无底。岩半立观音大士像，有水出崖左，泻为瀑布，崖前石峰兀立，上建圣果、滴翠二亭。《圣果亭记碑》传为王守仁所书，笔势苍劲。明正德年间于澄潭旁建月潭寺公馆，清代又在崖之前后增修清风亭、大官厅、观瀑台、幽云亭、清心殿、养云阁等处，使飞云崖胜景更加绚丽多姿。漫步飞云崖，满目苍苔，古意盎然，想起桥东石坊上清人鄂尔泰所题"黔南第一胜景"句，真是诚哉斯言。据说，在贵州境内，史籍记载最详、文人题咏不绝的名胜首推此崖。

【龙鳌河风景名胜区】

岑巩龙鳌河风景名胜区位于岑巩县境内，面积364平方千米，距贵阳402千米，西南距潕阳河风景名胜区80千米，东北距梵净山自然保护区110千米，处在两者中间地带。岑巩古名思州，历史悠久，有"先有思州，后有播州（今遵义地区），再有贵州"之说。其历史可上溯到先秦时期，唐贞观四年（公元630年）始设思州，迄民国十九年（公元1930年）方改为岑巩县。今岑巩县城内，有思州古城遗址。另有古建筑遗址7处，统称思州"八古"。还有思州文物"十谜"，其中包括水尾马家寨陈圆圆墓之谜。吴三桂爱妾陈圆圆魂归何处，向无定论，1983年岑巩县文化部门经调查提出新说：陈圆圆葬于古思州治地岑巩县水尾镇马家寨附近的狮形山山麓。此说已引起中外学者的关注。岑巩龙鳌河风景区围绕县境内龙鳌河、龙江河展开，分为龙鳌河、马家寨、鳌山、思州古城、龙田5个景区和2个独立景点。

【青龙洞】

青龙洞建于明代中叶，至今已有近500年的历史，曾几度毁于兵、火，几度修复，古建筑群经历代修建始成现代规模，位于镇远县县城东中河山，占地21 000平方米，由青龙洞、紫禅书院、中禅院、万寿宫、祝圣桥和香炉岩6部分共36座单体建筑组成，集儒、道、佛、会馆、桥梁及驿道建筑文化于一身。整群建筑靠山临江，依崖傍洞贴壁凌空、勾心斗角，错落有致。那飞岩翘角、贴壁凌空、红墙青瓦的殿阁楼台，气势宏伟。造型独特的建筑物与悬崖、古木、藤萝、岩畔、溶洞天然合成，融为一体，真是巧夺天工。既有临江远眺的吊脚楼，也有恬静幽邃的寺院禅台，有琅琅书声的学子院，更有锣鼓喧天的戏台，荟萃天下山水楼阁为一方。整个建筑群重重叠叠参差不齐，纵横有致，沿庭院小径漫步，登斯楼而极目，如临海市蜃楼，蓬莱仙岛。为江南汉地建筑与西南少数民族山地建筑文化相结合的绝妙典范。有"西南悬空寺"之称，是贵州省规模最大的古建筑群。1988年经国务院批准被列为国家级重点文物保护单位（图115）。

【九龙洞】

九龙洞风景区位于铜仁市东南方向约17千米处，地处武陵山脉六龙山区北缘，沅水支流锦江南岸。景区范围：自铜仁市坝黄白花浪景区沿锦江而下，至铜仁市漾头镇，流程59.8千米，总面积245平方千米。景区交通便利，有公路贯通全景区，距省会贵阳450千米，距湘黔铁路怀化站150千米，玉屏站80千米，距梵净山60千米，张家界310千米。九龙洞风景区自然条件优越，气候宜人，自然人文景观星罗棋布。九龙洞是一个大型天然喀斯特溶洞（图110），洞内钟乳石林立、五光十色，晶莹剔透，千姿百态，妙趣横生，各种石花、石幔、石鸟、石兽随处可见，栩栩如生。其中高20米以上的钟乳石柱有数十根之多，最高一根高达39.98米，直径16.4米，为世界罕见，国内之最。加上优美的锦江风光、东山寺、明清民居古建筑等人文景观与洞连成一片，具有极高的资源品位和价值，是贵州重要的旅游科研避暑胜地，自古就有"黔中各郡邑，独美于铜仁"的赞誉。

【杉木河漂流】

杉木河景区系国家级潕阳河风景名胜区十大景区之一（图124、图137），位于贵州省黔东南自治州施秉县西北部，距县城14千米。景区分蛇冲、黄土关、紫荆关、蒋家田四大片区，面积96平方千米，规模景点19处。杉木河河水对人有天然疗效,被誉为"神水矿泉河"而名震大下。景区以清澈晶亮的泉水、险峻嵯峨的峰丛为主体,具有"雄、秀、幽、奇"自然特色。步入景区,但见山羡水俏丽,水恋山环淌,整个景区幽而不闭,深而不险;河床白沙铺垫,沙丘一尘不染;水中鳖蟹结队,鱼虾自由遨游;两岸悬壁藤蔓,古树凌空舒展;千年古峡一派生机盎然。杉木河河床为卵石细沙铺垫,流水晶滢碧透,顺着宽绰的河道款款流淌。沿途云飘山际,鹭宿沙洲,鱼翔浅底,蝉鸣林梢,青草溢芳,整个环境幽而不险,郁而不闭。倘若有七八十岁的老翁老妪乘上橡皮舟,只要有船工撑篙定可安然漂流而下;而逞能的姑娘在过滩时如被飞溅的浪花吓得掉入水中,即刻就会有健壮的手臂向她伸来——当然这并不排除划舟小伙子的恶作剧,创造"英雄救美"机会的可能。其实遇到此种情形即使落下河喝上几口水也并非坏事,当自己挣扎着站稳脚跟就会发现河水正冷冷地从大腿间流过,瞧那水要多清有多清、要多纯净有多纯净,绝无任何污染。何况还会从虚惊中多了一分体验一分得意。难怪一位游客要戏称"不到浪中翻个滚,哪知杉水是甜泉"。谁要有兴趣就停船登岸,到山中采来竹笋,下水中捕捉鱼虾螃蟹,搭起帐篷点燃篝火,入夜后伴以流水蛙鸣,举杯同邀清风明月,饱享大自然宽厚、质朴、醇美的恩赐。这对于饱受城市的喧嚣和环境污染之苦的人们来说,简直是一方净土,世外桃源。

【民族节日】

贵州少数民族的节日有1 000多个。这些节日的区域性很强,即便是同一民族,也因住地不同,节日的名称、时间和活动内容也不完全一样。节日的活动丰富多彩。这些民族节日,是展示民族风情和民族艺术的百花园。省内少数民族主要节日情况见下表:

贵州省少数民族主要节日一览表

中国农历	节日名称	民族	活动地点	节庆内容
九月二十五至二十九	芦笙会	苗族	黄平谷陇	对歌、跳芦笙、集会
正月十四、十五	龙灯会	苗族	台江施洞	歌舞比赛、狂欢、玩龙灯
正月初三、初四	抬"官人"	侗族	黎平从江	侗戏、踩歌堂、联欢
正月初九	跳场	苗族	花溪桐木岭	对歌、跳芦笙
二月十五	跳花	苗族	水城南开	对歌、跳芦笙
三月十五至十七	姊妹饭节	苗族	台江施洞	游方、抓鱼、对歌、跳芦笙
四月初八、初九	四月八	苗族	黄平	对歌、跳芦笙
五月二十四至二十七	龙船节	苗族	台江施洞	划龙船、放鸭子、苗族集会
六月二十一	查白歌节	布依族	兴义	唱山歌、吹木叶、对歌
六月二十一至二十四	火把节	彝族	大方八铺乡、盘县普古	歌舞、集会、斗牛

续表

中国农历	节日名称	民族	活动地点	节庆内容
七月十三至十五	吃新节	苗族	凯里舟溪、青曼	吃新米、苗族集会
十月中旬	苗年	苗族	黔东南各地	祭祖、对歌、跳芦笙、集会
八月十三至十五	侗族芦笙会	侗族	从江洛香	对歌、跳芦笙、集会
正月十一至十八	苗族芦笙会	苗族	凯里舟溪	对歌、斗牛、跳芦笙

【民族歌舞】

贵州少数民族的歌舞很有特色，清水江、都柳江流域的苗族四季歌声不断，曲调多种多样。"飞歌"高亢激昂，热情奔放；"游方歌"低沉委婉，情意绵绵；"古歌"质朴庄重；"琵琶歌"清醇婉转，如涓涓流水（图146）；"酒歌"则很有雅兴。苗族芦笙舞（图136）、木鼓舞（图147）、踩鼓舞、板凳舞，动作潇洒，感情细腻，风格淳朴。布依族、水族、土家族、仡佬族的歌舞精彩多样。布依舞蹈有几十种。水族被赞为"唱起歌来似水流"的民族。侗乡歌队走乡串寨，以唱大歌（图143）载誉乡里。侗族芦笙舞边吹边跳，既有独舞，也有集体舞，多时达千余人。

【戏剧和曲艺】

戏曲主要有侗戏、布依戏、傩戏。侗戏诞生于清代嘉庆至道光年间，源于黎平县的腊洞。后逐渐远传，成为侗族人民喜爱的戏剧艺术；布依戏孕育于布依族宗教和祭祀仪式中，至清乾隆时期，一些民间艺人融会了布依板凳戏、彩调和地戏，使之逐渐演变成为布依戏。傩戏有10多种，其中土家族傩堂戏最有特色，被戏界称为"中国戏剧的活化石"。曲艺主要在黔南一带，有说唱、单口相声、独角戏、顺口溜、快板、撵山歌、哭嫁歌等多种多样的表演形式。表演内容从盘古开天地到现实生活中的新人新事，包罗万象，民族民间艺人自编自演。

【民族建筑】

贵州的民族建筑丰富多样，主要有苗族的吊脚楼、布依族的石头房、侗族的鼓楼和风雨桥（图116~117）、水族的水上屋、彝族的土掌房、瑶族的圆仓等。其中，以侗乡风雨桥、侗寨鼓楼最具特色，曾被国内外专家公认为"民族建筑艺术的精华"、"民族文化的瑰宝"和"传统建筑园里的奇葩"。"风雨桥"桥面很宽，顶上盖瓦，大都有彩画。建筑不用一钉一铆，以榫槽衔接，严丝合缝，技艺精湛，无一错乱。鼓楼是侗寨的象征，为群众聚会场所。建筑也不用一钉一铆，以粗壮高大的杉木为主柱，从地上直达楼顶。鼓楼分为六角鼓楼和八檐八角、四檐四角鼓楼，其层数均为3、5、7……层单数，最高的有17层。现存最高的是从江县高千寨的鼓楼，共15层，鼓楼下部似亭，上部像塔，顶上有象征吉祥的宝葫芦、千年鹏等雕饰物。

【民族工艺】

贵州的民族工艺品主要有：安顺蜡染（图83~84）、安顺三刀、地戏面具、大方漆器、玉屏箫笛、黄平泥哨、织金砂陶、赤水香扇、平塘牙州陶、荔波凉席、万山竹雕、晴隆翡翠、普定土陶、印江白皮纸和石雕、遵义和贵定的通草堆画、思州和普安的石砚等。蜡染是蜡画和染色的合称,是贵州苗、布依、瑶等民族有1 000多年历史的一种古老的民间传统工艺。蜡染制品不仅在国内有广阔的市场,而且远销20多个国家和地区。少数民族的挑花、刺绣、织锦也较为有名,史称"苗绣""侗绣"。黎平中潮一带侗族妇女织造的锦带,以五色丝线挑织成花草、禽兽图案,工艺精湛,盛名远扬。苗族、侗族群众的银饰,是民族色彩最为浓厚的工艺品,苗乡侗寨到处可见各种各样的银饰,还有专门的民族工匠制作销售。

【民族礼俗】

贵州少数民族讲究礼仪,注重感情,强调人际关系的和睦与相互尊重。他们热情好客,以各种礼节表示对宾客的欢迎,如苗族的敬牛角酒、侗族的"拦路歌"、布依族的敬酒歌,等等。逢年过节,迎送宾客,便以糯米粑和酸腌鱼、酸腌肉、酸汤菜招待客人,或全家共餐,以示节日喜庆。

【民族风情旅游村寨】

贵州有许多民族风情旅游村寨,如贵阳香纸沟布依寨、雷山西江苗寨(图141)、雷山郎德苗寨、凯里寨瓦苗寨、从江高增侗寨、凯里青蔓苗寨、清镇黑土苗寨、镇宁滑石哨布依寨、六枝坝湾布依寨等。苗族村寨依山傍水,吊脚楼鳞次栉比;侗族村寨鼓楼耸立,花桥(风雨桥)横跨,竹木葱郁;布依族村寨则是石头的王国,石墙、石瓦、石地板。这些民族村寨各自具有独特的民族文化。雷山郎德苗寨是名副其实的民族村寨博物馆,保留着千百年沿袭下来的民风习俗,当地的芦笙舞、板凳舞久享盛名,村寨山清水秀,浓郁的民族风情使旅游者有独特的感受。

【红崖碑】

位于关岭布依族苗族自治县县城东约15千米、龙朝树村的红崖山上(图78),距黄果树瀑布仅几千米。在红崖山的半山腰,有一块长100多米、高30多米的浅红色绝壁,在山峦的一片绿色中格外耀眼,好似镶嵌在碧绿地毯上的红宝石。石壁上有21个深红色的形似古文的符号,似篆非篆,横不成行,大者如斗,小者如升,均透出一种古朴苍劲的韵味。自明代嘉靖年间起,就有很多文人学者对其进行研究,但至今还是个谜。

【"欲飞"摩崖石刻】

位于晴隆县县城西山一表面光滑的巨石上,石面略向东北倾斜,面积约36平方米。"欲飞"二字为明朝总兵邓子龙书,至今有近400年的历史。二字各长3.3米,宽2.25米,笔力遒劲,气势飘逸,似有拔地而起、振翅欲飞之势。

【华严洞石刻】

位于施秉县甘溪乡凉风坳坡脚。根据洞内摩崖石刻所记,始刻于明万历三十二年(1604年)。现洞内外尚有明、清两代留下的摩崖石刻横幅和条幅共13处,125字。其字大如斗,小如拳,布局精巧,错落有致,笔力苍劲,潇洒自如。洞内还雕刻有观音大士、武士像,刻工细腻,造型生动,形象逼真,具有一定的艺术价值。此外,洞内还有钟乳石凝成的飞瀑、流云、积雪、棉堆、雄狮、豹、马、龙床、石笋等,各具情态。

【写字崖】

位于长顺县的一处峭壁上。在约13平方米的面积内题有诗9首,共600余字。均为毛笔书写,每字如枣大,呈黑色,竖排,诗大多署名,但作者无从考证。

年代最早的是明洪武元年（1368年），最近的是清光绪十九年（1893年）。由于此处崖壁凹进山中，避免了风雨侵袭，至今字迹仍然清晰可辨。

【观音洞遗址】

位于黔西县沙井乡的观音洞遗址，是我国南方首次发现的有哺乳动物化石与旧石器共存的地点，也是至今为止我国南方发现的最大的可与北京猿人文化相媲美的旧石器时代早期文化遗址。考古学界将这一遗址所代表的文化定名为观音洞文化。观音洞是一个东西向狭长的石灰岩溶洞，洞穴堆积物厚达9米，延续时代约距今20万年到4万年左右。自1964年以来，经4次发掘，已出土石器近4 000件，其中，刮削器占80%，充分反映了旧石器时代早期石器的典型性；砍砸器不到6%，尖状器中只有几件石锥和雕刻器。从石器的制作技术看，打制石片多用锤击法，石片（或石核）多未经修理，仅少数有修理的痕迹。还有用碰砧法打制的粗大石片。观音洞石器与湖北大冶石龙头出土的石器有相似之处。该洞还出土了猩猩的上白齿、东方剑齿象、犀牛等23种哺乳动物的化石，这些哺乳动物多数已绝种。从出土的石器和动物化石来看，当时的生产活动与技术水平均处于最原始阶段。这一时期的原始人，集体穴居在岩洞里，过着乱婚的生活，使用粗劣的石器和木棒，从事采集和狩猎，顽强地与大自然进行艰苦的斗争，他们在劳动中改造大自然，同时也改造着自己，创造了贵州远古历史。

【旅游区】

贵州可分为东线、南线、西线、北线和中线5个旅游区。东线旅游区主要为黔东南侗族苗族自治州和铜仁地区。这是一个以少数民族风情为特色的旅游区，这里有梵净山自然保护区和潕阳河风景名胜区，有历史文化名城镇远，有古朴的少数民族村寨和民族博物馆，可以欣赏到侗族鼓楼、风雨桥以及苗族吊脚楼等特有的少数民族建筑。南线旅游区主要包括黔南布依族苗族自治州为主体，这里是贵州少数民族集中的地区之一，还有全国惟一的水族自治县三都。古朴多彩的布依族、苗族、水族、瑶族民俗文化很具有特色。荔波樟江风景名胜区的大、小七孔和喀斯特水上森林，景观独特。西线旅游区主要以观赏喀斯特岩溶地貌景观为主，是以瀑布、溶洞为主体，辅以布依族风情、蜡染、地戏、屯堡文化等地方文化的旅游区。以安顺市为中心，西有黄果树瀑布和马岭河大峡谷，南有龙宫，北有织金洞，东有红枫湖，都是国家级风景名胜区。北线旅游区主要以遵义市红花岗区为中心，这是以历史纪念地为主体的文化旅游区，以参观遵义会议会址等历史纪念地，游赤水风景名胜区瀑布群、竹海，观览桫椤，了解"国酒"茅台和贵州酒文化为主要内容。中线旅游区主要包括贵阳市，是全省旅游的中心。这是一个以观赏自然风光、人文景观和民族风情为主的旅游区。

（三）主要旅行社（或公司）

【贵州国际体育旅游公司】

是经国家批准成立的国际旅行社，是贵州实力较雄厚的旅游公司，集体育馆、涉外体育宾馆、旅游车队、广告公司、健身中心为一体。成立10余年来，已接纳来自30多个国家和地区的宾客。公司拥有一整套现代化办公、通信设备。有一批经验丰富、业务精湛的高级管理人才和一支语种齐全、训练有素的导游队伍及业务人员，并与民航、铁路、宾馆、饭店等各有关部门建立了良好的合作关系，具有较强的出票能力。公司在开辟多条常规旅游线路的同时，还举办组织各型会议、商务旅游并承办团体和散客旅游。在体育旅游项目上具有独特的优势，开展了溶洞探险、攀岩、江河漂流、射击、射箭、垂钓、登山、徒步、汽车及自行车旅游等项目。地址：贵州省贵阳市遵义路318号　邮政编码：550002　电话：(0851)5790231　5791669　5798702　5778396　传真：(0851)-5798702

【贵州海外旅游总公司】

隶属贵州省旅游局，是贵州省成立最早、规模最大、实力最为雄厚的国际旅行社，是首批中国旅行社协会成员，具有独立的法人资格。公司主要经营国际旅游、国内旅游，组织中国公民出国出境旅游业务，是贵州省惟一经国家旅游局批准特许经营中国公民自费出国旅游业务的组团社。主要经营范围：为旅游者提供交通、食宿、游览、购物、娱乐及导游等相关服务，为旅游者代购、代订国际国内机、车、船票和代办入境出境签证手续。公司与全国各旅行社以及世界上30多个国家和地区的旅游机构建立和保持长期的业务合作关系，在香港、新加坡、日本和美国设有办事处。公司拥有英、法、日、德、朝、泰等多种语种的训练有素的翻译导游人员。公司向广大旅游客户和旅游者特别推出自然风光和民族风情为主体的旅游精品，并承办徒步、自行车、

摩托车、吉普车越野旅游和生态考察、攀岩、洞穴探险、漂流等旅游项目，并为会议旅游、商务考察、科技文化交流等提供服务。总部地址：中国贵州贵阳市合群路7号（达哼大厦11楼）　邮政编码：550001　电话：(0851)5880955　5846782　传真：5818298　网址：http://www.gzotc.com.cn　电子邮箱：grage2729@163.com

【贵州天马国际旅行社】

是经国家旅游局批准的国家一类国际旅行社，国家电力公司旅游服务网络成员单位，隶属于贵州省电力局下属贵州送变电工程公司，相关企业有四星级旅游宾馆"贵龙宾馆"、二星级涉外宾馆"宏业宾馆"。有一流的翻译导游和经验丰富的管理人员，与民航、铁路、宾馆建立了良好的合作关系，以组织接待外国人、港澳台同胞、国内团体、散客旅游观光为主，并承办各类会议及相关的购票、包车、订房等业务。推出省内各旅游景点一日游、国内各大城市及著名景点数日游和新加坡、马来西亚、泰国、香港等海外多日游。地址：贵州省贵阳市解放路76号　邮政编码：550002　电话：(0851)5810464　5822809　5840577　5864959　5848798　传真：(0851)5560986

【贵州省中国国际旅行社】

是贵州省旅游局直属的旅行社，为中国国际旅行社集团成员之一。拥有一支接待经验丰富、训练有素的外联人员和翻译导游队伍，精通英、法、日、德、朝鲜、西班牙、意大利、泰国、老挝等多种语言。竭诚以完善的接待质量为国际国内客人的旅游观光、经贸洽谈、文化体育交流、奖励旅游等提供交通、食宿、游览、翻

译等全方位服务，承办国际国内会议，并擅长组织西南地区民俗考察、探险猎奇等特殊旅游项目。地址：合群路1号龙泉大厦7楼　邮政编码：550001　电话：(0851)6901506

【贵阳市花溪国际旅行社】

是经国家旅游局批准的国际旅行社，依托花溪旅游集团公司，借助良好的外部关系，集旅游、宾馆、景点、车队为一体。拥有一批从事旅游工作多年、经验丰富、管理能力强和具有高度责任感的专业人员和多语种的导游队伍，并同民航、铁路、宾馆、景点、餐厅等保持长期可靠的业务合作关系，具备较强的接待能力，确保客人的合法权益。地址：贵州省贵阳市省府西路8号　邮政编码：550001　电话：(0851)5824511　5840060

【贵州省中国青年旅行社】

是中国青旅集团成员单位，国际旅行社。主要职责是：招徕国际、国内旅客到中国省内旅游，经国家旅游局、公安部特许承办中国公民出境旅游，代办护照及各国签证。拥有多语种的专业导游队伍，拥有航空及铁路售票中心，除能满足一般的旅游要求之外，还有民俗考察、攀岩登山、洞穴探险、漂流、自驾车越野、会议、奖励、科学考察等专项特种旅游。地址：贵阳市延安中路36号　邮政编码：550002　电话：5283196　传真：5282919　电子邮箱：cyts@public.gy.gz.cn

【贵州省中国旅行社】

是中旅集团成员，隶属贵州省人民政府外事(侨务)办公室。经贵州省旅游局批准注册，接待华侨和港、澳、台胞及国内外旅游者，组织中国公民出境旅游。设有精干的管理机构和高效的业务部门，拥有训练有素、多语种的导游翻译队伍。还能提供探险、攀岩、考察、徒步等特殊旅游服务。电话：(0851)6610111　13985429740

八、科技、教育及人力资源

(一)科技

【科技概述】

全省科研院所、大专院校、国有大中型企业三大系统共有各类科研机构286个，其中县级及县以上国有独立科研机构138个，从事科技活动的人员6 528人。1995年以来，贵州建成了3个重点实验室、6个重点中间试验基地、5个国家级企业技术中心。各类科技咨询和信息服务业、中介服务机构开始发展起来。全省民营科技企业已发展到1 025家，从业人员达2.5万人。贵州科技信息网于1998年初步建成，实现全天24小时开机的正常运行，在网络建设与信息的采集、加工、组织上网方面作了大量工作,并培养了一支互联网技术的综合性专业队伍。自1980年以来,全省共取得5 336项科技成果,其中47项获得国家发明奖、自然科学奖、科技进步奖。贵州高新技术产业综合指标评价,排序居全国第16位,处于全国中等水平。全省有农业科学研究机构196个,各类科研人员近2 000人。形成了省、地、县、乡四级农业技术推广服务网络,全省有农业技术推广站1 476个,职工1万余人。在全省乡镇企业和农民中,经过培训和考核,造就了一批获得农民技术员的乡土人才,目前有31万多人。省内建有国土资源整治和灾害预测遥感开放研究中心,利用多时相的卫星遥感信息和相关资料,快速准确地查清资源、环境、生态情况,实现动态管理,为全省国土资源整治、灾害防治、环境监测、城建规划及贫困地区的脱贫致富和社会持续发展,及时提供全方位的动态信息,并利用3S(全球卫星定位系统、地理信息系统、遥感技术等)技术,扩充和更新各种信息,如土地变化、灾情预测和评估、估计作物产量等等,从时间和空间上的变化,研究某些重大自然灾害形成的规律,提出防治策略。建有精细化工重点实验室,主要开展新农药创制和新品种合成研究,并逐步扩展到新医药中间体和助剂的技术创新研究。实验室组建以来,研究成一种新杀虫剂,开发了一种新农药。建有中国科学院天然物化学重点实验室,以天然产物资源(主要是植物资源)为研究对象,运用化学理论及现代物理测试手段,以天然药物及本省植物资源为重点,研究植物中有效化学成分和有用化学成分的提取方法及其应用途径,促进生物资源的合理开发、利用和绿色产业的发展。此外,还建立了聚合物基础材料工程技术中心、生物资源研究开发试验基地、超临界流体研究中心、磷酸盐系列新产品开发试验基地、油菜工程技术研究中心等一批科研机构。

【贵州省科学院】

建于1979年,是贵州省人民政府直接领导下最大的综合性自然科学研究开发机构。下设7个独立研究所,3个直属研究室,2个生态站,4个试验基地。它们是贵州省山地资源研究所、贵州省生物研究所、贵州省理化测试分析研究中心、贵州省冶金化工研究所、贵州省新技术研究所、贵州省植物园、贵州省新材料研究开发基地;贵州省冶金科学研究室、应用数学研究室、能源研究室;梵净山森林生态定位工作站、草海生态站;贵州省生物资源研究开发中间试验基地、龙里冶金化工试验基地、松桃武陵山生物多样性试验基地和贵州省聚合物工程复合材料基地。现贵州科学院有职工783人,其中在职职工545人。在职的369名科技人员中,有副高以上职称人员82人,中青年高级职称人员30人,国家有突出贡献中青年专家、国家百千万人才工程人选和贵州省跨世纪科技人才培养对象4人,博士生导师2人,享受国务院特殊津贴专家2人,省管专家6人,博士、硕士19人。学科研究范围:生态学,植物学,动物学,生物化学及分子生物学,地质学,地球物理学,地理学及土壤学,分析化学,物理化学,冶金学,金属材料学,自动化,计算机科学,环境科学,光电子学。科研成果:花生、玉米微量元素肥料科学应用研究,泛系分析的数学基础与泛系语义分析,贵州省综合农业区划,水城盆地岩溶水资源评价及开发利用研究,黄果树喀斯特景观,草海科学考察,天麻栽培的研究,贵州天麻品质评价,西洋参种子繁育的研究,食品中有机营养成分分析方法的研究,YF－22A烟叶发酵自控系统,麻纺微电脑自调匀整装置,锌冶金物理化学,攀枝花钒钛磁铁矿高温还原的理论研究,无界报酬折扣半马氏模型ε最优策略的性质等。贵州科学院编辑出版综合性自然科学期刊《贵州科学》,以及编辑出版内部刊物《贵州植物园通讯》。地址:贵州省贵阳市延安东路40号 邮政编码:550001 电话:(0851)6826514 传真:(0851)6873899 网址:http://www.gzskxy.com 电子邮箱:chenxunke1956@21cn.com

【中国科学院地球化学研究所】

成立于1966年2月。现有在职科技人员268人,其中,中国科学院院士2人,研究员43人,副研究员76人,中级科技人员104人。以矿床地球化学、环境地球化学、地质流体作用地球化学和行星地球物质演化地球化学为主攻方向,主要研究地球物质循环的地球化学过程及其与矿产资源的形成分布和人类生存环境变化的内在联系,以及这一过程在地球历史中的演化实质。现设有地球化学、矿物学博士点和应用地球化学、地球化学、矿物学硕士点。研究机构设置有矿床地球化学院开放实验室、环境地球化学国家重点实验室、国土资源整治和灾害预测遥感开放中心、流体作用地球化学研究部、地球与行星物质演化研究部。科技开发方面,现有3个公司和3个中心,即:贵州天然矿泉饮料公司,新技术开发公司,科技发展公司,矿泉饮料研究开发中心,非金属材料研究开发中心,超临界CO_2萃取研究开发中心。建所30余年来,承担各类研究项目(课题)近1 000余项。出版专著130余部,发表论文6 000余篇。获部级以上科技成果奖励203项,其中,国家级奖45项,中国科学院奖125项,省、部级奖33项。出版刊物有《中国地球化学学报》(英文版)、《矿物学报》、《地质地球化学》、《矿物岩石地球化学通报》。还有中国矿物岩石地球化学学会及中国科学报社记者站挂住本所。地址:贵阳市观水路73号 邮政编码:550002 电话:(0851)5814757(总机) 电子邮箱:HYPERLIN mailto:zzg@ms.gyig.ac.cn

【贵州省社会科学院】

贵州省综合性社会科学研究机构。前身为中国科学院贵州分院哲学社会科学研究所,1962年底撤销。1978年3月中共贵州省委决定恢复哲学社会科学研究所,1979年2月改为贵州省社会科学院。全院现有文学、历史、哲学、经济、城市经济、农村发展、社会、法学、西部开发9个建制所,民族文化所设置在哲学所内,另有《贵州社会科学》编辑部、人才培训部、图书馆及行政部门。现有在职职工167人,其中科研人员(含行政科研双肩挑人员)120人,有正高专业技术职务人员24人、副高专业技术职务22人、中级专业技术职务44人。自建院以来,全院共完成计划内研究项目400余项(包括省和国家"六五"、"七五"、"八五"、"九五"项目以及省和国家基金课题,各级政府和实际工作部门委托的项目);出版著作300余种，共54 801万字，译著25种，共274万字；发表的论文、译文、学术综述、评论、验收报告共4 867篇，共5 488万字。这些研究项目和成果，不仅繁荣了贵州社会科学研究事业，而且为各级领导制定政策和决策提供了理论依据，取得了较好的社会效益和经济效益。据不完全统计，所完成的成果中，有11项获国家级优秀科研成果奖，13项获国家级学会优秀科研成果奖，102项获贵州省哲学社会科学优秀成果奖(特等奖2项，一等奖5项，二等奖20项，三等奖59项，四等奖21项)，有6项获省"五个一工程"优秀作品奖。地址：贵阳市梭石巷95号　邮政编码：550002　电话：(0851)5934737

【贵州省农业科学院】

地处贵阳市小河国家级经济开发区金竹镇，距贵阳市区12千米，占地面积200公顷，其中试验田土面积81公顷。前身为贵州省农业改进所，后相继改为贵州省农试场、综合农业试验站、贵州省农业科学研究所，1966年扩建为贵州省农业科学院。现已发展成粗具规模，在全省具有一定影响，有较强科研开发实力的农业科研机构。院属有水稻、旱粮、油料、园艺、综合、信息、土肥、植保、生物技术9个独立研究所，为适应科技体制改革需要，建立了水稻工程技术研究中心、玉米工程技术研究中心、水稻两用核不育系生态鉴定中心、现代农村发展研究中心和信息网络中心。全院现有在职职工545人，离退休职工470人，其中科技人员355人，行政管理人员50人，工人140人。在科技人员中，有博士3人、硕士15人、有研究员10人、在读博士4人、在读硕士27人、副研究员或副高职务的85人、中级技术职务的185人、享受国家及省人民政府特殊津贴有突出贡献的专家28人、有突出贡献的中青年专家1人、"百千万人才工程"第一和第二层次人员1人、省管专家6人、省跨世纪人才2人。研究工作涉及作物育种、粮油和果蔬等作物栽培、微生物、生理生化、生物技术、农药、植物保护、食品加工、畜牧兽医、农业经济管理、土壤肥料、水土保持、编辑出版、品种资源等30多个专业。改革开放以来，共承担科研项目500多项，累计获科研成果奖200多项，其中省部级二等奖以上重大科技成果28项，成果推广运用累计面积267万公顷以上，增产粮油果蔬约50亿千克，新增产值约524亿元，培养乡土人才300多万人次。发表出版科技论著1 000多篇(部)。许多论文已被国外刊物刊登或引用。地址：贵阳市金竹镇　邮政编码：550006　电话：(0851)3761026　传真：(0851)3761504

【贵州省林业科学院】

始建于1959年，其前身为贵州省林业科学研究所。是贵州省的综合性林业科研事业单位。设有森林资源培育、森林资源保护、林业生态工程技术和林产工业4个研究所和实验林场、科研计划管理信息中心、贵州省青少年生态科普活动中心、贵州省森工产品质量检测监督检验站检测室，还利用技术与资源优势建有4个科技实体和园林绿化建设工程队。现有在职职工270余人．科技人员130多人，其中高、中级研究人员70人，享受国家和省人民政府特殊津贴的科技人员5人。获得国家、林业部、贵州省的科技奖和国家专利、国际发明展览奖等90余项。根据资源、环境和可持续发展的战略,结合贵州的自然、经济和生态特点,科研工作着重于以下应用技术的研究:岩溶石漠化地区的植被恢复、林业生态体系建设、天然林保护技术、防护林体系建设、林业产业体系的建设。地址:贵阳市八公里　邮政编码:550011　电话:(0851)3929171

【贵州省建筑设计研究院】

成立于1952年11月,是国家计划委员会、国家建设部批准的建筑工程设计、工程勘察、工程咨询、工程总承包甲级资质单位,同时具有城市规划、市政、建材、物资、工程建设监理等乙级资质和贵州省环境污染治理甲级资质,并具有开展国际技术经济合作业务及外派劳务资格,是综合性工程设计、勘察、咨询、科研单位。现有职工617人,各类专业技术人员有466人,其中高、中级工程师254人,国家一、二级注册建筑师45人。研究领域和研究方向有建筑、结构、给水排水、建筑电气、热能动力、城市采暖空调规划、风景园林、建筑装饰、工厂工艺设备、建筑经济、计算机辅助设计、工程地质与岩土工程、工程测量、土工试验、模型制作等。设置有7个综合设计所及工程勘察分院、山地与城镇建筑研究所、工程建设监理公司、地基基础公司、建筑装饰公司、实业总公司(包括建筑、房开公司、科技开发公司、建筑书店等)。在上海、重庆、厦门等地设有分院。建院以来,在省内外完成勘察设计项目1万余个,获国家和部、省、厅级以上优秀工程勘察设计奖186项次,其中:国家金奖、银奖各1项,铜奖2项;优秀科技成果奖114项次。地址:贵阳市遵义路93号电话:(0851)5821561　5813500

【贵州省交通规划勘察设计研究院】

该院建于1958年,隶属贵州省交通厅,是国家甲级工程项目建设总承包单位,持国家工程勘察综合类甲级、公路行业甲级、市政公用行业(桥隧)甲级、工程监理甲级、工程咨询甲级、水运行业乙级、地质灾害防治工程(勘察、设计、施工、监理)甲级等资格证书。通过ISO9001质量体系认证。承担国内高速公路、等级公路、桥梁、隧道、岩土工程、交通工程、港口、航道、建筑、地质灾害治理等工程项目的规划、可行性研究、勘察设计、施工监理、技术咨询业务。40多年来,共完成国内外各等级公路勘察设计4万余千米及赤水河、乌江、两江一河等河流的治理。

20世纪80年代以来,完成了贵阳至黄果树、贵阳至遵义、贵阳至新寨、崇溪河至遵义、凯里至麻江、玉屏至铜仁、玉屏至凯里等10余条(段)高等级公路的勘察设计工作。以优质的勘察设计获国家交通部和省人民政府表彰。20世纪90年代,曾在广西、广东的高等级公路、天桥、隧道勘察设计中,以优质的勘察设计赢得社会信誉。先后获国家级、部、省级优秀勘察设计和科技进步奖60余项。

该院坚持"人才为本,科技兴院"方针,现有职工325人,和类专业人员225人,其中教授级高工2人,高级职称48人,中级职称90人,交通部注册监理工程师41人。是一支技术力量雄厚,装备精良,思想作风过硬的勘察设计科研队伍。该院配备有全站仪、GPS全球卫星定位系统、岩体快速检测仪、地质雷达、浅层地震仪、核子密度仪等先进仪器装备。地址：贵阳市中山东路69号　邮政编码：550001　电话：0851－5823886　传真：0851－5810223　网址：www.gzjtsj.com.cn　电子信箱：gzjtsj@public.gz.cn

【贵州桥梁设计院】

是经贵州省交通厅批准，于1996年6月成立的乙级公路勘察设计单位。隶属贵州省交通科学研究所。持有乙级公路、桥隧工程勘察设计证书、乙级工程咨询资格证书和乙级工程总承包资格证书，可承担二级公路（含二级汽车专用公路）、特大桥、大桥、隧道及沿线设施的勘察、设计、电算、技术咨询及工程项目总承包。

院技术骨干曾参加了世界上最大跨径的桁式桥梁——贵州江界河大桥的设计、施工、质监、测试和课题研究，获贵州省科技进步一等奖、贵州省优秀设计一等奖、国家科技进步二等奖，首届中国土木工程（詹天佑）大奖，为贵州的交通建设做出了重大贡献。

建院7年多来，该院承担了四川、湖南、浙江和贵州省内160余项特大桥、大桥、城市高架桥、隧道、高等级公路和城市道路的勘察设计及工程项目总承包，并以优质的设计、热情的服务赢得了委托单位和上级领导的好评。地址：贵阳市山林路148号　邮政编码：550001　电话：（0851）6519643　网址：www.bridgechampion.com　电子信箱：li168@km169.net

【贵州省交通科学研究所】

是一所具有40多年历史的省属独立科研单位，隶属贵州省交通厅，业务范围涉及公路工程设计、公路工程咨询、公路工程监理、工作检测及工程监测、公路工程环境评价、汽车工业产品质量监督检验、交通专用计量检定等。下属企业包括贵州桥梁设计院、贵州科达监理咨询有限责任公司、贵州科海路桥技术发展有限责任公司、贵州科建岩土工程有限责任公司。

全所专业技术人员占80%，其中省管专家1人，高级工程师占25%，工程师占35%，人才结构、知识结构合理，是一个极具开发潜力的智能群体。40余年来，该所承担了大量的科研任务，获得了各级领导的极高评价。共获交通部及贵州省科学大会表彰5项；国家科技进步二等奖2项、三等奖4项；交通部科技进步二等奖1项；贵州省科技进步一等奖3项、二等5项、四等奖4项及地州市等奖励几十项。设计建造的位于贵州省乌江上游的江界河大桥创造了桁式组合拱跨径世界第三、全国第一的纪录，获得中国土木工程最高奖项"詹天佑"大奖。建成了目前省内最先进的、惟一的数字交通试验室。地址：贵阳市白云大道南段301号　邮政编码：550008　电话：（0851）4705883　网址：http://www.gzcsi.com　电子邮箱：gzjks@163.net

【院士情况】

贵州省现有中国科学院院士2人，所在单位为中国科学院地球化学研究所。

【涂光炽院士】

男，生于1920年，现任中国科学院地球化学研究所名誉所长、研究员，属中国科学院地学部，研究方向：矿床学、地球化学。

【欧阳自远院士】

男，生于1935年10月9日，现为中

国科学院地球化学研究所研究员,属中国科学院地学部,研究方向:地球化学与天体化学。

【科研成果】

自1980年以来,全省共取得5 336项科技成果,其中47项获得国家发明奖、自然科学奖、科技进步奖。1998年至2000年贵州省专利申请和授权情况见下表:

贵州省1998~2000年专利申请授权情况统计表

指标	1998	1999	2000	2001	指标	1998	1999	2000	2001
申请专利总数(件) 按种类分:	800	789	986	950	授权专利总数(件) 按种类分:	418	620	710	642
发明	184	154	173	178	发明	14	18	65	42
实用新型	406	397	503	513	实用新型	254	411	377	357
外观设计	210	238	310	259	外观设计	150	191	268	243

【企业技术中心简介】

目前,全省已有国家级企业技术中心7个、省级技术中心18个,分布在机械、化工、冶金、航空航天等主要行业。2001年,25家企业技术中心科研和发展投入占销售收入的2.56%,同期比全省大中型企业高1.16个百分点;新产品产值率为9.43%,同期比全省大中型企业高1.58个百分点。

【贵州铝厂技术中心】

有专职科研人员1 187人,中级技术职称以上的782人,拥有价值6 600余万元的仪器设备。成功开发了"180kA级大容量中间下料预焙阳极铝电解槽",改变了依赖进口技术的局面,跨入国际先进行列,获国家科技进步二等奖、国家优秀技术创新项目奖、中国有色工业总公司科技进步一等奖。开发的"大型铝电解槽智能模糊控制技术"同样具有世界领先水平,获2000年省科技进步一等奖和国家"九五"优秀技术创新项目奖。

【中国江南航天工业集团技术中心】

1995年经国家经贸委等批准的国家级企业技术中心,下设2个研究部、1个检测中心、17个研究所和专业技术中心。"九五"期间共投入19 958万元,开发重点新产品207项。

【中国振华电子集团公司技术中心】

是由国家经贸委、税务总局、海关总署联合授牌发证认定的国有大中型企业技术开发机构,是振华公司下属的实行项目独立核算、非自负盈亏的事业单位,是振华公司技术开发与技术创新的主体。技术中心按照三级一体化管理机制设置技术中心总部、各专业研发本部和各基层研发分部三级机构。一级机构技术中心总部主要负责规划、信息和管理服务。二级各专业研发本部和三级各基层研发分部为中层和基层研发机构,主要从事新产品、新工艺、新材料、新技术的研发和推广。地址:贵阳市新天大道150号 邮政编码:550018 电话:(0851)6310724 传真:(0851)6302674

【中国贵州航空工业集团公司技术中心】

建立于1993年底,1996年12月,国家经贸委、国家税务总局、海关总署联合下文确认贵航集团技术中心为第四批享受优惠政策的国家级技术中心。中心设有工作部、民品开发部、军品开发部、信息开发部等。集团各基层单位建立分支开发机构34个,各类专业设计所、研究所36个,拥有各类技术开发人员2 500多人。各开发机构、设计所与有关大专院校、科研院所已初步形成开放型的技术开发体系。近年来,主要对汽车及汽车零部件、液压智能系统及附件、环保产品、飞机、航空发动机、国外转包生产产品等进行了技术开发。

(二)教育及人力资源

【教育概述】

全省已基本普及初等义务教育,31个县(市、特区、市辖区)基本普及九年义务教育。学龄儿童入学率达98.5%。全省普通中学共2 222所,在校生138万多人。除普通高中外,还有职业高中、技工学校及成人高中等。

高等教育方面,已形成专科教育、本科教育和研究生教育的系列教育体系。经过三次大的合并调整,目前全省高等学校有34所,在校生108 159人。全省普通高等学校现有硕士授予单位6个,硕士授权点72个,有近200个以上稳定的研究方向,覆盖了哲学、法学、教育学、文学、历史学、理学、工学、农学、医学、管理学等10个学科门类。贵州大学、贵州工业大学等高校与浙江大学、南京大学等校合作,开展了博士生培养工作。民族教育发展很快,已建立起幼儿园、小学、中学、中专、大学预科、民族班、干部班、大学本科、研究生等多层次、多规格的民族教育体系。

【在校大中专学生】

2001年贵州省研究生在校人数为1 418人,普通高等学校在校学生为108 159人,成人高等学校在校学生为82 648人,普通中等专业学校在校学生为114 765人,成人中等专业学校在校学生为36 650人。2001年贵州省综合大学在校学生为19 835人,理工院校在校学生为10 149人,医药院校在校学生为17 166人,师范院校在校学生为36 873人,财经院校在校学生为10 880人,民族院校在校学生为4 489人,政法院校在校学生为1 348人,职业技术学院在校学生为1 587人。按学科分类,2001年各学科在校学生情况见下表:

贵州在校学生情况统计表　　　　　　(2001年)

类别	哲学	经济学	法学	教育学	文学	历史学	理学	工学	农学	医学	管理学	合计
在校学生(人)	181	9 929	4 712	3 570	13 444	2 309	12 092	13 163	3 228	12 865	12 987	108 159

贵州省2001年各地区高等院校在校学生情况见下表:

贵州省各地区高等院校在校学生情况统计表 （2001年）

地区	贵阳市	六盘水市	遵义市	安顺市	黔南自治州	黔东南自治州	黔西南自治州	铜仁地区	毕节地区
在校学生（人）	52 917	1 605	8 222	1 551	4 582	2 226	1 832	1 997	3 341

【贵州大学】

省属重点综合大学,主校园坐落在著名风景区贵阳市花溪河畔。其前身可追溯到1902年创建的贵州大学堂。1997年8月,贵州大学、贵州农学院、贵州艺术高等专科学校、贵州省农业管理干部学院合并组建成新的贵州大学。贵州大学是全省惟一按"211工程"框架进行重点投入、重点建设的省属重点综合大学,是国家教育部在西部大开发中重点投入、重点扶持的有较高水平的大学之一。学校现设有人文学院、理工学院、农学院、生物技术学院、艺术学院、职业技术学院、成人教育学院、科学技术学院和人民武装学院9个学院,共34个系、49个本科专业(汉语言文学、新闻学、历史学、哲学、社会工作、法学、英语、日语、经济学、财务管理、行政管理、图书馆学、旅游管理、人力资源管理、农林经济管理、数学与应用数学、信息与计算科学、信息管理与信息系统、物理学、电子信息科学与技术、电子信息工程、通信工程、电子科学与技术、化学、应用化学、材料化学、环境科学、计算机科学与技术、交通运输、农业机械化及其自动化、城市规划、农学、农业资源与环境、园艺、园林、林学、水土保持与荒漠化防治、植物保护、生态学、生物技术、草业科学、动物科学、动物医学、水产养殖学、食品科学与工程、音乐表演、绘画、艺术设计、表演),学科专业覆盖哲学、经济学、法学、文学、史学、理学、工学、农学、管理学9个学科门类。有40个硕士学位授予点(汉语言文学、中国古代文学、美学、民商法学、外国哲学、宪法学与行政法学、人口学、政治经济学、企业管理、农业经济管理、行政管理、英语语言文学、美术学、音乐学、基础数学、应用数学、计算机软件与理论、计算机应用技术、电路与系统、理论物理、微电子学与固体电子学、物理化学、无机化学、应用化学、有机化学、农药学、植物学、土壤学、植物营养学、作物栽培学与耕作学、作物遗传育种、环境科学、植物病理学、动物学、森林培育、生物化学与分子生物学、微生物学、基础兽医学、动物遗传育种与繁殖学、预防兽医学),2个博士点(计算机软件与理论、农药学),7个省级重点学科,3个省级重点实验室。现有各类在校学生20 000余人,其中普通本专科生16 000余人,硕士研究生427人,留学生25人。现有专任教学科研人员1 260人,其中教授140余人,副教授400余人。有国家级突出贡献专家6人,国家"百千万人才"3人,省管专家18人,省级跨世纪人才8人,享受政府特殊津贴的62人,博士生导师11人,硕士生导师200余人,校学科学术带头人65人。学校现有40个科研所(室),自1995年以来,共承担国家自然科学基金、社会科学基金、863计划、国家重大科技攻关课题和省部级课题300余项,横向科研项目250余项,其中获奖

123项,获发明专利5项。研究开发的有超高效吡虫啉系列新农药、银杏萜内酯2个高科技创新产业和具太行山模式特点的粮食、烤烟和玉米3个近6.7万公顷工程等重大农业项目。地址:贵阳市花溪　邮政编码:550025

【贵州工业大学】

创建于1958年,已发展为以工为主,兼有文学、理工、经济、管理、法律等学科的综合性大学。学校占地面积约74.6万平方米,分为4个校区。主校区坐落在贵阳市西南的蔡家关,在市区还有花果园、罗汉营、茶店3个校区。现有12个学院、4个系、4个教学部,共有47个本科专业、18个专科及高职专业。现有在校学生16 754人,其中,本专科生10 149人。有研究生509人,联合培养博士生8人,各类成人教育学生(以下简称成教生)6 093人,学校面向全国15个省区市招生,2001年在校的外省籍学生约2 000余人。现有教职工2 139人,其中专任教师977人,教授89人,副教授302人。现有24个硕士学位点(包括MBA和工程硕士专业学位硕士点)。与浙江大学、中国矿业大学、西安交大、南京大学、重庆大学、清华大学、四川大学、中国科学院等重点大学、科研机构在联合培养博士研究生、MPA教育及合作办学和科研等方面的交流与合作不断扩大。学校拥有建筑工程设计研究院、空间结构研究所、控制技术研究所、计算机软件研究所等12个研究院(所)。近年来全校共承担国家、省级科研项目460项,共获国家、省部级科技奖151项。学校还多次获得北京国际发明展览奖、全国发明展览奖、省级优秀工程设计奖和贵州新产品奖等。1994年以来在国家及省级科技产业产品成果展示会上,共获9项金奖、11项银奖、12项优秀奖。《贵州工业大学学报》自然科学版和社科版已在国内外公开发行。自然科学版进入全国高校自然科学学报CVJA数据库。

【贵州师范大学】

始创于1941年10月。初建时为"国立贵阳师范学院",1985年5月,更名为"贵州师范大学"。1996年确定为省属重点大学。位于贵阳市宝山北路,地处市内风景秀丽的照壁山麓。学校占地面积44公顷,校舍建筑面积17.4万平方米。到2001年初,学校共有教师784人,其中教授91人、副教授227人、讲师227人、其他专业技术人员269人。教师中,有博士、硕士学位的150人,国家级有突出贡献专家2人,省管专家4人,享受国务院和省人民政府特殊津贴的专家22人,全国优秀教师10人。现有15个系,26个本科专业、13个专科专业、两个教学部;有贵州蜡染艺术研究、教育科学研究、历史研究、生物研究、地理研究、数学及跨文化教育研究、马克思主义理论教育研究、体育健康研究、美学研究等11个研究所。1978年开始招收硕士研究生,现有涵盖60余个专业方向的16硕士学位授予权。现有全日制本、专科学生、研究生6 618人,进修生、夜大生和函授生2 000多人。拥有现代化的教学、实验设备及世界银行贷款兴建的实验中心,有藏书120万余册、中外期刊3 000余种的全省最大的图书馆,办有《贵州师大学报》(社科版和自然版)、《贵州师大》校报。

【贵州民族学院】

成立于1951年,1959年并入贵州大学。1974年恢复,1977年开始招生。学院坐落在贵阳市花溪河畔,校园占地面积43.2公顷,校舍面积11.39万平方米,其中教学用房2.57万平方米,学生宿舍2.33万平方米,教职工宿舍3.51万平方米。学校现设中文、历史、法律、经管、社会学、民族语言、外语、行为管理(干训部)、美术、音乐、数学、物理、化学、体育、旅游15个系。有普通本科专业19个:汉语言文学、法学、民族学、历史学、社会学、行政管理、少数民族语言文学、英语、工商管理、信息管理与信息系统、应用物理、美术学、艺术设计、音乐学、广告学、数学与应用数学、广播电视新闻学、旅游管理、计算机科学与技术等。民族师范本科4个:数学、物理、中文、政史。专科专业11个:广告与广告管理、民族文化与旅游、体育、应用化学、美术学、音乐学、舞蹈学、行政管理、计算机应用与管理、经济管理、民族贸易及民族师范专科班2个:音乐、美术。学院的学科专业覆盖了文学、史学、法学、教育学、管理学、理学6个学科门类。其中省级重点学科2个:民族学、数学与应用数学;院级重点学科2个:法学、少数民族语言文学。在学院内设有中专部,属民族干部管理学校性质。另有成人教育中心和预科部。学院还设有民族研究所、民族法学研究所、民族文化与旅游研究所等科研机构。学院主要面向贵州少数民族地区招生。现在校统招学生有5 044人,其中本科生3 679人、专科生872人、预科生140人、中专生353人,另有成教学生1 162人。少数民族学生占学生总数近85%。现有教职工1 097人,其中在职897人、离退休200人。专任教学科研人员461人,其中正高职称32名,副高职称135名。有国务院特殊津贴专家7人、省人民政府特殊津贴专家3人、省管专家3人、学科带头人17人、中青年学术骨干20人。2000年在贵州省哲学社会科学评奖中,获奖16项,其中一等奖3项,二等奖5项,三等奖8项。

【贵州财经学院】

创建于1958年,1999年通过国家教育部本科教学合格评价。学院土地面积37.7公顷,校舍建筑面积16.8万平方米,拥有信息网络、多媒体、语音室等现代化教学设施,图书馆藏书50余万册。学院分为南北两址,南院位于贵阳市瑞金路,北院地处市北郊鹿冲关下。现设有3个分院(信息学院、成教学院、商务学院)、8个系(会计系、财政金融系、贸易经济系、工商管理系、国际经济系、公共管理系、管理科学系、法学系)和21个本专科专业。有在校普高本专科学生5 000余人,成教学生6 000余人。有专职教师393人,其中教授31名,副教授135名。有省跨世纪人才1名,省管专家2名、享受国务院及省人民政府特殊津贴专家11名、院学术带头人18名、中青年学术骨干20名,并有客座教授近30人。企业管理、国际经济与贸易、金融学3个学科为省级重点学科。近几年来,获省级以上科研项目163项,其中国家项目10项,出版专著70余部,发表论文1 500余篇,共有32项成果荣获各级科研成果奖。学院编辑出版学术刊物《贵州财经学院学报》(双月刊)向国内外公开发行,系中国首届经济类优秀期刊,中国人文社会科学核心期刊、中国人文社会科学引文数据库来源期刊、中国学术期刊综合评价数据库来源期刊。

【贵阳医学院】

创建于1938年，是贵州省最早成立的高等本科学校，也是当时全国仅有的9所国立高等医学院之一。学院位于贵阳市北京路上，占地面积36.5公顷，院内绿树成阴，环境优雅，有设施完备的教学楼、图书馆、实验大楼等。现有在编职工3 000余人，有教授、副教授400余名，讲师600余人。设有5部6系14个本科专业和6个专科专业，即基础医学部、研究生部、社会科学部、成教部、大学外语部，临床医学系、药学系、预防医学系、医学检验系、医学影像系、护理系以及儿科医学、妇幼卫生、口腔医学、麻醉、高级护理、药品营销、医学检验设备及营销等专业，统招在校生近6 000余人。面向全国招收攻读硕士学位研究生。有医学生物学、微生物学、内科学、外科学等17个学科，28个硕士授予点，覆盖了34个专业。学院具有以同等学力向在职人员授予硕士学位的资格。学院有两所附属医院及40多所教学医院、实习医院。还设有医学科学研究所，附设有贵州省肿瘤防治、老年医学、妇幼保健3个研究所，贵州省肿瘤医院亦在院组建。近5年来，获省部级科技成果奖62项，出版专著、教材共95部（专著43部、主编规划教材1部、参编6部、协编45部），在国家级期刊上发表论文510篇。主办杂志2份并协办国家级期刊（《动物分类学报》）。目前学院承担着国家自然科学基金项目10项，部省级项目221项。学院的4个省级重点学科建立于1997年，包括病原生物学（寄生虫学、微生物学）、病理学（病理生理学、病理学）、内科（血液学）和影像医学。

【贵阳中医学院】

位于贵阳市南明河畔、甲秀楼附近。创建于1965年，校园占地20余公顷，拥有工作、生活用房13万平方米；1.1万平方米的现代化教学实验楼的使用，使学院的教学、科研及办公条件日臻完善。学院由院本部、第一附属医院（临床医学一部）、第二附属医院（临床医学二部）三大部分组成。共有在职职工1 800人。学院本部在职职工700人，其中高级职称300余人，中级职称240人。院本部设有基础部、临床医学一部、临床医学二部、药学系、针灸系、骨伤系、护理系、成人教育部、社会科学部、微量元素研究所、实验动物研究所、中药研究所、民族医药研究所、骨伤研究所、血液病研究所、科技开发中心、药厂、印刷厂等教学、科研、生产机构和各种专业实验室、重点实验室、语音室、微机室等教学机构及辅助机构。学院以全日制本科教育为主，有硕士、本科、专科3个学历层次；有9个硕士学位授予点，可面向国内、外招收硕士研究生；学院与中国中医研究院联合培养博士生，与成都中医药大学联合举办研究生班，与大连外国语学院、北京第二外国语学院、贵州大学联合办学，开设新的本科专业。对在校学生实施奖学金、贷学金及勤工助学制度。面向全国出版发行期刊《贵阳中医学院学报》、《微量元素与健康研究》。近几年来由院教师、医师主编或参编的教材、专著已出版120余部，发表论文1 500余篇，承担的科研项目150余项，已取得成果近100

余项,有些成果先后获得国家、省、部级科技成果奖。中药学(一级学科)1992年经省教育委员会(现省教育厅)批准为首批省级重点学科。现有教学机构8个,科研机构5个,教学科研人员中有正高职务的10人、副高职务的36人、具有硕士学位的11人、在职攻读博士学位的3人、获国务院和省人民政府特殊津贴的4人、省管专家1人、省跨世纪科技人才1人,获"中国首届百名杰出青年中医"称号的2名、"贵州省高校实验室工作专家"称号获得者1人,全国名老中医药专家师承出徒者4人。有博士生导师3人、硕士生导师13人。本学科点主持或参与的国家、省部及厅级科研课题233项,科研获奖36项,其中,省级以上23项;已开发成功、投产的新药及保健药品46个;发表论文512篇,主编和参编的专著、教材95部。该学科稳定的学科发展方向有:中药复方研究、贵州地道药材及苗族医药的研究与开发、中药及苗药制剂质量标准的研究、中药资源的研究、新药的开发与研制。

【遵义医学院】

坐落在革命历史文化名城遵义。前身为大连医学院,创建于1947年,1969年南迁,更名为遵义医学院。开设有临床医学、口腔医学、麻醉学、公共事业管理、药物制剂、药品检验、眼耳鼻喉科学(五官科)、妇产科学、护理学、美容医学、医学影像、医学检验及基础医学、生物工程和英语15个本科专业及方向。有药理学、生理学、生物化学、病理解剖学、免疫学、病理生理学、心血管内科学、呼吸内科学、肾内科学、心血管外科学、骨外科学、麻醉学、口腔临床医学、人体解剖与组织胚胎学、儿科学15个硕士点,24个学科招收硕士研究生和开展同等学力授予硕士学位工作。临床医学成为专业硕士学位全国第二批试点单位。拥有药理学、免疫学、生物化学、病理生理学、心血管内科、心胸外科、口腔医学、麻醉学、小儿外科、肿瘤学等10多个省、厅、院级重点学科和一个省级重点实验室(贵州省细胞工程重点实验室)。学院有一个二级学院(科技学院)、5个教学部、11个本科系、62个教研室、42个实验室、2个研究所及19个研究室和1个中心实验室。现有教职员工2 000余人,有教授、副教授等高级职务的400余人,讲师等中级职务的600余人,有博士、硕士200余人,有跨世纪人才培养对象和省管专家6人,享受国家和省人民政府特殊津贴的专家30余人。遵义医学院与珠海市正式签订了合作建设珠海校区的协议。珠海校区办学层次以研究生、本科生为主,开办的专业有临床医学、口腔医学、护理学、生物工程等,2002年起面向全国18个省区市招生。1980年至今,全院共获各类科研成果350余项,主编、参编教材和撰写参考书200多部,发表论文9 500余篇。学院的研究生教育起始于1955年,是国家恢复高考以后第一批被授予硕士点的院校之一,有24个学科面向全国招生,目前在校研究生189人。经教育部和省教育厅(学位办)批准,学院将从香港、澳门、台湾招收硕士研究生。学院在校生人数目前已达7 000多人。本科、专科招生重点在贵州省内,1999和2000年经批准本科招生扩大到云南、四川、重庆、广西、湖南、湖北等省区市,2001年扩大到面向18个省区市招生。学院南迁以来，共为国家培养 1 万多名本科生、专科生和硕士研究生，培养各类进修生 2 000 余人，培养中级卫生人才 2 500 余名。

【贵州广播电视大学】

建于 1979 年 3 月，校址坐落在贵阳市黔灵山麓。现设政治工作部、校办公室、教务处、文科教学部、理工教学部、政史经济教学部、中专教学部、电教处、实验中心、科学研究处、图书馆、继续教育部、学生工作处、人事处、计财处、后勤处、音像出版社等 17 个部处室，附设有直属分校。1995 年成立附属中等专业学校，与中专教学部两块牌子一套人马。共有教职工 835 人，其中专任教师 360 人，有教授 5 人，副教授及其他高级技术职务 76 人、中级技术职务 292 人。开设有大专理工、农学、医疗、文史、经济、法律、师范、艺术等九大类 106 个专业，其中包括气象、飞机发动机制造、桥梁与隧道、药品检验、酿造、纺织、黄金采矿与冶炼、烤烟工艺及设备、农畜产品加工、农业师资等 30 多个适应本省经济建设急需的自开专业。中专教育共设置 38 个专业。此外，举办工程师继续教育、专业证书教育、岗位培训、农村实用技术项目等 70 多个非学历教育项目。现有成人、普高专科在校生 13 485 人，中专在校生 8 623 人。各种层次、门类的非学历教育结业人数已超过 30 万。现有大中专学历教育在校生 2 万余人。1992 年，贵州电大获"全国成人高校先进办学单位"称号，1997 年获"全国成人高等教育评估优秀学校"、"全国电化教育先进单位"、"全国省级电大教学先进单位"等荣誉。

【劳动力资源概述】

2001 年贵州省常住人口数 3 524.50 万，按城乡分：居住在城镇的人口为 841.30 万，居住在农村的人口数为 2 683.20 万；按年龄结构划分：0～14 岁的有 1 067.66 万，15～64 岁的有 2 252.92 万，65 岁以上的有 203.93 万。在受教育程度上：接受大学（大专及以上）教育的为 67.07 万，接受高中（含中专）教育的为 198.29 万，接受初中教育的为 721.82 万，接受小学教育的为 1 536.52 万。2001 年全省从业人员中，第一产业占 69.9%，第二产业占 11.9%，第三产业占 18.2%。城镇登记失业率为 3.8%。各地区 2001 年职工数和乡村从业人员数见下表：

贵州各地区职工数和乡村从业人员数统计表 （2001 年）

名称	职工（万人）	乡村从业（万人）
贵阳市	53.62	104.96
六盘水市	17.19	115.43
遵义市	29.85	346.69
安顺市	11.47	119.35
黔南自治州	15.71	186.51
黔东南自治州	17.01	206.60
黔西南自治州	9.92	151.41
铜仁地区	12.61	205.45
毕节地区	16.75	354.36

九、其　他

（一）影剧院、博物馆

【北京路影剧院】
位于贵阳市北京路29号，由贵州省建筑设计院设计，1980年动工修建，1984年竣工，占地面积0.79公顷，建筑面积4 455平方米。有内厅4层，中、高档贵宾休息厅各1个，观众厅1个及舞台和化妆室，附设有停车场。其中观众厅有座位数1 140座（池座683座，楼厢座457座），最近视距29.7米，配备有较先进的灯光、音响设备。舞台基本台深18米、宽24米、高19.57米，配备全套基本灯具，乐池15米×4.4米。北京路影剧院作为省重点剧场，曾接待过江泽民总书记、吴邦国副总理等10余位党和国家领导人及博茨瓦纳国家总统等外国首脑和17国外交使团观看演出，还接待过俄罗斯芭蕾舞团、缅甸国家艺术团、印度国家歌舞团、上海芭蕾舞团、中央电视台春节晚会剧组等40多个中外知名艺术团体演出，获得较高的赞誉。省内大型演出活动也在此举行。

【百花剧场】
位于贵阳市中华南路6号。成立于1981年，1982年正式启用，占地0.1公顷左右，有1 140个坐席。进入20世纪90年代，为适应电影市场的发展，将剧场改建成全省首家电影城，拥有大、中、小电影厅5个，休闲娱乐厅1个，音乐排练厅1个，其中有舞台设施的大厅有坐席555位。影城同时可以举行各种中小型文艺演出。为适应电影发行机制的改革，丰富贵州电影市场，该剧场于2002年6月1日加盟四川省峨眉电影发行放映院有限责任公司，及时安装了计算机售票系统，从而具备了放映进口分账影片的资格。从此，进口大片和优秀国产影片在贵州的上映档期大大提前。剧场还可自购影片以丰富片源，这将在一定程度上扼制盗版影碟充斥市场的局面。同时，借助院线公司的力量，可以逐步更新设施设备，实行规范管理，这将有利于贵阳市乃至全省电影事业的繁荣。

【贵阳大剧院】
位于贵阳市中心区纪念塔交叉口处（原南明电影院旧址），2002年2月28日正式动工兴建。总占地面积2.14公顷，总建筑面积35 743.3平方米，预计总投资约3亿元。主体建筑分为三部分：地上是剧场、音乐厅，两大主体包容在晶莹剔透的大厅里；半地下室有会议、娱乐、展览等辅助设施；地下室为停车场、设备房。贵阳大剧院是贵阳市乃至贵州省第一个现代化剧场，它的建成将改善贵阳市的文化设施环境,提高市民文化生活水平。

【博物馆概况】

贵州博物馆事业基础比较薄弱,中共十一届三中全会以前,仅有省博物馆和遵义会议纪念馆。中共十一届三中全会以后,博物馆事业迅速发展,目前全省拥有各类博物馆56个,其中包括省、地、州级博物馆,文物陈列室(含革命文物陈列室),专题博物馆和生态博物馆。贵州省博物馆是贵州第一座综合性博物馆,主要负责全省自然资源、社会主义建设和历史文物的收藏、宣传教育和科学研究。遵义会议纪念馆主要负责征集红军遗物与遗迹的调查。地(州)级博物馆分别是安顺市博物馆、毕节地区博物馆、黔南布依族苗族自治州博物馆、黔东南苗族侗族自治州博物馆。为了加强革命传统教育和爱国主义教育,贵州还利用维修好的革命遗址和烈士故居建立了一批革命文物陈列室,主要有:贵阳地下党省工委旧址陈列室,铜仁周逸群故居陈列室,石阡红二、六军团总指挥部旧址文物陈列室,红二、六军团木黄会师陈列室,毕节贵州抗日救国军司令部旧址文物陈列室,大方川滇黔省革命委员会旧址文物陈列室,王若飞烈士故居陈列室,龙大道烈士故居陈列室,中共镇远支部旧址陈列室,黎平会议会址(图142)陈列室,邓恩铭烈士故居陈列室等。改革开放以来,贵州省因地制宜,采取博物馆建设与文物维修相结合,文博事业与旅游事业相结合的办法,利用已修缮的文物古迹,在旅游线上建立了10余个独具特色的民族民俗专题博物馆,即贵州酒文化博物馆、铜仁傩文化博物馆、安顺蔡官地戏博物馆、贵州蜡染文化博物馆、平坝天台山民族戏剧博物馆、贵州民族婚俗博物馆、镇远青龙洞民族建筑博物馆、贵州刺绣博物馆、飞云崖民族节日博物馆、上朗德民族村寨博物馆、福泉古城屯堡博物馆等。中国贵州六枝梭戛生态博物馆是中国第一座生态博物馆,1998年10月31日正式开馆。它是在国家文物局和贵州省人民政府直接指导和支持下,由中国博物馆学会与挪威开发合作署共同开发,贵州省文物部门组织实施的中挪文化合作项目,用以保护和延续六枝特区梭戛乡苗族的一个独特支系——箐苗文化。为使这一项目得到发展和延续,中挪双方于2000年9月5日举行中国贵州生态博物馆群签字仪式,决定在花溪镇山、锦屏隆里、黎平堂安建立3座生态博物馆,形成包括梭戛在内的中国贵州生态博物馆群。2002年7月15日,布依族生态博物馆在贵阳市花溪镇山村正式开馆(图13),该馆全方位地反映了这座布依族山寨的文化、环境以及布依族与汉民族的文化融合过程。2002年1月,中国挪威合作建设贵州生态博物馆群第三期工程在北京签字并正式启动,在黔东南自治州的锦屏隆里和黎平堂安建立两座分别代表明清时期古老汉族文化和典型侗族文化与环境的生态博物馆。目前建馆工作在顺利进行中。

【贵州省博物馆】

是贵州省第一座综合性博物馆,是全省历史文物、民族文物、革命文物和古生物化石,现生动植物标本的主要收藏、宣传教育和科学研究机构。位于贵阳市北京路。其前身是贵州省人民科学馆,1953年1月改组为贵州省博物馆筹备委员会。1958年5月1日正式建馆开放。该馆现有办公楼2幢、文物库房1幢、展览陈列大楼1幢,现有藏品7万余件。其中,出土文物约占70%,是从省内各地古文化遗址、古墓葬中通过考古发掘获得的;传世文物约占30%,由调拨、收购、捐献等渠道征集入馆,包括历史文物、民族文物和革命文物。现有一级藏品114件(不含史前考古出土文物)、二级藏品1 280件(含史前考古出土文物)、三级藏品6 240件(含史前考古出土文物)。一级藏品中,有赫章战国墓的早期铜鼓、赫章汉墓的"石寨山"铜鼓、清镇汉墓的朱绘雷凤纹漆耳杯和朱绘夔纹海潮纹饭盘、遵义杨粲墓的两面铜鼓和石刻"敬纳人"等。陈列有"贵州矿产资源"、"贵州自然资源"、"劳动创造人"、"贵州出土文物"、"文化大革命期间出土文物"、"中国工农红军在贵州的革命活动"、"可爱的贵州"等等史料。常年还举办各种临时展览,如贵州少数民族服饰、头饰暨民族风情图片展览,贵州革命烈士生平事迹,纪念辛亥革命80周年展览,纪念黎庶昌诞辰155周年展览,纪念世界反法西斯战争暨中国人民抗日战争胜利50周年展览,孔繁森同志事迹展览,贵州省文物精品展览及崇尚科学,反对邪教展览,等等。科研活动主要结合田野考古、文物征集、标本采集等实际工作进行。

【黎平会议会址文物陈列室】
位于黎平县城东二廊坡52号黎平会议会址内,建于1984年12月。1934年12月14日,长征中的中国工农红军第一方面军攻克黎平县城后,中共中央政治局于18日在总司令部即黎平会议会址内召开会议。参加会议的有毛泽东、周恩来、博古、王稼祥、洛甫、朱德以及共产国际的军事顾问李德。会议否定了进军湘西的计划,肯定了毛泽东向贵州继续进军的主张,通过了《关于在川黔边建立新根据地的决议》,史称"黎平会议"。黎平会议会址有三进,依次为店铺、住宅、花园,内有小天井9个,占地0.08公顷,1983年整修后,恢复了"中央政治局'黎平会议会议室'"、"周恩来、朱德住室"。在隆重纪念"黎平会议"50周年之际,在会址内开辟"红军文物陈列室"等6个陈列室,展出各种文物资料200多件。

【贵州民族婚俗博物馆】
位于黔西南自治州兴义市下五屯"刘氏庄园"内。1989年初筹建,10月1日正式对外开放。该馆馆舍"刘氏庄园"为省级重点文物保护单位,始建于清代嘉庆年间(1796~1820年)。后来随着刘氏家族的政治经济实力的发展而不断扩大。到20世纪初便形成中西合璧、规模宏大的建筑群体。馆内的"贵州少数民族婚俗展览",包括6个部分,展出有关文物300多件,图片100多幅,辅以婚装人物模特、情歌录音和婚礼录像,生动形象地展示了贵州各族男女青年从集会对歌相识、谈情说爱、相亲到结婚的全过程,让参观者了解贵州高原丰富多彩的婚俗文化。现有传情媒介、恋爱信物、婚礼用品、新婚盛装、洞房设施、生育用具等方面的藏品近700件。其中,清代布依族婚礼神龛、清代布依族定情银牌、清代苗族竹刻婚约、苗族射花背牌、苗族"提亲"蓑衣等最具特色。

【梭戛生态博物馆】

1998年10月31日，中国第一座生态博物馆在六枝特区梭戛乡正式开馆。这里居住着一个稀有的苗族分支，共有4 000多人，分布在附近12个村寨中，他们常年居住在高山之中，至今仍延续着一种古老的、以长牛角头饰为象征的独特苗族文化，既有原始的平等民主风尚，又有丰富的婚丧嫁娶和祭祀仪式，还有别具一格的音乐舞蹈和异常精美的刺绣、蜡染等工艺，过着男耕女织的自然经济生活。尤其可贵的是这支苗族在世界上只有这个社区的4 000多人。因此这个文化体成为全世界文化遗产的一部分，具有很高的保存价值。经中国、挪威文博专家于1995年深入贵州考察后，根据国际生态博物馆理论，提交了在梭戛乡建立中国第一座生态博物馆的可行性研究报告，并获国家文物局和贵州省人民政府的批准，正式列入中挪文化交流项目。1997年10月，国家主席江泽民和挪威国王哈拉尔五世在北京人民大会堂出席了《挪威合作开发署与中国博物馆学会关于中国贵州省梭戛生态博物馆的协议》签字仪式。生态博物馆是国际博物馆界开发的一种新的博物馆形式，是对社区的自然遗产和人文遗产进行整体保护的新形式。整个社区就是一座生态博物馆，它以各种方式记载和保护这个社区的自然环境和文化精华，并推动这个社区向前发展。在实际操作中，生态博物馆包括两个最重要的部分：资料信息中心和对本社区文化遗产尽可能原状的保护。资料信息中心作为博物馆的信息库，记录和储存着本社区的文化信息，通过陈列展览、视听媒介等形式向观众介绍即将参观的文化的基本情况，并对观众提出行为要求。建馆以来，为了对该社区文化遗产尽可能原状的保护，省有关部门拨出专款加固维修了该社区10栋百年以上的传统民居，既保护了历史建筑，又大大改善了当地村民的居住生活条件。今后要更进一步把保护与发展农村经济结合起来，充分发挥生态博物馆为社区服务的功能（图81、图87）。

（二）全国历史文化名城

【遵义】

黔北重镇遵义，位于贵州省北部，北倚娄山，南临乌江，为国务院首批公布的历史文化名城（图45~46）。遵义历史悠久。春秋时期，属巴蜀等邦领地。秦汉时置郡。唐代改为播州，明朝隶属四川，清雍正五年（1727年）改隶贵州，民国中期设专员公署。1935年1月，中国工农红军第一方面军长征到达遵义，中共中央在此召开了举世闻名的遵义会议。市区有多处革命遗址。当年召开中央政治局扩大会议的会址，位于市区红旗路（原名子尹路）80号。会址大门临街，主楼为中西合璧砖木结构建筑，一楼一底。现已复原会议室，红军总司令部作战室，周恩来、朱德、彭德怀、刘伯承、杨尚昆、刘少奇、李卓然在会议期间的住室，对外开放。会议期间毛泽东、张闻天、王稼祥三位领导人的住室兼办公室均已复原展出，位于市区幸福巷19号，是一幢二层楼房。红军总政治部旧址修复后，便作为遵义会议辅助陈列室，位于市区杨柳街。市区还有遵义县革命委员会、回山乡革命委员会、万人大会会场等革命遗址。凤凰山麓建有红军烈士陵园,当年遵义战役中为革命捐躯红军指战员长眠于此。红军烈士纪念碑耸立在苍松翠柏间,碑高25米,碑顶有镰刀斧头标志,碑的正面是邓小平题写的"红军烈士永垂不朽"。市区以北有当年红军激战过的娄山关,山上有一古碑,关上竖有毛泽东《忆秦娥·娄山关》词碑。娄山关小关山西侧广场上,竖有娄山关红军烈士纪念碑。市区湘江边,有为纪念遵义会议修建的纪念公园、纪念广场。抗日战争期间西迁的浙江大学对遵义的文化教育产生了极大的影响,为此在沿江公园建有"浙大遵义校舍碑"碑亭,碑文系教育家竺可桢撰写。市区东南郊有被誉为"西南石刻艺术宝库"的杨粲墓,是全国重点文物保护单位。市郊还有当年播州杨氏土司的军事要塞海龙屯。市区内有纪念清代贵州两著名学者郑珍、莫友芝的郑莫祠及湘山寺、桃溪寺等名胜。

【镇远】

位于贵州省东部,镇远县有23个民族,除汉民族外,主要有苗族、侗族。全县总面积189 960公顷。潕阳河呈S形从县城中穿过,相依有古码头、古巷道、古民居,映衬着古寺庙、古戏楼,有1个全国重点文物保护单位、7个省级文物保护单位、100多个县级文物保护单位,组成该城绚丽多姿的人文景观。1986年国务院将镇远列为全国历史文化名城。镇远县城历史悠久。公元前202年汉高祖在此设无阳县后,历代王朝先后在这里设置县、州、府、道。从元代至1949年,这里一直为州府所在地。20世纪50年代初,这里为镇远专署和黔东南自治州首府。镇远地理位置险要,水路通达,是古代中原与南方的重要交通要道,因而历代统治者纷纷把它作为向东南方扩疆施政的军事要冲,派驻军队。交通便利,政治稳定,引来外地许多有识之士纷纷到当地开发经商,镇远成了盛极一时的商埠和物资集散地。清代鼎盛时期,河两岸民居达3 600多幢,人口达7 000多户。明清至民国时期,镇远成为黔东地区政治、军事、经济、文化和交通中心。历代许多名人如王阳明、张三丰、林则徐等到此游历,留下许多墨迹、诗篇。全国重点文物保护单位青龙洞,是极富特色的贴崖建筑园林,由青龙洞、紫阳书院、中元洞、万寿宫、香炉岩、祝圣桥6部分、大小36座建筑物组成,集佛、儒、道多种文化于一体,形成奇特的宗教文化现象,是贵州省保存完好、规模最大的建筑群。除了青龙洞,镇远还有保存完好的省级文物保护单位中共镇远支部旧址、镇远在华日本人民反战同盟和平村遗址、天后宫、四官殿、古城垣等。大片的古民居、古巷道、古码头、古寺庙、古戏楼和丰富多彩的民族歌舞、民族建筑,组成一幅色彩斑斓的多元文化图。

(三)全国重点文物保护单位

【遵义会议会址】

位于遵义老城红旗路80号,是一幢中西合璧的砖木结构建筑,占地0.052公顷,面向街道,大门高悬横匾,上有毛泽东1964年所题"遵义会议会址"(图41~42)。主楼坐北朝南,呈曲尺形,一楼一底。1935年1月,中央红军长征到达遵义后,中央军委总司令部和一局即驻此楼。1月15~17日,中共中央在这里召开了政治局扩大会议,即举世闻名的"遵义会议"。会议集中全力纠正了当时具有决定意义的军事上和组织上的错误,通过了《关于反对敌人五次"围剿"的总结决议》,推选毛泽东为政治局常委。遵义会议结束了王明"左"倾冒险主义在中央的统治,确立了以毛泽东为代表的新的中央的正确领导,在极端危急的时刻挽救了党和红军,这是中国共产党历史上一个生死攸关的转折点。1955年1月,在遵义会议会址开始筹建遵义会议纪念馆。1957年7月1日,正式对外开放,会址现已复原会议室、红军总司令部作战室、总部一局机要科和周恩来、朱德、彭德怀、刘伯承、杨尚昆、刘少奇、李卓然在遵义会议期间的住室。1961年3月,国务院公布为第一批全国重点文物保护单位。1983年12月,经文化部文物局批准,遵义会议期间毛泽东、张闻天、王稼祥同志住处和"红军总政治部旧址"列入全国重点文物保护单位遵义会议会址的组成部分。毛泽东、张闻天、王稼祥当时的住处位于幸福巷,2层楼房;红军总政治部旧址,位于杨柳街。1984年修复后,便作为遵义会议辅助陈列室,展出历史照片、文献、实物、模型、图表等200多件。

【杨粲墓】

位于贵州省遵义县永安皇坟嘴。是南宋播州沿边安抚使杨粲夫妇的合葬墓,建于南宋理宗淳祐年间(1241～1252年)。墓结构为平顶双室,由数百块白砂岩巨石砌成,面积50平方米。该墓的平面布局是南北两室并列,南室墓主是杨粲,北室墓主是其妻。两墓室结构大致相同,均由墓门、前室和后室三部分组成,后室之间有过道相通。杨粲墓最具特色的是墓室内外分布着内容丰富、技艺精湛的石刻装饰,可分为人物、动物、花草、器物、图案5类。其中,有不同等级的人物雕像28尊,是研究宋代播州阶级关系和民族关系的重要实物标本;有许多构思巧妙、雕工精美的花草动物装饰,是体现宋代黔北少数民族石刻艺术的佳作;有6座壁龛,属仿木结构建筑,保存了丰富的古建筑实物资料;发掘出的两具铜鼓,被列为南方铜鼓发展史上的八大类型标准器之一。特别是男室铜鼓,由于鼓壁夹垫有字铜币,可以明确地判断年代,这在出土的铜鼓中实为罕见,价值尤大。杨粲墓室结构精巧、严谨,规模宏大,雕刻工艺精湛、内容丰富,被誉为"西南古代雕刻艺术宝库",有较高的观赏和科研价值。1982年国务院公布为第二批全国重点文物保护单位。

【青龙洞】

位于全国历史文化名城镇远城东中河山,是一组占地2.1公顷的古建筑群的统称。始建于明洪武二十一年(1388年),完善于清光绪三年(1877年),由青龙洞、紫阳书院、中元洞、万寿宫、祝圣桥和香炉岩6个部分、大小36个单体建筑物组成,集儒、道、佛多种文化于一身。该建筑群体依山而立,贴壁悬空。古代的能工巧匠们,依山势地形,巧妙地将建筑物修在崖上、洞口,利用洞穴空间修建殿阁下部,上层则逐渐缩小,并向崖外取得凌空的奇伟之势。有的楼台则直接伸出山外,下面由数十根巨杉撑持。连接建筑物的石径,或依山开凿,或补路砌基,都隐蔽于绿树丛中。各建筑物不论大小都依照体制,雕梁画栋,彩绘装饰。

整个建筑错落有致、造型奇特、工艺精湛,既体现了西南少数民族鲜明的建筑风格,又集纳了中原地区古建筑的传统技法,是贵州省规模最大的古建筑群,1982年列为省级文物保护单位,1988年国务院公布为第三批全国重点文物保护单位。

【增冲鼓楼】

鼓楼是侗寨的象征,主要是作为侗家聚众议事、长老处理纠纷、节日开展文娱活动的场所。以杉木作为建筑材料,所有构件有榫扣栓连,不施一钉一铆,造型如塔似阁,在我国古建筑种类中独树一帜。从江增冲鼓楼位于从江县增冲乡,建于清康熙十一年(1672年),至今保存完好,是黔东南自治州所有鼓楼中的佼佼者。楼高25米,13层,底层分立4根通柱、8根檐柱,外围栏杆,中央有圆形火塘,中部的叠楼是鼓楼的主体部分,楼檐有8个角,檐角下饰有龙、凤、鱼、虾等动物图案。上部是两层八檐八角的伞顶宝塔,名曰"干梗",工艺精细。顶悬一木鼓。鼓楼内现存清代石碑三通,对研究清代侗族社会历史有一定的参考价值。该楼1982年列为省级文物保护单位,1988年国务院公布为第三批全国重点文物保护单位。

【息烽集中营旧址】

是1937~1946年国民党关押共产党员和进步人士的一所秘密监狱,由设于息烽阳朗坝的本部和玄天洞囚禁处组成。本部在南北长236米、东西宽243米的控制范围内,设监狱8栋43间,牢房叫"斋房",分别以"忠、孝、仁、爱、信、义、和、平"八字命名,其中"义斋"为女监房。在这所监狱里,先后关押共产党人、进步人士1 200多人,罗世文、车耀先、张露萍、马寅初、杨虎城等都曾关在这里,数百名革命者在这里献出了宝贵的生命。为充分发挥息烽集中营旧址的爱国主义教育作用,1982年被列为省级文物保护单位,1988年国务院公布为第三批全国重点文物保护单位。1997年,贵州省和贵阳市将其列为省、市爱国主义教育基地(图47)。

【大屯土司庄园】

位于毕节市东北100千米的大屯乡大屯村,占地0.5公顷,始建于清康熙年间(1662~1722年),后经乾隆、道光至咸丰、清末到民国初年3次扩建增修,始具今天的规模。整个建筑分左、中、右三路主体建筑,设回廊相互贯通,庄园四周有高约2米的砖砌围墙,沿墙有6座8~12米的土筑碉堡。整个建筑具有独特的民族风格和浓郁的地方特色,是全国保存较为完整的彝族土司庄园之一。1982年列为省级文物保护单位,1988年国务院公布为第三批全国重点文物保护单位。

【奢香墓】

位于大方县城北(图138)。奢香(1361~1396年),水西(今贵州大方、黔西、织金一带)彝族女土司,明洪武十四年(1381年)袭贵州宣慰使职。在位期间,识大局,靖边乱,开驿道,修古桥,对沟通内地与边疆的经济文化交流,维护祖国统一,促进民族团结起了积极作用。洪武二十九年(1396年)病逝,明王朝遣使祭奠,赐"顺德夫人"谥号,在雾笼山麓洗马塘畔为其建墓,土封石围,立有墓碑,上镌"明顺德夫人奢香墓"。该墓几经沧桑,毁兴数次。1985年正式重建,采用须弥座九层石安砌,封土为圆形,墓高

3.45米,直径6米,立有墓碑,上以彝、汉文并刻墓主之名。奢香墓1982年列为省级文物保护单位,1988年国务院公布为第三批全国重点文物保护单位。

【穿洞遗址】

位于普定县城西面的新寨孤山上,是旧石器时代晚期遗址。1978年发现古人类活动的文化遗存,经多次发掘,先后出土石锤、石片、石砧、石核等1万余件,骨针、骨铲、骨叉、骨锥等1 000余件,哺乳动物化石2万余件,尤为重要的是出土了人类化石,包括头骨、颌骨、桡骨、胫骨、牙齿,还发现了灰烬层、灰堆、炭屑、烧骨、烧石等古人类用火遗迹。该遗址出土骨器数量多,加工技术精,在国内外均属罕见,具有重要的考古研究价值和极高的学术地位,为研究贵州原始社会提供了丰富的实物标本。1982年列为省级文物保护单位,1988年国务院公布为第三批全国重点文物保护单位。

【大洞遗址】

位于盘县珠东乡十里坪村,为旧石器时代洞穴遗址,是一个发育于厚层灰岩中的巨大溶洞。洞口宽55米,高约40米,主洞长1 600米。进洞即为大厅,长220米,平均宽约30米,洞口因其大而得名大洞。该洞穴遗址于1990年6月发现,从1991年11月起至1993年止,共出土石制品2 000多件,动物化石标本近2万件(内含7目43种哺乳动物),人牙化石2颗及大量的烧骨、炭骨等。该遗址的文化遗物和原始生活面积保存了弃置时的状态,洞内第四纪堆积物丰厚,保存完好,且堆积物含有的人类遗物、遗迹和共生的动物化石极其丰富,是目前我国乃至世界已知的、堆积规模最大的古人类洞穴遗址,也是贵州最古老的洞穴遗址。它的发掘对研究远古时代东西方文化的交流传播、古人类迁徙、恢复古人类生活原貌有重要价值。在1993年中国十大考古新发现评选中名列榜首。1996年国务院公布为第四批全国重点文物保护单位。

【黔西观音洞遗址】

位于黔西县沙井乡井山村。是迄今为止我国南方发现的最大的可与北京猿人文化相媲美的旧石器时代早期文化遗址。主洞长90米,宽2～4米,高2～8米,洞内又分南北两个支洞,洞穴堆积物厚达9米,分为上、下两部分,延续时代约从距今20万年至4万年左右。已经发现石制品近4 000件,石器的原料、制作与类型组合都具有鲜明的地方特色,反映了西南地区旧石器时代文化发展的特点。已发现的哺乳动物化石有23种,与早期人类的狩猎活动密切相关。这些发现对于研究中国旧石器的起源和发展,研究华南旧石器时代早期的人类活动,探讨贵州远古文化具有重要的意义。1982年列为省级文物保护单位,2001年国务院公布为第五批全国重点文物保护单位。

【可乐遗址】

位于赫章县可乐乡及附近的水营、桥边、柳家沟、祖家老包、黎树林等处。自20世纪50年代以来,已陆续发现了大量战国秦汉时期遗址及墓葬,占地350公顷。柳家沟遗址1978年试掘,出土石制品37件,陶器除纺轮外,均为残件。可乐墓群20世纪70年代末清理出战国墓、两汉墓、六朝墓200余座,均为小型竖穴土坑墓,其中近20座战国墓葬俗奇特,出土文物1 000多件,包括大量地方色彩浓郁的器物。2000年,贵州考古工作者在可乐乡罗德成地发掘出108座夜郎墓葬,这些墓葬中半数以上相互叠压或互相打破,这在贵州尚无先例。埋葬方式复杂多样。出土陶、铜、铁、石、烧料等器物540多件,这是解放以来贵州夜郎考古发现出土随葬品最丰富的一次,仅兵器就有约50件。它们为探索贵州夜郎地区青铜文化不同地区间的相互联系及研究夜郎文化提供了难得的实物资料。贵州赫章可乐墓葬遗址列为2001全国十大考古新发现之一。2001年6月国务院公布为第五批全国重点文物保护单位。

【天台山伍龙寺】
位于平坝县天龙镇天台山上。该寺始建于明万历十八年(1590年),后经明崇祯和清康熙、嘉庆、道光至民国二十六年(1937年)多次增修、扩建,形成有两道山门、两重庙门、正殿、大殿、藏经楼、天街、吟风亭、粮仓等,占地0.12公顷的城堡式建筑群。该建筑群布局谨严,设计巧妙,上下层叠,错落有致。具有军事建筑特色,易守难攻。寺踞孤山悬崖之巅,地形险要。山墙多用山石堆砌,结实坚固,窗户小而少。藏经楼后的仓库,俨然是座石碉楼。后院巧建石垣墙,墙上砌有坚固的城垛。1985年列为省级文物保护单位,2001年国务院公布为第五批全国重点文物保护单位。

【石阡万寿宫】
位于石阡县汤山镇平街336号。始建于明万历初年(1573年),后经清康熙、雍正、乾隆年间多次重修改建。现存建筑建于乾隆三十二年(1767年),为江西来石阡定居的吉安、临江、南昌、抚州、瑞州五府客商捐资所建,又称江西会馆或豫章会馆。由山门、戏楼和三进宫院组成,占地0.38公顷。山门和各进宫门均以砖砌,呈牌楼状。宫门山墙均有雕像,造型美观。戏楼飞檐翘角,绘有历史故事及各种吉祥图案。万寿宫在石阡同类建筑中具有规模大、工艺精的特点。1985年列为省级文物保护单位,2001年国务院公布为第五批全国重点文物保护单位。

【云山屯古建筑群】
位于安顺市西秀区七眼桥镇东南,包括云山屯和本寨。是明王朝在贵州推行卫所制度的历史见证,是一处保存较完整的军屯村寨。始建于明洪武年间(1368~1398年),后经多次重建和增修。云山屯坐落在云鹫山北麓峡谷,占地面积15.40公顷,原有东、南两道屯门,现存东门,用巨石垒砌而成。屯墙全长1 000米,上有炮眼、垛口,各处制高点还有众多的哨棚;进入寨内后,屯堡一条街和许多小巷巧妙地与民居、商店等相连接,形成了攻防相济的通道。本寨尚存寨门1座,有寨墙。这里的民居大多采用穿斗木构架结构,各户自成院落,周边有坚固的石墙围护,有的院落还建有碉楼。房屋的板壁、支柱、门、窗等均有镂雕花纹。整个建筑具有典型的政治、军事、历史背景,洋溢着浓郁的江南汉族文化。2001年国务院公布为第五批全国重点文物保护单位。

【福泉城墙】
位于福泉市城区内。福泉史称平越,始建于明洪武十四年(1381年),洪武二十四年(1391年)改建石城,辟有东南西北四门。成化二年（1466年），鉴于过去城围缺水，在西门外加建水城，将河水引入城内，并辟小西门与之相连。万历三十一年（1603年）于水城外再筑外城，将河水围于城内。河水出入城墙处砌成石拱桥，桥上有城墙，可防守，桥身为拱洞，桥下以铁栅栏围护，使其断行不断流，构思十分巧妙，墙垣走向也灵活多变，依山势而建，略呈椭圆状。福泉古城垣保存了较为完整的明代格局，具有很高的历史与文物价值。1982年列为省级文物保护单位，2001年国务院公布为第五批全国重点文物保护单位。

【朗德上寨古建筑群】

位于黔东南自治州雷山县朗德镇朗德上寨苗族自然寨，始建于元末清初，总占地约7公顷。村民背山面水落寨，依山就势建房，现有民居118座。木质结构的吊脚楼从山脚修到山腰，鳞次栉比，错落有致。寨中道路、院坝及各户门庭，都用鹅卵石或青石镶砌铺就。寨中有两个铜鼓、芦笙场。场子模仿铜鼓鼓面太阳纹的图案，以青褐色鹅卵石和料石铺砌成12道光芒，朝着12个方向。该寨民居均为杆栏式吊脚楼，一般面阔3间，上下3层。底层用以关牛猪、安碓磨。中层是全家活动的中心。这一层，半虚半实，靠里地面部分，砌炉灶、挖火塘；靠外的楼板部分为卧室，建廊供小憩。几乎所有堂屋外廊上都安有"美人靠"的曲木栏杆。第三层楼上，放些不常使用的物品。2001年国务院公布为第五批全国重点文物保护单位。

【海龙屯】

又名龙岩屯，距遵义市20多千米，居于龙岩山上，孤峰入云，四面陡峭，山后仅有一小径可以登攀。始建于1257年，是播州杨氏土司的驻军要塞，我国仅存的中世纪军事城堡遗址。屯由外城、内城构成，上筑铜柱关、铁柱关、飞龙关、飞虎关、朝天关、万安关、西关、后关、飞凤关等9关，各关均以巨石垒砌，建于悬崖之巅。现各关隘和城墙都有不同程度的损毁，屯顶正中有一巨型石榻，为末代土司杨应龙议事的宝座，也已镌龙剥落，没于荒草丛中。屯上古迹现在尚存的有火药池、金银库、绣花楼、水牢、校场坝等遗址。杨应龙于万历二十四年（1596年）所立的严禁碑，内容丰富，叙事详尽，是研究西南地区土司制度及关隘设施的重要文物资料。1982年列为省级文物保护单位，2001年国务院公布为第五批全国重点文物保护单位。

【地坪风雨桥】

又称地坪花桥，在黎平县南地坪寨与甘龙之间的南江河上。该桥始建于清光绪二十年（1894年），历经沧桑，1981年维修后完整如新。长56米，宽4.6米，高距正常水位10.75米。河中立一石墩，桥身为木质结构，由每排4根柱子穿枋成排，再用穿枋将各排串联成一体，构成稳重的桥梁整体。桥面两侧设走廊，桥的两端及正中各建密檐式阁楼一座，中楼为五重檐四角攒尖顶，通高11.4米，顶部安置一葫芦宝顶，另两座为四重檐歇山顶，通高7.8米。桥楼翼角都装有套兽，顶脊彩塑鸳鸯、鸾凤、双龙抢宝，廊壁绘有历史人物故事及山水花鸟，金柱和天花板分别绘青龙、白鹤、凤凰等。整个桥除河中石墩外，建筑材料全用杉木，不施一钉一铆，均以榫接插枋相接，严丝无缝，布局严谨，装饰精美，是侗族建筑艺术的瑰宝,1982年被列为省级文物保护单位,2001年国务院公布为第五批全国重点文物保护单位。

【安顺文庙】

又称学宫,位于安顺市东北,占地0.8公顷,是一座规模宏大、布局严谨的古建筑群(图81)。始建于明洪武元年(1368年),经明清两代几度修葺和增建,逐渐趋于完备。整个建筑群由17个重要建筑组成,分为4个庭院,依次建在层层递进的5个石基上。现第四个庭院不复存在,其余3个基本完好。第一庭院内有畔池、畔池桥、棂星门;第二庭院现存桂香阁、大成门(又称戟门)等,大成门明间有一对大可合抱、高3米的巨大楹柱,是整石深浮雕式盘龙石柱,柱础石狮。狮首相对,龙身腾跃,气势非凡。第三庭院有文庙的主体建筑大成殿,殿前明间檐下有两根檐柱,是由两块巨石透雕镂成的盘龙大柱,柱础为石狮,柱高近5米,工艺精湛。它们与大成门外的那两根石龙柱,同被誉为"文庙四大石雕瑰宝"。1982年被列为省级文物保护单位,2001年国务院公布为第五批全国重点文物保护单位。

Ⅲ 产业产品发展信息

一、第一产业

【第一产业概述】

全省从业人员总数 2 068.01 万人中,从事第一产业的有 1 692.33 万人,占 81.83%。2001 年第一产业的国内生产总值为 274.17 亿元,占全省国内生产总值的 25.27%,占全国第一产业的国内生产总值的 1.88%。农林牧渔业总产值 418.61 亿元,其中,种植业 279.95 亿元,占 66.88%;林业 15.08 亿元,占 3.60%;牧业 118.46 亿元,占 28.29%;渔业 5.31 亿元,占 1.27%;种植业和畜牧业占第一产业的 95.17%。主要产品有粮食、油料、蔬菜、烤烟、水果、茶叶、中药材、肉类、奶类、禽蛋类、水产品、干果、木材等。农林牧渔业总产值以地区分依高低顺次排列为:遵义、毕节、铜仁、黔东南、黔南、黔西南、贵阳、安顺、六盘水。农林牧渔业就业人数以地区分依高低顺次排列为:毕节、遵义、黔东南、黔南、铜仁、黔西南、安顺、六盘水、贵阳。农民人均纯收入依次为:贵阳 2 229 元,遵义 1 744 元,黔西南 1 406 元,安顺 1 382 元,黔南 1 366 元,六盘水 1 361 元,黔东南 1 326 元,铜仁 1 306 元,毕节 1 292 元。在种植业中,中药材以及小宗特色农产品的种植面积正在迅速扩大,将成为若干有市场竞争力的特色产业。随着农业产业结构的调整,在农林牧渔业总产值中,种植业所占的比例在逐步下降,畜牧业和渔业所占的比例在逐步上升。

(一)各市州地第一产业

【贵阳市第一产业】

贵阳市既是一个以工业和第三产业为主的新兴大城市,又是一个农业相对发达的区域,但第一产业在国民经济组成中所占的比重很小。2001 年农业就业人数 78.57 万人,占全省农业就业人数的 4.64%;第一产业国内生产总值 250 919 万元,占本市国内生产总值的 8.29%,占全省第一产业国内生产总值的 0.91%。贵阳市的第一产业以种植业和畜牧业为主体,渔业产值很少,林业经营的方式已经由获取经济效益为目的转向了获取生态效益为目的。在农业总产值 389 659 万元中,种植业 237 175 万元、林业 769 万元、牧业 137 845 万元、渔业 7 870 万元,分别占 60.87%、0.2%、35.38% 和 2.02%。

【六盘水市第一产业】

2001 年农业就业人数 93.21 万人,占全省农业就业人数的 5.51%;第一产业国内生产总值 139 517 万元,占本市国内生产总值的 15.35%,占全省第一产业国内生产总值的 5.11%。第一产业以种植业为主体,牧业欠发展,林业所占比重很小,渔业产值少。在农业总产值207 819万元中,种植业144 329万元、林业4 882万元、牧业58 396万元、渔业212万元,分别占69.45%、2.35%、28.10%和0.10%。

【遵义市第一产业】

2001年农业就业人数257.28万人,占全省农业就业人数的15.20%;第一产业国内生产总值826 653万元,占本市国内生产总值的32.71%,占全省第一产业国内生产总值的30.29%。第一产业以种植业和畜牧业为主体,林业产值很少,渔业不发达。在农业总产值1 277 528万元中,种植业805 502万元、林业41 670万元、牧业418 512万元、渔业11 844万元,分别占63.05%、3.27%、32.76%和0.93%。

【安顺市第一产业】

2001年农业就业人数96.72万人,占全省农业就业人数的5.72%;第一产业国内生产总值189 223万元,占本市国内生产总值的29.80%,占全省第一产业国内生产总值的6.93%。第一产业以种植业和畜牧业为主体,渔业和林业的产值很少。在农业总产值265 904万元中,种植业168 792万元、林业10 009万元、牧业84 519万元、渔业2 484万元,分别占63.50%、3.77%、31.80%和0.94%。

【黔南自治州第一产业】

2001年农业就业人数148.63万人,占全省农业就业人数的8.78%;第一产业国内生产总值357 364万元,占本州国内生产总值的33.64%,占全省第一产业国内生产总值的13.03%。第一产业以种植业和畜牧业为主体,渔业产值很少,林业的地位也很重要。在农业总产值545 443万元中,种植业345 875万元、林业34 590万元、牧业161 282万元、渔业3 696万元,分别占63.41%、6.34%、29.57%和0.73%。

【黔东南自治州第一产业】

2001年农业就业人数161.10万人,占全省农业就业人数的9.52%;第一产业国内生产总值356 926万元,占本州国内生产总值的41.54%,占全省第一产业国内生产总值的13.03%。第一产业以种植业和畜牧业为主体,林业和渔业均是本州的重要支柱产业,在全省也相对较发达,是全州国民经济的重要组成部分。在农业总产值560 466万元中,种植业364 865万元、林业25 753万元、牧业153 247万元、渔业16 601万元,分别占65.10%、4.59%、27.34%和2.96%。

【黔西南自治州第一产业】

2001年农业就业人数122.23万人,占全省农业就业人数的7.22%;第一产业国内生产总值228 981万元,占本州国内生产总值的34.07%,占全省第一产业国内生产总值的8.36%。第一产业以种植业和畜牧业为主体,渔业产值很少,林业是重要的支柱产业。在农业总产值393 934万元中,种植业233 639万元、林业19 061万元、牧业137 913万元、渔业3 321万元,分别占59.31%、4.84%、35.01%和0.84%。

【铜仁地区第一产业】

2001年农业就业人数146.42万人,占全省农业就业人数的8.65%;第一产业国内生产总值384 462万元,占本地区国内生产总值的57.15%,占全省第一产业国内生产总值的13.87%。第一产业以种植业和畜牧业为主体,渔业和林业的产值都很少。在农业总产值600 625万元中,种植业392 976万元、林业16 259万元、牧业181 735万元、渔业9 682万元,分别占65.25%、2.71%、30.26%和1.61%。

【毕节地区第一产业】

2001年农业就业人数264.12万人,占全省农业就业人数的15.61%;第一产业国内生产总值542 246万元,占本地区国内生产总值的42.64%,占全省第一产业国内生产总值的19.71%。第一产业以种植业和畜牧业为主体,两者占第一产业的98.35%。在农业总产值839 316万元中,种植业573 633万元、林业11 970万元、牧业251 750万元、渔业1 803万元,分别占68.35%、1.43%、30.00%和0.22%。

(二)种植业

【种植业概述】

全省现有耕地总面积369.20万公顷,其中稻田115.20万公顷,占31.20%,旱地254.00万公顷,占68.80%。农作物主要有水稻、玉米、小麦等粮食作物和油、烟、茶、桑、蔬菜等经济作物。在种植业主要区域黔中地区(含贵阳市、安顺市全境、遵义市大部、毕节地区东南部、黔南自治州北部、黔东南自治州西部、铜仁地区西部),主要是一年两熟;省的南部低热河谷地带和北部、东部低热河谷地带主要是一年三熟;其余地区为一年两熟。农作物的熟制主要有:以水稻、小麦、油菜为主的一年两熟作物组合,双季稻一年两熟作物组合,以水稻、烤烟为主的一年两熟作物组合,以玉米、油菜、小麦、豆类为主的一年两熟作物组合,以烤烟、油菜、小麦为主的一年两熟作物组合以及水稻一年一熟作物组合,以荞麦、马铃薯、玉米为主的一年一熟作物组合,以宿根、甘蔗为主的全年生作物组合,等等。2001年的主要农产品产量为:粮食1 100.30万吨,油料作物71.32万吨,烤烟26.38万吨,茶叶1.85万吨,蚕茧1 200吨,水果62.93万吨,蔬菜(仅贵阳、六盘水、遵义、安顺4市合计)288.64万吨。全省9个市、州、地中,以遵义市、毕节地区、黔南自治州、铜仁地区、贵阳市、黔东南自治州为主要种植业区,其中尤以遵义地区种植业相对发达。从贵州省的实际情况出发,今后的发展方向和目标主要是:进一步调整种植业结构,在力保全省粮食人均300千克的前提下,根据市场需要,大力发展特色农业产品。

【贵阳市种植业】

现有耕地面积21.03万公顷,占全省的5.70%;其中稻田占34.76%,旱地占65.24%。种植业以粮、油、蔬菜为主。2001年,主要农产品总产量和在全省所占的比重为:粮食58.56万吨,占5.32%;油菜籽5.22万吨,占8.22%;烤烟1.37万吨,占5.19%;茶叶0.14万吨,占7.57%;水果5.53万吨,占8.84%。现阶段的耕作制度主要是一年一熟、一年两熟。今后的发展方向和目标是:紧跟贵阳市城市发展所带动的新的市场需求,随时快速调整种植业结构,市场需要什么农产品就生产什么样的农产品。特别是要大力发展设施农业生产,利用设施大力发展蔬菜产业。

【六盘水市种植业】

现有耕地总面积33.98公顷,占全省的9.20%;其中稻田占13.21%,旱地占86.79%。全市主要种植业产品有玉米、水稻、小麦、洋芋、烤烟、油茶、花生、生姜等。2001年,主要农产品总产量和在全省所占的比重为:粮食72.57万吨,占6.6%;油菜籽0.55万吨,占0.87%;烤烟0.82万吨,占3.11%;茶叶0.03万吨,占1.62%;水果1.57万吨,占2.49%。现阶段的耕作制度主要是一年一熟,有少部分地域一年两熟。今后的发展方向和目标是:按照六盘水市农业资源和农村经济的特点,在绝不放松粮食生产的同时,积极发展多种经营。

【遵义市种植业】

现有耕地总面积68.48万公顷,占全省的18.55%;其中稻田占40.64%,旱地占9.36%。是以粮、油、烟为主的种植业区和全省最大的农产品生产区,素有"黔北粮仓"之称。主产粮、油、烟、茶、桑以及蔬菜等农产品,并已建立了相应的商品生产基地。粮、油、烟基地主要布局在遵义、绥阳、湄潭、凤冈、余庆、桐梓等县,其中,遵义、绥阳、凤冈是国家级粮、油基地县,遵义、绥阳、湄潭是优质出口烟基地县,遵义、湄潭、凤冈是茶叶基地县。在全市范围内有乡镇为单位的成片蚕桑和水果基地。油桐基地主要布局在桐梓、绥阳、余庆、正安、道真等县;乌桕基地重点布局在务川、正安、道真3个县;杜仲基地主要布局在红花岗区以及遵义、桐梓、绥阳、湄潭、凤冈、务川等县;五倍子基地主要布局在遵义、湄潭、桐梓、正安、余庆、务川、绥阳等县。这些商品生产基地的建立,使农业生产向着基地化、商品化、专业化、区域化方向发展,获得稳定增产。2001年,主要农产品总产量和在全省所占的比重为:粮食284.3万吨,占25.84%;油菜籽22.68万吨,占35.73%;烤烟7.52万吨,占28.51%;茶叶0.72万吨,占38.92%;水果12.02万吨,占19.10%;杜仲、黄连、天麻、石斛、吴茱萸等五大名贵中药材常年收购量占全省的25%左右。复种指数为224%,现阶段的耕作制度主要是一年一熟、一年两熟,部分地域一年三熟。今后的发展方向和目标是:建成贵州省粮食、油菜籽、烤烟、茶叶和中药材主要生产基地。

【安顺市种植业】

现有耕地总面积26.98万公顷,占全省的7.31%;其中稻田占34.40%,旱地占65.60%。是以粮、油为主的种植业区。现已在西秀区和平坝县建立了粮、油、茶商品生产基地。2001年,主要农产品总产量和在全省所占的比重为:粮食77.54万吨,占7.05%;油菜籽7.07万吨,占11.13%;烤烟0.60万吨,占2.27%;茶叶0.13万吨,占7.03%;水果3.26万吨,占5.18%。复种指数为223%,现阶段的耕作制度主要是一年一熟、一年两熟,有少部分地域一年三熟。今后的发展方向和目标是:建成贵州省粮食、油菜籽、茶叶和蔬菜主要生产基地;并重点利用"贵州旅游业中心"的地位,大力发展各种小宗特色农产品的商品性生产。

【黔南自治州种植业】

现有耕地总面积31.74万公顷,占全省的8.60%;其中稻田占51.45%,旱地占48.55%。气候条件比较优越,适宜多种农作物和林果及牧草生长,特别是南部罗甸、荔波、三都等县,热量极为丰富,被称为"冬季温室"。罗甸、平塘等县已利用热量资源优势,大规模发展早熟蔬菜生产。都匀毛尖茶荣获全国十大名茶称号;贵定特级云雾茶荣获1993年中国农业博览会优良产品奖;瓮安贵山茶场生产的"保肝济民茶"荣获1993年春季美国加州国际博览会金奖。2001年,主要农产品总产量和在全省所占的比重为:粮食118.55万吨,占10.77%;油菜籽6.86万吨,占10.81%;烤烟2.27万吨,占8.61%;茶叶0.19万吨,占10.27%;水果6.00万吨,占9.53%。今后的发展方向和目标是:大力发展粮食、茶叶、蔬菜、水果等。

【黔东南自治州种植业】

现有耕地总面积25.48万公顷,占全省的6.90%;其中稻田占66.25%,旱地占33.75%。是贵州主要稻田分布区,稻田面积占全省的1/6左右。2001年,主要农产品总产量和在全省所占的比重为:粮食134.24万吨,占12.20%;油菜籽5.87万吨,占9.25%;烤烟0.99万吨,占3.75%;茶叶0.98万吨,占10.27%;水果16.20万吨,占25.74%。今后的发展方向和目标是:在发展传统农作物商品生产的同时,大力发展优质大米、西瓜、优质水果和中药材生产。

【黔西南自治州种植业】

现有耕地总面积31.36万公顷,占全省的8.49%;其中稻田占27.20%,旱地占72.80%。粮食、烟草、甘蔗、茶叶、亚热带水果、早熟蔬菜、芭蕉芋、香料、薏仁米等是主要产品。2001年,主要农产品总产量和在全省所占的比重为:粮食100.21万吨,占9.11%;油菜籽1.85万吨,占2.91%;烤烟1.79万吨,占6.79%;茶叶0.29万吨,占10.81%;水果7.55万吨,占12.00%。今后的发展方向和目标是:在发展粮食、茶叶、蔬菜等传统种植业产品的同时,大力发展亚热带水果、早熟蔬菜、芭蕉芋、香料、薏仁米等特色农产品,建成全省最大的芭蕉芋、花椒、薏仁米生产基地。

【铜仁地区种植业】

现有耕地总面积28.27万公顷,占全省的7.66%;其中稻田占56.56%,旱地占43.44%。是贵州粮食、油菜、花生、烤烟、茶叶、蚕桑等主要产区。2001年,主要农产品总产量和在全省所占的比重为:粮食129.91万吨,占11.81%;油菜籽6.78万吨,占10.68%;烤烟2.92万吨,占11.07%;茶叶0.18万吨,占9.73%;水果6.00万吨,占9.53%。今后的发展方向和目标是:在发展传统农作物商品生产的同时,集中力量建成全省最大的"铜仁花生"等特色农产品生产基地。

【毕节地区种植业】

现有耕地总面积101.89万公顷,占全省的27.60%;其中稻田占8.40%,旱地占91.60%。主要种植业产品有玉米、水稻、小麦、洋芋、烤烟以及许多名、特、优、稀土特产品。2001年,主要农产品总产量和在全省所占的比重为:粮食217.67万吨,占19.78%;油菜籽6.59万吨,占10.38%;烤烟8.37万吨,占31.73%;茶叶0.07万吨,占3.78%;水果4.80万吨,占7.63%。今后的发展方向和目标是:在发展传统农作物商品生产的同时,集中力量建成全省最大的马铃薯、荞麦和夏秋反季节蔬菜生产基地。

(三)林业

【林业概述】

因为生态环境保护与建设的需要,在近些年来,全省林业产业的发展有了新的变化,木材的采伐受到了严格的控制和管理。2001年全省的林业总产值15.08亿元,占农林牧渔业总产值的3.6%。森林覆盖率得到很大的提高。全省森林覆盖率已达到30.43%,比1995年上升了5.33个百分点。全省林业用地8 780 558公顷,其中有林地5 360 897公顷,疏林地474 926公顷,灌木林地1 343 657公顷,未成林地304 993公顷,无林地1 280 415公顷,其他林地15 669公顷,分别占林业用地面积的61.1%、5.4%、15.3%、3.5%、14.6%和0.2%。在全省的5 360 897公顷有林地中,生态公益林为3 773 550公顷、占70.4%,商品林为1 587 347公顷、占29.6%。全省近熟、成熟、过熟林面积为896 142公顷,占林分总面积的18.5%;在商品林中近熟、成熟、过熟林面积占17.4%(占林分总面积的4.7%)。林种结构已初步得到调整,更加体现了森林的多功能与多效益。在林种结构上,多年来对以杉、松为代表的针叶林经营比较重视,而对阔叶林重采轻育,过度开发,导致大多数阔叶林的林分状态不佳。在今后相当长的时期内,因为生态环境建设的需要,全省将进一步加大天然林保护、植树造林、封山育林的力度。并在生态环境得到合理保护和优化的前提下,使森林工业和林果业得到长足发展。

【贵阳市林业】

现有森林覆盖率34.71%。全市林业用地326 775公顷,其中有林地208 737公顷,疏林地10 018公顷,灌木林地70 095公顷,未成林地7 859公顷,无林地30 028公顷,其他林地39公顷,分别占林业用地面积的63.88%、3.07%、1.45%、2.40%、9.19%和0.01%。2001年总产值(现价)6 769万元,占全省的4.0%。

【六盘水市林业】

现有森林覆盖率24.69%。全市林业用地403 665公顷,其中有林地133 146公顷,疏林地1 948公顷,灌木林地111 586公顷,未成林地32 360公顷,无林地124 625公顷。2001年总产值(现价)4 882万元,占全省的2.9%。

【遵义市林业】

现有森林覆盖率38.06%。全市林业用地1 484 788公顷,其中有林地959 165公顷,疏林地59 500公顷,灌木林地215 450公顷,未成林地29 084公顷,无林地221 523公顷,其他林地66公顷。2001年总产值(现价)41 670万元,占全省的24.4%。

【安顺市林业】

全市的林业用地330 226公顷,其中有林地158 986公顷,疏林地2 677公顷,灌木林地83 567公顷,未成林地5 264公顷,无林地79 732公顷。2001年总产值(现价)10 009万元,占全省的5.9%。

【黔南自治州林业】

现有森林覆盖率44.82%。全州林业用地873 126公顷,其中有林地500 022公顷,疏林地44 864公顷,灌木林地196 784公顷,未成林地13 638公顷,无林地117 795公顷,其他林地22公顷。2001

年总产值(现价)34 590万元,占全省的20.2%。

【黔东南自治州林业】

现有森林覆盖率54.69%。全州林业用地2 142 399公顷,其中有林地1 544 397公顷,疏林地221 026公顷,灌木林地114 676公顷,未成林地103 854公顷,无林地146 582公顷,其他林地为11 865公顷。2001年总产值(现价)25 753万元,占全省的15.1%。

【黔西南自治州林业】

现有森林覆盖率35.04%。全州林业用地832 876公顷,其中有林地434 962公顷,疏林地48 217公顷,灌木林地153 870公顷,未成林地44 769公顷,无林地147 802公顷,其他林地3 257公顷。2001年总产值(现价)19 061万元,占全省的11.2%。

【毕节地区林业】

现有森林覆盖率29.56%。全地区林业用地1 023 623公顷,其中有林地526 927公顷,疏林地21 365公顷,灌木林地266 776公顷,未成林地24 170公顷,无林地184 322公顷,其他林地63公顷。2001年总产值(现价)11 970万元,占全省的7.0%。

【铜仁地区林业】

现有森林覆盖率35.65%。全地区林业用地875 864公顷,其中有林地596 412公顷,疏林地37 310公顷,灌木林地45 306公顷,未成林地23 810公顷,无林地173 027公顷。2001年总产值(现价)16 259万元,占全省的9.5%。

(四)牧业、渔业

【牧业概述】

贵州省的牧业是以饲养业为主体的大产业。除在少数地区以放牧为主外,全省绝大部分地区是以圈养猪、牛、羊及家禽为主。2001年,全省肉猪出栏1 230万头,出售和自宰的肉用牛56万头,出售和自宰的肉用羊179万头;肉类总产量132万吨,其中猪肉111万吨,牛肉8万吨,羊肉4万吨,禽肉8万吨;牛奶2万吨,蜂蜜0.14万吨,禽蛋7万吨。畜牧业总产值118.46亿元,占全省农林牧渔业总产值的28.28%。其中大牲畜产值14.4亿元,占畜牧业总产值的12.16%;猪84.39亿元,占71.24%;羊2.79亿元,占2.36%;家禽9.31亿元,占7.86%;其他动物7.58亿元,占6.40%。全省牧业的商品率达到59.4%,其中大牲畜达46%,猪达55.1%,羊达75.2%,家禽达68.6%,活畜禽产品达65%,其他动物和产品达62.3%。

【贵阳市牧业】

2001年,全市牧业总产值为137 845万元,占全市农林牧渔业总产值的35.38%,占全省牧业总产值的11.6%。年出栏猪118.18万头,牛4.42万头,羊5.41万头;年存栏猪119.15万头,牛37.19万头,羊7.06万头;年产肉类总量12.7万吨,其中猪肉10.87万吨,牛肉0.52万吨;年产禽蛋1.05万吨。

【六盘水市牧业】

2001年,全市牧业总产值为58 396万元,占全市农林牧渔业总产值的28.1%,占全省牧业总产值的3.68%。

年出栏猪 53.64 万头,牛 3.91 万头,羊 7.01 万头;年存栏猪 92.86 万头,牛 36.12 万头,羊 21.3 万头;年产肉类总量 5.92 万吨,其中猪肉 5.24 万吨,牛肉 0.29 万吨;年产禽蛋 0.29 万吨。

【遵义市牧业】

2001 年,全市牧业总产值为 418 512 万元,占全市农林牧渔业总产值的 32.76%,占全省牧业总产值的 26.40%。年出栏猪 399.17 万头,牛 19.63 万头,羊 61.94 万头;年存栏猪 470.51 万头,牛 126.15 万头,羊 102.99 万头;年产肉类总量 40.15 万吨,其中猪肉 34.96 万吨,牛肉 2.15 万吨;年产禽蛋 2.31 万吨。

【安顺市牧业】

2001 年全市牧业总产值为 84 519 万元,占全市农林牧渔业总产值的 31.8%,占全省牧业总产值的 3.06%。年出栏猪 66.41 万头,牛 5.6 万头,羊 2.23 万头;年存栏猪 91.84 万头,牛 56.6 万头,羊 6.01 万头;年产肉类总量 7.41 万吨,其中猪肉 6.13 万吨,牛肉 0.55 万吨;年产禽蛋 0.58 万吨。

【黔南自治州牧业】

2001 年,全州牧业总产值为 161 282 万元,占全州农林牧渔业总产值的 29.57%,占全省牧业总产值的 10.17%。年出栏猪 143.99 万头,牛 11.55 万头,羊 11.48 万头;年存栏猪 187.72 万头,牛 100.63 万头,羊 19.5 万头;年产肉类总量 14.22 万吨,其中猪肉 12.3 万吨,牛肉 1.04 万吨;年产禽蛋 0.52 万吨。

【黔东南自治州牧业】

2001 年,全州牧业总产值为 153 247 万元,占全州农林牧渔业总产值的 27.34%,占全省牧业总产值的 9.67%。年出栏猪 169.88 万头,牛 20.37 万头,羊 27.56 万头;年存栏猪 239.87 万头,牛 121.11 万头,羊 54.24 万头;年产肉类总量 15.83 万吨,其中猪肉 12.59 万吨,牛肉 1.74 万吨;年产禽蛋 0.49 万吨。

【黔西南自治州牧业】

2001 年,全州牧业总产值为 137 913 万元,占全州农林牧渔业总产值的 35.01%,占全省牧业总产值的 8.7%。年出栏猪 139.72 万头,牛 12.62 万头,羊 12.1 万头;年存栏猪 158 万头,牛 87.96 万头,羊 22.88 万头;年产肉类总量 14.59 万吨,其中猪肉 11.92 万吨,牛肉 1.27 万吨;年产禽蛋 1.24 万吨。

【铜仁地区牧业】

2001 年,全地区牧业总产值为 181 735 万元,占全地区农林牧渔业总产值的 30.26%,占全省牧业总产值的 11.47%。年出栏猪 181.46 万头,牛 12.91 万头,羊 75.24 万头;年存栏猪 232.03 万头,牛 77.6 万头,羊 92.61 万头;年产肉类总量 19.14 万吨,其中猪肉 16.09 万吨,牛肉 1.32 万吨;年产禽蛋 1.19 万吨。

【毕节地区牧业】

2001 年,全地区牧业总产值为 251 750 万元,占全地区农林牧渔业总产值的 29.99%,占全省牧业总产值的 15.88%。年出栏猪 235.5 万头,牛 15.17 万头,羊 32.31 万头;年存栏猪 336.4 万头,牛 114.32 万头,羊 70.82 万头;年产肉类总量 26.83 万吨,其中猪肉 24.43 万吨,牛肉 1.28 万吨;年产禽蛋 1.73 万吨。

【渔业概述】

2001 年全省渔业总产值(现价) 57 513 万元,占农林牧渔业总产值(现价）的1.1％。其中,贵阳市7 870万元,六盘水市212万元,遵义市11 844万元,安顺市2 484万元,黔南自治州3 696万元,黔东南自治州16 601万元,黔西南自治州3 321万元,毕节地区1 803万元,铜仁地区9 682万元。

二、第二产业

【工业概述】

贵州省工业已形成门类比较齐全、设备和技术比较先进、产品水平较高、具有一定研究开发能力和相当生产规模的产业基础。能源工业、原材料工业、机械电子工业、轻纺食品工业、建筑材料工业、中医药业和建筑业已成为全省国民经济的支柱产业。现有工业包括37个门类,200多个行业。主要分布于川黔、贵昆、湘黔、黔桂铁路干线两侧,以贵阳为中心,以遵义、安顺、六盘水、都匀、凯里等为主要增长点,民用工业军品工业相结合,以民用工业和重工业为主体。多年来,传统工业产品、优势产品、名牌产品稳定发展,质量不断提高,许多产品在省内国内及国际上获奖,新兴工业产品、高科技工业产品不断涌现,形成了一批拳头产品,卷烟、烤烟、白酒、原煤、磷、电解铝、铁合金、磨料、磨具等产品在全国占有重要地位,航空、航天、电子工业产品及低压电器、仪器仪表、汽车零部件等具有相当的技术优势。2000年全省完成工业总产值855.51亿元,实现工业增加值308.52亿元,比1995年增长64.75％。在工业增加值中,重工业完成增加值118.58亿元,比1995年增长8.5％;轻工业完成增加值77.46亿元,比1995年增长2.1％。2001年全省完成工业总产值952.44亿元,实现工业增加值335亿元,其中重工业完成增加值148.91亿元,轻工业完成增加值87.66亿元,分别比上年增长13.2％和10.2％。主要工业产品产量持续增长,其中轻工业中食品、医药制造以及重工业的建材、冶金、有色金属、化工等产品产量增长较快。"九五"期末与"八五"期末相比,发电量增长75％,钢材增长191.9％,铁合金增长49.2％,10种有色金属中铝增长52％,化工产品中磷矿石增长50.6％,化肥增长37.7％,水泥增长67％,轮胎外胎增长92.2％。"九五"期间,全省国有企业技术改造投资增速加快,累计完成技术改造投资317亿元,比"八五"期间增长1.5倍,年均增长19.2％。国有企业改革与发展取得重大进展,整体状况有了显著改善,到2000年末,全省已有53户国有大中型企业初步建立现代企业制度,贵州轮胎股份有限公司等8户工业企业成功上市,34户企业已完成兼并破产工作,14户企业经国务院批准实施债转股。"十五"期间及今后一个时期,贵州省工业将按照专业化分工协作和规模经济的原则,积极推进企业改组和工业结构优化,着力壮大特色产业。主要是巩固和提高"两烟一酒"支柱产业,加快电力工业发展,积极实施"西电东送";发展壮大原材料工业,努力增强整体竞争力,大力发展高新技术产业,加快把生物制药、特色食品培育成新的支柱产业。

(一)各市州地工业

【贵阳市工业】

贵阳是综合性城市,现已建成以食品、机械、化工、冶金、电子、轻纺、建材等为主的体系,共有32个工业行业大类,涌现出了一批具有一定竞争力的产业和企业。贵阳的铝工业是全国最大的生产基地之一,磷化工是全国的三大生产基地之一,精密光学仪器是全国三大生产基地之一,卷烟、磨料、磨具、轮胎、钎钢、汽车配件、中成药等是全国重点生产基地。2001年,全市工业企业有2万余户,规模以上工业企业587户,其中大型企业49户,中小型企业538户。规模以上工业总产值达258.85亿元,其中轻工业为90.23亿元,重工业为168.62亿元。全市有职工50.05万人,占全省职工人数的26.46%。全市工业拥有不少优势产品和名牌产品,铝、卷烟、磨料、磨具、刀刃具、钎钢、仪器仪表、数控轧辊磨床、液压挖掘机、柴油机、轴承、水泥、轮胎、橡胶配件、汽车配件等不仅在全国占有重要地位,而且在国际市场上也有一定的影响。2001年全市规模以上工业企业主要工业产品产量为:原煤390.52万吨,发电量914 116万千瓦小时,化肥20.79万吨,饮料酒2.82万吨,水泥222.1万吨。

【六盘水市工业】

六盘水市是贵州重要的能源、原材料工业基地。现有六枝工矿(集团)公司、盘江煤电(集团)有限公司、水城钢铁(集团)有限责任公司、水城矿业(集团)有限公司、水城发电厂、水城水泥股份公司、盘县发电厂、山城啤酒集团等大中型企业,已形成年产原煤2 000万吨、生铁120万吨、钢材100万吨、水泥125万吨、电力装机115万千瓦的生产能力。煤炭、电力、冶金、建材、化工、食品已成为全市的支柱产业,以核桃乳、矿泉水、富硒茶、生物制药为代表的系列绿色产业也有较快发展,并将成为六盘水的后续支柱产业。2001年,全市规模以上工业总产值达到65.44亿元,其中轻工业为2.64亿元,重工业为62.80亿元。全市有职工16.59万人,占全省职工人数的8.77%。规模以上工业企业主要工业产品产量为:原煤1 533.47万吨,发电量603 624万千瓦小时,化肥1.39万吨,饮料酒3.92万吨,水泥135.86万吨。

【遵义市工业】

已形成以锰、铝、钛为重点的冶金工业体系,以化肥、精细化工为重点的化学工业体系,以汽车及配件、高低压电器为重点的机械电子工业体系和以酿酒、卷烟、食品、造纸等为重点的轻工业体系。遵义已成为贵州省新兴的工业城市,一批企业和产品在省内国内有较高的知名度。拥有中国贵州茅台酒(集团)有限责任公司、中国江南航天工业集团公司、长征电器集团公司、贵州海尔电器公司、贵州赤天化集团、遵义铁合金厂、贵州钢绳厂、遵义钛厂等大型企业。驰名中外的茅台酒、董酒和珍酒、习酒等国家名优酒以及20多种部优、省优酒,为遵义赢得了"名酒之乡"的美誉。2001年,全市规模以上工业总产值达到121.90亿元,其中轻工业为55.85亿元,重工业为66.05亿元。全市有职工25.71万人,占全省职工人数的13.59%。规模以上工业企业主要工业产品产量为:原煤363.02万吨,发电量546 700万千瓦小时,化肥35.12万吨,饮料酒8.35万吨,水泥168.11万吨。

【安顺市工业】

已初步形成以汽车零部件为主的机械加工工业,以精细化工为方向的化学工业,以中药材开发为主的医药工业,以淀粉、名酒为主的食品工业,以民族民间传统产品为特色的旅游商品、服饰、家具、建材等支柱产业。工业门类轻重并举,拥有36个大类。生产的歼教七飞机、云雀轿车、奇强洗衣粉、贵府酒、金星王啤酒、派力防盗门、吡虫啉杀虫剂、洪福远蜡染工艺品等名优产品蜚声海内外。2001年,全市规模以上工业总产值达到51.44亿元,其中轻工业为10.64亿元,重工业为40.80亿元。全市有职工10.48万人,占全省职工人数的5.54%。规模以上工业企业主要工业产品产量为:原煤213.80万吨,发电量514 191万千瓦小时,化肥4.29万吨,饮料酒2.90万吨,水泥43.00万吨。近几年来,一批省外企业迁入安顺市已获得良好的发展和投资回报。重点引进项目红碟钡业成功上市之后,又顺利完成三期技术改造,生产能力突破13万吨,被誉为东西部经济合作的典范。山西南风化工集团、广东汕头联美集团、河南金星啤酒集团等企业在该市投资获得成功,成为安顺市经济发展新的增长点。

【黔南自治州工业】

1995年实现了工业总产值首次超过农业总产值的历史性突破。现已初步形成以资源为依托,以制造业为主,包括烟草、磷化工、煤化工、纺织、医药、冶金、建材、食品等较为完整的工业体系。瓮福矿肥基地是国家重点项目,三聚磷酸钙产量及出口量均居全国前茅。生物制药企业贵州神奇集团制药总厂、贵州信邦制药股份有限公司都在此落户。拥有都匀毛尖茶、独山盐酸等享誉海内外的特色产品。2001年全州规模以上工业总产值达到50.34亿元,其中轻工业为14.68亿元,重工业为35.66亿元。全州有职工15.20万人,占全省职工人数的8.04%。规模以上工业企业主要工业产品产量为:原煤294.44万吨,发电量47 077万千瓦小时,化肥8.98万吨,饮料酒0.03万吨,水泥108.39万吨。

【黔东南自治州工业】

是伴随着自治州的成立和三线建设而发展起来的,已建立起以煤炭、机械、电力、化工、建材、造纸、纺织、轻工、医药、食品、冶炼、印刷、森工、电子等为主,门类较为齐全的工业体系。2001年,全州规模以上工业总产值达27.50亿元,其中轻工业为5.24亿元,重工业为22.27亿元。全州有职工14.81万人,占全省职工人数的7.83%。规模以上工业企业主要工业产品产量为:原煤173.74万吨,发电量401 985万千瓦小时,化肥

0.04万吨，饮料酒0.49万吨，水泥46.74万吨。

【黔西南自治州工业】

全州工业"九五"期间年均增长19.05%，其工业门类已跨及28个行业，形成了以烟、酒、糖为主的轻工业，以煤电为主的能源工业，以黄金、锑、精锌为主的冶金工业，以水泥为主的建材工业，以化肥为主的化学工业的支柱产业。医药制造业正成为很有发展前途的后续性支柱产业。2001年，全州规模以上工业总产值达到43.56亿元，其中轻工业为6.48亿元，重工业为37.08亿元。全州有职工10.36万人，占全省职工人数的5.48%。主要名优产品有南盘江牌贵州醇酒、奇香贵州醇、红中牌香烟、宇佳牌焦锑酸钠、苗绣领带、山翁青饮料等。全州规模以上工业企业主要工业产品产量为：原煤381.1万吨，发电量1 286 435万千瓦小时，化肥7.76万吨，饮料酒2.35万吨，水泥75.06万吨。

【铜仁地区工业】

已形成涉及31个行业的较为完整的工业体系，并形成了以国有经济为主体、多种经济成分竞相发展的局面。主要工业行业有煤炭、电力、食品、烟草、化学、建材、轻纺、医药和冶金。2001年，全地区规模以上工业总产值达到15.53亿元，比上年增长了11.3%，其中轻工业为7.47亿元，重工业为8.07亿元。全区有职工12.56万人，占全省职工人数的6.64%。规模以上工业企业主要工业产品产量为：原煤76.20万吨，发电量54 550万千瓦小时，化肥0.36万吨，饮料酒4.30万吨，水泥64.30万吨。

【毕节地区工业】

全地区工业已发展为包括能源、机械、冶金、化工、轻纺、建材、食品等行业的产业体系，形成国有、集体、私营、联营、中外合资、股份制和其他类型等多种工业经济成分竞相发展的格局。烟草工业发展迅速，已成为全区的支柱产业和财政收入的支柱。毕节卷烟厂已发展成为全国500家大型骨干企业之一，年生产能力达到52万大箱，先后研制出"驰"、"大洋"、"大自然"等名牌卷烟，走俏国内市场。"驰"牌还被评为全国名优卷烟。2001年，全地区规模以上工业总产值达到39.21亿元，其中轻工业为20.70亿元，重工业为18.52亿元。全区有职工16.49万人，占全省职工人数的8.72%。规模以上工业企业主要工业产品产量为：原煤524.68万吨，发电量441 849万千瓦小时，化肥10.56万吨，饮料酒0.47万吨，水泥57.08万吨。

(二)各分类工业概况

【煤炭工业】

中华人民共和国成立以后，贵州省煤炭资源逐步得到开发。三线建设时期，国家投入大量人力、物力和财力，建成了以炼焦煤为主的六盘水煤炭生产基地。改革开放以来，地方煤矿也有较大发展。全省煤炭工业已形成勘探、设计、科研、施工、生产、多经、三产等多产业、多品种的产业体系。到2000年末，全省已建成以盘江煤电(集团)公司、水城矿务局、六枝工矿(集团)公司、林东矿务局等为主体，包括各种类型的1 000多个企业在内的生产体系。共有国有煤矿59处，核定生产能力1 878万吨每年，其中国有重点煤矿20处，核定能力1 563万吨每年,国有重点选煤厂11座,核定原煤入洗能力1 276万吨每年。盘江煤电(集团)公司、水城矿务局均已发展成为全国煤炭大型企业,现代化的综合开采技术已应用多年,优质高效的全重介选煤工艺普遍应用。2001年全省共生产原煤3 731.39万吨,调出省外935万吨。其中,省属国有煤矿生产原煤1 164万吨(调出836.1万吨),地、县国有煤矿生产103万吨,乡镇煤矿生产2 293.7万吨。规模以上煤炭工业企业完成工业总产值22.79亿元,工业增加值7.13亿元,销售收入29.9亿元,创利税1.9亿元。煤炭工业的迅速发展,使其成为全省国民经济中的一个重要基础产业,使贵州成为中国南方最大的产煤省和惟一的煤炭净调出省。贵州煤炭工业机械化、现代化水平虽有很大提高,但整体装备水平与全国及世界先进水平相比仍有很大差距。在今后较长的时期内,面对日益激烈的国际国内市场竞争,贵州煤炭工业将把着眼点放在提高自身竞争力上,立足实际,以市场为导向,进一步调整行业组织结构,加快利用高新技术改造煤炭产业,大力支持煤矿办电或煤电联营,加快铁路等基础设施建设,积极吸引外商直接投资,加大结构调整力度,使煤炭工业紧跟世界潮流不断发展壮大。

【电力工业】

经过多年的建设,特别是三线建设和改革开放以来的大发展,贵州电力工业有了一定的基础,形成了水电与火电互济、大中小电站相结合、电网覆盖全省各市州地和大部分县城,并与四川、云南、广西、广东大电网相联结的电力系统网络。电力工业主要生产企业有贵州省电力公司下属的红枫水电总厂、清镇电厂、遵义电厂、贵阳电厂、安顺电厂、凯里电厂、金沙电厂;乌江水电开发公司下辖的水电企业乌江渡电站、东风水电站;贵州与广西联营的盘县电厂;贵州与广东、广西合资的天生桥水电站等。到2000年底,贵州省电力系统统调电源装机容量中,水电装机容量占30.4%,火电装机容量占69.6%。全网年发电量279亿千瓦小时,其中水电64亿千瓦小时,占23.03%,火电215亿千瓦小时,占76.97%。全年外送电量24亿千瓦小时,其中送重庆1.5亿千瓦小时,送广西11.8亿千瓦小时,送广东4.7亿千瓦小时,送湖南5.6亿千瓦小时。贵州电网主干网架分为500千伏、220千伏两个等级。有500千伏变电所1座,主变压器2台,总容量1 250千伏安;220千伏安变电所20座,主变压器41台,总容量3 892.6千伏安。500千伏线路1条,总长度120.45千米,220千伏线路60条,总长度3 034千米。贵州电网已实现与粤、桂、渝、滇四省、区、市联网。随着西部大开发战略的实施,贵州省加快了"西电东送"、"黔电送粤"的步伐。电力工程建设进展顺利,在建项目有洪家渡水电站、引子渡水电站、索风营水电站、乌江渡水电站扩建(增容)工程、安顺电厂二期工程、黔北电厂、纳雍电厂、习水电厂、贵阳电厂还有贵州至广东500千伏"两交一直"输变电工程。以上项目是国家西电东送第一、二批开工项目。今后,随着国民经济的发展和人民生活水平的提高,供给和需求的相互促进,将会使贵州电力工业有一个大的发展机遇。贵州电力工业将举全省之力,加快实施西电东送;积极推进电力行业改革,加快电力市场化进程;落实产业政策,加快结构调整;以市场为导向,积极开拓电力市场;以科技创新为动力,加强科学管理,大力提高企业市场竞争能力。

【冶金工业】

贵州冶金工业已形成集矿石采选、钢铁冶炼和金属制品、耐火材料、铁合金等冶金产品生产为一体,以及科技开发、勘测设计和施工监理相配套的、比较完整的体系。先后建成了水城钢铁(集团)有限责任公司、贵阳特种钢有限责任公司、遵义铁合金(集团)有限责任公司、贵州钢绳(集团)有限责任公司、贵阳耐火材料厂等国家重点冶金企业和一批地方冶金企业。通过"八五"和"九五"期间大规模的技术改造,贵州冶金工业的整体生产能力和技术装备水平有了较大的进步,目前拥有资产近100亿元,具备了年产生铁170万吨、钢210万吨、钢材200万吨、金属制品11万吨、铁合金80万吨的生产能力。2000年实现工业总产值37亿元,实现利润5 882万元,生产生铁150万吨、钢167万吨、钢材159万吨、金属制品10.7万吨、铁合金61.4万吨。今后,为了满足国民经济发展对冶金产品的需要,面对激烈的市场竞争,贵州省冶金工业将积极推进股份制改造,加快建立现代企业制度;搞好冶金行业的产业布局,充分发挥自身优势;营造良好的投资环境,加强对外联合与合作;大力调整产品结构,提高产品的技术含量;加快组建电—冶联合体,形成产业的利益互补机制,大力增强市场竞争能力。从而使之成为资源配置合理、产业结构优化、企业效益和社会效益显著的支柱产业,为全省经济发展做出更大贡献。

【有色金属工业】

贵州有色金属工业在全国同行业中处于重要地位。形成以铝工业为主体,钛、汞产量居全国之首,锌、锑、铅、镁适度发展,从地质勘探、设计科研、基建施工到采、选、冶、加工生产和经营管理相配套的体系。截至2000年底止,贵州有色金属工业企业拥有资产总额70.23亿元。生产能力为:氧化铝48万吨(占全国氧化铝生产能力的11.5%),电解铝26万吨(占全国电解铝生产能力的7.9%),铝材加工3万吨,海绵钛2 000吨(占全国海绵钛生产能力的71.4%),金属镁1万吨,锌8万吨,金属锑1万吨。2001年全省10种常用有色金属产量完成367 307吨;全省有色金属工业企业完成工业总产值(按1990不变价格计算)33.93亿元;销售收入51.12亿元。贵州有色金属工业在全国同行业中具有明显的比较优势。一是拥有丰富的有色金属自然资源;二是具有水火互济的独特能源优势,拥有丰富的电力资源;三是经过多年发展,形成了突出的人才与技术优势。贵州铝厂是国内电解铝规模最大、技术装备较先进、经济效益较好的特大型铝工业基地。遵义钛厂是国内最大的海绵钛生产厂家。贵阳铝镁设计研究院是全国仅有的两个铝镁设计研究院之一。贵州有色金属工业在"十五"时期及今后一个时期内,将抓住机遇,扬长避短,因势利导,加快发展。其发展战略及目标是:加快经济结构调整,以省内资源、能源和技术人才为依托,重点发展铝工业、钛工业,加快锌工业改造;对汞、锑、镁、铅等有色金属产业实行总量调控,进一步淘汰落后生产能力,调整产业及产品结构;加速利用高新技术改造传统产业的步伐,提高产品质量和经济效益,确保持续、快速、健康地发展,使有色金属工业在"十五"末期成为贵州经济的支柱产业。

【黄金工业】

贵州省黄金资源丰富,被誉为中国的第二个"金三角"。自1978年正式生产黄金以来,贵州黄金工业发展迅速。1997年,全省黄金产量首次突破5 000千克(10万两)大关,黄金工业逐步发展成为贵州省国民经济的新兴行业,成为经济落后地区的支柱产业和贫困县财政收入的支柱。已建成戈塘、紫木凼、老万场和天柱金矿等大、中型骨干矿山,形成了年产2 500千克(5万两)的固定生产能力;通过多渠道筹措资金,发展小堆浸矿山、小脉金矿山,形成了年产1 500~2 500千克(3万~5万两)的非固定生产能力;同时,建成了6 000千克(12万两)以上冶炼黄金的生产能力。全省已有7个市州地的21个县(市、特区)生产黄金。2001年,全省生产成品金4 000千克(80 000两),实现工业产值2.1亿元,实现利税3 388万元。其中,黔西南自治州生产2 137.5千克(42 750两),黔东南自治州生产1 014.5千克(20 290两)。生产黄金500千克以上的县有晴隆县、安龙县、锦屏县、兴仁县、天柱县。贵州黄金工业近期的发展目标是到2005年实现年产黄金10 000千克(20万两)。发展思路是:一方面加大黔西南自治州黄金资源引资开发力度,加快原生矿开发,促进产量、效益迈上新台阶;另一方面争取多元投资,加快黔东南自治州、铜仁地区黄金资源的勘探,寻找到有储量前景的矿点、矿床。同时,着力于结构调整,以资产为纽带,结合矿业秩序整顿,组建规模化矿山企业。采取兼并、收购、联合等多种形式,利用资本运作的多种手段,以大带小,联合开发,采用先进的技术和设备,提高资源的综合利用。力争在扩大开放上、在工艺技术上、在融资开发上实现新的突破。

【化学工业】

贵州化学工业已形成门类较为齐全、粗具规模的生产体系。2001年,全省化学工业总产值达77.5亿元,占全省工业总产值621.25亿元(限额以上企业)的10.78%。"九五"期间,全省化学工业总产值年均增长速度达17.26%,工业增加值年均增长16.49%,全行业连年保持盈利。贵州省有得天独厚的化学矿资源、丰富的电力和煤炭资源,以及适应贵州特有的气候和地理环境所形成的生物资源。经过多年的开采、加工和利用,已形成具有贵州特色的化工产品。目前磷化工(包括磷肥)产值占全省化工总产值的36.5%,橡胶制品(包括轮胎)占26.5%,其余是煤化工、有机化工、无机化工、农药、涂料、氯碱等工业。贵州化学工业基本属于资源型工业、劳动密集型工业,所生产的产品绝大多数属于通用、中间体原料性产品。贵州的磷及磷化工已具有一定规模,主要企业有贵州宏福实业开发总公司、贵州开磷集团公司。全省大中型磷肥企业有4家,小型企业20~30家。全省有黄磷厂38家,2001年实产黄磷19.14万吨。全省有氮肥厂13家,其中大型氮肥厂有贵州赤天化集团公司,中型氮肥厂有贵州化肥厂和剑江化肥厂，2000年，全省实产尿素96.5万吨。贵州省无机化工产品基本上属于资源型产品，生产能力相对较小。有机化工主要依托煤化工，煤气化仅用做合成氨、氮肥的气体原料，煤的焦化仅是初步分离。面对严峻和复杂的市场形势，贵州化学工业将继续深化改革，对组织结构、资本结构、产业结构、产品结构进行调整；通过资产重组、兼并、收购、股份制改造等形式，把基础工业规模做大，提高企业经济实力，提高企业技术创新能力；开发有自主知识产权的工艺技术和产品，突出比较优势，发展磷化工、煤化工和特色化工。

【机械工业】

贵州机械工业已形成以机械、航空、航天系统为主体的体系，是贵州工业的中坚力量，是发展高新技术产业的基础和载体。贵州机械工业已有一定规模和水平，门类比较齐全，主要行业有磨料磨具、电工电器、仪器仪表、矿山机械、工程机械、机床、农业机械、汽车及汽车零部件、通用机械、机械基础部件、专用机械，有59个大类、195个小行业，约3 300种产品。截至2000年底，贵州机械工业拥有969个企业，占全省工业企业数的13.6%；资产总计197.8亿元，销售收入81.8亿元，工业增加值23.3亿元，占全省工业增加值的12.77%；机械工业从业人员24万人，占全省工业从业人员的23.1%。部分产品在全国机械工业中占有重要地位。如航空发动机、有载分接开关、智能断路器、真空开关、磨料磨具、汽车尾气消声器、汽车密封条、轮式挖掘机、基础液压件中的多路阀、泵、液压马达、油缸及高强度紧固件等。目前贵州省机械工业已掌握了一批重大技术装备的核心和关键技术，形成了较好的技术基础和装备实力。已组建国家级企业技术开发中心1家，省级技术开发中心8家。有13户企业成为全省计算机辅助设计技术（CAD）应用示范企业，长征电器一厂是全省惟一的国家863计划计算机集成制造（CIMS）工程实施的示范企业。根据国内外市场变化和国内产业现状，从全国产业结构优化升级的整体战略出发，贵州机械工业将加快技术改造和产业提升的步伐。其发展目标：是以市场为导向，以改革为动力，以技术创新为手段，以结构调整为重点，促进机械工业由数量扩张转向重点提高产业素质、技术水平和经济效益的集约型方向发展，逐步实现产业升级。其战略对策是：强化行业发展的宏观引导，深化改革、改组，建立现代企业制度；加大运用高新技术和先进适用技术改造提升产业和企业素质的力度；积极推进行业战略性重组，扶植、培育和发展一批具有特色优势的重点产品和企业集团；巩固基础行业，发展主导行业，尤其是新兴主导产业，加快产品结构调整，提高市场竞争力；加快建立企业服务体系，为企业技术创新创造条件。

【电子工业】

到2000年底，贵州电子工业统计内企业完成工业总产值34亿元，实现工业增加值2.9亿元，实现产品销售收入11.2亿元，实现利税总额0.6亿元，实现产品出口交货值4 459万元。综合来看，贵州电子工业具有以下优势：一是连续多年保持了较快的发展。与1980年相比，电子工业总产值增长了28倍，年均递增18.4%,对全省国民经济的直接贡献率不断提高。二是产业布局和企业组织结构得到较大的调整。已形成贵阳国家高新技术产业开发区内的多门类电子信息产品科研生产基地,以软件科研开发及制造为主的贵阳软件科技工业园,以汽车类电子信息产品、投资电子信息产品和电子元器件产品为主体的贵阳小河国家经济技术开发区,以及遵义茅草铺经济技术开发区、安顺双阳经济技术开发区、都匀小围寨经济技术开发区。建成了中国振华电子集团有限公司、中国振华(集团)科技股份有限公司、贵阳海信电子有限公司、贵州海尔电器有限公司、贵州迅达电器有限公司、贵州大龙电子有限公司、贵州航天电子股份公司、金科电子有限公司等一批不同经济成分的企业。三是产品门类较为齐全。贵州电子工业生产的产品几乎覆盖了国家电子工业行业分类目录中雷达、通信设备、广播电视、电子计算机、电子元件、电子测量仪器、电子专用设备、日用电子器具及其他电子器件等九大类系列47个中类的上千种产品。2000年生产微型计算机3万台、电冰箱17.7万台、半导体分离器件2.7亿只、集成电路1 257万块、高压真空开关管5.5万只、数字程控交换机2.5万线、电话机22.1万部、彩色电视机22万台。加快贵州电子工业发展的总体思路是:把电子工业作为贵州经济发展的先导产业和促进经济增长方式转变的核心产业来培育。对策是:坚持科技兴业,加快结构调整;奋力开拓国内外市场,全面提升出口产品的档次;鼓励非公有制经济成分进入电子信息制造业,实现超常规、跨越式发展;深化企业改革,建立现代企业制度,提高科学管理水平;加速电子信息技术向国民经济各领域的渗透,带动全省国民经济和社会的信息化。贵州省电子工业存在的主要问题:一是对外开放水平较低。出口产品是传统低技术、低附加值的偏多;产品出口数量及创汇额逐年减少,设备及产品进口数量却逐年增加;引进外资和先进技术的力度远远低于全国平均水平,并逐年减弱。二是多数企业规模偏小,生产要素的集约度低。先进工艺与设备少,技术和人才十分匮乏。企业改革发展滞后,资本实力很弱,融资渠道单一,资本经营困难。三是产品结构不尽合理。多数产品性价比差,生产过剩;拥有自主知识产权、技术含量高、附加值高的产品较少;高新技术产品的开发和生产能力相当薄弱,软件工业发展缓慢。

【国防科技工业】

贵州国防科技工业已形成具有相当规模、配套齐全,由航空工业、航天工业、军用电子工业三大科研生产基地和一定数量的核工业、兵器工业、军需、军械、空军装备保障性企业组成的军民结合型的科研生产体系。改革开放以来,贵州国防科技工业在确保完成军品科研生产任务的同时,大力开展军转民工作,取得了巨大成绩,实现了从单一军品型向军民结合型的重大转变,形成了主导民品、支柱民品、优势民品和第三产业共同发展的新格局。贵州国防科技工业先后开发生产了几十个大类、共计3 000余种民用产品,有以正负电子对撞机、重离子回旋加速器、同步辐射加速器的关键部件、特级不锈钢铸锻件、片式电子元器件、可视电话、石油开采系列测试监控仪器、液压传动器等为代表的一批达到或基本达到世界先进水平的高科技产品;有以航天牌系列轻型汽车,云雀微型轿车,医用直线加速器,卫星地面站成套设备,各类蓄电池,汽车零部件,精密刀具、量具、刃具、缓进磨床,高压真空开关管等为代表的一批填补了国内空白或替代进口的技术密集型产品。先后有315个产品获国家优质产品奖,48个产品获国家优秀新产品奖,133个产品获贵州省优秀新产品奖。到2000年底,国防科技工业拥有资产总额162.9亿元,完成工业总产值74.2亿元,占全省规模以上工业总产值的11.8%;实现工业增加值15.5亿元,占全省工业增加值的7.1%;实现产品销售收入54.9亿元,占全省产品销售收入的9.2%。根据发展环境和国际国内两个市场的不断变化,贵州国防科技工业近期和今后一个时期的发展战略和对策是:以"三线调迁"和重大技术改造为契机,努力实现重点企业技术结构、产品结构、组织结构的优化调整;提高自主创新能力,加大民品科研开发力度;加快企业改革步伐,建立现代企业制度,全面提升企业竞争力。从而,形成布局合理、军民结合、机制灵活、自主创新、开发竞争的新体系。

【轻纺工业】

根据资源优势、产品优势以及市场经济发展的要求,贵州轻纺工业重点发展和已形成规模的行业主要有:①传统的优势行业:以国酒茅台为龙头的酿酒工业,以彩电、电冰箱为主要产品的家电工业,以开发磷资源为主的洗涤行业,以产品为优势的塑料工业;②以高新技术改造提升的传统行业:如日化、造纸、玻璃、包装、彩印、纺织印染、蜡染等;③重点培育和支持的新兴产业,如香精香料行业、以食品和保健品为主的农副产品加工业、化纤行业、室内装饰行业等。2000年,全省轻纺工业总产值规模以上企业达到163亿元(含烟草),比1978年增长了11.6倍,占全省工业总产值的38%。已形成具有一定规模、门类较多(大行业20个、小行业近60个)的生产体系。形成了一批骨干企业(集团),如茅台集团、润丰集团、鸿宝集团、瀑布啤酒集团、重庆啤酒集团六盘水啤酒厂、茅台集团遵义啤酒厂、黔南五钠厂、开阳五钠厂、贵阳日化厂、贵阳电池厂、凯里棉纺厂、遵义董酒厂、兴义贵州醇酒厂、贵阳棉纺织厂、清镇纺织厂、贵州青溪酒厂、尊荣贵宝饮品公司、久美公司、领先企业、贵州侨联香精厂、神鹰及巨龙西服有限公司等。贵州轻纺工业技术创新水平有很大提高,创新能力有所增强。已建立贵州茅台酒集团公司技术开发中心等国家级、省级技术开发中心或工程技术中心3个,正在建立的贵州侨联香料厂技术开发中心等有5个,科技进步对经济增长的贡献率已达35%,科研创新的自我投入占总销售额的2.5%以上,省级以上名优产品48个,贵州省名牌产品75个。根据国家轻纺工业发展规划,结合贵州实际,今后一段时期内,贵州轻纺工业的发展思路及战略是:扬长避短,有所为有所不为。以市场为导向,加大产业结构、产品结构、企业结构调整;以企业为主体,实施名牌战略,推动产业发展;以丰富的资源为基础,立足产品深、精加工,形成产业链,加快农副产品加工产业化发展的进程;依靠技术进步,加大技改力度,大力开发拥有自主知识产权的新产品,以高新技术促进传统产业优化升级;加快企业改革步伐,做大做强具有比较优势的大型企业及企业集团,发挥混合所有制、非公有制优势,做活做好一批中小企业。

【卷烟工业】

烟草业是贵州省的支柱产业,在全省经济建设和财源结构中发挥着举足轻重的作用。"九五"期间,全省"两烟"累计实现税利213.84亿元,比"八五"期间增长60.8%。2000年全省卷烟工业实现税金29.19亿元,比1995年增长36.8%。贵州卷烟工业具有以下基本特点:一是卷烟产销基本平衡,产品结构有所提高。2000年全省生产卷烟187.34万箱,销售199.65万箱。其中一类烟比重达到5.6%,比1995年提高5.05个百分点;二类烟比重12.4%,提高6.4个百分点;三类烟比重42.5%,提高14.17个百分点;四类烟比重39.5%,减少11.24个百分点;停止了五类烟的生产。由于进行了结构调整,2000年全省卷烟单箱销售收入达3 026元,比1995年增加958元;单箱税利达1 511元,增加450元。二是卷烟销售网络建设取得一定成效。全省农村网络建设粗具规模,城市网络建设全面展开。目前全省共建成城乡卷烟销售网点815个。通过大力推进配送、访销制,1999年省内卷烟销售达到86.6万箱,结束了长期在70万箱左右徘徊的局面。三是科技进步不断加强。各企业逐步加大了对科技的投入,科研条件和技术手段不断改善,技术创新和产品开发能力有所加强。贵阳卷烟厂建立了企业技术中心。四是固定资产投资大幅增加。"九五"期间烟草行业完成固定资产投资23.3亿元,其中技术改造投资达19.38亿元。五是对外技术合作和出口创汇稳步发展。黄果树集团与英美烟草公司的技术合作顺利推进,在技术培训、基础管理、营销策划,以及提高卷烟质量、降焦工作方面都取得明显成效。"九五"期间出口烟叶54 443吨,出口卷烟90 166件,创汇1.06亿美元。面对加入WTO后市场竞争环境的变化,为了在激烈的国内国际竞争中求生存求发展,贵州烟草工业将不断增强企业的综合素质和提高企业的核心竞争能力。一是发挥行业优势,强化烟草专卖管理;二是加强经济运行调控,努力改善企业发展的外部环境;三是突出抓好规范,促进生产经营有序地进行;四是以争创全国名烟为重点,推进卷烟产品结构调整;五是以加强卷烟营销网络为重点,推进市场结构调整;六是以"抓大放小"为重点,推进企业组织结构调整;七是大力推进科技创新,建立和完善科技创新体系。

【食品工业】

贵州省具有发展食品工业的资源优势。长期以来,全省食品工业一直以烟、酒为支柱,结构单一。20世纪90年代以后,食品工业加大开发新产品力度,一批具有贵州特色的产品得到了较快发展,成为新兴食品工业和特色食品工业。目前,全省食品工业主要包括烟草工业、饮料制造业(含酿酒工业)、食品加工业和食品制造业4个大类、19个中类、58个小类。2000年,全省有乡以上食品工业企业1 397户,实现产值148.39亿元,其中规模以上食品工业占87.45%。白酒生产在全国占举足轻重的地位,2001年全省白酒行业销售收入达26.62亿元，居全国第5位；销售收入利润率23.06%，居全国排名第1位；利润完成6.63亿元，居全国第2位；税金完成7.76亿元，居全国第3位。"九五"期间，食品工业加大技术改造力度，完成了一批重点技术改造项目，使一批企业在技术装备和产品质量以及市场开拓方面均有较大提高。贵州茅台集团、贵州醇酒厂、尊荣贵宝饮品公司、"好花红"公司等一批企业已建立或初步建立了企业创新体系，设立了国家级、省级企业技术开发中心或技术开发机构。酿酒、天然香精香料、方便食品、特色饮料行业中一批产品的技术水平已达到国内领先或先进水平。

贵州特色食品汇集了饮料、调味品、粮油、肉类、果蔬、茶叶、山野菜、中药材等各类产品加工。传统特色食品以烟、酒、茶、盐酸菜为代表。新兴特色食品如辣椒系列产品、方便米饭、方便卷粉、玉米制品和香菇、木耳、土豆、山药、苦荞等山野菜系列产品及果汁、果酒、矿泉水等。近年来，涌现出一批被消费者认可的知名品牌如"老干妈"、"老干爹"、"好花红"、"凤辣子"、"乡下妹"等辣椒制品，"伊妹"、"巨星"、"康太太"等方便食品，"贵宝"、"信友"、"北极熊"、"野木瓜"、"炎黄圣枭"等饮料，"罗汉"、"牛来香"、"牛老大"、"阿朗"肉类加工产品，等等。传统食品如"独山盐酸"、"镇远道菜"、"毕节荞酥"、"习水罐头"、"贵阳酱油"、"凯里醋"、"赤水醋"、"安顺酱菜"等也得到了不同程度的发展。生产传统产品的企业也开发出一些新产品，如"茅台迎宾酒"、"茅台王子酒"、"奇香贵州醇"、"高原雪菜王"等。贵州特色食品的发展空间大，发展前景良好，中共贵州省委、省人民政府已将特色食品工业列为贵州省重点培育的后续性支柱产业。今后，贵州食品工业发展的趋势和目标，是向精细食品转化、向追求保健与方便转化、向追求食品安全与品质转化，走效益型、生态型、有特色的可持续发展之路，把食品工业培育成贵州新的经济增长点和后续支柱产业。其战略对策是：以市场为导向，以资源为基础，以科技为依托，以企业为主体，重点发展市场前景好、有资源优势、有特色的行业；优化产品结构，积极实施技术改造、技术引进和技术创新，不断开发新产品，努力开拓市场；按照产业化要求，培育一批"小巨人"型企业；将贵州有条件的产品，即占有一定市场、发展势头好、潜力大的食品做大做活，使之发展成为全国名牌乃至世界名牌。

【建材工业】

改革开放以来，贵州建材工业取得了长足发展。一是对水城水泥厂、六枝木岗水泥厂、贵州水泥厂、湄潭水泥厂、龙生水泥厂、凯里玻璃厂等企业进行了改建和扩建，较大地提高了生产能力。同时在全省各地兴建了一批小水泥厂和小砖瓦厂。二是按照谁投资谁受益的原则，调动全社会发展建材工业。省和中央在省的20多个部门、相当部分乡镇都兴办了不同规模、不同产品的建材企业，贵州建材部门独家办建材的局面被突破。三是引进了一批先进的设备和技术。贵阳大理石厂引进了意大利布拉公司一条年产5万平方米大理石生产线，贵阳耐火材料厂引进了美国硅酸铝耐火纤维生产线，贵阳建材实业公司与香港合资引进了发泡装饰墙纸生产线,从而提高了建材工业的技术装备水平。贵州建材工业已发展成为采掘、原料、制造一条龙,以贵阳、遵义、安顺、六盘水、黔南等工业基础较好的地区为中心,由多种所有制和大中型企业组成的比较完善的体系,包括水泥制造业、墙体材料制造业、矿物纤维及其制品业、陶瓷制品业、灰砂石加工业、无机非金属材料及其制品业和建材机械制造业等诸多产业,并拥有与之基本配套的科研、设计、教育、情报、质检和地质等部门和设施。"九五"期间,全省建材工业保持持续稳定增长,工业总产值平均增速为10%,工业增加值年均增长8%。2000年,全行业完成工业总产值118.7亿元,实现工业增加值42.66亿元,大中型建材企业实现净利润3 016.97万元;主要产品产量大幅度上升,全行业生产水泥783.9万吨(规模以上)、水泥电杆7.9万根、水泥轨枕78.4万根、石棉水泥瓦14.5万张、砖148.1亿块、瓦29.2亿片、建筑砌块10.68万立方米、平板玻璃205.1万平方米、大理石板材0.33万平方米、釉地砖65.45万平方米。随着国家西部大开发战略的实施和贵州经济建设的需要,建材工业未来发展仍将保持稳步增长,具有较好的发展前景。适应市场需求结构的变化,贵州将充分开发利用丰富的非金属矿及其建材资源,将建材工业建设成为全省的一大支柱产业。一是加快国有大中型建材企业建立现代企业制度的步伐,放开搞活中小型企业;二是根据强强联合的原则,进行资产重组,组建集团公司,争取自营出口和创造条件上市;三是加强技术创新体系建设,积极推进产学研结合,大力开展技术创新,促进科技成果产业化;四是加大结构调整力度,积极发展新型干法水泥、平板玻璃、新型墙体材料和各种装配式板材,实现产业结构的优化升级;五是积极合理有效地利用外资,扩大对外开放,促进建材工业持续、快速、健康发展。

【医药产业】改革开放以来,贵州省医药产业发展迅速。医药企业由1980年的34家发展到目前的277家;医药工业总产值从1990年的1.38亿元增加到2001年的37亿元,是1990年的26.8倍,比"九五"初期增长了4倍,年均递增30%以上。1990年以来,贵州省中药资源的开发利用进入空前繁荣时期,特别是1994年批准生产民族药以来,全省研制开发并批准的国家级新药共31个,民族药145个,地方标准的中成药256个,医药保健品152个;企业申请国家中药保护品种44个,已获国家批准的中药保护产品24个;154个苗药上升为国家标准。一批具有独立知识产权的民族药如乙肝散、咽立爽滴丸、鑫肝乐、咳速停、宁泌泰胶囊、仙灵骨葆胶囊、金喉健喷雾剂、益肝草袋泡剂、日舒安洗液等年产值均在2 000万元以上,并有全天麻胶囊、银杏天宝、六味安消胶囊、强力杜仲天麻胶囊、六味地黄胶囊、枇杷止咳冲剂、前列舒乐、川参通注射液、鱼腥草注射液等国家级中药或国家中药保护品种行销于市,有不少品种如戒烟乐、舒眠乐、止咳冲剂、丹蓝脑心康等已出口到美国、加拿大、新西兰、东南亚等国家和我国香港、台湾等地区。贵州医药产业呈现出多种所有制共同发展的格局。在现有医药工业企业中,国有企业52户,中外合资企业24户,民营企业201户。"八五"和"九五"期间,固定资产累计完成约12亿元,绝大部分是企业自筹资金和银行贷款,国家投入极少,多元化投资体系已逐渐形成,并形成了一批骨干企业,2000年产值超亿元的企业有10家(以下对这10家企业均用简称)。贵州神奇、益康、信邦、益佰、宏宇、汉方、新天、民族、威门、家诚、三力、仙灵、立爽、远程、安顺等制药厂,在全国已具有一定知名度。自20世纪90年代以来,贵州中药、民族药工业总产值每年均以30%以上的速度增长,各项指标均优于或接近全国水平。2001年全省中成药工业总产值完成34.67亿元,经济效益综合指数继续保持全国中上水平。从产品种类和产业结构来看,具有贵州特色的民族药及道地药材生产的中成药市场前景广阔,开发潜力极大。特别是已初具规模的8个医药产业链(天麻、杜仲、银杏、喜树、淫羊藿、艾纳香、鱼腥草、头花蓼)对贵州医药经济发展具有综合带动作用,是贵州医药产品发展的比较优势。针对我国加入WTO后带来的机遇和挑战,面对强大的竞争对手,贵州医药产业将加速推进结构调整、产业升级、产品换代和企业改制,加快与国际接轨的步伐。一是充分发挥道地药材优势,加大创新力度,研制开发生产贵州特色药品,实施品牌带动战略;二是发展规模经济,重点扶持一批骨干企业,提高产业集中度;三是向国际标准努力,大力提高产品质量,全面推行GMP管理;四是开展专利战略研究,注重知识产权保护,加强对特色药业的有效保护。在国家产业政策引导下,通过充分利用巨大的资源优势,积极引进、消化、吸收和创新,贵州特色医药产业将创造辉煌,使贵州真正由药材大省变成特色药业强省。

【建筑工业】

改革开放20多年来,贵州省建筑业有较快发展,初步形成了工业与民用建筑、公路桥梁、铁路工程、航务工程、冶金、化工、矿山、煤炭、电力等门类基本齐全的工程承包企业。在资金水平、技术装备、人员素质、工程质量等方面有很大提高,涌现出了一批在国内市场具有较强竞争力的企业。截至2001年底,全省共有建筑施工企业633家,从业人员25.91万人,建筑业总注册资本金31.31亿元,建筑业总资产181.56亿元。全省建筑业完成总产值150.2亿元,实现增加值33.16亿元。全省施工单位工程数达8 535个。全年房屋建筑施工面积1 750.7万平方米,房屋建筑面积674.3万平方米,房屋建筑工程竣工率为38.5%。实现利税总额和人均利税分别为5.28亿元和2 398元。贵州建筑业正逐步成为贵州国民经济的支柱产业。建筑业在贵州国民经济所占的比重正逐年提高。2001年建筑业产值已占全省国内生产总值的8.01%。已形成一批在国内具有较强竞争力的企业。全省现有各类一级建筑施工企业18家,在完全竞争领域(集中在房屋建筑上),代表企业有中国建筑第四工程局(简称"中建四局")、贵州省建筑工程集团总公司等。中建四局分别在上海、深圳、珠海、厦门、武汉、宁波等地建立了区域型公司。在不完全竞争领域(集中在交通、水利、电力、铁路等专业工程上),代表企业有中铁五局集团、中国水利水电九局、贵州省桥梁工程总公司、贵州省工程总公司、贵州省送变电工程公司、贵州电建一公司等。随着国家西部大开发战略的实施，贵州在基础设施建设、能源基地建设、住宅建设等方面的基本建设投资将进一步增加，建筑业将以更快的速度向前发展。到2005年左右建筑业总产值将达到占全省国内生产总值10%的水平，成为贵州省的支柱产业。贵州建筑业将采取以下发展对策：一是加强行业宏观调控，规范和整顿市场秩序；二是积极推进行业结构优化，建立以少数特大型企业集团为核心，以总量适度的总承包企业为骨干，由众多专业分包和劳务分包为依托的行业结构体系；三是大力扶持和培育建筑劳务企业，做好劳务基地建设，有计划有组织地进行跨境劳务输出；四是积极探索适宜的企业制度，优化企业的投资结构，实现产权制度创新，建立合理的公司法人治理结构；五是树立以人为本的管理思想，实现管理创新，提高大型企业的管理水平；六是依靠技术创新，加快新技术的开发和利用，构筑企业竞争基础。

三、第三产业

(一)铁路运输业

【铁路运输业概述】

贵州省是全国铁路建设发展最快的省份之一，先后建成了湘黔、贵昆、川黔、黔桂4条铁路干线和穿越贵州西南部的南昆铁路以及连接内昆与南昆铁路的水柏铁路。另外，还建成了水大、湖林、开阳、盘西4条铁路支线以及与干支线相连的120多条专用铁路线。到2001年底，全省铁路通车里程达2 172千米，路网密度为每万平方千米123.3千米，一个以贵阳为枢纽的铁路运输网络已基本形成。贵州省铁路电气化里程居全国之首。从"六五"和"七五"时期开始，作为国家重点建设项目，贵州对铁路干线进行了电气化改造。1985年贵昆线和湘黔线建成电气化铁路，1990年川黔线建成电气化铁路，同时对黔桂铁路也进行了旧线技术改造。此外，还对贵阳南编组站和贵阳站进行了改造。贵阳南编组站共投资2亿多元，于1990年建成一个具有双向二级五场、日编解能力达8 000辆的大型编组站，成为西南地区最大的铁路编组站。经过电气化改造，完善了贵州的铁路体系，形成了西南电气化铁路主干网群，使贵州境内铁路运输能力提高了2倍。随着铁路建设的展开，贵州省铁路运输也不断发展。在全省社会客货运输中，特别是在长途运输中，铁路运输占有重要地位，每年完成的旅客周转量占全省社会旅客周转量的40%左右，完成的货物周转量占全省社会货物周转量的80%左右。客运方面，在贵阳始发的列车中，有到北京、成都的"特快"和"管特"，有到上海、广州、昆明、湛江的"直快"，有到重庆、玉屏、六盘水、桐梓的"管快"，有到杭州的"临快"，有到遵义、大湾、玉屏、都匀"管客"。途经贵阳的有重庆至上海、成都至广州、重庆至昆明、昆明至北京、昆明至广州、昆明至上海、成都至北海的"特快"。货运方面，以矿产品运输为主，其次是工业品和农副土特产品运输。货运方式上，已开通了贵阳东站国际联运大型集装箱货场，开办了贵阳至广州、深圳和其他主要港口城市的集装箱专列运输，每年可办理国际集装箱联运1.3万只。据2001年的统计，全省铁路运输客运量达到2 973万人，货运量达到7 475万吨，分别比1978年增长2.16倍和4.26倍；旅客周转量达到113.87亿人千米，货物周转量达到347.76亿吨千米，分别比1978年增长6.17倍和3.86倍。当前，国家将新一轮铁路建设的重点放在了西南，贵州省是西南地区铁路会战的主战场，境内铁路建设总里程达867千米，总投资额将达260亿元，占西南铁路建设总投资的38%。建设的铁路有株六铁路（复线）贵州段、内昆铁路贵州段和渝怀铁路贵州段。

【黔桂铁路】

起自广西壮族自治区的柳州市，在贵州省境内经麻尾、独山、都匀、贵定、龙里等县市到达贵阳市，全程606.7千米，属电气化铁路。其中，贵州境内307千米，车站40个，设计年运输能力贵定至都匀1 048万吨，都匀至麻尾485万吨。该线是连接黔桂两省区的重要干线，在柳州与湘桂铁路衔接；也是贵州、重庆、四川通往广西，南下入海最近的铁路通道。

【渝黔铁路】

北起重庆市，在贵州境内经过桐梓、遵义、息烽、修文等县市到达贵阳，全程439千米，属电气化铁路。其中，在贵州境内长289千米，车站38个，设计年运输能力1 184万吨，该线在小南海与成渝线相连，在重庆与襄渝铁路相接，是西南铁路网南北向主要干线之一。

【贵昆铁路】

由滇黔线贵阳到树舍段和内昆线树舍到昆明段连接后组成。东起贵州省贵阳市，西接云南省昆明市。在贵州境内经平坝、安顺、六枝、水城、盘县、树舍转向南，在天生桥跨过可渡河进入云南省，全程639千米，属电气化铁路。其中，贵州省境内长303千米，车站36个，设计年能力2 220万吨。该线在昆明与成昆线相连，是连接滇黔两省重要的铁路干线。

【湘黔铁路】

起自湖南省株洲市，到新晃进入贵州境内，经大龙、玉屏、镇远、凯里、马场坪至贵定，与黔桂铁路汇合，由贵定站黔桂铁路修建第二线（贵大复线）53.9千米到大土车站，进入贵阳枢纽经黔桂线或大湖环线（南环线）到达贵阳，全长905千米。贵州省境内贵定至大龙段276千米，车站30个，设计年能力1 780万吨。该线在怀化与枝柳铁路相接，是联系西南、中南与华东间的重要通道。

【南昆铁路贵州段】

东起广西壮族自治区的南宁市，西

止云南省的昆明市,北接贵州省红果站,与盘西铁路支线相接,正线全长898.7千米。贵州境内经册亨、安龙、兴义市境内在威舍站分两岔,一路向南进入云南省境内,另一路折向西北,抵达盘县境内的红果站与盘西铁路衔接,在贵州省境内正线全长227千米,有隧道104座、桥梁99座,桥隧长度占线路长度的47.9%。该线是国家"八五"时期重点项目,1997年建成通车,是中国最长的单线电气化Ⅰ级铁路干线,也是西南地区第一条最近出海通道。

【水柏铁路】

位于贵州省西部的六盘水市境内,北起贵昆铁路的六盘水站,南与盘西支线的柏果站接轨,联通南昆铁路,全长120.89千米。1997年12月1日动工兴建,2002年5月全线建成,横穿六盘水市3个县区、14个乡镇和3座大型煤田,沟通了内昆铁路和南昆铁路两大动脉,是西南铁路网中又一条南北干线,也是中国第一条由地方融资控股建设的铁路,项目总投资32亿元。设计年输送能力1 800万吨。

【株六铁路复线贵州段】

起于湖南省株洲市,止于贵州省六盘水市,沿贵昆铁路和湘黔铁路修建,全长1 161千米。在贵州省境内全长617千米途经6个市(六盘水、安顺、清镇、贵阳、福泉、凯里)和16个县、区、特区(钟山、水城、六枝、镇宁、普定、平坝、修文、息烽、开阳、龙里、贵定、麻江、黄平、施秉、镇远、玉屏),涉及280多个乡、镇和办事处。该线的建成,形成了新的贯穿贵州省东西的大通道,大大增加了贵州省物资东出口的能力。

【渝怀铁路贵州段】

起于重庆市,止于湖南省怀化市,是出川铁路东通道。渝怀铁路贵州段全长95.471千米,总投资近22亿元,途经大路、孟溪(松桃站)、普觉、沙坝、江口、观音山、铜仁、铜仁车站、九龙洞、漾头共10个站。全线设计为国家Ⅰ级干线电气化铁路,并预留复线的条件。年设计运输能力近期为901万吨,客车14对;远期达1 000万吨,客车17对。2000年12月开工建设,计划3年半完工,2004年5月临管运营。

(二)公路运输业

【公路运输业概述】

贵州省已初步建成线路四通八达、设施基本配套,具有一定技术水平和运输能力的公路运输体系。贵阳至黄果树、贵阳至遵义、贵阳东北绕城线、贵阳东出口、贵阳至新寨、贵阳至毕节、凯里至麻江等一批高等级公路相继建成通车;西南公路出海通道(贵州段539千米)全线贯通,为贵州开辟了一条纵贯南北、通江达海的黄金大道。崇溪河至遵义、清镇至镇宁、三穗至凯里高速公路已开工建设;玉屏至铜仁、水城至黄果树、关岭至兴义高等级公路建设进度加快;玉屏至三穗、黄果树至胜境关高速公路前期工作进展顺利。到2001年底,贵州省公路通车总里程达到34 617千米,其中高速公路311千米,占总通车里程的0.9%;二级以上公路2 179千米,占通车总里程的6.4%;等级公路24 625千米,占通车总里程的71%。桥梁总数4 430座179 482米;全省99.4%的乡通公路和

67%的行政村通机动车,公路密度为每百平方千米19.7千米,高于全国平均水平。另外,还有210、320、321、324、326条国道公路里程3 065千米,贯穿省内6个市、州和34个县。公路运输已成为贵州省运输业的第一大产业。2001年全省公路客运量达52 154万人,占全省客运总量的93.77%;货运总量12 114万吨,占全省货运总量的60.74%。"十五"时期及今后一个时期,贵州公路建设将按照"统一规划,突出重点,多方筹资,量力而行,确保质量,加快发展"的指导思想,进一步加快建设进度。一是加快重点公路建设,建成崇溪河至遵义、玉屏至凯里、清镇至镇宁高速公路,开工建设镇宁至胜境关高速公路,基本完成全省境内国道主干线的建设任务,加快其他高等级公路建设,形成以贵阳为中心,连接全省各市州地所在地的高等级公路骨架。二是加大路网改造力度。逐步对境内国省干线、通县公路、交通量大的出口线、过境线、经济线、旅游线进行改造,实现县县通油路,提高路网技术标准,增强路网服务能力。三是提高农村公路通达深度,逐步形成辐射纵深的农村公路网,到2005年实现85%的行政村通公路或通机动车。四是加快完善贵阳交通主枢纽和8个市州地交通分枢纽的场站设施,并使之管理现代化。2002年底,贵州高等级公路通车里程近1 000千米(图149)。

【贵黄高等级公路】

是连接省会贵阳与黄果树大瀑布之间的高等级公路,也是贵州省建设的第一条高等级公路。为贵州省"七五"期间的重点建设项目之一,1986年8月动工兴建,1991年5月建成通车。总投资3.03亿元,全长137千米,沿途经清镇、平坝、安顺、镇宁等县(自治县)、市。其中,贵阳至清镇25千米路段为一级公路,清镇至黄果树为二级公路。该公路的建成通车是一个历史性的突破,使贵州公路建设跨上了发展高等级公路的新台阶。

【贵遵高等级公路】

是省会贵阳至革命历史名城遵义的高等级公路,公路起于贵阳市头桥,止于遵义市北。为国家"八五"时期重点建设项目之一,1992年6月动工兴建,1997年11月建成通车,投资18亿元,全长155.3千米(含遵义东联络线14.6千米)。沿途经过扎佐、息烽、乌江、南白等地,其中乌江大桥跨径288米,是当今世界上第一座建成的双塔双索面悬吊斜拉组合预应力薄壁箱梁索桥。该公路拥有一级路段49.7千米(贵阳至扎佐,南白至遵义),二级公路105.6千米。

【凯麻高速公路】

2001年12月30日,凯里至麻江高速公路建成通车。

凯里至麻江高速公路是国家规划的GZ65国道主干线上海至瑞丽公路贵州境东段,也是贵州省规划建设的"二横二纵四联线"公路主骨架中的重要路段。该路起于黔东南自治州凯里市挂丁,经凯里、鸭塘、下司、隆昌,止于麻江,接贵新公路麻江联络线,全长50.9千米。全线路基宽度22.5米,沥青混凝土路面。设互通式立交4处与区域路网和交通源点连线。全线标志、标线、护栏、隔离栅等交通安全设施齐全,并设有光缆传输、程控交换及紧急电话系统、车辆救援系统和行车服务区。

凯麻公路沿线地形复杂,地质破碎,岩体裂隙多,风化程度较高,地下水丰富,施工难度大。路线高填深挖地段较多,高桥墩、大跨径桥梁较多。高挡墙、高护坡接连不断,最高边坡高达160余米,坡长270余米。全线共计完成路基土石方896万立方米,排水防护工程102万立方米,通过振冲碎石桩等方案处理的特殊路基12千米,共有桥梁57座7 267延长米,其中大桥、特大桥26座6 532延长米,涵洞211道,隧道2座642延长米。

凯麻公路是贵州省目前已建成的标准最高的一条高速公路,它的建成通车,对加快对外开放和扶贫开发步伐,促进全省经济社会发展,推动西部大开发战略的实施都具有极其重要的意义。

【贵新高等级公路】

是贵阳至新寨的高等级公路,为交通部规划的国家12条公路干线中的西南出海通道贵州境南段,起于贵阳市花溪下坝,途经龙里、贵定、马场坪、都匀、独山等地,止于黔桂两省区交界处新寨,全长259.5千米。其中,下坝至都匀143.2千米为一级路段,都匀至新寨116.3千米为二级路段。1997年11月动工兴建,2001年全线通车,总投资48亿元。该公路不仅技术含量高,工程量大,而且投资体制上有重大改变,部分使用了日本海外协力基金贷款,施工单位通过国际招标方法产生。它是贵州省已建的里程最长、投资最多、工程量最大的一条高等级公路。

【贵毕高等级公路】

是贵阳到毕节的高等级公路,为交通部重点建设规划中西南公路辅助通道的一段。1998年8月开工建设,2001年建成通车,公路里程178.0千米,另加上与大纳公路的连接线2.8千米,共计180.8千米,公路起于贵阳市扎佐,途经修文、黔西、大方等地,其中扎佐至修文为一级,二铺至毕节为一级。修文至归化、归化至二铺为二级。工程总投资为20亿元。

【遵崇高速公路】

是国家规划建设的"二纵二横三个主要路段"公路主骨架中西南出海大通道的关键路段,也是贵州省规划建设的公路主骨架中的重要路段,是迄今为止贵州省公路建设中标准最高、工程最艰巨、投资最大的项目。公路设计总长117.9千米,全线按高速公路标准修建。起于遵义市忠庄铺,穿越娄山关,止于黔渝交界处崇溪河,线路走向与旧有黔渝公路基本平行,全设置互通式立交桥7处,桥梁173座,隧道34个,桥隧总长占线路总长的38.05%。项目总投资67.615亿元,计划工期4年。现已全面开工,建成后与贵遵、贵新高等级公路相连,形成从北至南贯通全省、长达500多千米的西南出海高等级公路大通道。

【国道公路】

贵州省有5条国道公路,总长3 065千米,构成了全省公路网的主骨架。其中210国道包头至昆明线,经桐梓、遵义、息烽、贵阳、惠水至罗甸纵贯南北,省境内长508.8千米。320国道上海至昆明线,经玉屏、三穗、台江、凯里、麻江、惠水、镇宁、关岭、晴隆至普安横穿东西,省境内长755千米。321国道广州至成都线,经从江、榕江、三都、丹寨、都匀、龙里、贵阳、清镇、黔西、大方至毕节自东南至西北斜贯中部,省境内长730.8千米。324国道福州至昆明线,经册亨、安龙至兴义穿越西南一隅,省境内长245.7千米。326国道秀山至个旧线,经沿河、德江、风冈、湄潭、遵义、金沙、大方、毕节、赫章至威宁横贯北部,省境内长824.9千米。

(三)水上运输业

【水上运输业概述】

贵州省内河航运历史悠久,沿乌江和赤水河可通长江下游各地出海,沿南盘江、北盘江、红水河和都柳江可通珠江出海。沿清水江、锦江可经湖南出洞庭湖到长江。中华人民共和国成立以来,贵州内河航道标准有了明显提高,机动船航道所占比重不断扩大。到2001年底,全省有通航河流26条,水运里程2 132千米,其中机动船航道1 396千米,可通百吨级以上船舶的通航里程达868千米,年吞吐量1万吨以上的港口码头有52处。随着航道建设的加强和运输船舶的改进与增加,内河航运的客货运输也不断发展。从1982年起,乌江、赤水河两轮运企业船队开展了长江运输,都柳江的小型船队也直驶广州。此后,自贞丰县拖运煤炭至广西东兰县,在南盘江、北盘江、红水河拓展了水运出口通道。1986年,赤水—上海—温州试运成功,探索出了一条江海联运的新路。从1992年起,贵州开始吸引外资和技术合办航运企业。同时,加强了横向经济联合,使内河航运冲出贵州,向干支直达、江海直达的方向发展。交通部门单一、封闭的运输格局已被打破,形成了国家集体、个体一起上的多层次、多渠道、多种经济成分办运输的新局面。2001年,全省内河航运完成客运量494万人次,完成货运量355万吨;完成旅客周转量1.08亿人千米,货物周转量4.23亿吨·千米。

【乌江航运】

古名延水、涪陵水,元代起称乌江,源出贵州西部威宁彝族回族苗族自治县境乌蒙山东麓,有南、北二源:南源三岔河长361千米,北源六冲河长270千米,两源于黔西县境内化屋基汇合后称乌江。乌江流域跨毕节、六盘水、安顺、遵义、贵阳、黔南、铜仁等市州地的38个县境。干流经六广、乌江渡、文家店、思南、潮砥、淇滩、沿河、思渠,至龚滩入重庆市境,至涪陵注入长江,省境内长526千米(化屋基至龚滩),流域面积6.6万平方千米,为贵州省各河首位,通航283千米(马洛渡至龚滩)。

【南盘江航运】

古名温水,源于云南省曲靖市乌蒙山脉的马堆山东北麓,始称红水,干流跨贵州省黔西南、黔南两自治州的5个县、市境,与广西百色、河池两地区的4个县境为界,至曹渡河口入广西境,至石龙与源出贵州的柳江(都江)相会,而后下西江,注珠江,入南海。省境内长262千米(三江口至两江口),可通航240千米(其中黄泥河口至天生桥大坝为90千米,纳贡至两江口为150千米)。

【北盘江航运】

古名牁江,源出云南省马雄山西北坡,至都格入贵州省境,跨六盘水、安顺、黔西南三州、地的10个县、市境,经白层、乐园至两江口与南盘江相汇入红水河。至曹渡河口入广西境,至石龙与源出贵州的柳江(都江)相会,而后下西江,注珠江,入南海。全长449千米(源头至两江口),其中省境内长298.7千米,是红水河的支源,跨贵州西南腹地,是全河系与省内关系最密切的河段。通航里程116千米(柑子树至坝塘8千米,打邦河口至两江口108千米)。

【赤水河航运】

古名大涉水、赤虺河,源出云南省镇雄县大湾鱼洞乡的大洞口,东流至云贵交界处的梯子岩后,迂回于川黔边境,至赤水县下游6千米的鲢鱼溪入川,至合江汇入长江。省境内长298千米,通航199千米(白场坪至鲢鱼溪),总流域面积为2.04万平方千米,跨毕节、遵义两市、地的5个县境,经茅台、太平渡、土城、元厚、复兴、赤水等地,为全省内河沿岸居民点最稠密的河系,也是航运最繁忙的河道。清代以来历为川盐入黔的通道。

(四)航空运输业

【民用航空运输业概述】

中华人民共和国成立以后,贵州民用航空运输业不断发展。初期使用的是1932年修建、1950年修复的清镇机场,从1959年开始使用磊庄机场。改革开放以来,贵州民航调整了航线布局,增辟了航线和航班,增加了航班密度。20世纪80年代后期至90年代初期,贵州通用航空公司、贵州航空公司、贵州双阳通用航空公司相继成立,奠定了多家航空企业携手开拓贵州航空事业的基础。从1985年起,贵州开始筹建新的机场。4D级现代化机场——贵阳龙洞堡机场作为"八五"时期开工建设的一个重点工程,总投资13亿元,于1994年10月正式动工,1997年5月28日正式通航,可满足年旅客吞吐量500万人、高峰每小时2 000人次进出港的需要。省内第一个民用支线机场——铜仁大兴机场也于2001年7月建成通航。2001年,贵州民航旅客年吞吐量达到152.99万人次,货邮吞吐量达到2.33万吨。在贵州省空运市场上共有15家航空公司、13种机型、49条航线、通航30多个城市。贵州民航近期建设任务:一是完成贵阳龙洞堡机场配套工程,使之成为现代化空港;二是建成全省各市州地所在地及3~5个县级、旅游热线机场;三是开辟新航线,使省内民航航线达到10~20条,营运里程达到2 000~3 000千米。

【贵阳龙洞堡机场】

位于贵阳市东郊,距市中心约10千米,机场至市区有全封闭的高等级公路。机场占地373.33余公顷,其中跑道长3 200米,宽60米,按具有国际先进水平的4D级标准建设,可满足B737、B757、A320等中小型客机全载起降,还可以满足B747、A340等大型客机减载起降。候机楼建筑面积3.2万平方米,为两层短指廊式建筑,指廊两侧装有6座登机桥。候机楼内装有航班动态显示系统、电视监控系统、自动离港系统,以及方便旅客候机、休闲、购物的设备设施,可以满足年吞吐量500万人次、高峰小时2 000人次离港的需要。2001年,旅客换算吞吐量达161万人次,货物吞吐量达2万多吨。在该机场营运的航空公司有西南航空公司、南方航空公司、海南航空公司等15家,共开辟航线40条,分别通航北京、上海、广州、深圳、成都、西安、汕头、南京、厦门、武汉、海口、香港、曼谷等33个大中城市,通航里程为37 500多千米,每周进出港航班近600架次。

【铜仁大兴机场】

是贵州省的第一个地方旅游支线机场,位于铜仁地区松桃苗族自治县和湖南省湘西自治州凤凰县的交界处,距铜仁市21千米,距湖南凤凰县城28千米,距吉首市85千米。机场等级为4C级,装有目前国际上最先进的导航系统和盲降系统,安全性能非常好。机场所覆盖的主要旅游景点有:被联合国教科文组织确定为"人与生物保护圈"之一的、地球上同纬度地区生态资源保存得最好的地方、全国五大佛教圣地之一的佛教名山——梵净山;被称为天下第一洞的地下溶洞——九龙洞;山水相映风景秀丽的十里锦江;极具文化韵味的凤凰古城和神秘壮观的南长城。机场自2001年7月正式投入商业运行以来,已有西南航空公司、南方航空公司和海南航空公司飞行铜仁至贵阳、长沙等航线,并将逐步开通铜仁至广州、重庆、张家界等航线。

(五)医疗卫生事业

【医疗卫生事业发展概述】

中华人民共和国成立以来,贵州各级党委、政府把发展医疗卫生事业、保护人民健康作为一件大事来抓,采取有力措施,逐步调整建立医疗卫生机构,大力培养医护人员,集中力量迅速控制和消灭危害人民健康的各种急慢性传染病、地方病和寄生虫病。特别是改革开放以来,把农村卫生、预防保健和中医药事业作为卫生工作重点,大力培养医药卫生人才,积极开展医学科学研究,开展对外交流和合作,使全省医疗卫生事业得到持续、稳定、健康的发展。城乡医疗卫生网络逐步建立,农村缺医少药的状况有了根本改观;卫生防疫工作取得可喜成绩;医学教育有了很大发展;卫生法制建设进一步加强;对外交流与合作进一步扩大,医学科研成果累累。2001年底,全省有各级各类卫生机构8 791个,比解放初期增加8 652个,其中医疗机构2 514所,增加2 443所;医院病床59 120张,增加58 383张,平均每千人口有医院病床1.48张;卫生人员102 436人,平均每千人口有卫生人员2.71人。另外有疗养院4所、门诊部60个、专科防治所(站)61个、卫生防疫站113个、妇幼保健所(站)89个、药品检验所94个、医学科研机构9个、高等学校教育机构4所、中等医药教育机构66所、乡镇卫生院1 060所,还有其他卫生机构142个。全省有45个县、市达到初级卫生保健合格或基本合格标准,有592个行政村开展了合作医疗,有148所医院达到等级标准。未来贵州省医疗卫生事业的发展,将积极促进城镇职工医疗保障制度改革,建立和完善合作医疗制度,推动区域卫生规划和社区卫生,狠抓农村卫生、预防保健、中医药事业三个卫生工作战略重点,逐步建立符合国家要求、适应全省经济社会发展和人民健康基本需求的卫生服务体系、医疗保健体系和卫生执法体系,基本实现人人享有初级卫生保健,为全省人民健康和经济建设做出积极的贡献。具体发展情况见下列表1、表2、表3。

表1 贵州省各市州地卫生机构、床位及人员发展情况统计表之一 （2001年）

地区	卫生机构合计（个）	其中：医院卫生院（个）	床位数合计（张）	其中：医院、卫生院床位（个）	卫生人员合计（人）	卫生技术人员（人）	其中：内 医生（人）	护士、师（人）	平均每千人口：医院、卫生院床位数（张）	卫生人员数（人）
全省	8 791	1 872	59 120	55 876	102 436	86 103	46 412	22 053	1.48	2.71
贵阳市	1 704	178	13 771	12 746	25 909	20 428	9 327	6 928	3.37	7.59
六盘水市	655	135	5 387	5 290	8 365	6 990	3 090	1 853	1.82	2.87
遵义市	1 241	297	10 049	9 668	16 437	14 281	8 040	3 085	1.34	2.28
安顺市	549	120	4 676	4 414	7 638	6 387	3 228	1 574	1.73	2.99
黔南自治州	870	280	5 939	5 714	11 102	9 478	5 377	2 232	1.34	2.60
黔东南自治州	762	253	5 967	5 502	10 035	8 601	4 898	2 248	0.97	1.44
黔西南自治州	580	148	4 062	3 821	5 973	5 125	3 107	1 315	0.99	1.56
铜仁地区	967	191	4 277	3 984	7 668	6 528	3 839	1 411	1.33	2.56
毕节地区	1 463	270	4 992	4 737	9 309	8 285	5 506	1 407	1.25	2.46

表2 贵州省各市州地卫生机构、床位、人员发展情况统计表之一 （2001年）

指标名称	单位	全省合计	贵阳市	六盘水市	遵义市	安顺市	黔南自治州	黔东南自治州	黔西南自治州	铜仁地区	毕节地区
医院机构数	个	403	98	38	67	39	46	42	22	26	25
医院床位数	张	41 405	11 897	4 263	6 720	3 451	4 007	3 490	2 328	2 526	2 723
医院人员数	人	49 203	14 959	4 874	8 024	3 688	4 902	4 204	2 723	2 821	3 008
其中：卫技人员数	人	40 012	11 919	3 880	6 697	2 989	3 964	3 403	2 277	2 376	2 507
卫生机构数	个	1 469	80	97	230	81	234	211	126	165	245
卫生院床位数	张	14 471	849	1 027	2 948	963	1 707	2 012	1 493	1 458	2 014
卫生院人员数	人	22 995	1 554	1 741	3 916	1 755	3 384	3 419	1 628	2 463	3 135
农村乡镇卫生院机构数	个	1 456	80	97	227	79	234	206	126	162	245
门诊部、诊所、医务室、卫生所机构数	个	6 337	1 445	487	862	386	522	416	375	714	1 130

续表

指标名称	单位	全省合计	贵阳市	六盘水市	遵义市	安顺市	黔南自治州	黔东南自治州	黔西南自治州	铜仁地区	毕节地区
门诊部、诊所、医务室、卫生所床位数	张	508	411	6	24	21	31			15	
门诊部、诊所、医务室、卫生所人员数	人	13 414	4 853	874	2 004	838	975	818	591	990	1471

表3　贵州省各市州地卫生机构、床位、人员发展情况统计表之三　（2001年）

指标名称	单位	全省合计	贵阳市	六盘水市	遵义市	安顺市	黔南自治州	黔东南自治州	黔西南自治州	铜仁地区	毕节地区
卫生防疫、防治机构数	个	174	32	9	17	13	20	29	18	17	19
卫生防疫、防治人员数	人	5 748	1 361	375	696	410	658	694	403	572	579
妇幼保健机构数	个	89	9	5	17	6		16		11	8
妇幼保健机构床位数	张	1 020	43	40	177	60	73	240	120	118	149
妇幼保健机构人员数	人	2 055	245	94	335	155	203	297	169	288	269

（六）电信及信息港

【电信通信业概述】

贵州省已初步建成一个以光纤通信、数字微波和卫星通信等高科技信息传输手段装备起来的，覆盖全省城乡、联通全国和海内外的、现代化的电信通信网络。"八五"时期以来，电信业务总量、业务收入增长幅度连续5年排名全国前列。到2002年6月末，全省固定电话局用交换机总容量已近273.85万门，分组交换网、数字数据网、计算机互联网等数据通信网络节点容量已达到1.55万个端口，城乡固定电话用户达到245.76万户，固定电话普及率提高到每百人拥有3.88部电话，各类计算机数据通信用户总数达到213万户，移动电话交换机容量达329.5万门，移动电话用户达234万户，寻呼机用户达33.1万户。

【贵州信息港】

成立于1997年底，经过5年的努力，已发展成为贵州规模最大、影响最广的综合性门户网站。2001年初，与贵州视窗进行合并，对网站软硬件资源进行了重新分配，将原来两个完整的优秀栏目集中起来，摒弃重复的和质量不高的栏目，并对合并后的贵州信息港进行了统一规划,共设有时事、娱乐、生活、IT、电信、社区和企业7个板块。时事频道及时反映在政治、经济、文化、社会等各方面的信息。娱乐频道内部设有明星、电影、音乐、游戏、运程、贺卡及网上电视、电台等栏目。生活频道内部由便民服务、女性、健康、房产、鲜花、读书、英语等栏目组成,其目标是强调本地特色,不断丰富"吃住行"及旅游、购物、娱乐等信息。IT频道为网民介绍最新的IT资讯,及时发布病毒警报等服务信息,并提供强大的FTP服务,利用良好的网络连接速率来提升对本地用户的吸引力。"企业在线"栏目为贵州乃至全国各地的企业提供一个宣传、推广自己的平台,还可为经过申请的企业提供一个免费的三级域名和主页空间。

(七)交易市场、人才交流中心及技术交易市场

【大型商品交易市场】

贵州省大型商品交易市场情况见下表:

贵州省年成交额在5 000万元以上的大型商品交易市场统计表

市州地	名称	市场摊位数(个)	已出租摊位数(个)	成交额(万元)
贵阳市	贵阳万东集贸市场	368	368	6 324
	贵阳新路口集贸市场	371	371	8 220
	贵阳新宇综合畜牧屠宰场	33	14	9 600
	贵阳市花果园综合批发市场第三商场	120	90	6 906
	贵阳市第一生产资料批发市场	106	96	5 830
	贵阳市南明黔龙工贸综合市场	42	35	8 800
	贵州省钢材有色金属市场	140	48	15 000
	贵阳汽车配件城	301	301	23 000
	贵阳市营盘食肉批发市场	27	27	9 253
	贵阳市星云五交化家电市场	200	200	40 000
	贵州久远电子科技配套市场	38	38	7 269
	贵州国际经济技术贸易中心	300	230	8 000
	贵阳市商业贸易中心	171	131	8 800
	贵阳家具城	50	43	7 203
	贵阳市机动车交易市场	51	42	13 468
	贵阳市三桥蔬菜批发市场	132	132	7 093
	贵阳市二桥粮油食品批发市场	280	200	63 825
	贵阳市花香村批发市场	600	400	62 883
	贵阳市二桥禽蛋综合批发市场	70	70	6 944
	贵州西南电脑城	70	70	171 000
	贵阳市正新综合市场	205	205	10 078
	贵阳市易发家电市场	140	85	10 518
	贵阳市三桥水果批发市场			

续表

市州地	名称	市场摊位数(个)	已出租摊位数(个)	成交额(万元)
贵阳市	贵阳市普陀市场	680	490	11 522
	贵阳市科民牲畜屠宰市场	48	48	12 000
	贵阳市市西毛线专营市场	35	35	10 000
	贵阳市市西化妆品专营市场	42	40	45 000
	贵阳市市西小百货批发市场	1 008	1 008	36 000
	贵阳市市西商业街	1 500	1 300	16 000
	贵州大西南物资交易市场	200	200	9 800
	清镇市新均坝市场	600	404	5 220
	贵阳市花溪中心农贸市场	250	250	25 021
六盘水市	(缺资料)			
遵义市	正安县农贸市场	356	186	6 800
	习水县东皇农贸市场	367	367	5 300
	湄潭县湄江中心农贸市场	210	210	6 000
	湄潭县中国西南茶城	300	100	5 000
	红花岗区新店子粮油批发市场	59	53	12 000
	红花岗区北京路烟酒副食批发市场	104	93	6 875
	遵义市罗庄电器市场	89	89	7 450
	遵义市罗庄水果市场	68	68	6 100
	遵义县虾子市场	100	70	25 000
	遵义市苟家井小商品综合市场	2 731	2 200	60 000
安顺市	安顺市西郊农副产品批发市场	140	140	10 898
	安顺市小商品批发市场	1 400	1 400	12 704
	安顺市两可间交易市场	108	80	9 836
	安顺市火车站粮油批发市场	30	30	5 260
	安顺市西山批发市场	339	320	7 765
	安顺家具城	60	60	6 100
	安顺市牲畜市场	50	30	10 179
黔南自治州	都匀市育英巷市场	792	792	13 408
	贵定县城西批发贸易市场	68	25	8 300
	瓮安县文峰市场	566	566	5 256
黔东南自治州	天柱县城关农贸市场	790	550	5 997
	榕江县综合消费品市场	287	287	7 653
黔西南自治州	兴义市柯沙坡综合市场	218	218	5 630
	兴义市街心市场	50	50	5 600
铜仁地区	松桃县蓼皋农贸市场	445	359	8 318
毕节地区	大方县马厂综合市场	196	136	6 000

第三产业

【人才交流中心概述】

截至2001年底,全省已有人才流动服务机构93个,从业人员200人。从类别上看,各级政府人事部门所属人才流动服务机构为88个(省属1个,市州地属9个,县属78个),占总数的94.6%;从业人员177人,占总数的88.5%。行业管理部门所属的人才流动服务机构5个(贵航、江南航天、振华、中铁五局、气象),从业人员23人。全省共挂牌人才市场34家。其中,省属综合性人才市场1家(省人才大市场,加挂省企业经营管理人才市场的牌子);省属行业性人才市场3家(省人才大市场的分市场即贵航、江南航天、振华);市、州、地人才市场5家(贵阳、安顺、铜仁、六盘水、黔西南);县级人才市场25家(安顺6家,遵义4家,黔西南3家,黔东南11家,铜仁1家)。"九五"期间,全省各级人事部门所属的人才流动服务机构、人才市场共办理求职及流动登记29.66万人(2000年为9.9万人),实现人才流动和就业14.3万人。其中省人才交流服务中心、省人才大市场办理人才求职及流动登记19.36万人,实现人才流动和就业7.98万人。2001年全省登记在册流动人员17.85万人,帮助9.19万人实现流动和就业。全省各级政府人事部门所属的人才流动服务机构以人事代理、人才培训工作为重点,继续推动社会化服务工作向新的层次发展,共为597家单位实行了人事代理,代理人数为21 828人,流动人员人事档案保存量达到39 996份。目前,全省各级各类人才流动服务机构拥有国际互联网站点2个(省人才市场、贵阳市人才大市场,建立人才信息计算机数据库17个)。人才市场网站2001年访问量超过36万人次。全省部分市州地实现了计算机联网,初步实现了联网地区人才资源共享。为规范人才市场运行和人才交流行为,已先后制定了《贵州省人才流动管理暂行规定》、《贵州人才市场管理办法》等法规。

【贵州省人才交流中心】

是贵州省人事厅直属的省级人才中介服务机构,与贵州省人才大市场、贵州省企业经营管理者人才大市场实行一套机构,三块牌子。内设综合部、人才交流部、国际业务部、高级人才部、市场部等,具有人才交流相关的行政职能,常年对外开放,定期举办人才集市(每周六、每月28日),并适时辅以大型人才交流会,是个人求职、单位求才及人才管理一体化,实施人才流动一条龙服务的多功能综合场所。市场设有人才交流大厅、办公接待服务区、人才洽谈面试室、人才素质测评室、人才信息库、人事档案及人才信息网国际互联网站、电子信箱等服务设施。坚持为经济建设和社会发展服务、为人才服务、为用人单位服务的宗旨。贯彻公开、平等、竞争、择优的原则,通过"双向选择",实现人才自主择业、单位自主择才,并通过完善人才社会化服务体系和市场调节机制,全面开展人才、智力、技术交流、促进人才合理流动和人才资源合理配置。

【贵阳市人才交流中心】

成立于1989年12月,隶属贵阳市人事局,与贵阳市人才市场实行一套机构,两块牌子。市场面积1 200平方米,设有人才交流大厅,拥有省内最大最先进的人才市场计算机网络系统,采用大屏幕发布人才信息,具有良好的硬、软件基础。内设办公室、交流部、人事代理部、信息部和市场管理部。现已初步建立了"贵阳市高级专家人才库"和大型专业技术人员、管理人员动态人才库,初步具有立足贵阳、辐射全国、开放式综合性人才服务功能。人才中心坚持为经济建设和社会发展服务、为人才服务、为用人单位服务的宗旨,具有以下职能:通过对全市人才资源现状的调查和预测,掌握人才资源的分布结构,收集供需信息,为企事业单位、非公有制经济组织提供政策咨询服务;为流动的专业技术人员和管理人员牵线搭桥,推荐工作单位并办理交流调配手续;为流动到非全民所有制单位的技术人员和管理人员代管行政手续和人事档案;收集整理人才信息,通过各种媒体向社会发布等。该中心主办的《贵阳市人才交流》刊物面向全国发送,需求信息通过"中国贵阳人才网"传向天南地北。人才交流中心、人才市场常年对外开放,每周六举办人才交流集市,每年举办大型人才交流大会,随时向用人单位、求职应聘人员提供全面、周到和便捷的服务。

【技术交易市场概述】

本市场从1987年开始逐步建立和发展。"八五"期间贵州省陆续出台了《贵州省技术市场管理条例》、《贵州省民营科技企业条例》、《贵州省技术合同认定管理办法》、《贵州省民办科技机构管理暂行规定》、《贵州省常设技术交易市场管理暂行规定办法》等,各地也结合自身实际制定了培育和发展技术交易市场的政策和管理办法。到1998年为止,全省已有技术市场行政管理部门11个,建立技术合同认定登记机构45个,常设技术市场7个,技术经纪人事务所1个,技术贸易机构457家;从业人员1万余人。已培训技术市场的各类人才7 000余人,其中技术经纪人300多人(取得技术经纪人"资格证书"的有133人)。技术合同认定登记共260项,其中技术开发合同28项、技术转让合同52项、技术咨询合同29项、技术服务合同151项,合同金额17 815万元,实现金额13 618.7万元。近年来技术市场的交易活动已主要通过全国性的大型技术交易活动(如深圳高交会、重庆高交会、厦门高交会等)来实现。

【贵州技术创新中心】

本中心以提高企业技术创新能力为宗旨,以各类企业、科研院校为服务对象,以计算机网络为手段,以加强和促进产学研联合开发工作为目的,在贵州省经济贸易委员会领导下正逐步形成为一个开放的、具有鲜明特色的技术服务体系。地址:贵阳市中华北路185号省经贸委技术创新中心大楼三楼贵州黎阳四方科技有限责任公司 邮政编码:550004 电话:(0851)6817398 6818398 6818462 传真:(0851)68888032 网址:http://www.gzcti.com http://www.ctigz.com.cn 电子信箱:net@lysfkj.com

(八)宾馆、饭店

【宾馆及饭店设施概况】

贵州省已形成一个能满足和适应不同层次需要的宾馆接待体系。全省现有涉外饭店113家,其中四星级酒店8家,三星级酒店14家,其余为二星级酒店,另有四家按五星级标准在建或已建成的酒店。涉外饭店中,客房数在500间以上的有2家,客房数在300～499间的有3家;客房数在200～299间的有7家;客房数在100～199间的有21家;99间以下的有29家。截止到2000年底,全省客房总数有6 082万间,床位13 073万张,星级宾馆客房率达56.1%。四星级饭店有贵州饭店、神奇假日酒店、能辉大酒店、金筑大酒店、贵州鲜花酒店、贵州柏顿酒店、百成大酒店、贵龙饭店。三星级饭店有华联大酒店、贵阳腾龙大酒店、黔贵大酒店、贵阳山林大酒店、金阳宾馆、华城大酒店、云岩宾馆、安顺黄果树宾馆、遵义宾馆、兴义宾馆等。二星级饭店有金桥饭店、安顺民族饭店、黔东南凯里宾馆、黔西南盘江宾馆、黔南龙潭宾馆等。一星级饭店有八角岩饭店、仁达饭店、国酒宾馆、娄山关大酒店等。

【贵州饭店】

四星级涉外饭店,位于贵阳市北京路。饭店设备先进配套,通信快捷,服务功能齐全,拥有客房410间(套)、床位708张。是贵州省对外开放的窗口,也是贵州接待中、外首脑、国家领导人和一些名人、要人的专门酒店。房间宽敞舒适,有中、西餐厅和高档宴会厅、设施一流的国家会议厅、多功能厅、卡拉OK厅,有台球、霹雳球、保龄球、健身、棋牌娱乐服务及美容美发服务。附设有商场、外币兑换、行李寄存、商务中心、机票、火车票代办、旅游观光等服务项目。

【贵阳神奇大酒店】

四星级酒店,位于贵阳市北京路,距龙洞堡机场12千米,距火车站7千米,距娱乐购物中心步行10分钟。拥有230间精心设计的客房和套房,共266张床位。设有非吸烟客房及残疾人客房。舒适、典雅的客房均有独立控制的中央空调、国际卫星电视、IDD电话、传真/宽带上网连接、迷你酒吧、咖啡/茶冲饮器、房间密码柜和吹风机等。酒店还有优雅舒适的富满苑中餐厅、景致典雅的88咖啡厅、全新设计的查理吧及KTV包房和室内游泳池,有机场穿梭巴士及豪华轿车为接送客人服务。

【贵阳金筑大酒店】

四星级旅游涉外饭店,中外合资企业,位于贵阳市延安东路(图129)。商业中心信步可达,驱车前往火车站只需几分钟,到贵阳机场仅15分钟,交通十分方便。2001年成为贵州省首家"国际饭店金钥匙"成员饭店。主楼26层,拥有豪华房、标准房共181间(套),床位302个,客房内有中央空调、音响系统、直拨电话、闭路电视和安全报警系统。附设有商务中心、商场、外币兑换等多项服务。中西餐厅观光厅、酒吧、咖啡间可容纳600人同时用餐。康乐设施有桌球、棋牌室、健身房、桑拿浴、美容美发室、露天游泳池、屋顶花园、歌舞厅、多功能厅等。

【贵州鲜花酒店】

由上海锦江饭店管理的四星级酒店,位于贵阳市商业中心大十字。拥有豪华套房、行政房、商务房、标准房等各类客房共269间(套),床位403张。房间布置典雅、色调柔和、设施先进,有中央空调、国际国内直拨电话、闭路电视、国际卫星电视频道、VCD视频点播系统、房间酒吧、安全报警系统、光纤接入加局域网的高速 internet 等。可领略到中外名厨主理的风味迥异、各具特色的锦江海派菜,以及由广东特级大师主理的港式菜系。

【贵州柏顿酒店】

四星级涉外酒店,位于贵阳市商业区。设有 254 间客房,共计 367 张床位。行政套房的精心设计均出自名家之手,设施先进完备,包括独立调校的室内空调、电子保险柜、24 小时送餐服务、遥控电视、国际长途电话、小型酒吧及雪柜。除本地电视节目外,还有卫星电视、美国 CNN、日本 NHK 电视网络、德国 DW、法国 TV5。其中 29 间高级行政客房除有上述设施外还享有特快入住登记及特快退房等服务。六楼有多功能宴会厅及会议室,可提供全省首家同声翻译设备及先进科技设施。酒店商务中心设备齐全,提供专业秘书、邮寄、传真等服务。

【百成大酒店】

由贵阳百货大楼(集团)有限公司与香港文成公司合资兴建的四星级旅游涉外酒店,坐落在贵阳市中心繁华商业区。拥有风格各异的总统套房、豪华双人房、标准房等各类客房共 160 间,300 张床位。设有中央空调、音响系统、闭路电视、安全报警系统。设有西餐厅、豪华宴会厅、火锅厅,提供粤菜、黔菜、川菜、扬州菜等各式菜肴。拥有旋转餐厅,并设有商务中心、大型停车场、大型百货商场及康乐设施。

【贵龙饭店】

位于贵阳市神奇路科技一条街,距火车站 1 千米,距飞机场 15 分钟车程。是由贵州省电力公司投资兴建的四星级旅游涉外饭店,主楼高 19 层,拥有各种标准的客房 168 间(套), 316 个床位,并设有中央空调、中央音响设备系统。客房有独立的英特网宽带接口、程控电话、闭路电视(含国际频道和饭店自办节目)和安全报警系统。拥有中西餐厅、酒吧和宴会厅。多功能厅能提供满足 200 余人举行各类会议或用餐的需要。还有多个能容纳 20～40 余人的会议室及贵宾接待室,有桌球、棋牌、健身、美容美发及桑拿浴等康乐设施。

【贵阳腾龙大酒店】

三星级酒店。位于贵阳市延安中路商业区,距贵阳市汽车站步行仅 10 分钟的路程。建筑面积 15 659 平方米,共 23 层。后院有 50 个停车位。拥有各类客房 149 间(套),可容纳 400 余位嘉宾入住。客房有中央空调系统、迷你型电冰箱、音响系统、IDD 电话、闭路电视和安全报警系统。酒店配有中、西餐厅和贵州小吃总汇、咖啡厅、酒吧,可容纳 600 余人同时用餐。还有酒店精品屋、服务中心(美容、美发、按摩)和歌舞厅、卡拉 OK 厅。

【贵州华联酒店】

三星级旅游涉外饭店,中国旅游协会会员,中国华联饭店集团成员,已通过 ISO9002 国际质量体系认证,位于贵阳市中华中路商业区。拥有各式客房 142 间(套),床位 261 个,有中央空调系统、电话、迷你酒吧、保险箱等。行政楼层现代化的商务设施,提供 INTERNET 上网服务。还有各类会议室及商务、娱乐设施。

【贵阳山林大酒店】

三星级涉外旅游饭店。设有中央空调、IDD 电话、VCD 视频点播系统等功能先进、配套完善的酒店设施，拥有豪华套房、标准房、蜜月房等各类客房154间，280个床位；餐厅拥有600多个餐位，可以提供各具特色的地方风味佳肴。夜总会、桑拿宫、商务服务中心、美容美发中心拥有先进的服务设备。还有大小不同、装修风格各异的会议室和进口豪华旅游客车供客人选用。

【金阳宾馆】

三星级宾馆，位于"中国铝城"白云经济开发区，与风景秀丽的长坡岭森林公园、金华湖、白花湖和白云公园紧密相连，环境幽雅、空气清新、交通便捷，距贵阳市中心和龙洞堡机场均只有15分钟左右的车程。它是一座公园式、别墅型的以绿色为特色的宾馆，共有各种客房122间，329张床位。有中西餐厅、商务中心、大中小会议室、卡拉OK娱乐厅、室外游泳池等设施。

【金桥饭店】

贵阳市国营旅游涉外饭店，坐落在贵阳市中心的瑞金南路，距飞机场8千米，火车站2千米。建于1959年，曾接待过众多中外宾客，在海内外享有一定的声誉。现有标准客房、套房135间，240个床位。有可供300余人进餐的宴会厅及具有地方特色的各类小餐厅和包房。小餐厅和包房均有高档卡拉OK设备。餐厅均由名师主厨，供应正宗川、黔、粤菜点和贵阳地方风味小吃、名酒，可对住店散客提供早餐。设有歌舞厅、卡拉OK厅、桑拿浴、美容室、按摩室、商场、商务中心、订票服务、出租汽车等，客房内设有有线闭路电视及境外电视。

【黔贵大酒店】

贵州省公路工程总公司投资兴建的三星级旅游涉外酒店，集旅游、学习、休闲度假于一体的综合大楼。位于贵阳市浣沙路5号。酒店楼高27层，拥有标准客房、豪华单人房、豪华套房26间（套），床位40个。客房设施完备。配备有中央空调控制系统、安全消防系统、国际直拨电话、冰箱、迷你酒吧等。中餐厅由四川特一级厨师主理，有正宗粤菜、新派川菜和海鲜。会议设施齐备，功能先进。

【华城大酒店】

三星级商务酒店，坐落在贵阳市商业中心地带，距机场12千米、距火车站5千米、距客车站2千米。酒店引进FIDE-LIO酒店专业管理系统精心操作和管理。拥有各类客房131间（套），床位242张。客房宽敞明亮，配套设施齐全，设有中央空调、房内小酒吧、英特网接入端口、IDD/DDD电话、卫星电视/闭路电视、吹风机、背景音乐等，并有残疾人专用客房设有中餐厅、会议中心、商务中心、商务会所、大堂酒吧及停车场等配套服务设施。17楼的科技会议中心将计算机演示、电视会议、网络浏览等现代化会议设施融为一体，是目前贵阳市最为先进的多功能会议室。

【云岩宾馆】

三星级旅游涉外宾馆，也是省人民政府主要的接待基地，建于1956年，地处贵阳市北京路繁华地段。拥有各类客房90间（套），床位164张，大小会议室4间，及可供500余人同时就餐的大餐厅和宴会厅10间，同时还拥有以粤、川黔味为特色的云岩顺时大酒楼。还设有商场、商务中心、云岩大歌厅、室外游泳池、健身中心、美容美发室、茶艺园等设施。建筑独具园林式风格，环境优雅，是繁华都市中别具一格的恬静温馨的庭院式宾馆。

【金城大酒店】

三星级旅游涉外饭店，位于遵义市红花岗区香港路中段，距火车站、汽车站5分钟车程。拥有豪华及标准套房、双人房、单人房共150间，床位256个。房内装饰精致，设施齐全。中餐厅具有浓郁的地方特色。

四、高新技术及信息产业

【高新技术产业概述】

1991年以来，贵州省利用国防科技工业企业和大中型民用骨干企业优势以及各类科研院所较强的科研开发能力，先后创办了1个国家级和3个省级开发区，以此促进科技与经济的直接结合，推动传统产业改造和高新技术产业的发展。贵州开发高新技术产业主要是以国防科技工业基地为重点，充分发挥三大基地（011、083、061基地）的技术和人才优势，跟踪国际先进技术，通过推动高新技术向民品生产扩张延伸，逐步实现高新技术产业的商品化、市场化。贵州省高新技术产业已粗具规模，"九五"期间，贵阳国家高新技术开发区年均增长速度为40%，达到全国高新区的中等水平。目前，贵州航天工业总公司已成为全国规模最大、配置最全的导弹武器系统科研生产基地；贵州航空工业总公司成为规模较大、配套完整的飞机及飞机发动机制造基地；中国振华电子工业公司成为拥有整机和多种产品生产能力的电子工业基地。它们都已成为高新技术的综合研制和生产集团。到2000年底，全省共有高新技术企业117家，产值100多亿元，约占全省工业总产值的8.4%。其中，贵阳国家高新技术开发区有高新技术企业96家，工业总产值约45亿元，占全省同类企业工业总产值的45%左右，已初步形成电子与信息、光机电一体化、新材料、生物制药为主的四大支柱产业。今后，贵州将抓住国家加强国防工业建设的机遇，积极支持航天、航空、电子信息等军工企业，建设一批新、精、尖项目；加快高新技术成果产业化，重点发展新型电子元器件、通信、计算机、多媒体、自动化仪器仪表和新材料等高科技产品，大力支持环保节能、光机电一体化等高科技产品开发和生产，逐步形成一批高新技术产业群体。同时，运用高新技术和先进适用技术加快改造传统产业，着力提高传统产业的竞争力。

【信息产业概述】

改革开放以来，贵州省信息产业得到快速发展，以中国振华电子集团为主，包括地方电子企业、航天电子企业以及其他归口电子企业、民营科技企业所组成的信息产品制造业规模不断扩大,以新型电子元器件和通讯产品、计算机及网络产品、光机电一体化产品、视听产品为主导的产品格局正在形成。"九五"期间,贵州信息产品制造业围绕调整产品结构,培育新的增长点,提高产品技术水平和质量,增加经济效益,加大了技术改造力度,共完成技术改造投资4.5亿元。目前已形成了年生产能力10万只真空开关管生产线、3亿只片式钽电容器生产线、2亿只表面安装二极管和三极管生产线、1 200万块混合厚膜集成电路生产线、1 500万只特种接插开关生产线、500台(套)新型墙体材料成套设备生产线、20万台微机生产线、10万台独立一体化可视电话生产线、2.7亿只绕线型片式电感器生产线、30万台大屏幕模拟数字彩色电视机生产线、2.2万套汽车仪表板生产线。2001年,全省电子信息产品制造业完成工业总产值39.14亿元(按1990年不变价格计算),工业增加值4.606亿元,销售收入14.376亿元。软件业取得长足发展。全省共有软件企业70余户,多数为民营企业。自主开发的各类应用软件约500余项,涉及办公自动化、财务管理、监控、企业系统、宏观决策等方面,覆盖全省国民经济的各行各业。贵阳市率先建立了全省第一家软件园区,已有30户软件开发公司入园,有博士23名、硕士50多名、大学本科毕业生近400名。目前该园区正积极申报国家级软件园,努力形成一批开发不同专业和运用领域的软件企业群。网络建设已初步形成规模。全省已在办公自动化、行业管理、金融、税收、环保、新闻、计划、统计、经贸、电力等系统,形成了不同层次的信息应用系统。各部门、各地区、各行业各类信息资源数据库的库存规模、结构、容量正在不断提高。全省已建立不同规模不同层次的信息网,建成了160、163、165、168、172、169信息服务网,建成了覆盖全省的贵州数据网、贵州公众计算机互联网、公众多媒体通信网宽带等试验网。许多政府部门、主要行业以及大型企业都建立了专用和专用局域网。信息服务业逐渐成为第三产业中发展较快的新兴产业。全省已初步形成了经济、科技、文化、人才、劳务、物资、房地产等综合服务体系,信息服务机构也由小到大不断发展壮大。除传统服务方式外,以电话网、计算机互联网等网络载体的信息服务规模不断扩大。2001年,全省邮电企业共完成业务总量40.664亿元,实现通信业务收入29.69亿元。今后,贵州省将努力推进信息产业自身的产业化发展,把信息产业作为新兴的支柱产业加以扶持和发展。其发展方向和任务是:引导和推进数字技术的应用,提高信息化装备能力,有选择地发展信息产品制造业;加快软件产业的发展,逐步建立具有自我发展能力和较强竞争力的软件产业体系;加速发展信息服务业,着重发展邮政、电信、广播电视和互联网信息服务,积极发展电子商务等新兴信息服务业;加强信息基础设施建设,着力推进信息技术在全社会的广泛应用,大力推进国民经济和社会信息化。

五、名特优产品

【茅台酒】

产于遵义市仁怀县茅台镇,以"国酒"之称驰名中外,是与法国白兰地和英国威士忌齐名的世界三大名酒(蒸馏)之一。据史料记载,早在公元前135年,古属地茅台镇就酿出了使汉武帝"甘美之"的枸酱酒。1915年,茅台酒荣获巴拿马万国博览会金奖而享誉全球,中华人民共和国成立后,又先后14次荣获国际金奖,并蝉联国家名酒之冠,畅销100多个国家和地区。茅台酒以当地独特的气候、水质、土壤等自然条件和传统酿造勾兑技术特制,以酱香突出、幽雅细腻、酒体醇厚、回味悠长、空杯留香持久而冠盖群芳。

【董酒】

产于遵义市北郊董公寺,有200多年的历史。其原料为高粱,用小麦和40余味中药制大曲,又以大米和95味中药制小曲,串蒸得酒后陈酿勾兑,工艺奇特别具一格。酒色透明香气幽雅,醇和浓郁。1989年获国家优质产品金奖。

【珍酒】

产于遵义市北郊的贵州珍酒厂,先后荣获中国优质产品奖、中国驰名白酒精品、北京国际博览会金奖、中国文化名酒、香港国际博览会金奖、美国洛杉矶国际金奖和世界名优特产品国际金奖等30多项荣誉,曾被列为国宴用酒。珍酒采用大曲酱香型传统工艺,以优质高粱、小麦为原料,配以当地甘洌泉水酿制,经长期窖藏、精心勾兑而成。该酒酱香突出、幽雅圆润、醇厚味长、空杯留香。

【习酒】

产于遵义市习水县,以当地优质高粱为原料,小麦制曲,引用赤水河水精工酿制。具有酱香突出、幽雅细腻、回味悠长、香而不艳、空杯留香的风格。1994年被评为贵州省名牌产品。

【鸭溪窖酒】

产于遵义县鸭溪镇,以高粱作原料,小麦制曲,为浓香型白酒,历史悠久。酒色透明,甘洌醇厚,窖香浓郁,为贵州省名酒之一。1989年在保加利亚获"普罗迪夫"国际金奖。

【贵州醇】

产于贵州兴义酒厂,于1983年酿制成功,为酒类后起之秀。以高粱作原料,小麦制曲,为38°低度酒,低而不淡,醇香浓郁。1984年获轻工部优质产品称号,1994年两次被评为贵州省名牌产品。

【刺梨糯米酒】

产于贵阳市花溪区,为贵州优质名酒。以上等糯米作原料发酵蒸馏制成,通过浸泡以维生素C含量极高的野果刺梨精制而成,为15°红酒,酒色橙红有光泽,甘美醇香,甜酸适口。1983年荣获贵州省优质产品称号。

【黑糯米酒】

产于黔南自治州惠水县,是用当地产的黑糯米酿制的低度酒。酿制独特,为17°红酒,酒色红亮有"红珍珠"之美称,酒味鲜酸可口,色香味俱全,营养丰富。1997年被评为贵州省名牌产品。

【杜仲酒】

产于安顺市酒厂,以中药杜仲为主,配以10余味中药,用陈酿安酒和米酒而成浸泡,为39°保健饮料酒,色红有光泽,味香醇和。

【天麻酒】

产于安顺市酒厂,以野生珍贵中药材天麻为主,按经典配方泡白酒酿制而成的低度酒。酒色棕红有光泽,味香醇和。

【都匀毛尖】

又名都匀细毛尖、白毛尖,产于都匀市,为全国名茶珍品,在1915年巴拿马万国博览会会上获优秀奖。茶叶外形紧细带弯,色鲜绿有白毫,清香细嫩,味甘甜,液透亮。

【遵义毛峰茶】

产于湄潭县,叶状细条圆直,毫毛显露,色翠绿润亮,白毫银色,茶液碧绿明净,味道鲜美。

【贵定云雾茶】

早在明清时代就被选作贡品,盛产于贵定县云雾山中。茶体形似鱼钩,叶条细柔,带霜显毫,汁水碧绿,香味浓郁。曾获1986年全国食品博览会银奖,多次获部优、省优产品称号。

【石阡泉都碧龙茶】

是在中国农业科学院茶叶研究所专家指导下,利用富含硒、锌微量元素的石阡苔茶优质芽叶,在发掘石阡坪贯贡茶的传统工艺基础上,部分借鉴龙井茶制作工艺而生产的一种扁形名茶。

【安顺茶叶】

安顺茶叶质优品良,有竹叶青、顺峰碧毫、龙宫绿茶等名茶,其炒青绿茶在全国名茶评比中曾获第二名,茶质好,产量大、远销海内外。

【开阳南贡茶】

产于开阳县南龙乡,清乾隆年间就作为贡品。其外形色条细腻,沏茶水色呈淡绿透亮,香气四溢,回味甘甜,爽口清润。

【雷山银球茶】

因用采自海拔1 400米以上茶园的"清明茶"的一芽二叶精制为小球状而得名,质优味美,富含人体所需的多种有益元素,其包装精美漂亮,1986年获轻工部优质产品称号,被中国外交部选作馈赠礼品。

【台江苦丁茶】

采用天然野生药用植物精制,含有多种人体所需的微量元素,其味甘甜,清凉爽口。

【湄潭茶】

湄潭盛产茶叶,历史悠久,品种多,质量好,有红茶、绿茶、花茶、医药保健茶、边茶等。其中红碎花、1号和2号遵义毛峰、湄江翠茶为省、部优产品。医药保健茶中的春风美容茶有金银花和苦丁茶的芳香与清甜之味。

【安顺蜡染】

蜡染为安顺民族民间传统工艺品,有2 000多年的历史,早在唐代就远近驰名。传统蜡染用蜡刀蘸上融化之蜡,描绘花鸟虫鱼于白布上，放入靛蓝染液加温煮化蜡块，留下白色图案，而白布成蓝色。现已发展为彩色蜡染，由单纯的布料发展为丝、绸、缎、绒、呢、纱等，品种上千，主要用作衣料、床上用品、壁挂等装饰品及帽、包等生活用品。其图案多变，粗犷明快，古朴典雅，销往世界各地。

【安顺三刀】

为安顺名牌特产，即菜刀、剪刀、皮刀，有200多年生产史。产品锋利适用，轻巧耐用，造型美观，尤以"古钱牌"134号新型刀最佳，为全国轻工业优秀产品。

【安顺地戏面具】

地戏面具俗称脸子，为当地民间传统戏剧地戏演出者头饰，用白杨木精雕细刻，再用彩色颜料绘成脸谱，造型生动形象，颇具民间艺术色彩和粗犷格调。

【大方漆器】

历史悠久，品质优良，早在1942年巴拿马国际博览会上获得银质奖，现北京故宫博物院收藏的"皮胎漆葫芦"，是过去进贡礼品之一。漆器制作工艺讲究、复杂，以本地特产生漆作主料涂抹在皮胎上，成品质地坚实，耐酸碱，耐热，防腐无异味。外观铮亮，图案花鸟为隐形。除家具、茶具、器皿外，还有各类摆设品、装饰品、玩具等。

【玉屏箫笛】

取材于本地小水竹，竹节长而均匀，壁厚薄适宜，质地坚实。其工艺独特，制作精巧，雕刻细致，音韵清亮而优美，富有浓厚的民族特色。制作已有300余年的历史，原是宫廷演奏不可缺少的上乘乐器。1913年获英国伦敦国际手工艺品展览会银质奖章，1915年获美国旧金山万国博览会金质奖章，1979年获国家轻工业部优质产品奖，1984年被评为贵州省优秀旅游产品。

【织金砂陶】

用本地砂泥制坯再煅烧而成，制作工艺精巧，其陶器具有浓郁的地方特色。成品有罐、壶、锅等餐饮具，以其煮、炒、炖制食物无异味，不起化学作用。砂壶煨茶味正清香，砂罐煎药当属首选。

【遵义通草堆画】

用亚热带草本植物加工制成通草片，运用贴、堆、画、衬等手法，制成各种造型画，洁白如玉，结构精巧，有强烈的立体感和高浮雕风格。品种有人物、山水、虫鸟、花木等，栩栩如生，很有欣赏价值。

【赤水香扇】

是赤水扇庄精心研制开发的新一代全竹系列工艺旅游佳品，以其精巧玲珑、古朴清新、技艺精湛的独特风格，赢得中外客商和游人的青睐，已获国家专利权。全竹工艺香扇分精装礼品套扇和单盒香扇两大类，有5~46.7厘米14个规格，百余个品种，也可根据客户需要设计画面。

【思州石砚】

产于岑巩县，为中国的八大石砚之一，有上千年的历史，北宋名人苏东坡誉之为"裘壁"。其砚为人工精雕细凿而成，造型60余种，远销海内外。

【平塘牙州陶】

产于平塘县的牙州镇，有500多年的历史。此陶器采用民间传统工艺精心制作，极富地方特色和民族风格。造型别致，釉面光亮，图案古朴典雅，色彩绚丽，独树一帜。牙州陶曾多次获奖，其"鸡纹双耳罐"获1993年中国旅游购物节金奖,产品远销海内外。

【普安龙溪石砚】

采用普安县城西7千米处的九龙山石制作,开发于清乾隆年间。石砚搛墨柔顺,不伤笔毫,质地紧密且不滞不滑,蓄水性能好不易挥发,清代名人张之洞专作《龙溪砚记》文赞颂此砚。

【荔波凉席】

采用当地特产泡竹(学名:黔竹)经7道工艺精编制成,质地细软,可以折叠,凉快舒适,经久耐用。其制作工艺讲究,绘有花纹图案,美观典雅。

【万山竹雕】

万山竹雕工艺品多为少数民族头饰、面具、动物玩具等,工艺精湛,造型夸张,反映少数民族神秘古朴的传统文化,为近年开发的新型旅游商品。

【晴隆翡翠】

晴龙盛产翡翠,已发现上万吨翡翠玉料,质地优良,硬度高耐腐蚀,光泽度好。色彩多样,主要为绿色间红、黄白、黑色。其雕刻制品为花鸟虫鱼、山水画及人物等,造型美,形象逼真。

【印江白皮纸】

已有数百年的生产历史,主要产地在印江合水镇,手工作业。以构树皮为主要原料制成,色泽洁白,吸水力强,质地坚韧细腻柔软。

【印江石雕】

历史悠久,早在清代就闻名华夏。1962年精雕细刻的7层宝塔,现陈设于人民大会堂。塔高约60厘米,连同基座共有栏杆12层,栏杆花样有24种,内部浮雕是印江风景,全部拆开便是一套餐具,工艺价值很高。在南京莫愁湖畔的胜棋楼上也陈列着一座印江石雕"八仙过海"座屏。印江盛产的紫袍玉带石,由多层玉绿石和紫红色石相间镶成,多层多色,质地细腻,硬度适中,被称为"稀有石雕奇石",所生产的各种玉带石砚墨盒、三层砚、双龙杯、荷花大叶盘等工艺品畅销各地。

【天麻】

贵州是中国天麻的主要产地,野生天麻质优量大。从20世纪60年代起,开始人工栽培,在黔北、黔南已有天麻商品生产基地。天麻可治头晕、目眩、眼花、肢体麻木、神经衰弱、风寒湿痹、小儿惊风、癫痫、高血压等症。临床应用证明,对血管神经头痛、脑震荡后遗症等疗效显著。

【杜仲】

被中国第一部药学专著《神农本草经》列为上品的杜仲,入药功用多,以补肝益肾、强筋壮骨、安胎、降血压见长。贵阳中药厂以杜仲为主要原料制成的"杜仲虎骨丸"、"杜仲补天素"、"复方杜仲片"等中成药,在国内外享有声誉。贵州大部分地区都产杜仲,野生产量居全国领先地位。人工培植杜仲有较大发展。遵义的杜仲林场是全国三大杜仲基地之一。

【吴茱萸】

吴茱萸有温中散寒、疏肝止痛,延年祛病之功。内治脘腹冷痛、呃逆吞酸、呕吐、腹泻、疝痛、经痛等症;外治口疮、脚气等症。主产地在黔东、黔北一带。

【黔党参】

黔党参是中药党参中的佼佼者,有益气补脾之功。以治疗气短心悸、体倦乏力、食少溏便见长,是理想的上乘补药。主产于黔西北一带。

【茯苓】

贵州是中国茯苓的主要产地之一。黔东南一带所产茯苓,品质位居全国之冠。茯苓有健脾和胃、益气安神、祛除湿热、行水止泻之功效,是治疗心腹胀满、气虚劳伤、痰饮、水肿、健忘、失眠、心悸、眩晕的良药。

【石斛】

别名黄草。也是贵州的地道药材。主产地在兴义、惠水等县,兴义城旧名便称"黄草坝"。石斛有养阴补胃、生津止渴之功,可治热病伤津、口干烦渴、虚热等症。贵阳中药厂生产的"石斛夜光丸",是国内外受欢迎的滋阴补胃、生津明目之良药。

【金银花】

贵州行销国内外的著名药材,为炎夏消热解暑的佳品,有清热解毒的功效,可治疗温病发热、风热感冒、咽喉肿痛、痈肿、肺炎、痢疾、蜂窝组织炎等症。主产于黔北、黔东一带。原系野生,近年来人工种植发展较快。

【冰片】

是将艾纳香的叶制成的结晶艾粉再精制而成的一种芳香开窍药。贵州罗甸县出产的冰片量多质佳,获"罗甸冰片"之名,是贵州省的传统特产和全国的主要药材品种,在国际市场上占有重要地位。

【朱砂】

在贵州的矿物类地道药材中,朱砂名居首位。贵州汞矿藏量在全国居首位。伴生于汞矿中的朱砂,有镇惊、安神、解毒之功效。内治癫痫、惊风、心悸、失眠多梦、头晕目眩等症;外治疮疡肿毒、口舌生疮等症。贵州朱砂主要产于万山、铜仁、丹寨、务川等地,颜色鲜红,富有光泽,质量和产量都驰名中外。产品有指头大的"片砂"、黄豆大的"豆砂"、绿豆大的"颗砂",以及"米砂"、"菜籽砂"等。

【猕猴桃】

又称中华猕猴桃,俗名"杨桃"、"羊桃",为"水果之王"。它是一种落叶木质藤本植物,初夏开花,花呈白色,后变黄色。果实夏秋成熟。卵形或近球形,黄褐绿色,内多酱汁。表皮密被绒毛,将薄薄的软皮揭去,果肉像翡翠般鲜嫩,酱汁清香。它含有丰富的营养成分,每百克鲜果含维生素C 200毫克左右,高的竟达420毫克,还含有多种氨基酸和矿物质元素,可滋补人的身体,对防治肝炎、高血压、食道癌等疾病有较好作用。

【刺梨】

刺梨在贵州分布很广,产量居全国之首,这种蔷薇科灌木植物的果实是消食化气、健脾开胃的天赐良药。每百克鲜果含维生素C 1 000~2 000毫克,高的达2 435毫克,是甜橙的50倍。还含有多种维生素、18种氨基酸和8种微量元素,无论用作营养滋补还是用作医疗保健,都有不可低估的价值。目前开发的有刺梨酒、刺梨汁、刺梨膏、刺梨果酱、果干、果糖、果晶等。

【榕江西瓜】

榕江新澄杂交西瓜是极好的消暑佳品,果实椭圆,果皮绿色具网状暗花纹,瓤红质脆,含糖量为12%左右,瓜平均重12~18千克。以皮薄、个大、瓤沙、汁多、肉多、味香甜、形色美观和早熟、耐储运而驰名中国南方。

【威宁大黄梨】

为全国八大名梨之一。已有200多

年的栽培历史。以个大皮薄、肉质细嫩、色泽金黄、香甜似蜜、核小、耐运、耐藏等特点而驰名省内外。主要产地是威宁,1958年出版的《中国果树栽培学》一书将之命名为"威宁大黄梨"。

【惠水金钱橘】

产于惠水涟江一带,因橘体如金钱而得名。其橘皮薄,色鲜味甜,营养丰富,维生素C和蔗糖含量高。

【阿栗杨梅】

产于贵阳市乌当区阿栗村,因果实黑红、糖多酸甜,俗称"火炭杨梅"。阿栗村已成为杨梅生产基地,每年一度举办贵阳杨梅节。还生产一种"科技杨梅",香味浓厚,汁多肉细,营养丰富。

【盘县银杏】

产于盘县特区,俗称白果,有饭白果和糯白果两种,色泽白净,果实大而饱满,皮薄浆足,质地优良,年产量上万吨,居全省首位。

【铜仁花生】

花生为铜仁特产,已有2000多年的生产历史,质地优良,壳薄仁大,颗粒均匀饱满、外壳光泽鲜亮、出子率高达76%,且易于保管。是宴宾待客、馈赠亲友的佳品,行销省内外。

【肠旺面】

主要产地为贵阳,各宾馆饭店和风景区餐馆均有供应。其面条用鸡蛋和面粉擀成,煮好后放入炖熟的猪肠片和老嫩适当的猪血旺,再加脆臊、红油、葱花、绿豆芽、豆腐果等精细复杂的作料,冲以骨头汤和鸡汤,汤鲜肠烂,脆臊不绵,油红不辣,满口飘香。

【关岭花江狗肉】

产于关岭布依族苗族自治县花江镇,已传入贵阳市。狗肉不剥皮,用砂锅小火炖煨,汤一次放足,内加适量花椒、生姜、黄果皮或橘子皮。把炖好的狗肉切片或块,在调好的芫荽、生姜、葱花、胡椒粉、味精等作料的辣椒水里蘸吃,辣、麻、香,其味无穷。

【遵义豆花面】

豆花是用黄豆磨浆点酸汤,制成水豆腐,用豆浆煮熟。用上等面粉掺鸡蛋和面,放少许碱水和芡粉擀成面条,煮熟后加入豆花,将肉臊、红油、猪油、麻油、姜葱、鱼香菜、鸡肉丁、花生米等放入小碟中,食用时把面条豆花挑在碟中蘸吃。

【遵义羊肉粉】

用大米浸泡磨成面放入"漏瓢"内挤压成线,用滚烫水煮成粉条。羊肉用小火炖熟,内有羊骨羊杂,汤内放冰糖、香料、鸡块。将切好的羊肉片盖在米粉上加汤及辣椒油、蒜苗、芫荽等作料,味鲜美,汤不浊。

【折耳根】

民间小菜。又名鱼腥草,有特殊气味,营养价值和药用价值高。通常是将其根部洗净折成寸节,用盐腌渍一下淘净,把烤糊弄碎的辣椒面和葱、蒜、酱油、醋等作料加入拌匀即可食用,脆嫩爽口,有芳香味。也可将寸节折耳根与瘦肉丝、腊肉片炒来吃。

【赤水冬笋】

是赤水久负盛名的土特产,毛竹的天然副产品。冬笋采掘于隆冬季节,肉质嫩脆,味道清香鲜美,高温蒸炒不变色,是宴请宾朋的上乘佳品。冬笋还可以加工精制成"玉兰片",其鲜冬笋的色味不变。

【江口豆腐干】

已有近百年的生产史,产品制作考

究,用水独特(用江口的"龙井"水浸泡,不用石膏点浆),工序复杂,营养丰富,光泽透明,食有余味。百块一串,便于携带,存放期长,食用方便。

【独山盐酸】

为风味小菜,有500多年的历史,居全国八大腌菜之列。系用青菜为主料,佐以糯米甜酒、冰糖、食盐、辣椒、大蒜等,以民间传统加工工艺精制。质地脆嫩,味道鲜美,色香味俱全。含有多种维生素、氨基酸等,1984年获全国优秀旅游产品一等奖,为国家部级优秀产品,后又获全国食品博览会金奖、中国旅游购物节天马奖银奖。

【织金竹荪】

产于织金的山珍。为寄生在苦竹根部的一种隐花真菌,状若灯罩,呈白色。当嫩幼菌体从竹根破土而出时如一枚彩色鸟蛋,人称"竹鸡蛋",离壳长出时,如身着银纱的妙龄少女,人们又称它"纱罩美人"。竹荪芳香飘逸,味道鲜美,色香味俱佳,营养价值和药用价值很高。

【威宁火腿】

风味食品。用瘦肉型高原乌金猪后腿为原料,配以多种作料,以独特方法加工而成,肉质香醇,色泽黑红。

【威宁荞酥】

民间小吃名点,初产于明洪武年间。是以苦荞面为主料加猪油等多种配料制成的糕点,香酥松散,味道鲜甜,口感清爽。品种有洗沙、白糖、水晶、火腿等。

【镇宁波波糖】

产于镇宁,已有200多年的历史。是以芝麻、糯米面等为原料精心制作的风味名点,香酥脆甜,富含脂肪、蛋白质、葡萄糖等营养成分,为馈赠佳品。

【侗乡腌鱼】

为侗族传统菜肴。将鲜鱼剖洗干净,用盐腌渍7~10天后,用糯米饭、糟辣椒、米酒、姜葱蒜、花椒、土硝等调料揉擦鱼皮并装入鱼肚内,装进腌桶压紧密封3个月,开桶取出,入窖存放3~8个月后,取出即食。

【名烟】

黄果树牌、遵义牌产于贵州黄果树集团;精制大洋牌、珠光驰牌,产于贵州毕节卷烟厂;桫椤牌,产于贵州遵义卷烟厂。

IV 地区发展信息

一、省及市州地发展概述

【发展概述】

2001年,全省国内生产总值1 082亿元,比同期全国平均增长速度高0.8个千分点。由于历史原因和自然条件制约,全省经济发展总体上落后于全国平均水平。全省人口占全国人口总数的2.9%,而国内生产总值总量只占全国的1.1%,低于全省人口占全国人口的比例;全省财政收入85.5亿元,占全国财政收入的1.3%。2001年全省完成外贸出口总额42 170万美元,进口完成22 808万美元,进出口总计完成64 978万美元;全社会消费品零售总额378.01亿元。基本建设投资完成533.74亿元,占全国基本建设投资总额的1.14%。实施西部大开发战略给贵州省带来千载难逢的大好机遇。贵州省提出"打好农业基础,发挥六大优势,加强基础设施建设,突出科技教育,深化体制改革,搞好内引外联,走资源综合开发,加工增值为重点的振兴之路"的总体思路。一是努力扩大固定资产投资规模,加速"西电东送"和交通等重大项目建设,一大批标志性工程如构皮滩电站、引子渡电站、连接遵义至重庆崇溪河的遵崇高等级公路、渝怀铁路(重庆至湖南怀化)贵州省铜仁段等相继开工。二是积极推动经济结构调整。在农业方面,各地区因地制宜扩大特色农作物的种植面积,优化烤烟种植布局,大力推动退耕还林,促进生态环境建设。在工业方面,努力促进工业发展速度与经济效益同步增长,大力发展电、铝、磷、煤等原材料优势产业,培育中草药制药业等新兴产业,巩固卷烟、酿酒等传统优势产业,在第三产业方面以电信业和旅游业为龙头,全面推动服务业的发展。不断提高经济总量,实现富民兴黔的宏大目标。

【贵阳市发展概述】

2001年,全市完成国内生产总值302.75亿元,占全省国内生产总值的27.98%,其中完成农业增加值25.09亿元,工业增加值122.83亿元,第三产业增加值124.97亿元,第三产业产值占国内生产总值的41.3%。全市完成货物运输量4 640.42万吨,其中铁路完成货物运输量889.81万吨,占19.19%;公路完成3 750万吨,占80.81%。社会消费品零售总额达到121.66亿元,其中贸易业占75.99%,餐饮业占24.01%。对外贸易进出口总额为19 254万美元,其中出口总额13 811万美元,进口总额5 443万美元。全市地方财政收入27.97亿元。2001年,全市银行存款余额645.2亿元,占全省存款余额总数的54.67%;贷款余额465亿元,占全省贷款余额总数的

43.67%。全市市场物价平稳,商品零售价格总指数比上年下降0.8%,居民消费价格指数比上年上升1.1%。全市职工年平均工资为10 869元,月平均工资905.75元。贵阳市职工年平均工资比全省高1 878元。根据2001年统计,全市每万人中有各类专业技术人员309人。

【六盘水市发展概述】

2001年,全市完成国内生产总值90.88亿元,其中第一产业产值13.96亿元,占15.32%;第二产业产值49.13亿元,占54.29%;第三产业产值27.8亿元,占30.46%。全市公路货运量3 202万吨,货物周转量152 648万吨千米。全市社会商品零售总额19.92亿元,其中贸易业占59%,餐饮业占7.4%,其他占33.6%。全市外贸进出口总额3 123万美元,其中进口2 807万美元,出口316万美元。全市地方财政收入5.41亿元。2001年末全市存款余额86.38亿元,贷款余额74.66亿元。居民消费品价格总指数为100.9。职工年平均工资高于全省平均水平。职工年平均工资为9 028元,比全省职工年平均工资高37元。每万名职工所拥有科技人员359.8人。

【遵义市发展概述】

2001年,全市完成国内生产总值252.75亿元,其中第一产业82.66亿元,占33.06%;第二产业完成91.19亿元,占36.48%;第三产业产值78.43亿元,占30.57%。遵义市经济总量仅次于贵阳市,国内生产总值占全省的23.1%。全市完成货物运输量1 822万吨,其中铁路完成货物运输量889.81万吨,公路货运量3 750万吨千米。全市社会消费品零售总额59.51亿元,其中贸易业29.44亿元,占55.68%,餐饮业6.36亿元,占32.32%。全市外贸进出口总额8 251万美元,其中出口4 583万美元,进口3 668万美元。全市地方财政收入12.47亿元,占全省财政收入的13.62%。2001年全市银行存款余额206.58亿元,贷款余额154.85亿元。全市商品零售价格总指数为101.1,居民消费价格指数为100.3。全市职工年平均工资8 750元,比全省平均工资低241元。全市现有7.55万名科技人员,每万名职工有科技人员282人。

【安顺市发展概述】

2001年,全市国内生产总值达到63.5亿元,占全省国内生产总值的5.87%,其中第一产业18.92亿元,占国内生产总值的29.8%;第二产业23.14亿元,占36.44%;第三产业21.54亿元,占33.92%。全市货运周转总量3.76亿吨千米。社会消费品零售总额23.15亿元,其中贸易业占56.18%,餐饮业占5.5%。外贸进出口总额417万美元,其中进口243万美元,出口174万美元。2001年全市地方财政收入4.15亿元。2001年末全市银行存款余额68.7亿元,贷款余额69.06亿元,存贷差0.34亿元。全市商品零售物价指数为100.7,居民消费品价格总指数为101.6。职工年平均工资为9 000元。每万名职工所拥有科技人员403.3人。

【黔南自治州发展概述】

2000年,全州国内生产总值达到106.24亿元,占全省国内生产值的10.18%,其中第一、第二、第三产业产值分别是35.74亿元、40.02亿元和30.49亿元,分别占国内生产总值的33.6%、

37.7%和28.7%。黔南自治州已建立起以制造工业为主,包括磷化工、煤化工、卷烟、建材、有色金属等工业在内的较为完整的工业体系。2000年黔南自治州完成货运总量1 181万吨,货物周转量10.3亿吨。全州完成社会消费品零售总额28.96亿元,其中贸易业14.21亿元,餐饮业2.66亿元。对外进出口总额实现8 239万美元,其中出口总额7 024万美元,进口总额1 216万美元。2001年全州地方银行存款余额78.35亿元,贷款余额75.4亿元。2001年全州消费物价总指数为99.4,比上年下降2.1%。全州职工人年均工资为8 077元。每万名职工中拥有专业技术人员331.7人。

【黔东南自治州发展概述】

2000年,全州国内生产总值完成85.91亿元,占全省国内生产总值的7.63%,其中第一产业35.69亿元,占41.54%;第二产业24.95亿元,占29.04%;第三产业25.27亿元,占29.41%。2001年,全州完成社会货物周转量4.37亿吨千米。社会消费品零售总额22.50亿元,其中贸易业12.22亿元,餐饮业1.43亿元;外贸进出口总额121万美元,主要是出口。全州地方银行存款余额78.98亿元,贷款余额78.56亿元。全州地方财政收入6.74亿元,其中地方财政收入4.82亿元。物价消费指数为96.3,比上年下降2.3%。全州职工人年均工资为8 373元。根据2000年第五次人普查,每万名职工中拥有专业技术人员347.9人。

【黔西南自治州发展概述】

2001年,全州完成国内生产总值67.2亿元,占全省国内生产总值的6.03%。在全州国内生产总值中,第一产业产值完成22.9亿元,占34.08%;第二产业产值完成22.84亿元,占33.99%;第三产业产值完成21.46亿元,占31.93%。全州社会消费品零售总额为18.89亿元,其中贸易业11.26亿元,餐饮业2.27亿元,外贸进出口完成8万美元,主要是出口。全州银行存款余额60.24亿元,贷款余额47.86亿元。地方财政收入4.59亿元。物价消费指数为97.0,比上年下降2.0%。职工人年均工资为8 047元,农民人年均纯收入1 364元。根据2000年第五次人口普查,每万名职工中拥有专业技术人员306人。

【铜仁地区发展概述】

2001年,铜仁地区完成国内生产总值67.3亿元,占全省国内生产总值的6.41%。在全区国内生产总值中,第一产业产值38.46亿元,占61.24%,第二产业产值完成13.35亿元,占18.1%;第三产业产值完成15.48亿元,占20.66%。全区完成货运总量639万吨,货运周转量6.25亿吨千米。社会消费品零售总额为18.78亿元,其中贸易业完成12.35亿元,餐饮业完成1.11亿元,外贸进出口完成53万美元,主要是出口农产品。全区银行存款余额49.19亿元,贷款余额54.78亿元。全区财政收入4.04亿元。物价消费指数为99.2,比上年下降1.5%。职工人年均工资为8 226元,居民人年均可支配收入4 788.14元,农业人年均收入1 276元。根据2000年第五次人普查,每万名职工中拥有专业技术人员328.9人。

【毕节地区发展概述】

2001年,毕节地区完成国内生产总

值127.16亿元,占全省国内生产总值的12.27%。在国内生产总值中,第一产业产值54.22亿元,占42.63%,第二产业产值36.38亿元,占28.6%;第三产业产值36.56亿元,占28.7%。全区完成货运总量787万吨,货运周转量78 857万吨千米。2001年全区实现社会消费品零售总额20.74亿元,其中贸易业13.62亿元,餐饮业1.41亿元;外贸进出口完成323万美元,主要是出口。全区银行存款余额66.78亿元,贷款余额80.7亿元。全区居民消费价格指数101.9,商品零售物价指数为101.6。全区职工年平均工资7 872元,农业人均收入1 248元。根据2000年第五次人口普查,全区每万名职工中拥有专业技术人员228.2人。

二、国家级、省级开发区概述

【新天高新技术产业开发区】

国家级高新技术产业开发区,位于贵阳市乌当区新添寨镇,距贵阳市中心城区6.5千米。始建于1992年,规划面积7.3平方千米,建成区面积6.6平方千米。现由新天工业园、云锦工业园、东风医药工业园和贵州火炬软件园组成。新天高新技术产业开发区相对集中,综合配套完善,是贵州一流水平的高新技术工业园区。现有企业300余家,其中从事高新技术产业开发的企业有59家。工业产值上亿元的有7家,总产值上5亿元的有2家,从业人员2万余人,从事研究、开发、管理的工程技术人员有2 000多人。开发区已确立四大优势产业:一是IT产业,通信设备,新型片式电子元器件,厚膜混合集成电路,计算机,卫星接收系统,电脑软件。二是光机电一体化,汽车零部件,精密光学仪器,液压泵和马达,电力自动控制设备,三是生物制药。四是新材料工业,锂电池阳极材料,纳米氧化锌,超微细非金属粉。2000年新天园区工业总产值达到30亿元以上。2001年,开发区引进外资13.71亿元,实际到位资金5.74亿元。世界500强企业之一的日本京瓷株式会社与振华科技股份有限公司合作研究生产CDMA手机,现已生产13万部。开发区基础设施建设已投入资金1.17亿元,使道路、管网、水电基础工程和绿色美化工程进一步改善,其中重点拓展了东风、洛湾、云锦3个工业园区的建设。随着基础设施等投资环境的改善,贵州万顺堂等5家药业企业已进入新天东风生物工业园区,新天信息公司、英弗普尔、西迪软件、华诚科技等10余家企业已进入新天开发区火炬园创业。

【国家级贵阳经济技术开发区(小河开发区)】

位于贵阳市中心城区南隅与花溪区

交界的小河区,距市中心5千米,始建于1993年3月。2001年总人口14.9万,其中农业人口2万。开发区总面积63.13平方千米,规划面积9.55平方千米。2001年,开发区国内生产总值达到12.14亿元,工业总产值达到22亿元。开发区内现有企业400余家,其中国有大中型企业23家,外商投资企业25家,拥有固定资产40多亿元,形成了以工程机械、动力机械、机床工具、电子电器、飞机配件、汽车和摩托车零配件以及工业基础件为主的工业体系。2001年开发区招商引资引进项目14个,合同资金总额7.23亿元,实际引资项目78个,实际到位资金7.87亿元。开发区通过引资对原有大中型企业进行技术改造,发展对外贸易,区内企业已与世界上30多个国家和地区的企业及经济组织建立了合作关系,产品出口40多个国家和地区,出口创汇1 500万美元。开发区2001年投入资金7.1亿元,重点加强道路等基础设施建设。现建成40米宽的沙冲路与市中心城区连接,西南环线高等级公路穿越该区,交通十分便捷。区内建有日供水15万吨的自来水厂和300兆伏安的变电站,程控电话装机容量达5万门,煤气已开通2万户。在开发区花溪大道上有汽车城、华联汽车贸易城、华丰大型食品批发市场,形成省会城市"两带众星"市场格局的重要一极。生产资料、劳动力、资金等生产要素市场及商贸市场正逐步完善。开发区坚持"主攻二产、发展三产、巩固一产"的方针,加强基础设施建设,改善投资硬件环境,加强"西部开发工业园区"、外商投资工业园区、中小企业科技园区的建设,力争在15年内,完成园区内生产总值翻三番,达到100亿元的目标。

【金阳新区】

国务院批准的贵阳市总体规划提出:"城市今后发展的方向,是在城区西北的金华、阳关一带,建设一个城市新区。"中共贵州省委、省人民政府提出:"城市基础建设要重点启动贵阳金阳新开发区和一批中心城市基础设施,支持贵阳市瞄准面向新世纪现代化大都市目标,努力建设成为西部开发的一个重要增长极"。金阳新区实施期间规划面积17平方千米,人口18万。2001年新区完成国内生产总值87 954万元,工业总产值227 680万元,财政收入1 700万元,出口创汇32万美元。新区自2000年建立以来,共引进项目115个,合同资金总额138 538万元,其中2001年引进项目107个,实际到位资金总额23 430万元。新区相继开工了金阳大道、金西大道、观山路、诚信路、兴筑路等工程,开工里程达50多千米,总投资25亿元。"三纵三横"道路主骨架建设力争提前1~2年完成。供水、排水、电力、通信、煤气管道、道路绿化、广场、景观建设、污水处理等一批项目已启动或相继启动。2001年基础设施建设投资总额43 845万元,实际完成15 531万元。新区在城市建设中提出了数字金阳的全新理念,在电信专业规划中实现宽带网,实施"三网合一",建立三个层次的管理平台,拟建立金阳新区三维模型及电子查询、优化设计等系统。金阳科技产业园已于2002年6月正式启动首期开发计划,即"12345"工程,包括1个广场、2个主题园、3个主体建筑、4条主次干道、5个大型高新技术产业化项目。2003年上述工程基本竣工，金阳科技产业园将初具雏形。2002年6月底，开始启动市级行政中心、科技大厦、公交始发站及停车场和一批地产项目。下一步贵阳医学院附属医院、贵阳市第一中学、报业大楼、金阳五星酒店、大型超市等一批重点项目的正式启动，预示着新一轮投资热潮的到来。

【省级开发区概述】

省级开发区基本上是分布在各个市州地，因各个地区经济基础不同，区位条件有很大差别。开发区的总体实力、开发形式、总体效益也不完全相同。如安顺经济开发区主要以生产日用轻工业产品为主，都匀市开发区主要以房地产业为主，遵义经济技术开发区以生产高新技术产品和传统优势产品相结合；而黔西南顶效开发区以发展建材和农产品加工生产为主。铜仁地区的大龙开发区（又称铜仁工业园区），是全国乡镇企业东西合作示范区，主要从事生物制药、农产品深加工和有色金属、精细化工。贵州省级开发区经济效益，财政收入比较显著的是遵义经济技术开发区和安顺经济开发区。

【遵义经济技术开发区】

省级开发区，建于1993年。位于遵义市城区北部，辖高桥、董公寺两个乡镇以及洗马、上海路、茅草铺3个办事处。总人口16.2万，总面积96平方千米。现有企业200多家，其中规模企业23家。重点企业有国防科技工业企业、长征电器集团、卷烟厂、酿酒企业遵义董酒厂、珍酒厂等。主要产品有"海尔电冰箱"、锂电子电池、高低压电器开关、飞机平衡继电器等，开发区利用区内国防科技工业企业军转民生产风华电冰箱的技术优势，与东部沿海企业山东青岛海尔集团"联姻"，引进海尔集团的资金、管理技术生产海尔电冰箱出口国外。海尔集团在开发区已经形成年产80万台电冰箱生产线，每年以70%的速度增长，带动区内30多家企业，成为东西合作的范例。2001年开发区生产总值达到23.69亿元。开发区从1993年以来，先后引进项目727个，投资总额130亿元，实际到位资金35亿元。其中2001年引进项目22个，引进资金14.32亿元。在基础设施建设方面，开发区2001年完成投资总额7.5亿元。开发区内道路、管网、水电基础工程的不断改善，促进了投资环境的改善，促进了招商引资工作的开展。2001年，遵义经济技术开发区完成财政收入4575万元。开发区的发展思路是，由带头发展向带动发展转变，从着力于引进外资向重点引进先进技术转变，从偏重于引进向注重消化吸收转变，从注重依赖政策向依赖环境转变，从注重规模效益向注重质量效益转变，走"负债建设，效益偿还，自我积累，滚动发展"之路，与时俱进，再创辉煌，积极推进经济结构调整，努力打造支柱产业和优势产业，不断培育新的经济增长点。

【安顺开发区】

安顺开发区位于安顺市西秀区西部，1992年建立，规划面积26.7平方千米，现有人口10余万。2001年完成国内生产总值13.82亿元。现有企业100多家，初步形成以机械加工、化学工业、药品制造、食品工业、工艺美术、家具、制衣等支柱产业。区内较大规模的企业有南风日化、金星啤酒、贵府酒厂、派力门等，这些规模企业产值都在千万元以上。招商引资。开发区自建立以来，共引进项目600余个，项目资金40亿余元，其中2001年引进项目47个，合同资金6.3亿元，实际到位资金2.52亿元。在基础设施建设方面，开发区2001年投资7 638万元，实际完成5 738万元。和省内其他开发区相比，安顺开发区引进项目中非公有制经济占很大比例，非公有制经济项目占引进项目数的87.4%，资金数量占80%以上，非公有制经济提供税收已达3 382万元。引进的项目大多是日用轻工业产品，南风日化厂生产的"奇强"牌洗衣粉、广东汕头联美集团与安酒集团联姻生产的"贵府酒"、河南金星啤酒集团在安顺生产的"金星王"啤酒等，在市场上都有较高的知名度。

V 发展计划信息

一、发展目标

【总体发展目标】

总体构想：抢抓历史机遇，全面深化改革，加强两个基础（农业、基础设施），实施三大战略（科教兴黔、开放带动、可持续发展），调整三大结构（产业、所有制、区域经济），开发四大资源（能源、矿产、生物、旅游），促进两个文明协调发展，加快富民兴黔步伐。主要目标：西部大开发战略全面启动，国民经济加快发展，结构调整取得明显成效，经济增长的质量和效益明显提高，经济增长的速度高于全国平均水平，为到2010年实现国内生产总值比2000年翻一番以上奠定坚实的基础；国有企业建立现代企业制度取得重大进展，社会保障体系初步建立，完善社会主义市场经济体制迈出实质性的步伐，扩大开放取得突破性进展，参与经济技术合作与竞争的能力增强；人口过快增长得到有效控制，就业渠道拓宽，生态建设和环境保护得到加强，城乡居民收入持续增加，物质文化生活水平进一步提高，力争到2005年1/2以上的农户实现小康，其余农户稳定解决温饱，城镇居民总体过上比较宽裕的小康生活；教育科技加快发展，国民素质进一步提高，精神文明建设和民主法制建设进一步加强。"十五"期间经济社会发展的预期调控指标：一是国内生产总值年均增长9%左右；地方财政收入年均增长9%以上；固定资产投资年均增长12%左右，5年累计投资总额达到3 000亿元以上。二是到2005年，第一、第二、第三产业占国内生产总值比重调整为21:43:36；城镇化水平提高到25%左右。三是到2005年，人口自然增长率下降到10‰左右；城市城镇登记失业率控制在5%左右；农民人均纯收入和城镇居民人均可支配收入年均分别增长4.5%和5%左右。

【贵阳市发展目标】

总体构想：抢抓历史机遇，全面深化改革，扩大对外开放，发挥三大优势（省会城市、西南交通枢纽、南贵昆经济带中心），实现四大战略（科教兴市、开放带动、城镇化、可持续发展），取得六大突破（经济结构调整、城市建设管理、深化体制改革、扩大招商引资、科技进步创新、城乡协调发展），加快工业化、城镇化、现代化步伐，促进两个文明协调发展，为率先在省内基本实现现代化打好基础，实现在全国省会城市中经济总量排位前移。

主要目标：国民经济快速发展，经济结构战略调整取得明显成效，经济增长质量和效益显著提高，经济实力明显增强，全市国民生产总值年均增长12%

左右,为在今后10年内全市国内生产总值比2000年提前翻一番奠定坚实基础。建立现代企业制度取得重大进展,完善社会主义市场经济体制迈出实质性步伐,对外开放开创新的局面,经济技术合作与竞争的能力明显增强;就业渠道拓宽,社会保障制度比较健全;城乡居民物质文化生活水平进一步提高,城镇居民的小康生活更加宽裕;人口、资源、环境协调发展;教育、科技、文化等各项社会事业全面进步,国民素质进一步提高,精神文明和民主法制建设取得明显成效。2001～2005年,初步安排全市国内生产总值年均增长12%左右;财政收入年均增长10%以上;城市居民可支配收入年均增长7%,农民人均纯收入年均增长6%;人口出生率逐年下降,2005年人口自增率控制在8‰以内;城镇居民登记失业率控制在4%以内;城市化率年均提高1～2个百分点。

【六盘水市发展目标】

总体构想:抢抓发展机遇(实施西部大开发战略机遇),加强两大基础(农业和基础设施),调整三个结构(产业结构、所有制结构、区域经济结构),实施四大战略(科教兴市战略、开放带动战略、可持续发展战略、城镇化战略),开发五大资源(人才、能源、矿产、生物、旅游),促进两个文明协调发展,加快富民兴市步伐。

主要目标:国民经济加快发展,综合经济实力不断增强,结构调整取得明显成效,经济增长质量与效益明显提高,为到2010年实现人均国内生产总值比2000年翻一番奠定坚实基础;农业基础地位进一步增强,能源原材料基地进一步巩固和提高,国有企业现代企业制度改革继续深化;社会保障体系初步建立,社会主义市场经济体制进一步完善,扩大开放取得重大进展;人口过快增长得到有效控制,生态建设和环境保护取得明显成效;城市规模进一步扩大,功能进一步完善;城镇化水平进一步提高,城乡居民收入稳步增加,物质文化生活明显改善,力争到2005年1/3以上的农户进入小康,其余农户稳定解决温饱,城镇居民生活水平基本达到小康;教育和科技加快发展,国民素质进一步提高,精神文明建设和民主法制建设进一步加强。"十五"期间宏观经济调控的主要预期目标是:国内生产总值年均增长9%以上,全市地方财政收入增长10%左右;固定资产投资总额5年累计比"九五"期间增长1.5倍;社会消费品零售总额年均增长10%左右;城镇登记失业率控制在4%以内。城镇化水平提高到25%左右。经济结构调整的主要预期目标是:到2005年,第一、第二、第三产业增加值比重调整到13:56:31。科技教育发展的主要预期目标是:到2005年,科技进步对经济增长的贡献率达到40%以上。幼儿入园率达到30%以上,适龄儿童入学率保持在98%以上,初中阶段毛入学率达到95%左右,高中阶段毛入学率达到18%,青壮年非文盲率保持在98%以上。可持续发展的主要预期目标是:到2005年,人口自然增长率控制在11.5‰以内,总人口控制在301万人以内。全市森林覆盖率提高5.3个百分点,达到26%;新增造林面积6万公顷;退耕还林6 700公顷以上;新增水土流失治理面积1 250平方千米;城市建成区绿化率达到

20%。提高人民生活水平的主要预期目标是：到2005年，农民人均纯收入和城镇居民人均可支配收入年均分别增长5%以上，农村剩余贫困人口温饱问题全面得到解决。城镇居民人均住房面积达到15平方米左右。广播电视人口覆盖率继续提高。城乡医疗卫生服务设施进一步改善

【遵义市发展目标】

总体构想：使全市国民经济保持较快发展速度，经济结构战略性调整取得明显成效，经济增长质量和效益显著提高，为到2010年国内生产总值比2000年翻一番以上奠定坚实基础。要抓住两大机遇（实施西部大开发、加入WTO），推进两个创新（体制创新、科技创新），实施五大战略（中路突破、开放带动、科教兴遵、城镇化、可持续发展），加快两个进程（工业化、城市化），实现富民、强县、兴市目标。

主要目标：一是经济总量再上新台阶，国内生产总值突破400个亿；二是实现产业结构由"二一三"格局向"二三一"格局转变；三是开始进入全面建设小康社会阶段。其中，经济预期目标是："十五"期间，国内生产总值年均增长10%以上，第一、第二、第三产业占国内生产总值比重调整为26.5：40：33.5；城市化水平提高到30%以上；地方财政收入年均增长10%以上，固定资产投资年均增长15%以上，5年累计投资总额达到450亿元以上；社会消费品零售总额年均增长10%；外贸进出口总额年均增长20%以上；城镇登记失业率控制在5%左右。社会发展目标是：要严格控制人口增长并尽快进入人口低生育水平，期末总人口控制在743万人以内，人口出生率控制在16‰以内，人口自然增长率控制在10‰以内。农村基本解决人畜饮水困难问题，实现村村通广播电视，农村电视普及率提高到95%，电话村普及率提高到50%，农村卫生厕所普及率提高到40%，人均居住面积提高到22平方米，农民人均纯收入达到2 300元，实际年均增长5%以上，力争80%的农户基本达到小康。城镇居民人均可支配收入达到6 600元，实际年均增长4%以上，城市电话普及率由15部/百人提高到30部/百人，空调、电脑、轿车等新一代消费品不断进入居民家庭，城市每百人拥有公共交通车辆1台，人均拥有绿地面积由7.2平方米提高到10平方米以上，城市垃圾无害化年处理率提高到60%，城市污水处理率提高到40%以上，城市燃气普及率提高到75%以上，"一控双达标"目标顺利实现，人民生活环境质量明显提高；教育、文化、卫生、体育、新闻出版、广播电视等事业有较大发展，基本适应人民群众不断增长的物质文化需要。

【安顺市发展目标】

总体构想：抓住历史机遇，加强农业基础和基础设施建设，推进体制创新和科技创新，调整产业结构、所有制结构、区域经济结构，旅游立市、生态为上、教育为本，推动科教兴安战略、可持续发展战略、开发带动战略的全面实施，推进工业化进程和城市化进程，促进两个文明建设协调发展，加快安顺旅游经济区的建设。

主要目标：全面启动实施西部大开发战略，国民经济加快发展，经济增长质量和效益明显提高，到2005年，全市人

均国内生产总值、人均财政收入、城乡人均收入等主要指标在全省排位前移,为力争2010年前实现国内生产总值在2000年的基础上翻一番奠定坚实基础;交通、通信和城市基础设施建设有突破性进展,城市化进程明显加快;经济结构战略性调整取得显著成效,能源基地和旅游中心地位得到确立,优势产业和支柱产业初步形成;国有企业建立现代企业制度取得重大进展,非公有制经济长足发展,社会保障体系初步建立,财政体制、投融资体制改革和政府职能转变取得新进展,完善社会主义市场经济体制迈出实质性步伐;对内对外开放取得突破性进展,良性开发机制基本形成,参与经济技术合作与竞争的能力增强;生态建设和环境保护得到加强,人口过快增长得到有效控制;城乡居民收入持续增加,就业渠道拓宽,物质文化生活水平进一步提高,力争到2005年40%的农户实现小康,其余农户基本解决温饱,城乡居民总体过上比较宽裕的小康生活;教育、科技、文化加快发展,国民素质进一步提高;精神文明建设和民主法制建设进一步加强。"十五"期间宏观调控的主要预期目标是:国内生产总值年均增长9%以上,其中:第一产业增长2.5%,第二产业增长13%,第三产业增长11.5%;固定资产投资总额在"九五"基础上增加1倍,累计达到100亿元,年均增长12%以上;地方财政收入年均增长10%以上;农民人均纯收入年均增长4%,城镇居民可支配年收入增长5%;城镇化水平2005年达到30.2%;人口自然增长率逐年下降,到2005年控制在10‰以内,总人口控制在265万以内。

【黔南自治州发展目标】

总体构想:抢抓历史机遇,全面深化改革,加强两个基础(农业、基础设施),实施五大战略(南下通道开放带动、科教兴州、结构调整、城镇化、可持续发展),突出两个创新(体制创新、科技创新),调整四大结构(产业、所有制、区域经济和城乡结构),发挥三大优势(资源、区位、民族自治州),促进两个文明建设协调发展,加快富民兴州步伐。

主要目标:国内生产总值年均增长速度不低于全省平均水平,经济总量进一步扩大,为到2010年国内生产总值比2000年翻一番以上奠定坚实基础,城乡居民生活水平进一步提高,收入水平增幅不低于全省平均水平;经济结构调整取得明显成效,特色经济和优势产业初步形成,非公有制经济逐步发展成为国民经济主体;以交通、通信及农田水利等为主的基础设施有较大改善;扶贫攻坚成果得到进一步巩固和发展,人口过快增长、资源浪费、生态环境恶化的趋势得到有效遏制。"十五"期间宏观调控主要预期目标是:国内生产总值年均力争达到9%以上,到2005年按2000年价格计算达到160亿元左右;第一、第二、第三次产业增加值占国内生产总值比重调整为25:45:30左右。财政总收入年均增长7%以上,到2005年达到15亿元以上;其中地方财政收入年均增长6%以上,到2005年接近8亿元。全社会固定资产投资5年累计达到160亿元左右。到2005年非公有制经济实现税收占全州财政收入的比重提高到45%以上。到2005年城镇化水平力争提高到25%左右。到2005年科技进步对经济增长的贡献率提高到40%以上。到2005年适龄儿童入学率达到99%以上；普及九年义务教育人口覆盖率达90%以上。到2005年，人口自然增长率下降到12.5‰左右；总人口控制在406万人以内。到2005年森林覆盖率(含灌木林)达到45%以上，城镇建成区绿化率提高到38%。"十五"期间，城镇登记失业率控制在5%左右。到2005年，农民人均收入达到1 800元以上；城镇居民人均可支配收入达到6 300元左右。保持物价总水平基本稳定。

【黔东南自治州发展目标】

主要目标：国民经济保持较快发展速度，经济结构战略性调整取得实效，努力实现国内生产总值年均增长9%以上，为到2010年全州国内生产总值比2000年翻一番奠定坚实的基础，力争经济总量在全省9个市州地的排名从"九五"期末的第6位，上升到"十五"期末的第5位，实现上档升位；要自加压力，力争地方财政收入年均增长8%以上；加快农村稳定脱贫与小康建设步伐，使较多的农户基本实现小康目标；形成林果业、电力及冶金工业、建材工业、旅游业和包括食品、造纸在内的轻纺工业五大产业；实现交通状况、生态环境、城镇面貌、人民生活的明显改善。教育、科技、文化等事业进一步发展，社会主义精神文明和民主法制建设明显加强。经济结构调整的主要预期目标是：2005年三次产业增加值比重排序调整为"二一三"。城镇人口占全州总人口比重提高到20%。科技教育发展的主要预期目标是：到2005年，科技进步对经济增长的贡献率提高。全州基本普及九年义务教育，基本扫除青壮年文盲，高中阶段和高等教育毛入学率提高。可持续发展的主要预期目标是：到2005年，全州人口自然增长率控制在10‰以下。全州森林覆盖率达到52%，城市绿化率达到25%。提高人民生活水平的主要预期目标是：农民人均纯收入增长4%，城镇居民人均年收入增长4%，城乡医疗卫生服务设施进一步改善。实现村村通广播电视。调整优化区域经济结构和建设经济强县迈出实质性步伐，贫困地区经济开发取得显著成效，贫困农户实现稳定脱贫。城镇化水平有所提高。

【黔西南自治州发展目标】

主要目标：西部大开发全面启动，国民经济加快发展，结构调整取得明显成效，经济增长的质量和效益明显提高，经济增长的速度高于全国和全省的平均水平，为在2010年前国内生产总值比2000年翻一番以上打下坚实基础。"十五"期间国内生产总值年均增长11.45%左右，达103亿元；财政收入年均增长11%以上，财政总收入达12亿元，其中地方财政收入达7亿元；人口自然增长率控制在11‰以下，总人口控制在313万人以内；科技进步对经济增长贡献率提高到40%左右；农业增加值年均增长6.12%，达29亿元，工业增加值年均增长13.66%，达30亿元；农民人均纯收入年均增长5%左右，达1 750元，城镇居民人均可支配收入年均增长5%左右，达6 700元，人民生活水平明显提高；固定资产投资总额在"九五"的基础上翻一番以上，5年固定资产投资累计达100亿元左右；社会消费品零售总额年均增长14%，达34亿元；实际利用外资和引进国内资金取得较大突破；城镇化水平达到20%以上。以公司制改造为主的国有企业的资产重组取得新进展，社会保障制度初步建立。以交通为主的基本建设实施取得重大突破，以"西电东送"为主要内容的能源基地建设不断加强，生态环境建设取得实质性进展。着力培育新的比较稳定的支柱财源，经济实力明显增强。科技教育加快发展，国民素质进一步提高，精神文明建设、民主法制建设、廉政勤政建设取得明显进展。

【铜仁地区发展目标】

总体构想：抢抓历史机遇，全面深化改革，加强两个基础（农业、基础设施），实施三大战略（科教兴铜、开放带动、可持续发展），调整产业（调优一产、调强二产、调大三产）、所有制（调大非公有制）、区域经济（培育新的产业带）三大结构，开发四大资源（水能、矿产、生物、旅游），以农业产业化为基础，推动工业现代化，农村城镇化和经济社会信息化建设，促进两个文明协调发展。

主要目标：全面启动西部大开发战略，国民经济快速发展，经济增长的质量和效益明显提高，经济增长速度超过全省平均水平，为到2010年实现国内生产总值比2000年翻一番以上打下坚实基础；经济结构调整取得明显成效，农业和以交通为重点的基础设施建设得到加强，经济社会信息化程度提高，综合竞争能力增强；国有企业建立现代企业制度取得重大进展，社会保障体系初步建立，完善社会主义市场经济体制迈出实质性的步伐，扩大开放取得突破性进展，参与经济技术合作与竞争的能力增强；生态建设和环境保护得到加强，人口过快增长得到有效控制，就业渠道拓宽，城乡居民收入持续增加，物质文化生活水平进一步提高，力争到2005年，50%以上的农户实现小康；教育科技加快发展，国民素质进一步提高，精神文明建设和民主法制建设进一步加强。"十五"期间宏观调控的主要预期目标是：国内生产总值年均增长9%以上，到2005年（按2000年价格计算）达到100亿元，人均国内生产总值达到2 500元以上。全区地方财政收入年均增长10%以上，到2005达到6亿元左右，人均地方财政收入提高到150元以上。固定资产投资总额5年累计达到近90亿元，年均增长20%以上。5年内通过各种就业渠道促进城镇就业5万人以上，转移农村人口20万人以上，城镇登记失业率控制在4%左右。保持物价总水平基本稳定。经济结构调整的主要预测目标是：到2005年，第一、第二、第三产业增加值比重从"九五"末的62.2∶17.5∶20.3调整为47∶27∶26，就业比重调整为58∶17∶25。城镇化水平提高到20%。科技教育发展的主要预期目标是：科技进步对经济增长的贡献率提高到40%。全区适龄儿童入学率保持在98%以上，初中阶段毛入学率提高到85%以上，高中阶段和高等教育毛入学率提高到33%和8%以上，国民受教育程度提高到7年。可持续发展的主要预期目标是：到2005年，人口自然增长率下降到11.5‰，总人口控制在400万人以内。全区森林覆盖率提高7个百分点，达到40%，根治水土流失面积1 200平方千米。城市建成区绿化率提高到30%。提高人民生活水平的主要预期目标是：农民人均纯收入和城镇居民人均可支配收入年均分别增长4%和6%。到2005年，城镇居民人均住宅建筑面积增加到18平方米，有线电视入户率达95%以上，城乡医疗卫生服务设施进一步改善。

【毕节地区发展目标】

总体构想：紧紧抓住国家实施西部大开发战略的机遇，紧扣毕节实验区"开发扶贫、生态建设、人口控制"三大主题，以经济建设为中心，以结构调整为主线，以改革开放和科技进步为动力，以提高人民生活水平为根本出发点，坚持"两手抓，两手硬"，正确处理好改革、发展、稳定的关系，突出一个重点（以交通为重点的基础设施建设），加快两个调整（工业经济结构和农业结构调整），实施三大战略（科技兴毕、开放带动、可持续发展），搞好四个建设（党的建设、社会主义精神文明建设、民主与法制建设、党风廉政建设），着力"能源大区"、"绿色大区"、"畜牧大区"、"旅游大区"的建设，培育新的经济增长点，积极发展各项社会事业，维护社会稳定，促进经济快速发展和社会全面进步。

主要目标：初步建立起适应全区经济社会发展的市场经济体制和运行机制，经济总量显著增加，经济增长的质量和效益得到提高，自我积累自我发展的能力有所增强，经济增长速度略高于全国平均水平，为到2010年实现国内生产总值比2000年翻一番以上奠定坚实的基础；基础设施得到较大改善，生态建设和环境保护有新的进展，经济和社会环境有明显的改善，农村温饱问题全面解决并有1/3左右的农户实现小康，城镇居民80%左右达到小康，城乡人民生产质量和生活环境有所改善，社会事业全面发展。"十五"期间，全区国内生产总值年均增长速度在11%左右，其中：第一产业年均增长速度在3.29%左右，第二产业年均增长速度在16.16%左右，第三产业年均增长速度在15.66%左右；固定资产投资年均增长速度在12%左右；地方财政收入年均增长速度10%左右；人口自然增长率控制在12‰以内；森林覆盖率达24%左右；城镇化水平提高到17%左右；城镇登记失业率控制在5%以内；粮食总产量达245万吨；农民人均纯收入达1 650元。

二、部门发展方向和任务

【旅游发展总体规划】

2002年4月15日，《贵州省旅游发展总体规划》正式启动，9月中旬完成。2002年9月28日，《贵州旅游发展总体规划》在北京通过由吴传钧院士担任组长，由魏小安司长、蔡运龙、保继刚博士等15位国内知名专家组成的评审组的评审。专家们认为,该规划既符合贵州省旅游发展的实际和要求,又反映国际现代旅游规划的水准,是一个集科学性、创新性、可操作性为一体的高水平的旅游规划,在我国省级旅游发展规划中居一流水平。

《贵州省旅游发展总体规划》客观地分析了本省旅游发展现状,用国际专家的资源评价标准、市场信息,对本省旅游资源开发和旅游业发展状况进行了分析和评价;针对本省的旅游资源禀赋和特色,对国内外旅游市场发展的趋势、本省旅游市场的定位与开发战略,宣传促销的具体方案等提出了具体的意见;对本省主要旅游产品开发和重要旅游区的设计及线路组合提出了详细的规划方案,对生态旅游、文化旅游、乡村旅游、水上旅游、休闲度假旅游及复合型旅游产品的建设与升级提出了战略性方案,对这些产品建设的基本原则、要求和理念及优先开发的区域、改进的方案提出了具体意见;建立了本省旅游发展总体目标和政策体系,提出了本省旅游发展的长期战略、短期行动计划,提出了环境与文化资源保护的具体意见;对自然类与文化类景点开发作了示范性的项目规划,对旅游信息服务中心、各类住宿设施、培训中心作了示范性规划;对本省旅游业的近期行动方案提出了具体的意见。

【旅游业发展方向】

未来20年贵州旅游业的发展方向,一是搞好旅游产品建设布局工程,建成9个大型旅游区,开发10个专项旅游产品,营造3个主题品牌旅游产品,建设4条跨省旅游线路,形成3条省内旅游环线,简称"910343产品建设工程";二是搞好旅游外围环境配套工程:重点建设11个旅游中心城市,建成7大边境旅游合作区域,建成5个"旅游兴县"示范县,培育38个重点旅游市县,简称"117538旅游配套建设工程"。

【特色旅游区】

在大力发展综合旅游区的同时,《贵州旅游发展总体规划》还将贵州众多的旅游资源分为6个特色旅游区加快发展。

梵净山旅游区:包括铜仁和松桃、江口、印江、石阡。梵净山自保护区为A级景区,该地区是多民族聚居地,包括苗、土家和汉族。该区的定位是开展生态旅游。其优先发展项目为梵净山申报世界自然遗产。

遵义旅游区:主要包括遵义市区、遵义县和桐梓县的部分地区。遵义最有吸引力的卖点是历史遗迹资源中中国工农红军1935年在此活动有关的遵义会议会址、红军山、娄山关以及海龙屯等文化资源。

赤水—习水—仁怀旅游区:包括赤水市和习水县以及仁怀的部分地区。区内的十丈洞风景区、大同古镇、丙安古镇以及桫椤自然保护区,竹海森林公园等A级和B级旅游景区是主要卖点。

织金—黔西旅游区:包括毕节地区织金、黔西和大方的部分地区。这一旅游区的发展将以区内的织金洞申请进入世界遗产目录开始。百里杜鹃、奢香夫人墓地也是该区重要旅游资源。

威宁—六盘水旅游区:包括威宁、纳雍、赫章三县和六盘水部分地区。该区旅游资源主要吸引对植物学、鸟类观察感兴趣的旅游者及鸟类学爱好者的特殊兴趣群体。该区内的草海及其周围沼泽地带、水城玉舍森林公园、盘县大洞古人类遗址、赫章可乐古文化遗址以及彝族文化为这一类特殊旅游者创造了条件。

乌江峡谷：河流贸易文化是该区的主要卖点。

【综合旅游区】

按《贵州旅游发展总体规划》要求，到2020年，贵阳地区将成为综合旅游区。

这个时候，全市共有110 000张床位，拥有全省最发达的交通系统，龙洞堡机场是具有提供国际航班服务的能力的国际机场，机场航线连接中国30多个城市，开通至日本、新加坡、马来西亚、泰国等国家和地区的航班。

同时，规划明确本省同时开发其他5个综合旅游区。

安顺旅游区：即平坝、镇宁、普定和关岭等县的部分地区及西秀区和六枝的部分地区，旅游中心地带距贵阳约90千米，安顺机场2003年开通启航，该区是从贵阳出发进行一日游或短途旅游的目的。

凯里—镇远旅游区：位于贵州东部，黔东南自治州北部，除凯里和镇远外，还包括施秉、黄平、台江、剑河、三穗及麻江、丹寨、天柱、岑巩的部分地区。旅游业此时成为该区最重要的产业，镇远和潕阳河深受国内游客欢迎，以文化遗产为主，尤其体现在苗族传统村落的建筑形式和苗族的歌舞表演及服饰上。南部的雷公山是一个风景优美的自然保护区，可作为重要的环境旅游区。

黎平—从江—榕江旅游区：展现侗、苗风情的旅游热地。

荔波旅游区：主要包括荔波、三都的一部分及黔南自治州的最南部，该旅游区最高的卖点是荔波樟江国家级风景名胜区以及瑶族、水族、毛南族等村落。

兴义—安龙旅游区：该区的马岭河峡谷风光和万峰林同属A级景区，布依人的传统民居及风俗习惯是该区最亮的卖点。

【农业发展目标】

总体构想：抢抓西部大开发的历史机遇，加强农业基础设施建设，搞好"一个调整"，即对农业和农村经济结构进行战略性调整；实施"两个战略"，即科教兴农战略和农业可持续战略；推进"两个转变"，即提高农业和农村经济体制经济增长方式转变；实现"三个提高"，即提高农业和农村经济整体素质和效益，提高农民收入水平，提高农产品质量和市场竞争力，满足人民富裕型小康生活的需要。

主要目标：农村粮食基本自给，农业经济加快发展，农业的基础地位进一步得到巩固和加强，农业结构调整取得明显成效，农业经济增长的质量和效益明显提高，经济增速高于"九五"水平，农民收入有效增长，农村双层经营体制进一步稳定，扶贫开发成效显著，农业增加值年平均增长3.5%左右，农村社会主义市场经济体制迈出实质性的步伐，参与市场竞争的能力增强，农村人口过快增长得到有效控制，农业劳动力结构趋于合理，农业生态建设和环境保护得到加强，农民物质文化生活水平进一步提高，力争到2005年人均基本农田达到335平方米，1/2以上的农户实现小康，其余农户稳定解决温饱。农业总产值目标：到2005年，农林牧渔总产值（按1990年不变价格计算，下同）达到280亿元，年平均增长4.9%，高于"九五"时期2.3个百分点。其中农业（种植业）产值167.6亿元，占总产值的59.8%；林业产值11.7亿元，占4.2%；畜牧业产值97.1亿元，占34.7%；畜牧业增加5.8、渔业增加0.4个百分点，各业产值的年平均递增速度分别达到3.5%、0.9%、8.2%和10.5%。主要农产品发展目标：种植业方面，到2005年，粮食播种面积300万公顷，占农作物总播种面积的67.7%，粮食总产量达到1230万吨，年平均递增1.5%；油菜籽达到70万吨，平均增长2.8%；在确保粮食总量稳步增长的基础上，增加以马铃薯和特色杂粮为重点的粮食作物，以"双低"油菜和反季节蔬菜为重点的经济作物和以优质专用玉米、优质牧草为重点的饲料作物，提高单产，改良品质，开拓省（国）外市场，改善种植业整体结构与功能。林业方面，2005年，公益林比重提高到48%，商品林比重调整减到52%，森林覆盖率提高到35%。畜牧业方面，2005年，肉类总产量160万吨，禽蛋总产量12万吨，奶类总产量4万吨，年平均增长率分别为5.3%、12.0%和18.2%。肉类结构是：猪肉70%、牛羊肉20%、禽肉10%。渔业方面，2005年，渔业产值中名特优水产品的产值提高到10%，水产品产量达到7.8万吨，年均增长6.0%，人均水产品占有量2千克。其他主要指标：农民人均纯收入年均增长4.7%左右；贫困人口发生率降至8%，返贫率控制在5%以内；科技进步贡献率达到40%左右；到2005年有效灌溉面积达79.33万公顷，新增13.34万公顷，农村人畜饮水困难得到基本解决。新增坡改梯面积33.4万公顷左右，中低产田土占总耕地的比例下降到60%左右，全省农业机械总动力达到695万千瓦，新增200万千瓦。机耕面积达到17.48万公顷，新增4.67万公顷。

【林业发展目标和总体建设布局】
发展目标：到2005年，全省完成营造林217万公顷，新增森林面积73.33万公顷，森林覆盖率从2000年的30.83%提高到35%，森林面积从543万公顷增加到616.27万公顷。天然林资源保护等重点生态工程建设初显成效，速生丰产商品林等林业产业基地粗具规模，森林分类经营运行机制步入正轨。全省活立木蓄积从目前的2.10亿立方米增加到2.35亿立方米。人造板年产量由目前的15万立方米左右增加到25万立方米。森林生态旅游体系基本形成，规模效益明显增强。到2010年，全省森林覆盖率提高到38%，森林面积从543万公顷增加到670万公顷，全省水土流失状况得到有效控制，森林资源分布不均的状况得以明显改变，林种、树种、林龄结构趋于合理，林分质量大幅度提高，为建成"两江"生态屏障及建立比较完备的林业生态体系和比较发达的林业产业体系奠定坚实的基础。实现林业内部第一、第二、第三产业协调发展，林业的三大效益得到充分发挥。

总体建设布局：一是对长江流域乌江、赤水河、芙蓉江、清水江和珠江流域的都柳江、南北盘江、红水河主要水系的源头、干流及一级支流两岸第一层山脊以内，大中型水库及重要湖泊周围，主要山脊脊部、高山陡坡地带、土地严重石漠化地区、濒危珍稀野生动植物栖息、繁衍地和自然保护区、天然林分布区、风景名胜区和各类森林公园及省内中心城市周围，主要通过实施天然林资源保护、退耕还林（还草）、土地石漠化治理和珠江防护林体系建设等重点生态工程，切实加强现有资源保护和加快恢复林草植被，形成省内"珠江"生态屏障，改善生态环境。二是对黔东、黔中、黔北、黔西地区地形相对平缓，土地条件较好，水土流失隐患不大的地段，在林业分类经营区划界定的基础上，根据社会主义市场经济体制的客观要求，进一步完善林业政策，扩大林业对外开放，通过布局和结构调整，实施速生丰产工业原料林、竹林、木本油料、药材、香料、森林花卉、森林旅游等林业产业基地建设项目，加快林业产业体系建设，促进林业内部产业结构相互协调和农村生态、经济、社会的可持续发展。三是根据森林分类区划，在全省林业用地中，公益林建设用地与商品林建设用地比例约为72∶30，其中：黔东南自治州为65∶35；毕节地区为72∶28；铜仁地区为68∶32；六盘水市为70∶30；遵义市为71∶29；黔南自治州为68∶32；贵阳市为77∶23；安顺市为69∶31；黔西南自治州为70∶30。

【水利发展目标、总体布局和主要任务】

发展目标：5年打好基础，10年初见成效，15年实现从传统水利向可持续发展水利和现代水利的重大转变，以水资源的可持续利用支撑全省经济社会的可持续发展。其中"十五"期间水利建设的主要任务是把握国家实施西部大开发的机遇，实施黔中水利枢纽等水利扶贫工程，加强水利基础建设，使工程性缺水问题的解决取得突破性的进展。主要任务指标：一是实施骨干枢纽等水利扶贫工程、大中型灌区改造、旱地浇灌和小型水利工程，"十五"期间新增灌溉面积14.54万公顷，全省累计达到80万公顷，使农村人口旱涝保收基本农田人均达到267平方米；2006~2010年新增灌溉面积38.7万公顷，全省累计达到118.7万公顷，使农村人口旱涝保收基本农田人均达到335平方米；2011~2015年新增灌溉面积22万公顷，全省累计达到146万公顷，使农村人口旱涝保收基本农田人均达到373平方米；二是使全省842座病险水库在2010年以前全部治理完毕；三是解决44座城市（含县城）、4个重要城镇防洪问题，使全省有防洪任务的城镇在2010年前全部达到国家规定的防洪标准。

总体布局：一是山地区、山间平坝区、丘陵区的建设布局。山地区以"三小"水利设施建设为重点，通过集雨工程等微小水利工程建设，重点解决基本农田的抗旱问题；山间平坝地区，在加强灌区配套改造、改革管理制度、提高供水价格、推动工农业节约用水和加强工农业及城市节水工程的基础上，以蓄为主，蓄、引（调）、提相结合，加快水源工程建设的步伐，逐步形成区域水资源供给保障体系，重点解决城市、主要产粮区的水资源供需矛盾，提高城市防御洪水的能力；丘陵区是对现有灌区内进行以节水增效为中心的续建配套和更新改造，在现有灌区内和有一定灌溉发展潜力的低山丘陵地区，适当发展水浇地，扩大灌溉面积,加强城市防洪设施建设。二是防洪减灾、城乡供水及水土保持等三大系统的建设布局。紧紧围绕贵州经济和社会发展的总目标,深化水利体制改革,全面加强水利基础设施建设和水资源的开发、利用、治理、配置、节约及保护,大力发展节水灌溉,以达到防洪保安、抗旱减灾、灌溉增产、合理利用水资源的目的,建成适应经济、社会发展的三大系统(防洪减灾安全系统、城乡供水节水系统、水土保持及生态环境保护系统)。

主要任务:加强水利灌溉工程建设,广泛组织建设"三小"及微型工程;新增有效灌溉面积14.56万公顷,至2005年累计达到80万公顷;新增农田除涝面积4.6万公顷,至2005年累计达到9.13万公顷。使农业人口拥有旱涝保收基本农田人均达到335平方米;重点建设一批节水示范工程,发展节水灌溉面积27.9万公顷(其中在现有灌区发展13.34万公顷、新建灌区发展13.53万公顷),至2005年累计达到53万公顷。继续实施"渴望工程",解决452万人、315万头大牲畜的饮水困难;"十五"期间拟治理水土流失面积1万平方千米(其中含生态环境综合治理县的水土流失治理),至2005年累计达到29 503平方千米,生态恶化的趋势得到有效遏制。"十五"期间拟解决32个城市的防洪建设,其中市州地所在城市9个、县城23个。拟治理中型水库10座,小(一)型水库145座,小(二)型水库135座。拟建设市州地所在城市的供水项目9处,并结合小城镇建设解决500个乡镇的供水建设。地方电力"十五"期间新增装机20万千瓦,累计达到121万千瓦,建设高压输电线路5 000千米,变电站5万千伏安,争取建设一批农村中级电气化县(推荐县18个)。

【能源发展方向、目标和主要任务】

发展方向:以"西电东送"和"黔煤外运"为突破口,力争用5~10年的时间把贵州建成为中国南方重要的能源基地。其中电力建设:一是加快乌江流域梯级开发步伐;二是加快建设一批大型坑口火电群;三是加大电网主骨架及城网、农网的建设力度,尽快形成500千伏的骨架网,增强电力的外送能力。农村能源及新能源:坚持"开发与节约并重"和"因地制宜、多能互补、综合利用、讲求实效"。煤炭建设:一是从高硫煤矿区退出。向黔西北优质无烟煤基地转移,开发纳雍、金沙、大方、黔西、习水等地的优质无烟煤;二是推广应用洁净煤技术,提高煤炭产品的附加值,促进产业升级;三是建立现代企业制度,引进资金和技术,提高产业集中度,实现规模效益,促进煤炭产业从粗放型向集约性转变。抓好三大基地建设,实施六大起步工程,把贵州建设成为我国南方最大的炼焦煤、动力煤、化工煤基地。逐步形成低硫、低灰、高发热量的盘江、水城炼焦精煤、优质动力煤出口基地和黔西北优质无烟煤出口基地。

发展目标:电力方面,到2005年全省新增装机800万千瓦以上。全省电力装机达到1 378万千瓦左右,其中,贵州电网装机达到1 277万千瓦左右,向广东送电能力达到400万千瓦以上。"十五"期间,全省电力开工建设规模1 643万千瓦。建成省内500千伏环网以及贵州—广东"两交一直"输电线路。煤炭方面:

"十五"期末全省原煤产量达到6 600万吨,其中大型井产量比例计划达到35%;洗精煤产量(炼焦用煤)达到1 000万吨;出口煤达到300万吨;原煤入洗量达到50%;重点煤矿采煤机械化程度达到70%,其中综采机械化程度达到25%。农村能源及新能源方面:发展6~8立方米沼气池50万户;推广省柴节煤灶25万户,建设秸秆气化站35个,太阳能利用50万户,推广太阳能暖棚333.33万公顷生产优质蔬菜;年新增薪炭林区10万公顷以上。

主要任务:水电建设方面:加快对乌江流域梯级水电站和北盘江大型水电站的开发建设,"十五"期间开工建设的7个电站,到2005年投产175万千瓦;地方小水电计划投产20万千瓦。火电建设方面:"十五"期间,开工建设8个项目,到2005年投产624万千瓦。电网建设方面,建成省内500千伏环网;建成"黔电送粤"、"两交一直"输电通道。煤炭方面,一是对年产3万吨以上的小煤矿依法进行整改,继续加大行政执法力度,实现煤炭生产经营秩序的稳定好转。二是对盘江、水城矿区实施以高产高效现代化装备为主的技术改造,提高煤炭大规模自动化、集约化生产水平,大力推广综合机械化采煤技术,"十五"期末要力争全省1~2个重点骨干企业的煤炭生产安全技术赶上世界主要产煤国家水平;对林东龙凤煤矿、马临煤矿等和铁路沿线、规模适中、安全可靠的骨干矿井实行异地技术改造,支持老矿区向新矿区转移,实现全省煤炭工业布局结构的调整。三是新建一批大型骨干现代化矿井,采用国际先进的煤炭采选新技术装备,提高煤炭工业的科技含量。"十五"期间主要建设的大型骨干现代化矿井达到年产1 090万吨的能力。四是对年产能力3万吨以上的地方小煤矿,根据资源、安全投入等条件,择优分期分批进行改革生产工艺、提高安全生产装备水平为主的技术改造,扩大生产能力。农村能源及新能源方面,重点在乌江流域、南北盘江、沅江流域地区发展6~8立方米沼气池50万户,约占全省总农户的7%;推广省柴节煤灶25万户,使省柴节煤灶的农户达381万户,约占全省总农户的53%左右;建设秸秆气化站35个,使5 000农户生活用能燃气化;太阳能利用50万户;推广太阳能暖棚333.33公顷生产优质蔬菜;年新增薪炭林10万公顷以上。

【环境保护总体构想、发展目标和主要任务】

总体构想:"十五"期间,全省环境保护主要是以控制污染物排放总量、工业企业主要污染排放物稳定达标排放和重点城市功能区环境质量达标为主要措施,改善环境质量;区分生态环境不同功能,分别采取抢救性保护、强制性保护和积极保护措施,促进生态环境的进一步好转。

发展目标:污染防治的目标是,到2005年,主要污染物的排放量比2000年减少10%;酸雨控制区二氧化硫排放量比2000年减少25.8%;城市污水处理率达到25%,垃圾无害化处理率达到10%,气化率65%。工业区生产污水处理率达到60%,垃圾处理率80%,工业废水COD排放量削减20%;上游区生产污水处理率达到50%,垃圾处理率达到

70%，工业废水COD排放量削减10%。环境质量目标是，贵阳市、六盘水市和遵义市的空气、地表水、声环境质量分别按环境功能区达标；红枫湖、百花湖一级和二级保护区水质按功能区达到地表水环境质量Ⅲ类标准；北盘江水质明显改善，出境断面主要水质指标保持Ⅲ类标准；乌江干流水质按功能区达标，其出境断面主要水质保持Ⅱ类标准；三岔河夜郎湖断面水质保持Ⅲ类标准；漉阳河、锦江、都柳江、清水江干流水质按规定的功能，保持和达到Ⅱ类或Ⅲ类标准。生态环境保护的目标是，到2005年，森林覆盖率提高到35%、坡耕地梯化40万公顷、新增治理水土流失面积1万平方千米、自然保护区面积占国土面积的3.9%。重点规划建设20个农业生态示范县，35个旱作农业示范县。

主要任务：工业污染防治方面，2005年全省所有工业污染源实现主要污染物稳定达标排放，以占全省工业污染负荷65%的企业为重点，推行污染物全面达标排放。城市环境保护方面，2005年全省城市污水处理率达到25%，贵阳市达到60%，六盘水、遵义、安顺三城市不低于30%；全省城市燃气率达到65%，贵阳市不低于90%，六盘水达到80%，遵义、安顺两市达到75%，旅游、酸雨控制区城市不低于70%；全省城市生活垃圾无害化处理率和集中处置率分别达到10%和50%，贵阳市生活垃圾无害化处理率不低于80%，遵义达到70%；城市人均公共绿地面积15平方米以上，城市建成区绿地率达到30%。生态环境保护方面，到2005年，全省建设自然保护区123个，面积6 888.65平方千米；生态示范区4个，面积6 098平方千米。重点规划建设20个农业生态示范县，35个旱作农业示范县。2001~2005年，全省退耕还林还(草)面积33.33万公顷，新增治理水土流失面积1万平方千米，力争全省森林覆盖率达到35%。农村环境保护方面，到2005年全省推广沼气50万户；有计划地发展薪炭林，解决农村生活能源问题；发展地区集约型养殖业；有效控制农药、化肥、农膜污染；大力推广科学施肥、生物肥料、低毒无毒农药和农业病虫害物防治技术。

【农业科技发展目标和主要任务】

发展目标：坚持三个面向(面向农业、面向农村、面向农民)，以市场为导向，以农业科技创新为动力，构筑农业科技创新体系，培育和提高农业科技发展能力。通过开发、引进、推广系统配套的先进适用技术和生产方式，综合集成，提供以生物技术和信息技术为核心的技术支撑和重点领域的产业化技术，走产、供、销一体化和特色新兴产业发展的道路，建设"生态型大农业"、"高效型强农业"和"特色农业"，实现农业的可持续发展。

主要任务：一是建设贵州省农业科技示范园区。建立3~5个专项的或小流域治理开发的农业科技开发试验区，形成多渠道、多层次投入，全面规划，对传统农业进行多学科联合开发及全面的技术承包指导，加大科技扶贫力度，产学研联合，共同进行科研成果转化，实现产业化，为区域经济发展提供科技示范。二是在农业科技上缩小同国内先进水平的差距，在有的领域赶上或达到国内先进水平。应用现代生物工程技术、信息技术大幅度提升传统农业技术，实现农村产业结构的战略性调整。三是围绕建设畜牧养殖业大省的目标，构建"饲料、饲草—畜—加工—销售"的产业体系。大力加强品种改良工作，为使畜牧业成为主导产业提供科技支撑。四是努力提高造林种草成活率、保存率和生态治理综合效益，实现农、林、牧、渔综合高效发展，推广沼气利用的先进技术。五是建立农业基因工程重点实验室和全省农业科技信息系统。

【工业科技发展目标和主要任务】

发展目标：以技术创新和高技术产业化，推动产业结构调整，推进经济增长方式向注重质量和效益方面转变，逐步形成特色鲜明的贵州工业经济及一批市场竞争力强的产品，实现跨越式发展和可持续发展。

主要任务：一是高度重视以数字化、网络化为特征的现代信息技术，积极扶持软件产业，支持新型电子元器件的开发。用信息化带动工业化发展，改造和提升传统产业和服务业。二是发展制造业和制造技术，特别是先进制造技术，积极推广应用 CIMS 技术和电子商务为代表的产业共性高技术，为企业信息化、增强竞争力、提高技术创新能力服务。三是积极研究和开发新型工程技术材料，包括超硬材料、复合有机材料、纳米材料、特殊合金材料等。支持铝及铝加工、磷及磷化工、煤及煤化工等领域的研究和开发工作。四是发挥资源优势，优化能源结构，提高利用效率。加大锂离子电池等新能源的技术研究与开发力度。五是立足特色资源，运用生物技术，加快特色食品研究与开发。支持烟酒等产业的研究与开发。六是努力推进贵阳高新技术开发区的建设。

【社会发展科技目标和主要任务】

发展目标：按照《中国 21 世纪议程》的要求，集中力量解决一批社会发展方面的重大科技问题，推进可持续发展在贵州省的全面实施。以喀斯特地区生态环境恢复和建设、中药现代化、地方病防治、控制人口、环境保护与治理、城镇化建设和旅游产业发展为重点解决社会发展中重大或关键科技问题。

主要任务：一是进一步加强贵州喀斯特脆弱生态区的生态环境建设与可持续发展技术研究。以恢复和提高环境容量、质量作为研究重点。二是重点开展水污染和含硫燃煤大气污染的防治技术研究，引进、消化、吸收和推广清洁生产技术和 SO_2 及酸雨控制技术，开发先进环保技术产品，促进环保产业的发展。三是重视灾害防治工作，重点开展气象灾害、地质灾害的监测与预报技术研究。四是根据全国中药现代化规划的总体部署，建设贵州省中药现代化科技产业基地。依靠现代先进科学技术，将贵州传统中药、民族药提高到现代中药、民族药的新水平。引导培育医药类民营科技企业向产业化、集团化、国际化方向发展。五是加强计划生育新技术、新成果的研究和推广应用。继续对危害全省人民生命健康的重大传染病、地方病、多发病和老年性高发疾病的诊断治疗研究。

【应用基础研究发展目标和主要任务】

发展目标：贯彻"有所为，有所不为"的方针，瞄准世界科学技术发展前沿，选择在本省具有一定优势，对全省经济和社会发展有重大意义的应用基础研究领域和课题，重点支持，力争有所突破。加强对重点项目和重点实验室建设的支持,在逐步形成具有本省特色学科的优势领域及研究基地的同时,稳定应用基础研究队伍,提高研究水平,为未来的经济和社会发展提供动力和成果的储备。

主要任务:一是"十五"期间继续建设3～4个对本省应用基础研究具有支持作用的研究基地。二是进一步完善和发展科学基金制,鼓励和支持源头创新,促进应用基础研究的发展和提高。坚持自由申请和宏观引导相结合,项目资助和人才培养相结合,鼓励跨地区、跨学科的科技合作与交流。坚持以人为本,加大培养和造就高层次青年科技人才的力度,支持以优秀科学家为带头人的研究群体。三是有选择地重点支持既有较好基础,又有发展前景的尖端技术的研究和开发。

【教育发展的战略要点和主要目标】

战略要点:一是全面提高贵州省各民族的基本素质,巩固普及九年义务教育和扫除青壮年文盲成果,确保其"重中之重"的地位,力争实现基本普及九年义务教育和基本扫除青壮年文盲。二是为满足全省经济建设和社会发展以及人民群众对教育的需求,积极扩大高中阶段和高等教育的规模。三是适应国民经济结构的战略性调整,进行人才培养结构的战略性调整,提高人才培养质量。为"西部大开发"的重点支柱产业如能源、矿产、旅游、畜牧、生物技术、电子信息等产业适度超前培养和引进人才。四是面向未来的挑战,努力在构建终身学习体系、教育技术现代化和教育信息化、鼓励和支持社会力量办学、发展高等职业教育等方面实现重大突破。

主要目标:到2005年,一是力争基本普及九年义务教育和扫除青壮年文盲。全省初级中等教育阶段毛入学率达到85%左右,普九人口覆盖率达到85%左右,三类残疾儿童入学率达到50%左右,全省基本扫除青壮年文盲,非文盲率达到95%左右。二是以多种形式大力发展高中阶段教育。使各种形式的高中阶段教育在校生规模争取达到70万人左右,力争使高中阶段毛入学率从2000年的23%提高到33.5%左右,城镇初中毕业生基本能够升入高中阶段的各类学校。三是积极发展职业教育,尤其是大力发展农村中等职业教育,每个县办好一所中等职业学校(职教中心);同时积极发展城市中等职业教育,加强以培养劳动者技能、能力为主的职业技术培训;重点建设一批国家级、省级重点中等职业学校、现代化标准骨干专业和农村综合教育改革试点县。四是采取各种措施积极扩大高等教育规模。高等教育毛入学率达到8%以上,各种类型的高等教育在校学生人数达25.9万人。省属高校在现有硕士点的基础上,滚动发展为10个左右博士点和200个左右硕士点;大力发展高等职业教育,设立5～8所省属高等职业技术学院并在部分有条件的中专学校、技工学校开办高等职业教育(班);各市州地分别组建一所综合性的高等职业技术学院;五是加强高等学校学科建设,提高高等学校的教学科研水平和创新、服务能力;六是采取各种措施大力发展民族教育。要办好适量的民族中小学和小学寄宿制民族班。七是基本形成适应素质教育需要的教师队伍。到

2005年小学专任教师专科学历的比例从2000年的9.37%提高到25%、初中阶段专任教师本科学历的比例从2000年的10%提高到25%，普通高中专任教师和校长中获硕士学位的比例达到8%左右，中等专业学校专任教师中获硕士学位比例达到5%；八是积极推进办学体制改革，鼓励、支持民办教育健康发展。积极鼓励社会力量办学，特别是举办民办高中和民办高校。九是办学条件明显改善。采取各种措施，完善高等学校的计算机网络建设，提高初、中等学校的计算机配备水平。推进高校后勤社会化改革的力度，完善各级各类学校的校舍、图书、教学仪器设备、文体设施。

【新闻出版业发展目标】

解放思想，抓住机遇，深化改革，优化结构，壮大规模，加快发展，初步建立起比较完善的适应社会主义市场经济体制，符合精神文明建设要求，反映新闻出版发展规律的管理体制和运行机制，为西部大开发战略，为兴黔富民和为最大限度地满足人民群众不断增长的需要做出更大贡献。其主要指导性指标为：图书品种从目前的771种（含租型教材）增加到880种，总印数1.5亿册左右；期刊品种从目前的98种争取增加到100种，总印数从目前的994万册增加到1 330万册，争取形成1~2种平均期发量突破10万册的品牌期刊；报纸品种从目前的50种争取增加到55种，总印数从目前的2.89亿份增加到3.86亿份，争取形成1~2种发行量达30万份以上的报纸；音像制品品种201种，313万盒（张）；电子出版物品种20种，10万张；省新闻出版系统总资产达到10亿元，总销售收入（不含税）达到13.1亿元，总利润达到1亿元，所有者权益达到5亿元。

三、重点规划地区发展目标和主要任务

【乌江干流沿岸地区】

乌江干流沿岸地区贵州部分包括贵阳、织金、黔西、金沙、安顺、普定、平坝、清镇、修文、息烽、开阳、遵义、湄潭、余庆、凤冈、瓮安、福泉、石阡、思南、印江、德江、沿河23个市、县，面积45 067平方千米，城镇174个。能源、矿产资源丰富。水能理论蕴藏量1 042.6万千瓦（包括四川部分），干流梯级总装机容量可达867.5万千瓦（包括界河和四川部分），年发电量422.5亿千瓦小时。煤炭资源保有储量185亿吨，加上预测储量超过600亿吨。铝土资源保有储量3.14亿吨，占全国的17.7%。开阳、息烽、瓮福磷矿集中了全国48.5%的富矿。锰矿保有储量4 242.8万吨。此外，储量位于全国前5

名的还有汞、镁、硅石、重稀土、碘、重晶石、石灰石、大理石、硫铁矿等。区内拥有乌江渡水电站、清镇火电厂、贵州铝厂、遵义铁合金厂、贵阳钢厂等大中型骨干企业和实力雄厚的军工企业,已初步形成包括电力、冶金、煤炭、化工、轻纺、食品、机械电子和航天航空在内的工业体系。区域地处亚热带山区,气候温和湿润,生物资源种类繁多,是全省主要的粮油基地和农副产品加工基地。交通运输网络已初步形成,4条铁路干线均分布于区内,铁路干线总长672千米,支线长212.8千米。有447千米的通航河段和80千米的库区,可通行100吨级客、货轮;国道210、319、320、326号等公路纵横穿越本区。以贵阳为中心的民用航空运输,已开辟贵阳至北京、上海、武汉、长沙、广州、西安、成都、昆明、重庆、深圳、厦门、海口、北海、香港等航班。乌江干流沿岸地区 从现在起到2020年的发展目标是:继续完成乌江干流水电梯级电站的建设,扩大煤炭开采能力,相应地建设火力发电厂。电力和煤炭除满足区内消费外,每年可直接向外输送大量煤炭和电力,成为中国南方名副其实的能源基地;建成以铝、磷、锰为重点的原材料工业基地,为国家提供大量的氧化铝、铝锭、磷矿石、锰系及硅系铁合金、磨料、高铝耐火材料等产品,同时发展铝、磷的深度加工,对伴生镓、碘、稀土等进行综合开发利用;随着电站水库的兴建,总库容量增加到180亿立方米,不仅使水资源状况得到较大的改善,而且使乌江成为一条可通航约700千米的梯级渠化航道,航道等级达到4～5级;生态环境得到较大改善,森林覆盖率达到33%,水土流失面积低于20%,环境污染得到控制,环境质量基本改善;与乌江经济综合开发相适应的城镇体系初步形成,各种社会基础设施得到较大改善;农业生产开始步入良性循环,人口、粮食、生态与经济建设协调发展,粮食基本自给。乌江干流沿岸地区生产力布局是以乌江和川黔铁路为主轴线,以湘黔铁路、贵昆铁路和326国道、316国道为二级轴线,依托沿江、沿路中小城市,形成点、线、面相结合的布局框架。据此,其生产力总体布局分为两个不同类型区域。一是以安顺为中心的能源开发区。本区位于乌江干流上段,包括安顺、普定、平坝、织金、黔西、金沙等市、县。干流水电装机量可达128.5万千瓦,发电量58.5亿千瓦小时,煤炭保有储量占整个规划区的80%以上。产业开发主要任务是:建设东风、普定、洪家渡、引子渡水电站,开发织金、黔西、安顺煤田,在库区附近分别建设安顺、肥田及织金三塘等火电厂。到2020年,电力装机容量达到448.5万千瓦,国有煤矿年生产能力达到1858万吨;配套建设黄桶到织金铁路;搞好安顺、织金等城镇的规划和建设,大力开发风景旅游资源,建设以安顺龙宫和织金洞为主要景点的旅游区;加强农业基本建设,配合乌江防护林工程,扩大畜牧、林果和粮油综合农业生产能力,提高农业生产率。二是以贵阳、遵义为中心的能源、原材料开发。本区位于乌江干流的中段,包括贵阳、遵义、湄潭、凤冈、余庆、清镇、修文等16个市县,面积33 341平方千米。产业开发的主要任务是:建设构皮滩、索风营、思林、沙坨水电站和乌江渡水电站扩机,共448万千瓦;新、扩建贵阳、遵义、瓮安煤矿,在黔北、黔中等地建设火电厂,到2020年,电力装机容量达到736.2万千瓦,国有煤矿建设规模达到600万~810万吨;利用丰富的电力资源,建设清镇—遵义铝、锰基地和开阳、瓮福磷化工及贵阳煤化工基地,使本区原材料工业最终形成年产1 200万吨磷矿石、76万吨电解铝、55万吨铁合金、50万吨钢(主要为特种钢)的综合生产能力;新建隆(昌)—遵(义)—马(场坪)铁路的马场坪—瓮安段,改建黔桂线,整治乌江航道,建设思南、沿河等航运码头,增强区内运输能力;搞好贵阳、遵义、清镇、瓮安、福泉、思南等城镇的建设。贵阳以冶金、机械、电子、化工、食品、轻工为主综合发展,成为规划区的经济文化中心;遵义历史文化名城,除发展冶金机电、化工等工业外还将积极发展旅游服务等第三产业;大力发展以粮、油、烟、茶、果、桑蚕、酒为主的综合生产体系及防护林体系,提高农业集约化生产经营水平,更好地为城镇及矿区人民生活服务。

【六盘水综合开发区】

六盘水综合开发区位于贵州西北部,包括钟山、六枝、盘县、水城、毕节、威宁、赫章、大方、纳雍、晴隆、普安等11个县(或自治县)市(特区、市辖区)。面积31 636平方千米,人口677.34万。本区是通向云南边境的走廊,也是西部地区通向东南亚沿海地区的主要通道,地理区位优越,有利于全省国土开发与生产力总体布局。煤炭、钢铁、畜牧、烤烟产量均居全省第1位。煤炭资源量丰质优,品种齐全,产地集中,开采条件好,累计探明储量254.6亿吨,占全省储量的52.2%,其中炼焦用煤92.4亿吨,占全区总储量的88.2%。已探明储量并具备开发价值的其他主要矿藏还有铅、锌、石灰石、黏土等。区内草场面积约为50万公顷,占全省总土地面积的16%,牧草资源量每年可达660万吨,载畜量可达122万个牛单位,为畜牧业发展提供了物质保证。烤烟生产有明显优势。本区已初步建成长江以南最大的煤炭工业基地。随着煤炭资源的开发利用,电力、钢铁、建材工业已成为支柱产业。六盘水综合开发区的发展方向是,在今后10~30年或更长的一段时期内,以煤炭开发为龙头,以林牧业为基础,充分发挥能源、矿产、生物资源的组合优势,带动钢铁、有色金属、煤化工、磷化工、建材、畜牧、烟草等优势工业的发展。以贵昆铁路、南昆铁路和盘水铁路为生产力布局的主轴线,以中小城镇为据点,作为本区产业开发的二级轴线。同时,大力发展地方工业和乡镇企业,加强农林牧业基础建设,大力振兴地方经济,调整产业结构,改善生态环境,从而把本区建设成为以重工业为主、轻工业和农业协调发展,经济、社会、生态效益相统一的大规模开发大西南的战略基地。发展目标是:到2020年,原煤总的开发规模争取达到5 000万吨,煤炭加工业进一步发展,原煤入洗率提到更高水平,机焦产量达到350万吨,焦油回收量达到16万吨,并以精细化工产品为发展方向,提高深度利用水平。配合格目底矿区的开发,兴建水城塔山电厂,并继续在盘江、水城、六枝、毕节、威宁、大湾等地兴建火力发电厂;水城钢铁公司争取形成300万吨钢的综合生产能力。进一步完善区内铁路干、支线运输网络;同时提高公路等级,修建毕节机场。人口得到有效控制,水土流失面积低于20%,森林覆盖率达到30%。本区开发布局及其主要开发任务,可分为两个不同类型区域。一是以六盘水市为中心的能源—原材料工业开发区。包括钟山区和六枝、盘县、水城等特区,面积9 914平方千米,人口216.7万。主要任务是:大力发展电力工业,新建盘县电厂、水城塔山电厂、六枝电厂、盘县第二电厂,扩建水城发电厂,最终形成270万~350万千瓦的火电生产能力;水电以北盘江为重点,建设响水水电站,实行梯级开发,到2020年装机达到50万千瓦;扩大煤炭开采生产能力,2000年以后,新建一批矿井,使六盘水地区煤炭点生产能力2000年达到2 080万~3 000万吨,2020年达到4 000万~5 000万吨;大力发展钢铁生产;积极发展煤化工业,并配合煤化工业的开发建设,大力发展建材工业。二是以毕节为中心的农牧—生态建设综合开发区。包括毕节、威宁(自治县)、大方、赫章、纳雍、晴隆、普安7个县、市,面积22 086平方千米,人口413.3万,是六盘水综合开发区的主要农业、畜牧业生产基地。主要任务是:大力发展畜牧业,以绵羊和牛羊为重点,发展草食动物;积极发展畜产品加工业,使之逐步成为本区经济发展的主要支柱;大力发展烤烟生产和卷烟加工业,2020年烤烟种植面积达到8.67万公顷,总产量为18.5万吨,卷烟加工产量达到80万~90万箱;积极治理水土流失。通过实施造林、灌木林改造、草场改造、15°坡耕地种植绿肥等措施,使水土流失面积进一步得到全面治理。

【南、北盘江—红水河综合开发区】

位于《全国国土总体规划纲要》中的红水河水电、矿产开发区上游,包括黔西南自治州的兴义、兴仁、贞丰、安龙、册亨、望谟等市、县和黔南自治州、安顺市的部分县,面积29 357平方千米,人口391.7万。本区是红水河地区的水能富集段,包括邻省间界河上可开发的水能,装机容量可达902万千瓦(包括界河)。本区有丰富的煤炭资源,煤炭储量为48.87亿吨,产地相对集中,品种齐,煤质好,与六盘水综合开发区的煤炭资源相接。黄金储量远景可达200吨金属量以上,光学水晶储量居全国之首,熔炼水晶居全国第4位,压电水晶居全国第8位,冰洲石数量、质量均居全国首位,水泥用、化工用灰岩矿石品质优良,远景储量可观,大理石远景储量在5 000万立方米以上,汞矿金属储量达4 945吨,铜矿保有储量为3 200吨。同时,农业生物资源丰富,开发利用潜力大。本区属亚热带湿润气候,海拔高差大,雨量充沛,无霜期长,为农作物和各种生物的生长繁衍提供了良好的生态环境。发展战略:积极支持和配合国家对水能、煤炭及黄金等矿产资源的开发,充分利用南、北盘江和红水河水能、煤炭资源,积极兴建以"发电为主,其次是航运,兼顾防洪、灌溉及其他"的水利设施及火电厂,完善地方电网建设,加速地方配套工业的发展,努力把本区建设成中国华南地区重要的电力工业、原材料工业基地。依靠科技兴农,促进农、林业的发展。发展目标:到2020年,完成南、北盘江—红水河的全部梯级开发,最终建成装机容量867.5万千瓦、年发电量401.84亿千瓦小时的水电基地。逐步建成年产800万吨以上原煤生产能力的矿区,就近建设数个大型火电厂。建成年产黄金7 500千克(15万两),包括煤化工、建材以及年产300万吨钢铁的大型骨干企业的企业群,实现资源开发的综合利用。农业生产基础大大加强,生态条件良好,人民生活富裕,粮食自给,森林覆盖率达到30%以上。

Ⅵ 招商引资信息

一、外商投资项目的审批

【外商投资项目审批程序】

外国公司、企业和其他经济组织或个人,香港、澳门、台湾的公司、企业和其他经济组织或个人,均可以选择以下方式在贵州投资。举办中外合资经营、合作经营企业,举办外资(外商独资)企业,外商投资股份有限公司;转让先进适用技术;承包和租赁经营企业,开发矿产资源;承包开发荒山、荒坡和水面资源;依法取得土地使用权,从事房地产、旅游等开发经营项目;购买企业的股份和债券;BOT方式;法律、法规允许的其他投资形式。投资者的出资方式可以有三种:自由兑换货币;机器设备、原料及其他物资作价;生产所需的工业产权、专有技术或其他财产权利等作价。投资者可以直接与贵州省招商引资局、省内各有关部门、项目建设单位及咨询服务机构联系,也可以通过中国或贵州省驻外机构联系,选择投资项目,物色合作对象或代理者、合营各方签订意向书或协议书。编报项目建议书和可行性研究报告:建立中外合资、合作企业的项目建议书由中方合营者编制申报、经中方企业主管部门审查同意后,按贵州省规定的审批权限报请有关部门审批。具体审批权限为:凡符合国家及省规定的投资方向,建设和生产经营条件不需省综合平衡,进口原材料和出口产品不涉及配额许可证管理的,总投资在1000万美元以下的,由贵州省各地区行署、自治州、省辖市人民政府或省人民政府主管部门审批(如中方属贵州省人民政府授权批准的大中型企业,也可按规定自行审批);总投资在300万美元以下的,由贵州省各市、县、市辖区人民政府审批;总投资在1000万美元以上、3000万美元以下的或者投资虽少但资金、原材料等生产经营和建设条件需由省综合平衡解决的,属基本建设的报贵州省计划委员会审批,属技术改造的报贵州省经济贸易委员会审批,由合营各方共同编制可行性研究报告,按上述审批权限报批。属国家限制类外商投资项目的(不论项目总投资多少),其中限制类(甲)外商投资项目由贵州省计划委员会和贵州省经济贸易委员会审批,限制类(乙)外商投资项目的项目建设书由国务院行业归口管理部门审批,项目可行性研究报告可按项目建设性质分别由贵州省计划委员会和贵州省经济贸易委员会审批。一般情况下,投资总额在50万美元以下的项目,可以只申报和审批可行性研究报告,投资总额在50万美元以上、100万美元以下的项目可以将项目建议书和可行性研究报告一并申报、一次审批。外商举办独资企业,向企业所在地的县级或县级以上人民政府(行政公署)提出申请,得到书面答复后,向企业所在地的对外经济贸易管理部门申报。申请设立外商投资企业:中外合资、合作企业在可行性研究报告经有关审批机关批准后,将中外各方所签订的合同、章程和董事会成员名单等有关文件,报企业所在地的对外经济贸易管理部门审批。外商独资企业直接将可行性研究报告和企业章程、董事会成员名单等有关文件报企业所在地的对外经济贸易管理部门审批。

办理有关登记手续:外商投资企业凭批准文件、批准证书及有关文件,向贵州省工商行政管理局申请办理注册登记手续,然后分别向贵阳海关、贵州省财政厅、贵州省外汇管理局、企业所在地税务局等部门申请办理有关登记手续。中外合资、合作企业:中国合营者的企业主管部门签署意见的申请设立合营企业的报告(原件份);合营各方授权代表签署的合营企业协议、合同和章程(各10份,其中原件1套)如果是非法定代表人签署的,应提交法定代表人签署的授权书(原件);合营各方共同编制并经有审批权的主管部门批准同意的合营项目的可行性研究报告及批准文件(原件1份,复印件1份);工商行政管理部门关于合营企业名称的核准通知书(复印件2份);合营企业董事会成员名单、各位董事的有效身份证明文件(复印件2份);合营各方委派董事的文件(原件1份、复印件1份);合营各方营业执照注册、登记证明等有效法律证明文件(复印件各2份);境外投资者的资信证明(原件1份、复印件1份);中方以土地使用权出资的要提供相应级别土地管理部门的批件,中方以国有资产出资的要提供国有资产管理部门的确认及批件;其他需要报送的文件。外资企业:外国投资者通过拟设立外资企业所在地的县级或县级以上地方人民政府向审批机关提出的申请报告(原件2份);设立外资企业的申请书(原件2份);外资企业的可行性研究报告(2份);外国投资者签署的外资企业章程(10份、原件2份);外国投资者签署同意的外资企业法定代表或董事会成员名单及法定代表或各位董事的有效身份证明文件(各2份);如果是非法定代表人签署的,应提交法定代表人签署的授权书(原件1份);外国投资者的有效法律证明文件(各2份);外国投资者的资信证明文件(原件);外资企业所在地的县级或县级以上地方人民政府对拟设立外资企业的书面答复(原件22份);工商行政管理部门关于企业名称的核准通知书(2份);其他需要报送文件。属于本省审批权限范围内的项目建议书、可行性研究报告、企业合同及章程在20日内决定批准或不批准;属于国家有关部门审批权限范围内的,应在15日内决定转报或不转报;申领营业执照符合条件的,工商行政管理部门在10日内核发,不符合条件的,应回复并说明理由。

【申请设立中外合资(合作)企业需要报送的文件】

合营各方共同编制并经有审批权的主管部门批准同意的合营项目的可行性研究报告及批准文件(原件1份,复印件1份);省工商局关于合营企业名称的核准通知书(复印件2份);中方合营者的企业主管部门签署意见的申请设立合营企业的报告（原件2份）；合营各方授权代表签署的合营企业协议、合同和章程（各10份原件），如果是非法人代表人签署的，应提交法定代表人签署的授权书（原件）；合营企业董事会成员名单、各位董事的有效身份证明文件（复印件各2份）；合营各方委派董事的文件（原件1份，复印件1份）；合营各方营业执照注册、登记证明等有关法律证明文件（复印件各2份）；境外投资者的资信证明（原件1份，复印件1份）；环保部门对项目的环境影响评价或确认的环境影响报告表；中方以土地使用权出资的要提供相应级别土地管理部门的批件；中方以国有资产出资的要提供国有资产管理部门的确认及批件；其他需要报送的文件。

【申请设立外资企业所需报送的文件】

外国投资者通过拟设立外资企业所在地的县级或县级以上地方人民政府向审批机关提出的申请报告（原件2份）；设立外资企业的申请书（原件2份）；外资企业的可行性研究报告（2份）；外国投资者签署的外资企业章程（10份）（原件2份）；外国投资者签署同意的外资企业法定代表或董事会成员名单及法定代表或各位董事的有效身份证明文件（各2份）；如是非法定代表人签署的，应提交法定代表人签署的授权书（原件1份）；外国投资者的有效法律证明文件。（各2份）；外国投资者的资信证明文件（原件）；外资企业所在地的县级或县级以上人民政府对拟设立外资企业的书面答复（原件2份）；省工商局关于企业名称的核准通知书（2份）；其他需要报送的文件。

二、工商注册登记程序

【个体工商户】

经营者要成为个体工商户，须到工商行政管理机关申请注册登记、取得营业执照后，才能取得市场准入资格，成为合法的个体工商户，受到国家法律保护。个体工商户注册登记的主要项目：字号名称、经营者姓名和住所、资金数额、组成形式、经营范围、经营方式、从业人员、经营场所。经营者姓名是指直接从事经营活动的负责人。个人经营的，经营者姓名为个人；家庭经营的，经营者姓名为家庭的户主。经营范围是指工商行政管理机关依法核准的行业商品类别。一般情况下以主业为主，兼营与主业相近的其他项目。但兼营项目不得与主营项目相反。经营方式是指经营者在其生产、经营中采用的方法方式，如批发、零售、代购代销、代储代运、来料加工、修理培训、咨询等。从业人员是指除户主以外雇请的帮手、学徒。家庭经营的是指除户主以外的有经营能力的家庭成员。

申请个体工商户的注册登记需要的证明材料：申请个体工商户的注册登记有下列情况之一的，除户籍证明外，还应出具下列有关证明材料：申请从事机动车船客货运输的，应出具车船牌照、驾驶执照、保险凭证；申请从事饮食业、食品加工和销售业的，应出具食品卫生监督部门核发的卫生证明；申请从事资料开采、工程设计、建筑修缮和修理简易计量器具、药品销售、烟草销售等的，应提交有关部门批准文件或者资格证明；申请从事旅馆业、刻字业、信托寄卖业、印刷业的，应提交所在地公安机关的审查同意证明；请帮手带学徒的还应当报送与学徒、帮手分别签订的聘用合同副本。涉及人身健康和生命安全的应出具保险证明。申请办理个体工商户营业执照的程序：向所在地工商行政管理所提出书面申请。填写"个体工商户申请开业登记表"3份。由所在地工商所实地审核后报县（市）工商行政管理局批准，核发营业执照。领取营业执照或临时营业执照一般在30日内。临时营业执照，是批发经营时间在当年内，由工商行政管理机关核发的季节性、临时性经营执照。临时营业执照的使用范围是：季节性经营，外来异地个体户的临时经营，政策规定的其他临时性经营。个体工商户可持营业执照异地经营。外出时必须向原登记的工商行政管理机关提出书面报告备案，并持原营业执照及副本到新经营地的工商行政管理机关申报，异地工商行政管理机关收存原营业执照及副本后发给临时营业执照，并接受异地工商行政管理机关的监督管理。

【私营企业】

申请开办私营企业应具备的条件：有与生产经营和服务规模相适应的资金和从业人员；有固定的经营场所和必要的设施；符合国家法律、法规和政策规定的经营范围。申办私营企业应向登记机关（工商行政管理机关）提交的证件：申请人身份证明；场地使用证明；验资证明，有限责任公司注册资金数额按照企业法人注册资金数额规定执行；申请从事资源开发、建筑设计、施工、交通运输、食品生产、药品生产、印刷、旅店、外贸、计量器具制造等行业生产经营的私营企业，按照国家有关规定提交有关部门的行业许可证；合伙企业应当提供合伙人的书面协议；有限责任公司应当提供公司章程。私营企业登记的主要事项：企业名称、企业负责人姓名、经营地址、资金数额、经营范围、经营方式、企业种类、雇工人数以及合伙企业的合伙姓名、有限责任公司的投资者姓名。独资企业的负责人是指投资者本人；合伙企业的负责人是指合伙共同确定的负责人；有限责任公司的负责人是指公司的法定代表人。企业负责人姓名须与身份证明材料相符，不得使用别名。

申办私营企业营业执照的程序：首先向所在地的工商行政管理局提交书面申请；其次领取和按规定要求填写《私营企业申请营业登记注册书》；再是按规定向工商行政管理机关呈送申请表和应交的有关证件；最后经工商行政管理机关审核，符合规定的一般在30日内领取营业执照。

【合伙企业】

设立合伙企业应具备的条件：有两人以上合伙人，并且都是依法承担无限责任者;有书面合伙协议;有各合伙人实际缴付的出资;有合伙企业名称;有经营场地和从事合伙经营的必要条件。合伙协议应载明的内容:合伙企业名称和主要经营场所的地点;合伙目的和合伙企业的经营范围;合伙人的姓名及其住所;合伙人出资的方式、数额和缴付出资的期限;利润分配和亏损分担办法;合伙企业事务执行;入伙与退伙的规定;合伙企业的解散与清算;违约责任;合伙企业的经营期限和合伙人争议的解决方式。合伙人出资的形式:货币、实物、土地使用权,知识产权或者其他财产权利等。合伙企业名称禁止使用"有限"或者"有限责任"字样。

　　申办合伙企业营业执照的程序:向工商行政管理机关提交书面申请;提交工商行政管理机关规定的证件;领取和填写合伙企业设立登记申请书(表);在规定的时间内领取营业执照。合伙企业登记应当向工商行政管理机关提交的文件:全体合伙人签署的设立登记申请书;全体合伙人的身份证明;全体合伙人指定的代表或者共同委托的代理人的委托书;合伙协议;出资权属证明;经营场所证明;工商行政管理机关规定提交的其他文件。法律、行政法规规定设立合伙企业须报经审批的,还应当提交有关批准文件、合伙协议约定或者全体合伙人决定,委托1名或者数名合伙人执行合伙事务的,还应提交全体合伙人的委托书。合伙企业登记事项:合伙企业名称、经营场所、经营范围、经营方式和合伙的姓名及住所、出资额及出资方式。合伙企业确定执行合伙企业事务的合伙人或者设立分支机构的,登记事项还应包括执行合伙企业事务的合伙人或者分支机构的情况。合伙企业设立分支机构应向工商行政管理机关提交的文件:分支机构设立登记申请书;全体合伙人签署的设立分支机构决定书;企业登记机关加盖印章的合伙企业营业执照复印件;全体合伙人委派执行分支机构事务负责人的委托书及其身份证明材料;经营场所证明;工商行政管理机关规定提交的其他文件。法律、行政法规规定合伙企业设立分支机构须报经审批后,还应提交有关批准文件。合伙企业分支机构登记事项:分支机构名称、经营场所、经营范围、经营方式和分支机构负责人的姓名及住所。分支机构的经营范围和经营方式不得超出合伙企业的经营范围和经营方式。合伙企业营业执照的申办:合伙人指定的代表或委托代理人向工商行政管理机关提交设立合伙企业申请书;按规定填写"合伙企业设立登记申请书"和"合伙企业设立登记申请表";提交规定必要的文件;符合规定的在30日内领取营业执照。合伙企业营业执照正、副本的使用:合伙企业营业执照正、副本具有同等的法律效力。合伙企业应当将营业执照正本置放在经营场所的醒目位置。合伙企业根据业务需要,可以向企业登记机关申请核发若干营业执照副本。任何单位和个人不得伪造、涂改、出租、出售、出借或者以其他方式转让营业执照。

三、主要招商机构

【主要招商机构综述】

贵州省招商机构主要有贵州省贸易合作厅、贵州省发展计划委员会、贵州省经济贸易委员会、贵州省工商行政管理局、贵州省招商引资局。招商机构主要负责国家、省有关招商引资和经济合作的法律法规的贯彻执行，拟定全省招商引资的规划和实施，负责外商投资企业的审核、报批、登记注册、发证和年审，协调、管理全省利用外资工作；管理全省涉外经济活动；组织协调参与国内国际重大招商引资活动、对口帮扶、东西合作以及六省、区、市七方区域经济协作等重大项目洽谈；督促检查投资环境，为投资者提供优质、规范、便捷的服务。

【贵州省贸易合作厅】

是贵州省对外贸易、利用外资、国际经济技术合作和商品流通的行政主管部门。主要职责是：贯彻执行国家对外贸易、利用外资、经济合作、商品流通、餐饮服务、物资流通的方针、政策和法规，拟定相关的政策、法规和管理办法并监督实施；培育和发展商品市场，统筹规划商品市场体系，负责全省商品市场的监测管理；管理、指导、协调全省贸易合作工作；指导商品流通活动，维护公平竞争秩序；负责全省区域性批发市场和上规模的商业营销设施的规划布局和专项基金管理；指导全省内外贸、物资业务统计工作，提供信息咨询服务；根据授权，管理全省涉外经济活动，负责外经贸企业的审核、报批、登记、设立、发证和年审工作；审核报批境外带料加工贸易和设立境外企业；负责外商、台港澳商常驻代表机构的审批和归口管理；指导企事业单位参加相关的交易会、展销会、洽谈会；负责进出口企业、"三资企业"、劳务出口等出国团组的审批；协调和管理全省利用外资工作并加强利用外资的后续管理；依照授权，指导和审批设立外商投资企业，颁发批准证书；会同有关部门拟定外商投资的法规、政策和管理办法，对外商投资企业执行合同和章程情况进行监督；指导、协调和管理全省对外经济技术合作工作；会同有关方面，组织和协调贵州省参与国家对外援助的活动和项目；协调、管理贵州省对外承包工程和向境外输出劳务；归口管理贵州省争取国(境)外无偿援助工作；指导全省外经贸企业和商业企业深化改革，建立现代企业制度；承担外经贸、商品流通、餐饮服务业、商办工业和物资流通的行业管理；负责全省贸易合作物流工作的组织协调和贸易运输、国际货物代理、仓储业的监督管理，指导行业安全生产工作；负责全省商品市场的预测，提出调控市场的政策建议;组织实施全省关系人民生活重要商品储备和风险基金的管理;负责对食盐、拍卖、生猪屠宰市场的监督管理,负责化学危险品和特种劳动防护用品定点经营的资格审查、登记发证工作;负责救灾重要商品的调拨、供应、储备和民族贸易工作;负责贸易合作行业质量体系论证、达标管理、职业分类和劳动职业技能鉴定等工作。各市、州、地、县设有相应机构,履行相应职责。贵州省贸易合作厅内设办公室、人事处、政策法规处、计划财务处、外经贸发展处、对外贸易管理处、外资管理处、国际经济技术合作处、机电产品进出口处(省机电产品进出口办公室)、科技发展与技术进出口处、服务贸易处、消费品流通处、内贸市场规划发展处、内贸流通行业管理处、物资流通管理处、体制改革处共16个职能处(室),负责办理有关具体事务。地址:贵州省贵阳市中华北路164号5层丁座 邮政编码:550004 电话:(0851)6901341 传真:(0851)6901109

【贵州省发展计划委员会】

是负责研究提出全省国民经济和社会发展战略、规划、总量平衡、结构调整的综合经济部门。主要职责:根据国家的国民经济和社会发展战略、中长期规划,研究提出全省国民经济和社会发展战略、中长期规划、年度发展计划,以及基础产业、支柱产业、高新技术产业专项发展规划;研究提出总量平衡、发展速度和结构调整的目标任务及区域经济调节的政策措施建议,衔接、平衡各主要行业的行业规划。做好全省经济总量的平衡和重大比例关系的协调,贯彻可持续发展战略,搞好资源开发利用、生产力布局和生态环境建设规划,引导和促进全省经济结构合理化和区域经济协调发展。汇总和分析全省国民经济和社会发展情况,进行宏观经济的预测、预警;参与组织重要经济政策措施的贯彻实施;提出实施我省宏观经济政策及综合运用经济杠杆和对经济运行及时调控的政策措施建设。提出全省全社会固定资产投资总量和资金投向及相关政策措施建设,衔接平衡各种资金来源,规划重大项目的布局;安排省统筹、省财政自筹建设资金、项目及国家和省预算内专项资金;编制全省固定资产投资计划并组织实施;按程序和管理权限负责基本建设项目立项、可行性研究报告的审批或上报,会签重大技术改造项目;向国家政策性银行及商业银行推荐申贷项目;负责全省工程咨询行业工作。研究提出全省利用外资、境外投资、对外贸易的发展战略、规划、总量平衡、结构优化的目标和政策措施建议并组织实施,负责各类借用国外贷款项目的计划管理;按权限审批或申报外资项目和境外投资项目;负责全省外债的总量控制、结构优化和监测工作。研究提出价格政策建议,审核工程建设标准定额。研究分析省内、省外和国际市场的供求状况,做好重要商品省内供求和进出口平衡,搞好重要商品的储备计划管理,掌握商品市场供求信息,搞好市场监测预测;指导、监督重要商品的国家订货、储备、轮换和投放,引导和调控市场。研究拟定全省社会发展战略,做好科学技术、教育、文化、卫生等社会事业与整个国民经济的衔接平衡,推进重大科技成果的产业化;提出经济与社会协调发展、相互促进的政策,协调各项社会事业发展中的重大问题。研究拟定投资融资、计划体制改革方案并组织实施;参与有关法规规章的起草和协调实施。指导、协调各地区、各部门的计划工作,对国民经济和社会发展年度计划、中长期规划执行情况进行检查并提出调整意见。编制省级重点建设项目计划,对国家、省级重点建设项目实行宏观管理;按照《招标投标法》对建设项目招投标及投资中介市场进行监督、管理,监督检查重点建设项目的招标投标情况和实施情况,协调解决重点建设项目建设过程中出现的重大问题;促进重点建设项目按质、按时竣工投产;负责重点建设项目的后评估工作;组织和管理重大项目稽查特派员工作。按照国家培育市场和发展市场体系的总体规划,培育和发展本省的市场体系,组织拟定全省性、重点区域性的批发市场、期货市场、重点要素市场的发展规划、总体布局与重大调控政策,研究提出培育和完善本省市场体系的政策措施建议。研究提出本省实施国家高新技术产业发展的战略措施和相关政策,衔接平衡高新技术产业的发展规划;研究提出全省引导科技投入的相关政策,优化配置科技成果产业化资金;提出本省高新技术产业重大项目并协调布局,组织可促进和带动国民经济素质提高的重大产业化前期关键技术、成套设备的研制开发和示范工程;研究分析本省信息产业的发展状况,提出发展战略,衔接平衡规划,拟定发展政策;协同财政等部门研究提出全省科技三技费的使用方向。研究提出区域经济发展的方针政策,组织编制区域经济发展规划,提出逐步缩小地区差距的政策措施,参与扶贫开发;拟定和协调环境保护,国土整治、开发、利用和保护的政策,实施可持续发展。组织、协调全省以工代赈的规划、计划和项目实施工作。协调铁路、机场在省内的建设事宜,负责铁路、机场建设的前期准备及建设中的协调工作。承办省人民政府和国家计委交办的其他事项。各市、州、地都有相应机构履行相应职责。贵州省发展计划委员会内设办公室、国民经济综合处、发展规划与政策法规处、地区经济发展处、投资处、经济政策协调处、经贸流通处(省国防动员委员会国民经济动员办公室)、建设项目管理处(省重点建设项目办公室)、农村经济发展处、社会发展处、基础产业发展处、产业发展处、高技术产业发展处、外资利用处、以工代赈办公室、人事处等处室。负责办理有关具体事务。地址:贵州省贵阳市延安中路110-2号　邮政编码:550001　电话:(0851)7528625　传真:(0851)5287261

【贵州省经济贸易委员会】

负责调节全省近期国民经济运行的综合经济部门。主要职责:监测、分析国民经济运行态势,调节全省国民经济日常运行;拟制订并组织实施近期经济运行调控目标和措施,组织解决经济运行中的重大问题并向省人民政府提出意见和建议。贯彻实施国家产业政策,组织拟定和实施地方性的产业政策,并监督、检查执行情况;指导产业结构调整,提出重点行业、重点产品调整方案;联系工商领域的社会中介组织并指导其改革与调整。组织行业办公室拟定行业规划和行业法规;组织制定黄金、电力(含水电)、轻纺、机械、冶金、化工、建材、有色金属、医药、食品、包装工业的行业规划和行业法规实施行业管理。参与拟定工业、贸易方面的综合性经济法规和政策并监督检查收集、整理、分析和发布经济信息。研究和规划竞争性行业投资布局,定期公布项目投资引导目录,指导工商企业投资和商业性银行贷款的方向,进行项目的登记备案和监督,纳入全省总量平衡;制定工商领域外商投资产业指导目录并进行监督;提出工商企业利用国外贷款的投向;研究提出国有企业向外商转让资产、股权、经营权以及相关的兼并、承包、租赁等工作的有关政策并实施监督;指导企业开展国际化经营,实施当年的企业海外投资规划。研究和指导流通体制改革,培育和完善市场体系;监测分析市场运行和重要商品的供求状况并组织调控;指导并组织企业开拓市场。对各种经济成分的企业实行宏观管理和指导,规范企业行为规则;贯彻执行国有企业改革的方针;研究拟定企业改革的政策和方案;推进现代企业制度的建立;研究发展国有大型企业集团的政策措施,指导国有企业实施战略性改组;参与指导企业直接融资工作;初选和推荐上市公司;指导企业的管理、扭亏和组织协调全省减轻企业负担工作;指导非公有制经济和中小企业的改革与发展;组织管理企业内部的法律顾问工作;组织指导企业管理人员的培训。研究拟定监管企业国有资产的政策、法规;对经营国有资产进行监管;提出需由省人民政府派出监事会主席和专职监事的国有及国有控股企业名单;受省人民政府委托,参与审核外派监事会主席提出的财务监察报告。组织和指导企业技术创新、技术引进、技术改造、重大装备国产化和重大技术装备研究制度,组织和指导资源节约和综合利用,组织协调工业环境保护和环保产业的发展;管理全省散装水泥工作。综合管理全省企业安全生产工作,协调处理重大安全事故。开展国际经济合作交流;编制重点工业品、原材料的进出口计划;承担重要工业品的进出口管理及自营进出口权的申报业务;组织、协调出口、出省物资的运输。参与对外经济技术协作的指导和协调工作。承办省人民政府和国家经贸委交办的其他事项。根据中共贵州省委、省人民政府决定,管理省轻纺行业管理办公室、省机械行业管理办公室、省冶金行业管理办公室、省化工行业管理办公室、省建筑材料行业管理办公室、省有色金属行业管理办公室。各市、州、地设有相应机构,并履行相应的职责。贵州省经济贸易委员会内设办公室、法规与企业监督处(省人民政府减轻企业负担办公室)、综合处、经济运行处、产业政策处、投资与规划处、企业改革处、中小企业处(省非公有制经济办公室)、贸易市场处、对外经济协调处、技术进步与装备处、资源节约主导综合利用处(省散装水泥办公室)、行业管理处、安全生产局(省安全生产委员会办公室)、黄金管理局、人事教育处等处室,负责办理有关具体事务。地址:贵州省贵阳市中华北路187号 邮政编码:550004 电话:(0851)6822588 6892237 传真:(0851)6823012 6822127

【贵州省工商行政管理局】

主管全省工商服务、市场监督管理和行政执法工作,对全省工商行政管理系统实行垂直管理。主要职责是:贯彻执行国家有关工商行政管理的法律、法规和方针、政策，研究拟定工商行政管理地方性法规、规章、政策并组织实施；组织管理全省工商企业和从事经营活动的单位、个人的注册，依法核定注册单位名称，审定、批准、颁发有关证照，实行监督管理；组织监督检查市场竞争行为，查处垄断和不正当竞争案件，打击流通领域的走私贩私行为和经济违法违章行为；组织保护消费者合法权益，查处侵犯消费者权益案件，查处市场管理和商标管理中的经销掺假及假冒产品行为；组织实施对各类市场经营秩序的规范和监督管理；负责对参与电子商务的经营主体资格的确认，监督管理网上交易行为，维护网络市场秩序；组织管理经纪人和经纪机构、合同工作，查处合同欺诈和合同违法行为；管理动产抵押物登记，监管拍卖行为；组织管理商标工作，查处商标侵权及商标违法行为，监督管理商标印制，组织全省著名商标的认定和全国驰名商标评选推荐；组织管理广告经营审批、发布与广告经营活动，组织查处虚假广告等违法行为；组织监督管理个体工商户、个人合伙和私营企业的经营行为。各市、州、地、县、乡、镇工商局(所)，分别履行相应的工商服务职责。贵州省工商行政管理局内设办公室、人事教育处、财务处、政策法规处、公平交易处、消费者权益保护处、市场合同监督管理处、注册指导监督管理处、商标广告监督管理处、电子商务监督管理处。并有省工商局直属注册分局、省工商局经济检查总队(12315投诉中心)两个直属行政机构。此外，还有机关服务中心。地址：贵州省贵阳市云岩区八角岩路11号　邮政编码：550004　电话：(0851)6824332　传真：(0851)6821245

【贵州省招商引资局(贵州省对外经济协作办公室)】

　　履行省人民政府赋予的招商引资和对外经济协作的行政管理职能。主要职责是：贯彻执行国家和省有关招商引资和经济合作的法律、法规及方针政策，研究拟定全省招商引资及经济协作的政策、措施和建议并组织实施；统筹协调全省招商引资和经济协作工作并督促检查，研究拟定招商引资和经济协作的中长期规划和年度目标并组织实施；研究拟定招商引资和经济协作的优惠政策措施，改善投资环境，筛选储备重点项目，搞好开放和招商引资的宣传报道工作，组织协调贵州省参与国内国际重大招商引资活动和对口帮扶、东西合作以及六省、区、市七方区域经济协作等重大项目洽谈，牵线搭桥，跟踪落实；配合、协助有关部门做好利用外资项目的审批、管理和服务。督促检查全省各地各部门改善投资环境，简化办事手续，提高办事效率情况；协调解决来黔客商反映的问题和意见；组织、指导和协调区域经济协作工作，承办西南六省、区、市七方经济协调会确定的经济合作有关事项和贵州方的日常工作，负责"省外商投资服务中心"和"省外商投诉中心"的日常工作，为外来投资者提供优质、规范、便捷的服务，依法保护外来投资者的合法权益等工作。各市、州、地设有相应机构，并履行相应的职责。贵州省招商引资局内设办公室、综合处、项目处、国内经济合作一处、国内经济合作二处、国外经济合作一处、国外经济合作二处、贵州省外商投资服务中心和贵州省外商投诉中心等部门,负责办理有关具体事务。地址:贵州省贵阳市八角岩饭店新楼　邮政编码:550004　电话:(0851)6823613　传真:(0851)6825228

四、重大招商引资项目

【招商引资项目综述】

根据国家实施西部大开发的战略部署和政策,按照贵州省实施西部大开发的产业发展重点,支持和鼓励外来投资者重点投资开发的领域是:能源基地建设(水电站、火电厂以及配套的优质煤开发和其他矿产资源开发),包括黄金资源开发;交通基础设施建设,包括收购和管理高等级公路,以及交通、通信、供水、供电、供气等城市公用事业为主重点的基础设施建设;旅游业,包括旅游服务设施、景点建设和旅游资源综合开发为重点的旅游产业开发,以及酒店建设和管理,兴办服务设施和娱乐项目,开辟新的旅游线路等;电子信息、现代生物与新医药、机光电一体化、新材料和高效节能环保产业为重点的高新技术产业,包括建立高科技产业研究中心、高科技工业园区,汽车零部件和电子元器件的开发,与贵州现有企业合资、合作,共同创建新兴IT产业基地;现代农业,包括成片开发荒山、荒坡、荒水,发展绿色产业,进行中药现代化研究和开发,发展特色食品加工;允许投资者依照国家政策及有关规定投资开办银行、保险、旅行社、商业零售企业和外贸企业,开办中外合资会计事务所、律师事务所、工程设计公司、建设业与相关服务业,公路货运企业;允许外商以收购、兼并、参股、控股等多种形式参与国有企业资产重组;扩大个体、私营等非公有制经济投资的市场准入范围,凡对外商开放的领域,允许其以独资、合资、合作、特许经营等多种方式进行投资。

(一)城建及房地产开发

【六盘水市中心区煤气二期工程】

六盘水市煤气燃气总公司为国有企业,项目投资前期工作已于1993年经冶金部鞍山焦化耐火材料设计院完成《项目建议书》,1999年9月完成《可行性研究报告》。建设1×50孔,5.5大容焦炉,供气规模21.6万立方米/天。总投资32 454万元人民币。合资、合作均可。该项目经可行性论证,投资回报率较好,属市场比较稳定的项目。通讯地址:贵州省六盘水市钟山区康乐南路。邮政编码:553001　电话:(0858)8323507　电子邮箱:pengrui@gzec.com.cn

【垃圾系列焚烧设备】

贵州黎阳航空发动机公司第二研究所是我国飞机发动机的主要研究机构，其用军工技术研究成功的垃圾系列焚烧设备项目，已获贵州省科学技术厅（简称"科技厅"）、贵州省计划委员会（简称"省计委"）立项。垃圾焚烧设备共有三种不同的型号，FL-1 型焚烧炉是采用负压、多级燃烧室、高温焚烧技术，使焚烧固体垃圾产生的有毒气体在高温下分解成无毒气体排到大气中，其排放指标满足国家环保标准要求。JFL 型机场垃圾焚烧炉，主要为民航机场处理飞机上产生的垃圾而设计，每小时焚烧 300~500 千克垃圾；SFL 型固体垃圾焚烧炉主要用于处理医疗垃圾和城市生活垃圾，每小时处理垃圾 1 000 千克；垃圾焚烧释放的热量，可用作集中供暖和供生活热水之用。总投资为 1 500 万元人民币。方式：合资、合作、独资等。联系地址：贵州省平坝县天台山宾馆黎阳高新区管委会招商局　电话：(0853)4222554　4227107-8515　传真：(0853)4222554。

【氧化锌避雷器生产】

该项目拟新增设备仪器 39 台（套），改造或新建厂房 2 000 平方米，达到年产 5.66 万只的生产能力。该项目合作年限为 15 年，现已完成可行性研究。项目总投资 193 万美元，引进外资 94.57 万美元。合作方式：合资、合作、技术引进、设备引进。经济效益分析：年销售额 3 983 万元人民币，可实现年利润 793 万元人民币。投资回收期 5 年。项目承办单位：中国振华（集团）科技股份有限公司　地址：贵州省贵阳国家高新技术产业开发区新天园区　邮政编码：550018　电话：(0851)6302476　传真：(0851)6302476　电子邮箱：xsbin@sina.com

【移动式供水系统的开发】

贵州东伟实业股份有限公司建于 1993 年，注册资本为 7 000 万元，现在厂区面积 36 000 平方米，厂房面积 12 800 平方米，职工 960 人，技术人员 163 人。1999 年总资产 19 200 万元，销售总额 7 852 万元。利用本公司拥有的国家发明专利技术开发生产移动式供水系统，应用于洪灾、野外作业等环境。拟在原厂建设，合作年限为 8 年，现已完成初步可行性研究。项目总投资 200 万美元，引进外资 100 万美元。合作方式：合资、合作、补偿贸易。投资回收期 4~5 年。项目承办单位：贵州东伟实业股份有限公司　通讯地址：贵州省贵阳国家高新技术产业开发区新天园区　邮政编码：550003　电话：(0851)5956508　传真：(0851)5959427　电子邮箱：Dawn@public.gy.gx.cn

【白云水厂建设】

项目承办单位：贵阳市白云区建设局。近期建设规模日供水 5 万立方米，远期建设规模日供水 10 万立方米，工程建成后，能满足白云区 2010 年用水需求。项目已开工建设。项目投资 1.3 亿元人民币，拟引进外资 1.3 亿元人民币。合资、合作及其他。年产值 4380 万元人民币，年利税 1 000 万元人民币。通讯地址：贵州省贵阳市白云区建设局　邮政编码：550014　电话：86-851-4831024　电子邮箱：Pengrui@gzec.com.cn

【新添城市干道温泉路建设】

项目承办单位：贵阳市乌当区建设局。本项目拟建在新添片区城市（内有贵阳国家高新技术产业开发区新天产业园)中心地段,距贵阳市中心区6千米,环境优良,交通便捷,水、电、气、通信等设施齐全。道路全长2 755米,路幅宽度分为30米(双向4车道)和15.5米两种;全线设3座桥梁、3座涵洞,涉及用地57 300平方米。包括土石方工程、挡土墙工程、道路工程、桥涵工程、排水工程。项目已通过立项,完成了可行性研究、工程施工图设计和旧房拆迁。项目总投资8 260万元人民币,拟引进外资8 260万元人民币。合资、合作及其他。温泉路规划沿线两侧各100米范围内可供开发土地面积为29公顷,沿线地块规划以房地产开发、休闲旅游度假用地为主。根据评估:现规划道路两侧的土地征用平均价格为300万元/公顷,预计道路建成通车后两侧土地价值可达到450万元/公顷以上,且房地产市场前景良好。投资回收期2年(含建设期)。通讯地址:贵州省贵阳市乌当区建设局　邮政编码:550014　电话:86－851－4831024　电子邮箱:Pengrui@gzec.com.cn

【清镇市日产10万吨东郊水厂】

项目承办单位:清镇市城建局。兴建10万立方米水厂一座,占地4公顷,铺设D820×10千米钢管两根,长150米,重力输水采用两根DN800UPVC塑料管,长1 600米,新建容积2 000立方米城区前置高位水池一座,并配套新建10万吨配水管网。项目地点已选定,可行性研究报告已经省计委批复。项目总投资10 910万元人民币。独资、BOT方式。工程建成后,正常年售水收入为3 285万元人民币,盈利1 259.1万元人民币,投资利润率为12.2%,投资利税率为14.3%。约7年收回成本(不含建设期)。通讯地址:贵州省贵阳市清镇市红旗路103号　邮政编码:551400　电话:86－851－2513517

【贵阳市花溪污水处理厂】

贵阳新世纪建设综合开发有限公司是市政府的独立综合开发公司,办公面积4 000平方米以上,拥有职工200多人,以硕士、学士、大专文化程度的工程技术人员及经济管理人员为主。污水处理能力4万立方米/日及配套完善罗坪及养牛片区城区排污干管。立项报告已报贵阳市计划委员会(简称"市计委")批准,可行性研究报告及初步设计已完成,现正在做设计。项目总投资7 500万元人民币,拟通过招商引资解决。合作方式:洽谈。污水处理厂为公益性项目,环境效益、社会效益以及经济效益较明显,投资风险小,内部收益率2.92%,投资回收期25.4年。项目承办单位:贵阳新世纪建设综合开发有限公司。通讯地址:贵州省贵阳市大营坡鹿冲关路69号　邮政编码:550004　电话:86－851－6743234

【贵阳市白云区日10万吨污水处理厂】

该项目规模为日处理生活污水10万吨/日,其中大山洞污水处理厂6万吨/日,龚家寨污水处理厂4万吨/日。计划污水处理厂2004年建成投产,当年污水处理量为5万吨/日(供水量为5.5万吨/日),然后以年增长率7.5%递增,到2010年达到日处理生活污水10万吨/日。属鼓励类。投资总额14 736万元人民币。其中向国外政府贷款4 329万元人民币,国内银行贷款8 007万元人民币，地方财政投资2 400万元人民币。合作方式：洽谈。按0.65元/立方米的排污费计算，当城市供水达每日8万吨时，污水处理厂实现盈亏平衡，当城市供水达每日10万吨时，污水处理厂可实现年利润750万元人民币，投资利润率为5.1%，利税率为5.6%。项目承办单位：贵阳市白云区自来水公司。通讯地址：贵州省贵阳市白云区健康路15号　邮政编码：550014　电话：(0851)4602390　传真：(0851)4602390

【纳雍县污水处理厂建设】

项目承办单位纳雍县建设局属政府职能机构，专业技术实力强，负责全县基础设施建设。通过先进的污水处理设备和先进的污水处理工具，达到日处理污水3万吨的能力，分两处各建1.5万立方米/日污水处理厂一座。投资总额为700万元人民币，引进外资650万元人民币。合作方式：BOT方式。项目建成后可改善县城居民生活用水质量，在水费收取作合理价格调整后，8年收回投资。项目承办单位：贵州省纳雍县建设局。通讯地址：贵州省纳雍县建设局　邮政编码：553300　电话：(0857)3525178

【织金县城垃圾卫生填埋场】

项目承办单位：织金县建设局。日处理垃圾122.7吨，年处理4.5万吨，年填埋物体体积为93 750立方米。织金县城位于县中部的城关镇，为全县政治、经济、文化的中心，居民年排放的生活垃圾量大于27 000万吨。估算总投资950万元人民币，独资、合资。县城近期（2010年）规划人口12万，居民年生活垃圾量大于40 000吨，需填埋处理。项目投资回收期4.58年。通讯地址：贵州省织金县建设局　邮政编码：552100　电话：(0857)7621193　传真：(0857)7626764

【织金县城区污水处理厂】

项目承办单位：织金县建设局。日处理污水20 000立方米。织金县城近期（2010年）规划人口12.27万，县城目前日约有12 000立方米、近期约有日19 600立方米未经处理的生活污水和工业污水直接排放。项目估算投资1 453.76万元人民币，合作方式：合作、合资、独资。日需处理污水20 000立方米，投资回收期8年。项目承办单位：贵州省织金县建设局。通讯地址：贵州省织金县建设局　邮政编码：552100　电话：(0857)7621193　传真：(0857)7626764

【织金县城自来水工程】

项目承办单位：织金县自来水公司。日供水20 000立方米。织金县城现有人口6万，2010年将增至12万以上。现有自来水供水能力仅0.5万吨/日，而现日需用水量达1.5万吨，每天有约1万吨缺口，项目建设十分必要。总投资2 511万元人民币，合作方式：合资。项目市场前景好，年销售收入657万元人民币，销售税金44万元人民币，年利润324万元人民币，投资回收期12年。通讯地址：贵州省织金县发展计划局　邮政编码：552100　电话：(0857)7621173　传真：(0857)7626764

（二）农业及农产品加工

【现代农业科技示范园区建设】

由贵阳市乌当区农业局联合贵州省农业科学院进行该项目的开发。贵州省农业科学院科技成果储备丰富，技术力量雄厚。该项目选择在贵阳市乌当区旅游风景区情人谷、鱼洞峡和永乐桃园、阿栗杨梅园附近的东风镇永乐乡,自然条件优越,地势平坦,土地肥沃,交通便利,水电充足,无工业污染,是贵阳市副食品及无公害水果、蔬菜生产基地。核心区30公顷,辐射带动区120公顷,建设无公害高产优质稻米生产线、畜禽养殖基地。通过发展有特色、优质、科技含量高的农业产品,获取满意经济效益,带动娱乐观光的发展。完成可行性研究报告并立项。投资总额9 441万元人民币,引进资金4 476万元人民币。合作、独资。项目实施后年销售收入4 237万元人民币,税后利润743万元人民币。6年收回投资。项目承办单位:乌当区农业局联合贵州省农业科学院　通讯地址:贵州省贵阳市乌当区农业局　邮政编码:550018　电话:(86-851)6847781　E-mail:Pengrui@gzec.com.cn

【绿色畜禽养殖及深加工】

贵州黔鹏公司建在金沙城关大水,是由贵州金沙冠香坊调味食品有限公司与深创宇公司和员工投资组建而成,注册资金100万,总资产150万元,有生产厂房、饲料基地,所处交通便利。年养殖乌骨鸡可达20万只,鹅100万只,肉牛6 600头,深加工产值1.1亿人民币。本项目属国家发展生态农业鼓励类。总投资额235万美元,合资、合作方式,合作年限为5年。随着人们生活水平不断提高,对无公害畜禽和绿色食品需求量越来越大,产品可通过便利的交通条件,销往贵阳、成都、重庆。肉类深加工成干食品可销往全国市场。分割冷藏可销往深圳等沿海城市或出口。可创年销售收入11 155万元人民币,年利润1 374万元人民币,创税199.64万元人民币。项目承办单位:贵州黔鹏公司　通讯地址:贵州省金沙县城关镇大水　邮政编码:551800　电话:(0857)7227093　传真:(0857)7221372　电子邮箱:gzjslxb@bta-mail.net.cn

【金竹高新农业示范园区建设】

由贵州省农业科学院进行该项目开发,该院在建设园区方面具有丰富的经验。按建设总体方案,建成7个产业化基地,分别是:(1)无公害名特优新蔬菜基地,规划面积67公顷;(2)珍禽养殖基地;(3)精品水果生产基地,规划面积100公顷;(4)花卉盆景示范园,规模面积25.3公顷;(5)经济林果苗木基地,规划面积20公顷;(6)主体农业和庭院经济示范基地,规划面积67公顷;(7)农业休闲娱乐教育基地,规划面积13.3公顷。高新农业示范园区建设集观光、休闲、教育示范为一体,既符合省市发展规划,也符合国家的产业导向,体现经济、生态和社会三大效益的有效结合,必将促进农村经济高效、持续地发展。该项目已立项,有政府批文。项目总投资4 735万元人民币,拟引进资金3 550万元人民币。合资、合作均可。在贵阳市小河金竹镇建高新农业示范园区,具有独特的自然环境和地理优势。园区建成后,起到农民增收、农业增效、农村稳定、区域经济协调发展的作用,并且可实现总产值580万美元,纯利润达80万美元的目标。投资回收期为7年。项目承办单位:贵州省农业科学院　通讯地址:贵州省贵阳市小河区金竹镇　邮政编码:550006　电话:(86-851)3761722　传真:(86-

851)3761054　　电子邮箱：jnkj @ public.gy.cn

【贵阳白云下堰667公顷花卉产业】

该项目位于距贵阳市中心仅17千米，距白云区中心仅1千米的下堰，是经上级政府批准的花卉产业项目。现已投资400多万元人民币，建成旅游观光的农业产业基地。水源丰富，地势开阔，三通一平等基础设施已完善。该项目适合现代新型农业和各种经济作物及花卉、苗木、大棚蔬菜、无土栽培等产品。属鼓励类。项目总投资13 000万元人民币。合资或独资。该项目投资少，见效快，能促进当地集体经济收入增加。项目承办单位：贵阳市白云区麦架乡下堰园田地　通讯地址：贵州省贵阳市麦架乡招商引资办　邮政编码：550014　电话：(0851)4350309

【断桥果蔬基地综合开发】

关岭布依族苗族自治县断桥一带低热河谷区具有温室的气候特点，是贵州省有名的早熟果蔬基地之一。适合黄果、柑、脐橙等优质水果生长。断桥乡各种水果种植已达800公顷，该项目拟引资建一个果蔬综合加工厂，年处理果蔬2 730吨，并引优质品种扩大果蔬种植。投资总额1 800万元人民币，其中加工700万元人民币，种植1 100万元人民币。合资、合作、补偿均可。年利润1 500万元人民币。通讯地址：贵州省安顺市市西路43号安顺市贸易合作局　电话：(0853)3223686

【西部生态农业开发生产基地】

贵州高原西部开发有限公司是一家中日合资企业。企业计划3年内总投资60万美元。主要从事西部山野菜(薇菜干、青杆蕨菜、刺嫩芽、细竹笋等)、园艺栽培材料(山苔、水苔等)和花卉盆景生产加工、出口销售。该开发项目是生产加工出口销售细竹笋、薇菜干、青杆蕨菜和刺嫩芽等山珍野菜以及水苔、山苔、花卉盆景和庭院用品相关农特产品，是典型的绿色产品开发生产。原料有保障，品质稳定，属于建立外向型农产品生产基地的新生产业，是属于开发性农业范畴随着社会的进步和发展，人们对天然产品、绿色食品、无公害农业产品的依赖也越来越强烈，销售市场也越来越好。企业所开发的细竹笋、薇菜干、青蕨菜、刺嫩芽等山珍野菜绿色食品和水苔、山苔等农产品，从20世纪80年代以来国际市场上都很畅销，加上本企业属中日合资企业，日方投资方是专业山野菜进口批发商，有稳定的销售市场，所以该项目具有广阔的市场空间和理想的投资回报前景。投资总额：160万美元，其中，自筹60万美元，招商引资100万美元。合作方式：合资、合作。项目全部投资建成后，计划种植刺嫩芽66.7～333.3公顷，水苔33.3～300公顷，花卉盆景50万株(盆)；年设计生产加工出口能力：薇菜干20吨/年，刺嫩芽150吨/年，细竹笋300吨/年，水苔150吨/年。内部年利润率为46.8%，年创外汇113万美元，年生产总值可达934.51万元人民币，年创税收入94万元人民币(财政产税、企业所得税即营业税等)，投资回收期1.8年，每年可解决100～150人就业机会。项目承办单位：贵州高原西农实业开发有限公司　通讯地址：贵州省都匀市河滨路5611　邮政编码：558000　电话：

(0854)8335461　手机:13985796951　传真:(0854)8330425　电子邮箱:dykfq@public.gz.cn

【三都水族自治县麻竹生产基地】

承办单位三都县扶贫开发服务公司为县扶贫办下属公司。三都水族自治县位于都柳江上游,气候条件优越,土地资源丰富,仅都柳江沿岸地区就有适宜发展竹类种植的宜林地约2万公顷,发展以麻竹、楠竹为重点的竹类种植已列为该县农业产业化重点项目之一,规划建设6 666.7公顷竹基地,现已营造近2 667公顷。竹类种植经济、生态、社会三大效益显著,产品市场前景较好,还可深加工和综合利用,一次投资长久得利。项目采用统一规划、连片种植、以物放贷、全程服务、产品统一回收加工销售的形式组织实施。项目总规模6 666.7公顷,续建4 000公顷。投资总额4 000万元人民币。合资、合作均可。项目建成后,预计可实现年销售收入8 400万元人民币,税收290万元人民币,年利润1 140万元人民币。预计投资回收期为5年。项目承办单位:三都县扶贫开发服务公司　通讯地址:贵州省三都水族自治县三合镇　邮政编码:558100　电话:(0584)3231220　传真:(0854)3231220　电子邮箱:pengrui@gzec.com.cn

【特优苗木花卉繁育基地建设】

项目承办单位:贵州省凯里经济开发区管委会。开发区清新村新建规模66.7公顷苗木、花卉基地,种植珍奇名贵针叶乔木和阔叶乔灌木共60余种,名贵花卉40种。总投资2900万元人民币。合作、合资、独资。项目年收入675万元人民币,年利润193万元人民币,年创税27万元人民币。投资回收期4年。通讯地址:贵州省凯里经济开发区管委会　邮政编码:556000　电话:(0855)8556516　传真:(0855)8556689　电子邮箱:Klsum@public.gz.cn

【楠竹笋、林两用基地建设】

项目承办单位:贵州省黎平县林业局。扩建6 667公顷楠竹笋、林两用基地。总投资4 115万元人民币。合资、合作或独资。年销售收入1 917万元人民币,年销售利税219万元人民币,投资回收期11.5年。通讯地址:贵州省黎平县林业局　邮政编码:557300　电话:(0855)6221380

【年产1 000吨猕猴桃系列食品加工】

贵阳福鹏实业有限公司拥有生产麦芽精、液体葡萄糖、麦芽糖浆、速溶苦丁茶粉、饴糖等产品的多功能生产线,年产量3 000吨,占地面积12 000平方米,固定资产928万元人民币。修文县现有2 000公顷"六广河"牌优质猕猴桃基地,规划面积3 334公顷。猕猴桃称为维生素C之王,但鲜果保存时间短,影响其经济价值。通过对猕猴桃的深加工,可在保存其营养成分的基础上更方便储存。目前省内尚无加工生产线。项目已完成可行性研究报告并立项。完成"五通一平"。投资总额2 478万元人民币,引进外资2 065万元人民币。合资、合作。年销售收入4 956万元人民币,毛利1 486.8万元人民币。项目承办单位:贵阳福鹏实业有限公司　通讯地址:贵州省贵阳市修文县　邮政编码:550200　电话:(0851)2352288　电子邮箱:Pengrui@gzec.com.cn

【α亚麻酸系列保健品开发】

中国科学院地球化学研究所（简称"地化所"）科技发展公司系贵州省生物资源超临界流体萃取重点中试基地，坐落在贵阳市南明区观水路，占地450平方米，厂房面积600平方米，拥有从小式到中式的三台超临界设备及相应的分离纯化中式设备，并建有乳化生产车间，具有年产600万瓶的生产能力。引进资金进行生产开发，现可开发项目有：益智健脑胶囊、免疫胶囊、防癌抗癌胶囊。正在做前期准备工作。总投资580万元人民币。合资、合作、技术转让。建设期1年，年产值3 000万元人民币，利税600万元人民币，投资回收期1年。项目承办单位：中国科学院地化所科技发展公司

通讯地址：贵州省贵阳市南明区观水路　邮政编码：550002　电话：(86-851)5895130

【都匀毛尖系列茶产品】

都匀毛尖茶集团有限责任公司成立于1998年12月，注册资金51 811元人民币，现有职工60余人，共有茶场2个，加工厂10个，年产毛尖茶10吨、高档绿茶50吨，年销售额近千万元，实现利润100多万元人民币，无负债。公司创建以公司加基地联协会带农户的茶园建设模式，以自身基地作调节补充，组织茶叶协会带动茶农按标准收购茶青，公司及农户均获得良好效益。都匀毛尖茶具有悠久的历史，早在清朝时代即为贡茶。1915年获巴拿马国际博览会金奖，1982年被评为中国十大名茶，1993年获得国际抗衰老博览会金奖，被评为"茶中极品"。但毛尖茶因产量少，远远满足不了市场需求，名牌效应未能充分发挥出来。为发展壮大毛尖茶产业，都匀市在"十五"规划中，把毛尖茶作为调整农业产业结构的主导产业来发展，实施产业化经营，使农户增收，经济增长。项目新建茶园4 000公面，加工厂30个，建5 000立方米气调库1座，年产毛尖茶75吨、细毛茶75吨。项目总投资9 708万元人民币；股份合作。近年来，茶叶作为一种天然健康饮料，越来越受到人们重视，在世界饮料市场的竞争中日益处于优势地位。从1996年以来，世界各国名茶产量及出口量以6%左右的速度递增，中国的茶叶产量和出口量也一直呈上升趋势。都匀毛尖茶除具有优越品牌外，其优越的自然环境、独特的加工工艺、优良的品质都是同行业中的佼佼者，每年的产品均供不应求。基础设施建设、抚育期4年，第3年即可采收，达到设计能力的30%，第4年达70%，第5年达100%，投资利润率为37.78%，静态投资回收期不到4年，可在2007年还清全部借款本息。通讯地址：贵州省都匀市　邮政编码：558000　电话：(0854)8241290　传真：(0854)8241290　电子邮箱：pengrui@gzec.com.cn

【雷山县山野菜系列产品加工】

项目承办单位：雷山县乡镇企业局。拟建年加工山野菜15 000吨，其中竹笋8 000吨，薇菜1 000吨，蕨菜5 000吨，魔芋食品1 000吨。总投资2 500万元人民币。独资、合资。年销售收入6 000万元人民币，年销售税金900万元人民币，年利润1800万元人民币。通讯地址：贵州省雷山县乡镇企业局　邮政编码：557100　电话：(0855)3331202　电子邮箱：Pengrui@gzec.com.cn

【年产 3 000 万只全降解植物发泡餐具】

贵州凯里经济开发区是 2000 年由贵州省人民政府批准成立的省级开发区,占地面积 53.7 平方千米。开发区财政、计划单列,并成立了"一站式"办公机构,可为客商提供快捷方便的服务。植物发泡餐具碗、杯、盘是以稻草、麦秆等草本植物纤维为原料,加入食用防水、防油材料进行化学处理,真空脱水成型后经模具高温、高压固化干燥、切边、消毒等工序加工而成,是消除白色污染、替代未能降解塑料餐具的绿色环保产品。项目总投资 250 万元人民币,其中固定资产 200 万元人民币,流动资金 50 万元人民币。合作方式:独资、合资。一次性餐具每年消耗在 150 亿只以上,贵阳市年耗量在 1.5 亿只以上,黔东南、黔南、铜仁等地都没有生产厂家。生产一次性环保植物餐具利国利民,是经济效益和社会效益较好的项目。年销售收入 540 万元,年利税 330 万元,年利润 300 万元,投资利润率 120%,投资回收期 9 个月。项目承办单位:贵州凯里经济开发区招商局通讯 地址:贵州省凯里市鸭塘、翁义凯里经济开发区招商局 邮政编码:556018 电话:(0855)8556516 8556689 传真:08558556556 网址:http://www.kl.gz.cn/economy/ 电子邮箱:KL-Sun@public.gz.cn

【牛羊肉类系列产品加工项目改扩建工程】

项目单位位于贵州省毕节市双树路 221 号,国有企业,注册资本 612 万元人民币,总资产 5 000 多万元人民币。企业现有冷库一座,日冷冻能力 30 吨,分别有日宰 200 头菜牛出口生产线、日宰 300 头出口生猪生产线、日宰 500 头生猪生产线及熟食品加工生产线各一条;现有职工 241 人,其中大专以上文化程度的占 8%,中专文化程度的占 20%,中级职称占 2%,初级职称占 25%。年产牛羊肉类系列食品 4 650 吨,方便食品 2 000 吨,已编制项目可行性研究报告,并获贵州省经济委员会批准立项,批准文号黔经贸改字(2000)600 号,属国家鼓励类投资项目。项目总投资 4 628 万元人民币,可合资、合作经营,外方投资比例 50% 以上,要求现汇投入,合资、合作年限 10 年以上。本项目生产的牛羊肉产品主要出口香港地区.同时通过企业现已建立的上海、广州两个办事处销往上海周边省、市和广东周边地区,方便食品销往全国各地。项目建成生产后年均生产总成本 7 956.83 万元,年均销售收入 9 950.00 万元人民币,年均利润 883.10 万元人民币(税后),年均税金 1 110.07 万元人民币,投资回收期 4.73 年(税后)。项目承办单位:贵州省毕节地区肉类联合加工厂。通讯地址:贵州省毕节市双树路 221 号 邮政编码:551700 电话:(0857)8303253 传真:(0857)8303253

【赫章县苦荞系列食品加工项目】

贵州省赫章县黔丰荞业有限公司位于贵州省赫章县白果镇,股份制企业,注册资金 50 万元,现有总资产 200 万元,已开发"苦荞营养麦片"5 吨,市场畅销。企业现有 1 700 平方米厂房及附属设施。苦荞为贵州省赫章县独特的自然地理环境出产的特色产品,其独特的营养成分是加工保健食品的上佳原料。随着人们生活水平的提高,保健食品工业是朝阳产业。该企业是各级政府鼓励类的企业，故前景光明。该项目投资总额为1 507.40万元人民币，合作方式为合资。该项目年生产成本为3 574.46万元人民币，年平均收入4 768.00万元人民币，年利润558.49万元人民币，年税金635.05万元人民币，投资收回期为3.65年。项目承办单位：赫章县黔丰荞业有限公司

通讯地址：贵州省赫章县气象局一号　邮政编码：553200　电话：(办)(0857)3230318　13985352991

【赫章县5 000吨马铃薯淀粉生产项目】

赫章县康易薯业有限公司的主管部门为县乡镇企业局。该生产项目是以本地资源优势，进行农副产品深加工。项目总投资人民币5 690万元人民币，合资、合作。投资效益为生产期年销售收入5 715万元人民币，年平均销售利润1 098万元人民币，平均税金443万元人民币，平均年成本174万元人民币，项目建成后投资收回期为6.35年。项目承办单位：赫章县康易薯业有限公司　通讯地址：贵州省赫章县　邮政编码：553200　电话：(0857)3222921　13908572921

【应用生物工程发酵技术开发生产年产1万吨鲜食辣椒产品农业产业化项目】

遵义市大山食品有限公司位于遵义市红花岗区忠庄镇桃溪寺幸福村，是一家民营蔬菜、食品加工企业，是"贵州省重点绿色产业项目和遵义市菜篮子工程重点加工项目单位"。公司总资产为480万元人民币，目前已开发10余种蔬菜罐头食品，畅销全国各地。企业现有设备资产80万元，有10余台套机械设备。该项目属外商投资产业指导目录中鼓励类，新建项目属食品工程高新技术产业化项目，现已征地1.3公顷，用地手续齐全，项目已经省计委批准立项，可行性研究已经专家论证。该项目选址在遵义市红花岗区新蒲镇中坪农业观光园区内。本项目总投资1 350万元人民币，其中固定资产投资836万元人民币，科研经费投入92万元，铺底流动资金422万元。欢迎合资、合作开发该项目。期限为15～30年。该项目产品市场前景广阔，公司至1997年建厂以来，至今生产的辣椒制成品已形成以上海大市场为中心，覆盖全国各地的销售市场网络，目前呈供不应求态势。本项目具有较强的抗市场风险能力，经济效益显著，总投资1 350万元，年销售收入5 250万元，年总成本3 806万元，年税金含所得税821万元，年净利润624万元，投资利润率36.5%，投资回收期3.6年（含建设期1年）。项目承办单位：遵义市大山食品有限责任公司　通讯地址：贵州省遵义市忠庄镇桃溪寺幸福村　邮政编码：563000　电话：0852-8423366　(0852)8628988　13007875988　传真：(0852)8423366

【贵州牛来香实业有限公司二期技术改造】

牛来香实业有限公司属有限责任公司，注册资产300万元，总资产2 000多万元。产品有20多个大类，上百个规格。有年产500吨牛肉干生产线1条，年产500吨软包装罐头生产线1条，年屠宰3 000吨活牛生产线1条。产品主要销售上海、广州、深圳、大连等沿海开放城市及省内。现有职工60多人。有可行

性研究报告,立项批复。拟建500吨冷库1座,日屠宰活牛300头,标准生产线1条,按HACCP要求建软罐头生产线1条,日产10吨。建设地址:牛来香实业公司内。该项目属鼓励类。总投资2 400万元,企业自筹400万元。合作方式:合资、合作。合资,外资占48%。合作,外商提供资金,中方提供厂地、技术人员和对外销售。合作年限为30年。预计年增加总产值5 000万元人民币,利税600万元人民币。项目承办单位:贵州牛来香实业有限公司 通讯地址:贵州省安顺市经济技术开发区招商局 邮政编码:561000 电话:(0853)3460390 传真:(0853)3460390 电子邮箱(E-mail):akfzsj@public.gz.cn

【酸辣椒系列产品开发】

黎阳高新技术工业园区(简称"高新区"),区位优越,气候宜人,距贵阳市仅48千米,与安顺相距39千米,公路、铁路交通便利。高新区周边农户已经形成大量的家庭式生产,最大的农户年加工量达25吨。该项目采用"公司加农户"的经营模式,对该产品进行全方位包装、宣传、策划,提高产品附加值,充分挖掘这一民间地方特色食品。高新区周边辣椒种植面积在667公顷以上,原料充足,非常适合产业化的深度开发,走出小产品大市场的路子。本项目是《指导外商投资方向规定》鼓励类项目,也是《中西部地区外商投资优势产业目录》项目。总投资为1 000万元人民币。方式:合资、合作、独资等。联系地址:贵州省平坝县天台山宾馆黎阳高新区管委会招商局 电话:(0853)4222554 4227107-8515 传真:(0853)4222554

【东峰集团独山盐酸菜厂年产5 000吨盐酸菜系列产品技术改造】

该厂驻地为独山县城关镇东环南路,性质集体,注册资金109万元人民币,总资产1 739万元人民币。已开发产品:盐酸菜系列,京酱系列。产量已达2 000吨/年,市场前景广阔。现有职工117人,现代化设备,一流厂房。厂址附近多为农田和鱼塘,无大中型企业,无污染。占地面积32 766平方米。技术指标:盐酸菜:黔Q/DF01－2001,风味菜:黔Q/DYOl－1998;雪菜:黔Q/DY02－1998;辣酱:黔Q/独Y03－2000。有可行性研究报告,有政府批文,所属行业为轻工行业(食品工业)。投资总额:1 672.35万元人民币。合作方式:合资、独资均可,合作年限面谈。项目年销售收入3 308.45万元人民币,项目年利润657.75万元人民币,年税金270.86万元人民币。投资回报期为1年。项目所有产品的生产原料均为无污染纯天然蔬菜,是以独山盐酸菜几百年的工艺及几十年的工厂生产为基础研制开发的系列产品。在国内有许多区域市场,特别是在北京、南京、武汉等中心城市,系列产品已在大型超市和购物中心占有一席之地。项目承办单位:贵州东峰集团独山盐酸菜厂 通讯地址:贵州省独山县城关镇东环南路 邮政编码:558200 电话:(0854)3233427 传真:(0854)3233598 电子邮箱:dsyinmy@public.gz.cn

【年产600吨南瓜粉项目】

项目承办单位:凯里开发区管委会。新建年产600吨的南瓜粉生产项目,总投资440万元人民币。合资、合作、独资。年销售收入720万元人民币,年利润190万元人民币,投资回收期3年。通讯地址:贵州省凯里经济开发区管委会。邮政编码:556000　电话:(0855)8556516　传真:(0855)8556689　电子邮箱:Klsum@public.gz.cn

【从江香猪系列特色食品开发】

从江县香猪开发公司现有注册资金30万元,长期债务50万元,年利润36万元。开发生产香猪肉卷、腊香猪、复合蛋白肉等新型特色食品和营养保健调味品基料缩浓,以及饲用骨粉和日化原料骨油。扩建年加工能力为40万头香猪、2 953吨产品生产线。总投资1 502万元人民币。合资、合作。年销售收入8 213万元人民币,年利税935万元人民币,投资回收期5年。项目承办单位:从江县香猪开发公司　通讯地址:贵州省从江县　邮政编码:557400　电话:(0855)6412194

【生姜、荞麦绿色系列保健食品、板栗食品】

贵州省六盘水市金桥食品有限公司拥有资产1 000万元,为股份制企业。利用本地生姜优势(年产优质生姜约4万吨)可生产姜茶、芦丁茶、无硫姜块、姜片、调味姜粉等,利用本地优质荞麦生产荞麦系列产品及板栗食品。合作生产姜系列食品及荞麦、板栗系列食品,总投资2 600万元人民币,合作方式:合资、合作。绿色系列食品具有越来越广泛的市场,投资回报期为5年,有项目可行性项目研究报告。通讯地址:贵州省六盘水市金桥食品有限公司　邮政编码:553001　电话:(0858)8322842　8322716　传真:(0858)8322934　8329299

【魔芋系列产品开发】

贵州省六盘水市天之骄魔芋食品有限公司位于六盘水市双水开发区,生产设施齐备,资产390万元。生产魔芋精粉、超细微粉、魔芋减肥茶、饮料等(已有注册商标),属市场前景较好、发展潜力大的产品。投资总额:500万元人民币。合作方式:合资、合作。本项目属开发绿色环保食品,投资回收期2年。通讯地址:贵州省六盘水市双水开发区　邮政编码:553000　电话:(0858)8930448　电子邮箱:pengrui@gzec.com.cn

【8万吨马铃薯深加工及品种改良】

六盘水市是贵州省马铃薯主产区之一,该项目主产品颗粒状全粉生产线在国内较为先进,本项目已经六盘水市计委立项批准,由钟山区发展计划局承办。年产马铃薯全粉0.5万吨、洁净保鲜马铃薯3万吨,投资总额8 000万元人民币。合作方式:独资、合资、合作。投资回收期5年。项目承办单位:钟山区发展计划局　通讯地址:贵州省六盘水市钟山区府路　邮政编码:553001　电话:(0858)8224445　电子邮箱:Pengrui@gzec.com.cn

【18%沙黄乳油生产线】

项目承办单位:松桃锰业公司。18%沙黄乳油属纯天然无公害制剂,是一种集高效、特效、无药害、持效长、无残余为一体的新型植物性杀虫剂。该产品工艺及配方经多年筛选改进而成,其工艺简捷、易掌握,在生产过程中能有效地保护产品质量的稳定,目前国内外尚无厂家生产。本项目拟建年产18%沙黄乳油1 000吨生产线,投资总额1 100万元人民币,其中固定资产500万元人民币,流动资金600万元人民币。合作方式:合资、股份、其他方式,协商选择。18%沙黄乳油我国年需求量34万吨,有广阔的销售市场。预计年销售收入4 000万元人民币,年利税1 200万元人民币,预计投资回收期15年。通讯地址:贵州省铜仁地区兽药厂　邮政编码:554300　电话:(0856)5229042

【德江县无水柠檬酸厂】

项目承办单位:德江县招商局。柠檬酸是以红薯、土豆、玉米等淀粉为原料,通过液体深层发酵工艺提取而成,广泛用于食品、医药、化工、电力、建材、原子能方面。总投资21 990万元人民币。合作方式:独资、合资、合作均可。柠檬酸市场需求量每年以6%的速度递增。预计年销售收入11 800万元人民币,税后利润3 050万元人民币,投资回收期7年。项目承办单位:德江县供销合作联社　通讯地址:贵州省德江县　邮政编码:565200　电话:(0856)8520101

(三)机械电子

【片式叠层电感器生产】

该项目拟引进关键设备和技术,改造或新建厂房,形成年产10亿只的生产能力。该项目合作年限为15年。投资构成:项目总投资1 684.72万美元。合作方式:合资、技术引进、设备引进。经济效益分析:年销售额24 000万元人民币,可实现年利润4 000万元人民币,创汇1 500万美元。投资回收期5年。项目承办单位:中国振华(集团)科技股份有限公司。该公司是创建于1998年的国有控股企业,注册资本为31 312万元人民币。现有厂区面积23万平方米,厂房面积10.6万平方米,职工4 343人,技术人员793人。主要从事开发、生产、销售电子(电子信息)产品和光机电一体化产品(机械产品),以及贸易、金融、建筑、经济信息咨询和技术咨询、开发、转让与服务等。1999年总资产173 071万元人民币,销售总额53 276万元人民币,税前利润7 680万元人民币。通讯地址:贵州省贵阳国家高新技术产业开发区新天园区　邮政编码:550018　电话:(0851)6302476　传真:(0851)6302476　电子邮箱:xsbin@sina.com

【片式二极管、三极管生产】

该项目拟引进国外关键设备和仪器125台(套),配置国产设备53台(套),改造厂房3 000平方米(其中净化厂房1 000平方米),达到年产片式二极管、三极管10亿只的生产能力。该项目合作年限为15年,现已完成可行性研究。项目总投资2 226万美元,引进外资1 090.62万美元,合资、技术引进、设备引进。年销售额20 130万元人民币,可实现年利润4 628万元人民币,创汇1 300万美元。项目承办单位:中国振华(集团)科技股份有限公司。通讯地址:贵州省贵阳国家高新技术产业开发区新天园区　邮政编码:550018　电话:(0851)6302476　传真:(0851)6302476　电子邮箱:xsbin@sina.com

【片式开关生产】

该项目拟引进关键设备、技术和仪器,形成年产2亿只的生产能力。该项目合作年限为15年,现已完成可行性研究。总投资602万美元,引进外资295.14万美元。合资、技术引进、设备引进。年销售额9 500万元人民币,可实现年利润1 200万元人民币,创汇700万美元。投资回收期5年。项目承办单位:中国振华(集团)科技股份有限公司。通讯地址:贵州省贵阳国家高新技术产业开发区新天园区　邮政编码:550018　电话:(0851)6302476　传真:(0851)630247　电子邮箱:xsbin@sina.com

【片式继电器生产】

该项目拟在现有基础上,引进关键设备、仪器,形成年产1 000万只的生产能力。该项目可在原厂上建设,合作年限为15年,现已完成可行性研究。项目总投资524万美元,引进外资265.58万美元。合资、技术引进、设备引进。经济效益分析:年销售额8 000万元人民币,可实现年利润2 000万元人民币,创汇700万美元。投资回收期:4.8年。项目承办单位:中国振华(集团)科技股份有限公司。地址:贵州省贵阳国家高新技术产业开发区新天园区。邮政编码:550018　电话:(0851)6302476　传真:(0851)6302476　电子邮箱:xsbin@sina.com

【压电蜂鸣片生产】

该项目拟增加部分生产、控制及检测设备和仪器,达到年产1.5亿片的生产能力。该项目合作年限为5年,现已完成可行性研究。项目总投资205万美元,引进外资100.45万美元。合作方式:合资、技术引进、设备引进。经济效益分析:年销售额2 500万元人民币,可实现年利润737万元人民币,创汇200万美元。投资回收期5年。项目承办单位:中国振华(集团)科技股份有限公司。地址:贵州省贵阳国家高新技术产业开发区新天园区　邮政编码:550018　电话:(0851)6302476　传真:(0851)6302674　电子邮箱:xsbin@sina.com

【贵州科技城】

贵阳国家经济技术开发区国有资产投资管理公司是经贵阳市人民政府批准和贵阳国家经济技术开发区管委授权的国有独资公司。对授权范围内的国有资产依法行使出资者职能并进行统一经营管理,行使资产收益、重大决策、选择管理者的权利,从事资产经营和资本经营,独立承担民事责任并经登记注册的特殊企业法人。公司是国有独资公司,不设股东会。公司的发展战略:第一阶段,集中财务、物力,握紧拳头,积蓄力量,着重加强资产的管理和运行,该放的放,该收的收,同时加强市场调研和市场开发,调整好产业发展方向。第二阶段,充分发挥政策性资源和区内企业存量资产的资源优势,加速项目开发,以银行信贷为杠杆,凝聚各方面的资金,迅速做大做强。这一阶段要注意区内企业的改组、改制和存量资产的盘活。第三阶段,加快产业的发展,培育产业化企业集团,酝酿股票上市,实现融资方式的多元化,这一阶段要注意品牌的培育和产业项目的可持续发展研究。第四阶段,以股市操作为手段,实现滚动发展。拟在西部开发工业园区内建设规划面积约53.3公顷的科技城,按功能划为产业区、商贸区、综合区和生活区。项目总投资50 000万元人民币,合资、合作。项目承办单位:贵州省贵阳国家经济技术开发区国有资产投资管理公司　通讯地址:贵州省贵阳经济技术开发区(小河区)黄河路443号招商引资局　邮政编码:550009　电话:0086-851-3834340,3820185　传真:

0086 - 3848032　电子邮箱:xhjjmyj@163.com

【贵州软件园】

贵阳国家经济技术开发区国有资产投资管理公司是经贵阳市人民政府批准和贵阳国家经济技术开发区管委授权的国有独资公司。对授权范围内的国有资产依法行使出资者职能并进行统一经营管理,行使资产收益、重大决策、选择管理者的权利,人事资产经营和资本经营,独立承担民事责任并经登记注册的特殊企业法人。公司是国有独资公司,不设股东会。公司的发展战略:第一阶段,集中财务、物力,握紧拳头,积蓄力量,着重加强资产的管理和运行,该放的放,该收的收,同时加强市场调研和市场开发,调整好产业发展方向。第二阶段,充分发挥政策性资源和区内企业存量资产的资源优势,加速项目开发,以银行信贷为杠杆,凝聚各方面的资金,迅速做大做强。这一阶段要注意区内企业的改组、改制和存量资产的盘活。第三阶段,加快产业的发展,培育产业化企业集团,酝酿股票上市,实现融资方式的多元化,这一阶段要注意品牌的培育和产业项目的可持续发展研究。第四阶段,以股市操作为手段,实现滚动发展。软件园是从事软件研究、开发、生产、展示和营销服务的专业高科技园,在设施建设和开发管理上具备人才聚集功能、开发生产功能、产品营销功能、群体协作功能、自我生产功能和内外辐射功能等。"贵州软件园"总建筑面积近20 000平方米,综合写字楼4 000平方米。贵州软件园工程将分期实施,分片开发,首期工程于年内正式启动。计划于2003年全部建成并完成招商,预计进驻软件企业40家以上;第二期2005年之前完成,力争进驻规模较大的软件企业10家,重点培育2~4家软件骨干企业,形成贵州最大的软件产业园,并在国内外产生一定的影响。园区规划体现服务的思想。设立为软件企业服务的体系,为入园企业提供最优良的服务设施和服务质量。项目总投资10 000万元人民币,合资、合作、独资。项目承办单位:贵阳国家经济技术开发区国有资产投资管理公司　通讯地址:贵州省贵阳经济技术开发区(小河区)黄河路443号招商引资局　邮政编码:550009　电话:0086 - 851 - 3834340　3820185　传真:0086 - 3848032　电子邮箱:xhjjmyj@163.com

【系列小口径 KU 频段数据站天线】

贵州振华通信设备有限公司地处贵州都匀市经济开发区内,为原信息产业部振华集团红旗机械厂,资产重组后于2001年3月创建,生产各种卫星通信设备及其电子装备车辆等,企业技术力量雄厚,产品曾远销10多个国家和地区。KU 波段1.2米、1.8米口径 VSAT 数据站天线。投资总额:180万美元。合作方式:股份制。此项目主要用于各种网络中的数据传递。近年来,国内 C 波段数据天线已很多,但 KU 频段小口径天线生产企业较少。国家为有效利用频谱资源,今后国内建设的各种网络站点均往 KU 波段发展,每年需求量很大,故很有发展前景。项目承办单位:贵州省都匀市经济发展局　通讯地址:贵州省都匀市经济开发区龙山大道　邮政编码:558000　电话:(0854)8318479　传真:(0854)8314696　电子邮箱:dykfq@public.gz.cn

【大型农机具液压传动装置】

贵州力源液压股份有限公司注册资本10 000万元。厂区面积262 533平方米，厂房面积41 960平方米。已形成年产液压泵/液压马达30 000台（套）及大型农机具HST液压传动装置3 000台的规模。农业机械具有广阔的市场。经过市场调研和项目可行性论证，确定研制开发大型农机具液压传动装置，以满足联合收割机等我国农机具配套需求；同时研制开发AIOV系列轻型水泵，出口国外，为法国等国农用机械配套。总投资180万美元。合作，其他。投资回收期3年。项目承办单位：贵州力源液压股份有限公司　通讯地址：贵州省贵阳国家高新技术产业开发区新天园区　邮政编码：550018　电话：(0851)6132501-390　传真：0851-6132001　电子邮箱：flic@publicl.gy.gx.cn。

【WS67K多轴数控板料折弯机】

黔南国华机床设备有限公司由原黔南锻压机床厂改制而成，对原有设备、人员进行了重组。WS67K多轴数控板料折弯机。用于高精度板料及各类普通板料的折弯加工。投资总额：160万美元。合作方式：合资。WS67K多轴数控板料折弯机是具有国内先进水平的新产品，填补了我国西南地区和中南地区的技术空白，有着广阔的市场前景，具有较高的回报价值。项目承办单位：贵州省都匀市经济开发区国华机床有限公司　通讯地址：贵州省都匀经济发展局　邮政编码：558000　电话：(0854)8318479　传真：(0854)8314696　电子邮箱：dykfq@public.gz.cn

【轻型汽车用变速器】

贵州久达齿轮有限公司由原信息产业部振华集团久达机械厂改制而成，1997年迁至都匀开发区内，现为全国摩托车发动机配件行业齿轮专业组长单位和汽车工业协会成员单位。项目内容：130变速器产品。投资总额：800万美元。合作方式：合资。近年来，轻型汽车所需的重要配件变速器出现供不应求的局面，企业为顺应市场需求，结合企业优势，开发了130变速器产品，该产品投放市场后受到广大用户的认可和好评，并有着较好的销路，投资回报率较高。项目承办单位：贵州久达齿轮有限责任公司　通讯地址：贵州省都匀市经济发展局　邮政编码：558000　电话：(0854)8318479　传真：(0854)8314696　电子邮箱：dykfq@public.gz.cn

【年产35万幅新型无石棉刹车片】

贵州凯里经济开发区是2000年由省人民政府批准成立的省级开发区，占地面积53.7平方千米。开发区财政、计划单列，并成立了"一站式"办公机构，可为客商提供快捷方便的服务。新型无石棉刹车片属高新技术成果，它不含石棉，不含产生石棉、粉尘污染环境及致癌物质，符合环保要求，耐高温，衰退性能好，制动性能优良，刹车灵敏，切实保证行驶安全，成本不到其他刹车片的2/3，易磨合，制动平稳，舒适性好，生产工艺独特，成型简单，生产效率高。项目总投资300万元人民币，其中固定资产240万元人民币，流动资金60万元人民币。合作方式：独资、合资。我国每年需刹车片在3.2亿幅以上，现有产品均含有石棉，质量差，生产该产品市场前景广阔。年销售收入1 050万元人民币,年利税452万元人民币,年利润385万元人民币,投资利润率128%,投资回收期8个月。项目承办单位:贵州凯里经济开发区招商局

通讯地址:贵州省凯里市鸭塘翁义山庄　邮政编码:556018　电话:(0855)8556516、8556689　传真:(0855)8556556　网址:http://WWW.kl.gz.cn/economy/　电子邮箱:KISun@public.gz.cn。

【磨料磨具二期扩建工程】

是专业棕刚玉磨料生产厂家,生产设备先进,技术力量雄厚,年产优质棕刚玉矿5万吨,可根据用户的需求进行水洗、整形及煅烧处理。产品远销欧美、日本、韩国、印度等国家和我国台湾等地区,深受广大客户的青睐。第二期手续已齐备,准备二期扩建。属允许类。项目总投资500万元人民币,其中引资400万元人民币。合资。年生产能力10 000吨,年产值达1 800余万元人民币,实现利润130万元人民币,上缴税收60余万人民币,3年收回投资。项目承办单位:贵阳市白云区大山洞街道办事处　通讯地址:贵州省贵阳市白云区沙子哨农场　邮政编码:550014　电话:(0851)4605710

(四)建材能源

【日产1 000吨熟料新型干法水泥生产线】

贵州省康利企业总公司是省人民政府(91)167号文件组办、为解决全省159万残疾人劳动就业的牵头企业,性质为国营与集体联营。公司总部:省人民政府大院19号楼2楼。经省经贸委(2001)559号文件批准,日产1 000吨熟料新型干法水泥生产线。总投资2.4亿元人民币,贷款、国际馈赠、合作均可。该新工艺投产后,老的生产线将被淘汰,年税金可达1 038万元人民币,年利润可达4 300万元人民币。项目承办单位:贵州省康利企业总公司　通讯地址:贵州省人民政府大院19号楼2楼　邮政编码:550004　电话:(0851)6818200　传真:(0851)6872068

【仁怀市圆满贯水电站】

该项目由仁怀市水电局承办,仁怀市计划发展局协办。该项目属外商投资产业指导目录中鼓励类。圆满贯水电站位于仁怀市火石乡荣华管理区,是以发电为主的年调节中型电站,兼顾电提灌溉。装机容量3.0万千瓦,保证出力6 420千瓦,年发电量2.5亿千瓦小时,年利用小时数为8 000小时。电站水库面积510平方米。圆满贯水电站为桐梓河干流规划中的第六级水电站。已通过勘测,并完成可行性研究报告的编制。投资总额为3 000万美元,可采取合资、合作开发,独资经营,政府给予土地使用权和撤迁的优惠。亦可采取建设—运营—转让的方式,期限在25年以上。贵州是西电东送地区之一,可入国家电网,仁怀市本身电力能源缺乏。通过预测,8年内可以回收全部投资。通讯地址:贵州省仁怀市　邮政编码:564500　电话:(0852)2223217　(0852)2223385　传真:(0852)2223499　(0852)2223385

(五)食品饮料加工

【刺梨汁提取加工、大豆蛋白异黄酮

提取、刺梨基地建设】

黔南自治州都匀缘叶绿色食品有限公司是主要从事野生植物、农副土特产品研究开发和加工生产的科技企业,经过多年经营和研究开发,现已发展成粗具规模的绿色食品生产知名企业。现有年产3 000吨的碳酸饮料生产线一条。公司开发的"斗篷山"系列饮料畅销北京、广东、广西、湖南、四川等全国省区市。公司新研制开发生产的系列保健饮品"姜汁茶"和"刺梨汁"在2000年8月18日"中国东西部分乡镇企业交流会"上一炮打响走红,产品供不应求,市场广阔。现谋求合作伙伴进行年产万吨刺梨汁扩建、年产万吨大豆系列饮品扩建及133.3公顷刺梨基地项目的合资建设。投资总额:150万美元。合作方式:合资。经过多年经营与研究开发,"斗篷山"系列饮品已逐渐受到全国各地的消费者所喜爱,产品一直供不应求,基地的建成直接为饮品的生产提供了原料保证。该项目具有较好的经济社会效益,可年创营业收入600万元人民币,利润200万元人民币。项目承办单位:黔南自治州都匀缘叶绿色食品有限公司　通讯地址:贵州省都匀市经济发展局　邮政编码:558000　电话:(0854)8318479　传真:(0854)8314696　电子邮箱:dykfq@public.gz.cn

【"美容减肥茶"系列产品】

新项目,发明专利,招商引资。"美容减肥茶",是一种以天然中草药为原料,无蔗糖、无污染、无毒、无副作用及滋补强身抗衰老的新型保健饮料,具有养颜、怯斑、减肥的功效,同时对肝炎、支气管哮喘、动脉硬化、胃溃疡具有预防和辅助治疗作用,另外还能促进睡眠及抑制各种癌细胞的增殖。其味醇美,甘甜可口,容易饮用,男女老幼四季皆宜。投资总额1 000万元人民币。合作方式等面谈。随着人民生活水平的不断提高,人们对提高身体素质越来越重视,减肥美容、健康、长寿成为人们所迫切的需要,在这方面的经济投入日愈增多,因此,本项目市场前景十分广阔。年产值480万元人民币,成本150万元人民币,税金30万元人民币,利润300万元人民币,3~4年可收回全部投资。项目承办单位:黔西南自治州自治贸易合作局　通讯地址:贵州省兴义市市府路7号　邮政编码:562400　电话:13885956736　传真:(0859)3520277　电子邮箱:gzdxzsj z3@public.gz.cn

【年产5 000吨苦丁茶保健饮料】

苦丁饮料目前国际国内尚属空白。我区野生苦丁茶面积近4 000公顷。项目拟建年产5 000吨(2 000万瓶)苦丁饮料生产线和年产4 000万只PET瓶注塑生产线。总投资2 500万元人民币,其中固定资产2 000万元,流动资金500万元。合作方式:合资、合作。预计年产值5 800万元人民币,其中苦丁茶饮料3 000万元人民币,PET瓶2 800万元人民币。年利税1 200万元人民币。税后利润840万元人民币。项目承办单位:铜仁地区农业资源开发贸易总公司　通讯地址:贵州省铜仁市　邮政编码:554300　电话:(0856)522252

【德江县天麻保健系列饮料加工】

德江县农业局下设有天麻公司,负责天麻菌种提供、技术管理和产品收购。全县年产鲜天麻450吨,拟建一条年产

250吨天麻系列加工生产线。投资估算400万元人民币。独资、合资、合作。根据人们对保健饮料方面的需求，特别是随着人民生活水平的不断提高，国外、国内前景极为广阔。年销售收入625万元人民币，年利税200万元人民币，投资回收期4.7年。项目承办单位：德江县农业局　通讯地址：贵州省德江县青龙镇　邮政编码：565200　电话：（0856）8520187

【信友核桃乳厂扩建】

盘县信友核桃乳厂由北京营养源研究所规划设计生产，原设计能力为年产6 000吨，产品在全国部分城市和贵州省内有相当的市场占有率。扩建年产核桃乳20 000吨，投资总额8 000万元人民币。合作方式：合资。投资回收期3年。通讯地址：贵州省六盘水市盘县红果镇　邮政编码：561611　电话：（0858）3632818　传真：（0858）3632818

【石阡县银杏食品加工项目】

石阡县保健食品厂，可以利用现有厂房进行改建，综合利用加工其他保健食品。拟建设银杏基地2 000公顷，年产量750～1 200吨，生产银杏果、晶、汁、粉1 500吨。地区计划局已批项目建议书，投资估算500万元。独资、合资。银杏果、叶含有大量生物活性物质，具有扩张血管、促进微血管循环、增进人体机能功能功效，是治疗脑血管和心血管疾病特效药的主要原料，市场前景好。年销售收入627万元，利税177万元，投资回收期3年。项目承办单位：石阡县体健食品厂　通讯地址：贵州省石阡县汤山镇　邮政编码：555100　电话：（0856）7651876　传真：（0856）7622920

（六）冶金化工

【锂离子电池扩产项目】

项目举办单位：贵州航天电源科技有限公司。锂离子电池项目已建成的一期工程投资5 000万元人民币，日产2.5万只锂离子电池。主要生产为手机、便携式电脑、通讯电台等电子产品提供动力能源的配套产品。现计划将生产能力扩大至日产5～6万只，将公司建设成为销售额10亿元人民币以上的我国大型综合电源生产企业。总投资3200万元人民币，合资、合作。通讯地址：贵州省遵义市航天电源科技有限公司　联系电话：（0852）8822953　传真：（0852）8822953

【纳雍县甲醇生产线建设】

贵州省纳雍县经济贸易局属政府机构，负责全县工业经济的发展、招商引资和企业技术改造工作，技术力量较强。项目为利用本地丰富的煤炭资源，引进先进设备和技术，将固定炭高、低灰分高热值、低含硫的煤转化为甲醇及衍生产品，达年产10万吨的能力。项目总投资8 000万元人民币，引进外资7 000万元人民币。合作方式：面议。甲醇用途广泛，省内无生产厂家，贵州有机化工厂、遵义化工厂需1万吨以上，项目建成后年销售收入可达5 000万元人民币，利润1 000万元人民币。项目承办单位：贵州省纳雍县经济贸易局　通讯地址：贵州省纳雍县经济贸易局　邮政编码：553300　电话：（0857）3523485　传真：（0857）3521579

【纳雍县硫化钠、硫化硫酸钠生产】

贵州省纳雍县化工原料厂始建于

1968年，现有资产上千万元人民币，主要生产沉淀硫酸钡、碳素等产品。企业培养了一批专业化工人才，技术力量强。引进先进的生产设备和技术，达到年生产4 500吨硫化钠、4 000吨硫化硫酸钠的能力。投资总额230万美元，引进外资200万美元。合作方式：面议。硫化钠和硫化硫酸钠用途广泛，性能稳定，用于造纸、印染、选矿、制药等行业，项目建成后年销售收入可达200万美元，利润60万美元。项目承办单位：贵州省纳雍县化工厂　通讯地址：贵州省纳雍县经济贸易局　邮政编码：553300　电话：(0857)3536057　传真：(0857)3531512

【贵州金沙县贵马建材有限责任公司日产1 000吨新型干法水泥生产线】

本项目是贵州省第一条新型干法水泥生产线，拟用金沙丰富的原材料及电厂粉煤灰，采用窑外分解干法生产技术，生产标号优质水泥，促进贵州水泥结构调整和地方经济发展。投资总额：16 259万元人民币，合资、合作。本项目拟建地位于国家规划建设的重点能源开发区，将与即将建设的一批重点项目带动本地经济的发展。根据国家水泥工业结构调整政策和水泥新标准的实施，本项目建成后将在本县及邻近县占有充分的市场。本项目全投资财务内部收益20.0%，投资回收期6.93年，借款偿还期5.54年，具有较好的盈利水平、清偿能力和抗风险能力。项目承办单位：贵州金沙县贵马建材有限责任公司　通讯地址：贵州省金沙县县城郊五里坡　邮政编码：551700　电话：(0857)7241338　传真：(0857)7242338

【年产240吨薄荷油脑生产线】

中西药公司属全民所有制企业，现有职工31人，其中中、初级技术人员14人。公司具有种植中药材的长期实践经验，完全有能力承担从种植到加工的全部技术性工作。薄荷油脑是由植物薄荷经蒸馏提取所得，它是香料工业及生产医药、食品、糖果、饮料及化妆品的常用原料，同时也是出口重要物资，目前市场需求量逐年上升，多年来一直供不应求。扩建年产240吨薄荷种植基地，实现专业化集中种植、加工、销售一条龙的集约经营体系，投资总额499.5万元人民币。合资，合作均可。年产值2 740万元人民币，税利1 234.7万元人民币。通讯地址：贵州省安顺市市西路43号安顺市贸易合作局　电话：(0853)322368　电子邮箱：pengrui@gzec.com.cn

【年产10万吨脱氟磷肥】

福泉化肥厂属国有中二型化工企业，注册资金754万元人民币，总资产6 500万元人民币，已开发粉状钙镁磷肥、砂状及粉状钙镁磷肥、普钙肥及多元素复混肥，年产各种肥料12万吨。拟与外商、国有实力企业合资共建或外商独资均可。选址于福泉化肥厂二分厂，二分厂有空地2 000平方米任意选用，采用俄罗斯的技术及设备，非标件本厂加工制作，有可行性研究报告，此项目属政府鼓励类，并享受福泉市人民政府出台的外商投资优惠政策。投资总额10 543.42万元人民币，合作、合资或外商独资均可。该项目建成后，由于成本低，品质高，在国内及日本、韩国、马来西亚有较广阔的市场，年销售收入9 200万元人民币，利润1 884.60万元人民币，投资回收期为4年零10个月（含建设期2年）。

项目承办单位:贵州省福泉化肥厂　通讯地址:贵州省福泉市龙昌镇枫香树　邮政编码:550506　电话:(0854)2333102　传真:(0854)2333132　电子邮箱:pengrui@gzec.com.cn

【年产5 000吨直接法氧化锌】

项目承办单位:都匀市经济贸易局。建设的必要性:充分开发利用当地锌矿资源优势,对本市地方工业和经济发展有着较大促进作用。建设规模及内容:第一期年产7 000吨氧化锌焙烧法锌焙砂,年产10 000吨硫酸;第二期年产5 000吨直接法氧化锌工程。建设条件:都匀市有丰富的锌矿资源,经贵州省地矿局104地质大队探明锌金属储量约50多万吨,是贵州最大锌矿山之一;该项目拟建在贵州省都匀市小围寨马尾村,距市区4千米,项目采用直接法氧化锌和"闭路循环酸洗、净化、转、吸"制酸生产工艺,工艺成熟、可靠、先进;拟建厂址水、电、路等能够保证顺利实施;该项目实施能够得到都匀市人民政府及有关部门的协调和支持。项目总投资2 360万元人民币,合资、独资均可。随着汽车、建筑业、电子产业的发展,国内外市场对氧化锌的需求稳步增长。据国内和国际市场预测,锌锭和氧化锌的售价目前呈上升趋势,全世界锌消费年增长率可以保持在4%左右。硫酸作为化工工业的主要原料,其售价呈上升趋势。项目厂址拟建于都匀市南郊,地理位置优越,交通便利,水电有保证。投资回报分析:年销售收入4 550万元人民币,年利润266万元人民币,年利润966万元人民币,投资利润率83.03%,盈亏平衡点38.4%,投资回收期2.55年。通讯地址:贵州省都匀市发展计划局项目办公室　邮政编码:558000　电话:(0854)8222779　传真:(0854)8222779　电子邮箱:pengrui@gzec.com.cn

【液氮冷能再生精细胶粉(年产2万吨项目)】

本项目由贵州省兴义市发林胶粉开发有限公司承办,该公司为兴义市地方民营企业,注册资本金50万元,现已投入项目建设资金300余万元。该项目能够保证资源永续,保护环境,消除污染,是化害为利、变废为宝、利国利民的环保产业,是国家鼓励发展并充满希望的"朝阳"产业。该项目总投资2 845万元人民币,自筹600万元人民币,需引资2 245万元人民币。可采取股份合作或投资回报等方式进行。80目以上再生精细胶粉在国内为空白产品,市场前景大。本项目生产成本为1 100元/吨,销售收入1 800元/吨,产值每年3 600万元人民币,年利润1 158万元人民币,年提供税金162万元人民币,投资回收期3年。项目承办单位:贵州兴义市发林胶粉开发有限公司　通讯地址:贵州省兴义市郑屯工业园区　邮政编码:562400　电话:(0859)3229843　13017052478　传真:(0859)3295562

【煤炭井下气化合成甲醇】

项目承办单位:六枝工矿(集团)有限责任公司,国有大型企业。年气化煤炭60万吨,年产煤气10亿立方米,合成甲醇30万吨。投资总额:15亿元人民币。合作方式:合资、合作、融资。年销售收入41 000万元人民币,年利润12 000万元人民币,投资回收期12.3年。通讯地址:贵州省六盘水市六枝特区人

民路　邮政编码:553400　电话:(0858)5713294

【水钢新建4号焦炉】

水城钢铁(集团)有限责任公司注册资本为42 027万元,有职工人数27 797人,现已达到年产焦炭70万吨、生铁120万吨、钢120万吨、钢材105万吨的生产规模。生产焦炭50万吨、焦炉煤气10万立方米、焦油25万吨、粗苯1万吨,投资总额1 200万美元。合作方式:合资、合作。合作年限15~20年。投资回收期8.46年。通讯地址:贵州省六盘水市钟山区巴西中路　邮政编码:553028　电话:(0858)8923003　传真:(0858)8952035

【盘县焦化总厂】

盘县已探明能利用的煤炭资源储量92.4亿吨,其中炼焦煤占总储量的64.4%。拟建焦化厂12座,年产铸造焦24万吨,冶金焦60万吨。投资总额:14 400万元人民币。合作方式:合资、合作、独资等。投资回收期2.21年。通讯地址:贵州省六盘水市盘县人民政府　邮政编码:561600　电话:(0858)3632969　3632998

【年产40万吨生物复合肥工程】

贵州省康利企业总公司是省人民政府(91)167号文件组办、为解决全省159万残疾人劳动就业的牵头企业,性质为国营与集体联营。公司总部:省人民政府大院19号楼2楼。贵州省计委(2002)2号文件批准,第一期工程年产7万吨,第二期工程年产16万吨,第三期工程年产40万吨。第一期工程8 000万元人民币,第二期工程12 000万元人民币,第三期工程18 000万元人民币,总投资38 000万亿人民币,贷款、国际馈赠、合作均可。项目投产后,年产产值可达6亿元人民币,年利润可达1.4亿元人民币,可安排120 180名残疾人劳动就业,是一个具有良好经济、社会效益的高科技项目。项目承办单位:贵州省康利企业总公司　通讯地址:贵州省人民政府大院19号楼2楼　邮政编码:550004　电话:(0851)6818200　传真:(0851)6872068

【织金县肥田矿井】

贵州省织金县位于贵州省中部偏西,面积2 867平方千米,人口90万,属国家帮扶县,境内无烟煤资源丰富,已探明储量129亿吨。建设无烟煤矿井,一期240万吨,终期400万吨。总投资113 684万元人民币,独资、合资。黄桶电厂年需用煤310万吨,井区紧邻电厂,市场前景好,正常年销售收入42 022万元人民币,税金及附加329万元人民币,利润7 966万元人民币。项目承办单位:织金县人民政府　通讯地址:贵州省织金县发展计划局　邮政编码:552100　电话:(0857)7621173　传真:(0857)7626764

【响水矿井建设】

盘江煤电(集团)有限责任公司现有5对生产矿井,原煤生产能力500万~800万吨/年,采煤机械化程度80%以上。矿井年生产原煤1 000万吨,投资总额172 300万元人民币。合作方式:合资、补偿贸易、融资。投资回收期10~20年。通讯地址:贵州省六盘水市盘县红果镇干沟桥　邮政编码:561617　电话:(0858)3612087

【盘县年产60万吨洗煤厂】

盘县已探明能利用的煤炭资源保有

储量92.4亿吨,且具有埋藏浅、易开采、品种全的特点。洗煤厂年入洗原煤60万吨,投资总额7 075.47万元人民币。合作方式:合资、合作、补偿贸易。投资回收期6.48年。通讯地址:贵州省六盘水市盘县人民政府办公室。邮政编码:561600 电话:(0858)3632899 3632831

(七)医药医疗器械

【制药用微波干燥灭菌设备的生产】

贵州新材料矿业发展有限公司地处贵阳国家高新技术产业开发区,属高新技术企业,专业从事微波技术的开发与应用,有三项国家专利成果,多项微波技术处于国内领先地位,现有10多种型号的设备,用于木材干燥、食品、药材的干燥灭菌设备,产品已销售到全国10多个省市。本公司研制的制药业用微波干燥、灭菌设备,是近年来开发的新型干燥、灭菌设备,受国家专利保护,技术为本公司独家拥有。它可在较短时间内,以原生药材进行干燥、灭菌,对水性针剂、大输液灭菌,根据不同的应用种类和不同的产量,有不同型号的设备。它与传统的设备和工艺相比,处理时间短、温度低、操作方便,不会残留有害元素,保证药效,成本低,投资小,无任何环境污染。项目总投资100万美元,引进外资60万美元。合资、合作均可。年销售额2 500万元人民币,可实现利润600万元人民币,投资回收期2年。项目承办单位:贵州新材料矿业发展有限公司 通讯地址:贵州省贵阳新奇微波工业有限公司 邮政编码:550018 电话:(0851)6607643 传真:(0851)6607286 电子信箱:gyxqw@pubic.gy.gz.cn

【医用制氧机、空气压缩机生产】

贵州华烽电器有限公司系国家航空电器接插件微特电机专业化生产厂,国家二级计量单位。工厂占地122 018平方米,固定资产3 500万元,职工2 462人,其中技术人员266人。主要产品有汽车洗涤器、中央电器、电动轮椅、制氧机等。医用制氧机系20世纪80年代世界少数国家能生产的机电一体化高技术产品,为医院、疗养院、高山地区、家庭以及酒吧、舞厅等公共场所提供富氧空气(浓度40%~95%无菌氧气)。空气压缩机用于医用制氧机配套,已小批量销往美国。目前国内生产同类产品的厂家很少,而该厂具有实施该项目的多方面优势。拟投资扩大生产,达年产8 000台制氧机、5 000台空气压缩机。该项目已立项,有政府批文。项目总投资4150万元人民币,拟引进外资2 500万元人民币。合资、合作、技术和设备引进等。预计国外市场年需求量20万台以上。扩大生产规模后,年产值540万美元,年利润总额可达180万美元,投资利润率30%。投资回收期为3年。项目承办单位:贵州华烽电器有限公司 通讯地址:贵州省贵阳市小河长江路1号 邮政编码:550006 电话:(0851)3841796 传真:(0851)3834906

【GMP中药压膜包衣PV生产线】

项目承办单位:贵阳科福制药有限公司。引进资金建造GMP中药压膜包衣PV生产线。该项目分两期进行投资:一期总投资1 500万元人民币;二期总投资500万元人民币。已完成项目可行性研究报告审批,正在筹建。"三通一平"建设条件已具备。项目总投资2 000万人民币,需引进外资1 000万元人民币。合资。贵阳市位于天然药用植物资源丰富的黔中经济带中心,境内的地理环境优势明显,天然药用植物资源丰富,有多种优秀的地方标准和民族传统药(苗族药),总蕴藏量6 500万吨。按GMP标准生产线生产出的产品具有高新技术含量,辅之以药品一级配送中心和零售连锁药房及医院销售网络作为药品的销售渠道,并建立全国性销售网络,将以绝对优势占领市场。按年产量2.2亿粒(片)估算,预计第一年销售量6 000万元人民币,第三年可达3亿元人民币,逐步递增后年创利润3 000万元人民币,在两年内收回投资。通讯地址:贵州省贵阳市改茶路159号　邮政编码:550008　电话:(86-851-)802296　电子邮箱:Pengrui@gzec.com.cn

【清开灵冻干粉针开发生产】

贵州益佰制药股份有限公司位于贵州省贵阳市白云大道220-1号,占地面积2万平方米,有职工498人,其中大专以上文化的298人,科技人员63人,管理人员58人;现主要产品有艾迪注射液、杏丁注射液等;1998年完成产值10 728万人民币,销售收入4 300万人民币,利润677万人民币;1999年实现销售收入5 859.2万人民币,利润515万人民币。公司通过界面活性物质的介入等方法,在清开灵原注射液的基础上增加冻干工艺,采用较高的纯化技术,保持水溶剂原有疗效,解决了中药注射剂不稳定的难题,利于长期市场销售。拟建年产冻干粉针6 000万支,经环保评价可建设,现主厂房已建立,并已有一条正在使用的水针剂生产线,可在现有生产基础上扩建符合GMP要求的清开灵冻干粉针生产线。公司已有条件较好、设备仪器优良的实验室,因此建设开发条件良好。项目总投资1 800万元人民币。合资、合作。治疗慢性疾病预计市场需求冻干粉针剂18 000万支,公司该产品的生产达到设计能力后为6 000万支,市场容量较大。年新增利润600万元人民币,新增税收(增值税)392万人民币,新增产值7 000万人民币,并可解决100多名下岗职工的再就业问题,盘活国有资产。投资回收期:3年。项目承办单位:贵州益佰制药股份有限公司　通讯地址:贵州省贵阳市白云大道220-1号　邮政编码:550008　电话:86-851-4851219　电子邮箱:gz·yibai@sina.com

【新型高效复合氨基酸胶囊制剂生产线】

项目承办单位:贵阳黄埔六未加生物工程公司。引进资金建造新型高效复合氨基酸胶囊制剂生产线。已编制市场分析及可行性报告,具备有关产品鉴定证明。项目总投资1 237万元人民币,拟引资1 000万元人民币。合资、合作。年产值3 000万元人民币,年交税293万元人民币,年利润1 162万元人民币。投资回收期1年。通讯地址:贵州省贵阳市南明区政府招商引资局　邮政编码:550001　电话:(86-851)5844101

【毕节乾锦药用、保健植物园区建设】

贵州毕节乾锦绿色产业开发有限公司位于贵州省毕节市清毕北路,公司所属药用、保健植物园区位于毕节市长春镇,面积1 000公顷,系民营企业,注册资本50万元人民币,总资产500万元人民币,已开发种植有天麻、半夏、龙胆、浙白术等为主的产品10个,市场销量及价格俱佳。现有固定管理人员16人,其中有6人为种植农艺师、技师,季节性用工50人。项目为按GAP标准进行药用、保健植物规范化种植、销售,为省级GAP中药材生产示范基地。项目所在地气候、土壤、地理条件优越。项目为国家重点鼓励发展项目。项目总投资236万美元,外方现汇出资参股或以其他双赢方式进行合作。合作期限5~10年。项目园区选择种植贵州地道名贵中药材,均为几年来市场需要量大、价格高而稳定的品种。项目完成后,年均销售收入270万美元,年均纯利润100万美元,年均税金65万美元,年均总成本100万美元。投资回收期3年。项目承办单位:贵州毕节乾锦绿色产业开发有限公司　地址:贵州省毕节市清毕北路159号　邮政编码:551700　电话:(0857)8221398　013985353648　传真:(0857)8221398

【支气管哮喘胶囊药品开发】

哮喘胶囊主要用于治疗哮喘病。属允许类。项目总投资3 000万元人民币。投资比例甲、乙双方4∶6。合资或独资。每年利税1 250万元人民币。项目承办单位:金鼎绿宝技术开发有限公司　通讯地址:贵州省贵阳市沙文乡人民政府　邮政编码:550016　电话:(0851)4400291

【超临界萃取薯蓣皂素】

产品:皂素。产量:年产皂素200吨,第一期年产100吨,3年后扩容年产200吨。拟在开发区投资4 000万元组建一个生物制品企业,利用贫困县的山坡地,由农民种植贵州野生药用植物黄山药。建设地址:开发区内。从黄山药、黄姜中提取皂素,作为合成甾体激素类药物的基本材料,已成为我国除抗生素外第二大宗药物。投资4 000万元人民币,合作方式:合资、合作。预计10年内形成年产值达2亿元人民币、年资产2 000万元人民币的大型生物制品企业。投资回收期:3年。项目承办单位:贵阳振成工贸有限公司　联系地址:贵州省安顺经济技术开发区招商局　电话:(0853)3460390　传真:(0853)3460390

【26.67公顷天麻种植与加工项目】

贵州省大方县云龙天麻开发有限责任公司位于大方县龙昌村,股份合作制企业。注册资本为136.84万元人民币,资产总额为1 800万元人民币(其中固定资产1 400万元)。已开发天麻种植达20公顷,现有职工49人,其中专业技术人员13人。天麻市场短缺,发展野生天麻有性繁殖、种植可保护野生资源,保护生态,属于国家鼓励发展的中药材种植项目。投资总额1 200万元人民币。合作方式:合资。野生天麻资源紧缺,传统的家种天麻种源变异、质量(天麻素)下降,利用野生天麻有性繁殖培育的优质天麻,价廉物美,市场前景广阔,效益可观。项目建成后,年产天麻(干货)160吨,年产值2 400万元人民币,税金144万元人民币,年利润1 060万元人民币。投资回收期1.3年。项目承办单位:贵州省大方县云龙天麻开发有限公司　通讯地址:贵州省大方县龙昌村　邮政编码:551600　电话:0857-5830568　传真:0857-5234321　电子邮箱:pufa@z.gx.cninfo.net

【贵州医药工业园项目】

贵州黎阳高新技术工业园区是贵州省省级高新技术工业园区,距贵阳市仅48千米,距安顺市仅39千米。区内地势平坦,公路、铁路交通十分便利。贵州医药工业园项目是黎阳高新技术工业园区内的一个"区中园"项目,该项目集医药产品的科研生产、物流配送、销售出口、中药信息港为一体,建成后将成为贵州中药产业化、规模化、国际化和弘扬中药文化的"医药、旅游、文化"相结合的泛药业项目。贵州药材资源丰富,盛产道地药材,是中国第四大"天然药仓",贵州省已经把药业列为六大支柱产业之一,贵州苗药被列为全国六大民族药系。目前全省已建立了天麻、杜仲等中药材的人工栽培基地40多个,人工栽培面积已达4.333万公顷以上,全省约有民族药1 500多种,常用的有500多种。2000年国家药品监督管理局组织的民族药上升国家标准品种医学审查中,贵州省申报的158个苗药通过审评的有142个,极具发展潜力。贵州医药工业园项目的物流部分,按照《易经》的思想从空间布局上进行太极八卦构图,充分体现了中国传统文化的底蕴和中医药文化的源远流长。贵州医药工业园项目,将依托贵州特有的药业资源,大力发展生物医药、天然药物、民族药业,努力推进贵州药业、中药的产业化、规模化、国际化,市场前景广阔。本项目占地33.333公顷,投资总额5亿元人民币。方式:合资、合作、独资等。联系地址:贵州省平坝县天台山宾馆黎阳高新区管委会招商局 电话:(0853)4222554 4227107-8515 传真:(0853)4222554

【同济堂药品配送中心建设】

贵州同济堂药品配送有限责任公司是一家拥有几十年药品经销经验的老企业,在省内享有较高的知名度,为适应新形势下药品销售出现的变化,需建设药品配送中心。需建设成药存储作业区、辅助作业区、经营中心、展示厅、会议中心、中药材仓库、公用工程、办公楼、生活区。土建工程已经完成,进入内部装修阶段。投资总额4 782万元人民币,其中固定资产2 172万元人民币,流动资金2 610万元人民币。方式:合资、合作。药品批发、零售市场整合后出现了新的市场空间,存在较大的商业机会,经过对市场需求、技术方案、建设条件、环境影响、财务经济等多方面的综合分析后,认为在省会城市贵阳建设一个集商贸洽谈、药品批发、药品储存、中转和药品质量监督为一体的大型药品配送中心十分必要,有利于取得市场领先地位,从而确保投资收益。项目承办单位:贵州同济堂药品配送有限责任公司 通讯地址:贵州省贵阳市花溪大道中段69号 邮政编码:550006 电话:(86-851)3816868 电子邮箱:Pengrui@gzec.com.cn

(八)科教文化

【黔南民族师范学院学生公寓、食堂及后勤设施建设项目】

黔南民族师范学院是2000年在原黔南师专、黔南教育学院等学校基础上组建而成的本科院校,2001年开始在都匀市经济开发区择址建设新校园。为加快黔南自治州教育事业的发展,尽快实现"普九"目标,推动科教兴州战略的实施,经教育部(2000)57号文批准建设师范类本科院校黔南民族师范学院。该院从 2000 年起招收本科专业,同时适当发展非师范专业,尤其是专科层次的高等职业教育,在校生将达到 1 万人规模。根据国家鼓励高教产业化的精神及今后学院发展需要,该院拟将学生公寓、食堂、浴室等生活服务设施后勤社会化,争取社会资金投资建设。拟建设学生公寓 56 000 平方米,学生食堂、浴室、学生活动用房等 20 000 平方米。投资总额 6 500 万元人民币;独资、合资。后勤服务的对象学生人数相对稳定,有固定的投资收益。项目承办单位:黔南民族师范学院 通讯地址:贵州省都匀市经济开发区龙山大道 邮政编码:558000 电话:(0584)8229548 传真:(0854)8254937 电子邮箱:pengrui@gzec.com.cn

【都匀市体育中心】

贵州省都匀德达社会发展(集团)有限公司为国有独资公司,注册资本 7 000 万元人民币,下设 6 个子公司,其主管部门为都匀经济开发区管委会。项目建设选址在都匀经济开发区赛维岛内,占地 8 公顷,主要建设内容为体育场、体育馆、网球馆、篮球场、体育宾馆及道路、绿化、停车场等附属配套设施,项目面向全国定位。投资总额 600 万美元。合作方式:合资、合作或资本置换。都匀市作为"中国优秀旅游城市",全市人口 145 万。都匀市体育中心是都匀市政建设的十大工程之一,备受市政府及都匀经济开发区管委会的重视;都匀市体育中心的建设也填补了都匀市及其周边地区体育产

业的空白。因此,该项目具有良好的社会、经济效益,市场前景非常广阔。项目承办单位:都匀经济开发区管理委员会 通讯地址:贵州省都匀市经济开发区龙山大道管委会办公室 邮政编码:558100 电话:(0854)8318479 传真:(0854)8314696 电子邮箱:dykfq@public.gz.cn

(九)旅游

【阳明洞风景区旅游开发】

项目承办单位:修文县旅游事业局。修文阳明洞风景区,距贵阳市区 38 千米,交通四通八达,通讯设施完善。根据阳明洞风景区规划设计图,总建设规模 33.333 公顷,拟开发建设面积 40 000 平方米。主要包括人文景观、综合服务、绿化等内容的旅游项目:①儿童乐园;②盆景花卉;③阳明碑林;④购物中心;⑤综合服务处;⑥阳明洞游息湾;⑦国际阳明书院等。项目正在办理有关手续。总投资为 118 120 万元人民币。合资、合作或独资。阳明洞风景区立足于以贵阳市 300 万人口为主要客源市场,年均游客量可达 20 万人次,按每人消费 120 元计,年总收入为 3 000 万元人民币,可实现利润 1 800 万元人民币,新增税收 200 万元人民币。预计 9 年可收回投资。项目承办单位:修文县旅游事业局 通讯地址:贵州省贵阳市修文县旅游局 邮政编码:550200 电话:(86)2329033 电子邮箱:Pengrui@gzec.com.cn

【贵阳市白云区杏花公园】

占地面积 386.67 公顷,包括"石佛岩画艺术园区"、"杏花楼休闲中心园

区"、"杏黛绿村园区"三大板块,附有其他景点点缀其中,开发多层次、多形式、多景点的景观来满足旅游、娱乐、度假、休闲等功能要求。属允许类。项目总投资1.5亿人民币,合作或独资。是白云区大力发展旅游业、对外招商引资、吸纳外来资金的特大型项目,具有明显的经济效益和社会效益,不但可以加快贵阳市第二环城林带形成,全面推动社会进步,而且可为社会提供就业机会。通讯地址:贵州省贵阳市白云区规划局　邮政编码:550014　电话:(0851)4831023　传真:(0851)4831024　电子邮箱:guihua111@chinaren.com

【大方县百里杜鹃旅游风景区开发项目】

项目承办单位:贵州省大方县经济贸易局。贵州省百里杜鹃风景区地处黔西北的大方与黔西两县交界处。中心花区位于大方县境内的"黄坪十里杜鹃"。杜鹃林面积大、品种多、花色各异,树枝千姿百态,景观迷人,有"高原上天然大花园"之美称。拟建项目主要是对中心花区的旅游及其配套设施进行维修和改扩建。投资总额17 500万元人民币。投资比例为中方70%,以现金和资产方式投入;外方30%,以现汇投入。合作方式:合资。合作年限:20年。投资回收期14年。年收入5 000万元人民币,年利润1 250万元人民币。通讯地址:贵州省大方县经济贸易局　邮政编码:551600　电话:(0857)5234321　传真:(0857)5234321

【遵义北部新城温泉公园】

项目承办单位:董公寺城镇建设综合开发公司。投资总额600万美元。合资、合作、独资。北部新城温泉公园位于遵义经济技术开发区北面董公寺镇。温泉水温达40℃,含丰富的矿物质,有良好的治疗保健作用。该公园是集旅游、休闲、娱乐、度假、服务为一体的综合性公园。　通讯地址:贵州省遵义市红花岗区董公寺　邮政编码:563003　电话:(0852)8631006　传真:(0852)8642099

【荔波樟江风景名胜区旅游资源开发与自然生态环保建设项目】

荔波樟江风景名胜区是国家级重点风景名胜区,景区管理处成立旅游资源开发公司专门负责景区的开发建设与经营。荔波有丰富的旅游资源,境内有国家级荔波樟江风景名胜区和国家级茂兰喀斯特自然保护区,是贵州省南线旅游开发的重点。国家级樟江风景名胜区总面积273.1平方千米,不仅景区面积大,而且景区品味高,集山、水、林、洞、湖泊、瀑布、急流、险滩、民族风情于一体,汇峻、险、幽、美于一身,具有极高的旅游观光价值和美学价值。目前旅游资源开发和环境保护仍处于起步阶段,急需加大景区内的基础设施建设。建设内容包括旅游公路133.5千米,游览步道84千米,游览马车道6.5千米,旅游垃圾处理设施7处,生态绿化建设21 300公顷等22个旅游资源开发与自然生态环境保护项目。建成后,可年接待游客200万人次。项目总投资20 073万元人民币;合资、合股。景区从1989年开始开发建设,2001年接待游客约45万人次。随着基础设施的建成和完善,特别是荔波机场的即将建成通航,游客必将有一个大的增长。预测到2005年,各景区、点直接旅游收入约8 000万元人民币。项目承办单位：荔波樟江风景名胜区管理处旅游资源开发公司　通讯地址：贵州省荔波县樟江东路23号　邮政编码：558400　电话：(0854)3610516　传真：(0854)3611147　电子邮箱：pengrui@gzec.com.cn

【涟江—燕子洞风景名胜区旅游扶贫项目】

项目将以贵州惠水县涟江燕子洞旅游开发有限公司为主开发建设，并依托云南天元国际商务集团有限公司和北京锦华投资有限公司为承办单位，利用云南天元国际设备集团股份有限公司所属的旅游产业集团为项目建设和经营管理的参与单位，科学、系统、高效、优质地完成项目投资建设，进行经营管理。项目总投资9 715.64万元人民币。其中道路工程投资2 000万元人民币，由当地政府投入景点、景区开发建设和配套设施投入7 715.64万元人民币，由项目单位投入资金2 915.64万元人民币和申请扶贫贷款4 800万元人民币。目前项目规划思路已完成，开发建设工作安排就绪。投资总额：9 715.64万元人民币，合作方式：合资、合作。项目建设期为5年，其中景点建设期约为12个月。投资效益显著，偿贷能力强，且项目可持续发展的前景十分广阔。项目承办单位：贵州省惠水涟江燕子洞旅游开发有限公司　通讯地址：惠水县羡塘乡　邮政编码：550600　电话：(0854)6227663

【马岭河峡谷万峰湖风景名胜区顶效旅游服务小区】

贵州顶效经济开发区位于贵州、云南和广西三省区结合部的贵州省兴义市，距市区12千米。全区总面积107.7平方千米，辖1个镇、14个村和1个居委会，人口约5万。1992年8月，经中共黔西南自治州州委、州人民政府批准成立，1995年9月13日，经贵州省人民政府批准为省级开发区，规划建设面积13平方千米。开发总公司代表开发区管委会负责项目的签订、建设、维护及管理。马岭河峡谷万峰湖风景名胜区顶效旅游服务小区位于兴义市顶效经济开发区内，毗临国家级风景区马岭河峡谷和324国道，风景优美，交通便捷。小区根据特色、生态、效益、弹性等原则，有目的地进行了定位和布局，形成了风景环境、现代娱乐、地方民族、历史文化等特色，是集旅游、娱乐、会议、购物为一体的综合性园林式旅游服务小区。项目总投资5 000万元人民币，独资、合作均可。占地86.67公顷，共分12个小区进行开发。已完成控制性详规及可行性研究报告，并通过省级专家评估论证。项目承办单位：贵州顶效经济开发区开发总公司　通讯地址：贵州省兴义市顶效经济开发区　邮政编码：562409　电话：86-859-3520279　传真：86-859-3520277　电子邮箱：gzdxzsj-z3@public.gz.cn　gzdxzs@163.net

（十）其他

【贵阳金桥国际会议中心(五星级酒店)建设】

贵阳市旅游事业局下属的贵阳金桥饭店是一家有几十年历史的饭店，地理位置优越，交通条件便利，开发价值很大。金桥饭店(含市青少年活动中心)地处我市繁华中心，距机场9千米，距火车站2千米。将金桥饭店改建为五星级饭店，并建设国际会议中心，将大大提高贵阳市旅游饭店的档次，甚至可成为贵阳市新的标志性建筑。中心应具备会议接待、文艺演出、现代通讯功能，建设有现代化商务中心、超级市场、健身房、1万平方米的园林绿化设施和大型停车场。已完成可行性研究报告并立项。投资总额7.5亿元人民币，引进资金7.5亿元人民币。独资、合资。国际会议度假旅游是一种新型的旅游形式，建成一个国际性的会议中心，通过安排接待国际、国内会议，可增加旅游收入，推动全省旅游资源开发，扩大贵阳的知名度。项目承办单位：贵阳金桥饭店　通讯地址：贵州省贵阳市瑞金南路2号　邮政编码：550003　电话：86-851-5829950

【贵州省遵义市青坑至茅台二级公路】

项目承办单位：贵州省仁怀市交通局。该项目属外商投资产业指导目录中鼓励类。仁怀市境内省道209由南北穿过全境，南接326国道入遵义市和毕节地区，北出市界到习水县、四川等地。该项目从青坑、长岗及仁怀市至茅台，全长55.4千米，其中茅台酒厂联络线3.3千米，均采用二级公路标准建设。该项目已经立项，完成可行性研究报告。该项目建成后，对贵州茅台酒和仁怀市的白酒行业以及矿产资源的开发、旅游行业的发展将起到积极作用。项目投资总额为4.94亿元人民币。可采取合资、独资形式投资。期限为30年。该项目建成后，北接四川省的泸州地区、宜宾地区，南接贵阳等地极为方便，预计收取过路费在10年内可回收投资。通讯地址：贵州省仁怀市　邮政编码：564500　电话：(0852)2220575　传真：(0852)2223535

【红果至威舍二级公路改造】

项目承办单位六盘水市交通局是市政府的职能部门，负责全市公路、交通的建设和管理。红果至威舍公路是六盘水市骨架公路网中的重要区段，也是320国道和324国道两条国道的联络线，是盘县经与兴义、安龙、广西百色、南宁直至南下出海的便捷通道。全长77.4千米，属二级改造公路。总投资5.52亿元人民币。合资、独资或其他方式。预计投资回收期16.23年(含建设期)。通讯地址：贵州省六盘水市民族路3号交通局　邮政编码：553001　电话：(0858)8324901　传真：(0858)8325949

Ⅶ 政策法规信息

一、财　政

【加强财政性资金管理】
为加强对财政性资金的管理,确保国家财政资金安全有效运行,贵州省人民政府办公厅于2003年1月10日以黔府办发[2003]2号颁布本文件。主要内容:各级政府要切实加强对财政性资金的管理,建立和完善财政性资金管理责任制,确保国家财政性资金的安全和有效使用。一、各部门要根据编制部门预算的有关要求,分轻重缓急,急事先办,实事求是地提出本部门的收支建议数,财政部门要合理测算各项定额,编制年度财政预算,并在经人民代表大会批准后,严格按财政预算执行;各级财税部门要按照国家有关规定,加强对预算收入征收、入库、解缴、退付的管理,严禁越权减税、免税、缓税等行为。要加大稽查力度,严厉打击偷税、骗税、逃税、抗税行为,真实、准确、及时地收缴各种预算收入款项。切实加强行政事业性收费和罚没收入的管理工作;各级政府要规范和完善政府间转移支付制度,按照公共财政支出管理的要求,凡是市场体制能够解决的问题,政府就不要介入,对满足社会需要而必须提供的公共服务,政府则要积极介入。正确界定公共财政支出范围,努力优化财政支出结构,确保重点支出的需要;各部门必须严格按照《预算法》、《中华人民共和国金库管理条例》的规定,加强财政性资金账户管理。各部门、各有关单位只能在一家国有商业银行开设基本账户,预算外资金财政专户的开设,必须按程序报经财政部门批准后,向人民银行提出申请,经人民银行审查同意并办理《开户许可证》后,在国有或国家控股银行开户,其余的银行账户必须撤消。各部门、各单位的银行账户必须由财务部门统一管理。二、各级政府及有关部门要加强对预算外资金拨付的管理,确保资金使用安全;各部门对财政性资金的使用,必须根据按预算、按用款计划、按项目进度、按规定程序办理的原则提出拨款申请。财政部门拨付的财政资金必须划入与财政部门有预算拨款关系的部门或单位的银行账户;财政预算资金的拨付,应先由用款部门提出申请,经财政部门审批后,划入该单位经财政部门审核批准的基本存款户;除按规定必须实行项目管理的资金外,各级财政部门不得违反预算管理规定,越级拨付财政资金,也不得将应由财政预算渠道下达的财政资金直拨给主管部门转拨。各级财政部门在财政专户管理的预算外资金一律不得用于融资、拆借,也不得办理提取现金业务。三、各级政府、各部门及各有关单位要切实加强会计基础工作,建立健全财务主管人员、会计和出纳岗位责任制,会计、出纳岗位必须分设,严禁一身二任。认真做好财政性资金的账户核算和账务处理工作,做到会计资料真实、准确、完整和报表齐全、账账相符、账表相符。四、各级政府、各部门要进一步加强对财政性资金使用的监督管理,各级政府要根据《预算法》等国家有关法律法规的要求,切实加强对财政支出资金分配使用情况的监督,建立起本级财政支出的有效监控机制。各部门要认真清理应纳入财政预算外资金专户管理的预算外资金,进一步规范"收支两条线"管理。要继续清理整顿行政事业性收费,各级财政部门要加强对收费项目的立项审批管理和监督。各执收执罚部门及单位要按规定取消现行开设的预算外资金过渡性账户,委托银行对收取的预算外资金进行清算、汇缴。各级政府、各部门及各有关单位要按照有关法律法规的规定,认真制定本部门、本单位有关财政性资金的内部监督检查制衡办法,使内部监督制衡制度化、规范化,保证财政性资金安全,促进廉政建设。

二、金融信贷

【国债专项资金管理】

为切实加强国债专项资金管理,贵州省人民政府于 2002 年 11 月 23 日以黔府办[2002]41 号颁布本文件。主要内容:一、国债专项资金分为国债补助、国债贴息、国债转贷资金。各自治州、市人民政府,各地区行署,省人民政府有关部门在审核、筛选上报国债专项资金项目时,要符合国债专项资金的使用方向,要与当地的经济社会发展相适应,量力而行,统筹规划,严禁重复建设。在申报国债项目时,各级财政、计划、经贸和行业主管部门要根据当地或本行业的综合财力、偿债能力,对国债专项资金使用、还款、配套资金等向本级政府和上级主管部门提出切实可行的方案措施。使用转贷资金的项目,各自治州、市人民政府,各地区行署,省有关部门必须对偿还国债贷款向省财政厅做出还贷承诺。使用国债专项资金的项目按基本建设、技术改造工作程序,认真做好项目前期准备工作。项目的前期论证要做到科学、合理,尤其要做好项目风险规避论证工作。使用国债专项资金的项目必须按规定严格实行项目法人责任制、招标投标制、工程监理制、合同管理制,对项目工程质量要实行终身负责制。使用国债专项资金的项目单位必须在国有商业银行开设"国债专项资金专户",实行单独建账,专款专用。未开设"国债专项资金专户"的,财政有权拒绝拨款。使用国债专项资金的新开工项目,其工程预算需经财政部门审查认定,方可作为财政部门拨付国债专项资金和建设单位向施工单位办理工程拨款和结算的依据。尚未审查工程预算,工程又急需用款的项目,经财政部门批准,可以预拨部分资金。财政部门应在办理工程竣工决算前,预留部分工程尾款,待财政部门对项目竣工财务决算审查结论确定后再予以清算。对于配套资金不落实或长期不能到位的,不符合基本建设、技术改造程序的,前期工作未完成的,工程概预算未核定的,未按规定程序进行招标投标的,工程达不到应有进度的,未按规定使用资金的项目,财政部门有权缓拨或停拨资金。由此产生的损失,由责任单位承担,并追究有关责任人的责任。项目法人单位和各参建单位要加强财务管理,建立健全财务管理制度,堵塞各种漏洞,保证建设资金全部用于项目建设,按时、保质、保量完成项目建设。项目每项支出都必须有完整、合法的原始凭证。建筑安装工程投资支出必须有项目进度,由监理单位及项目单位工程技术人员签证,经项目单位财务负责人审核,项目法人审批后,方能支付资金。三、各级财政部门要积极参与国债专项资金项目的概预算审查,合理确定项目投资。对已竣工的基建项目,由项目隶属管理的财政部门或财政部门委托的具有相应资质的中介机构进行基建决算审查,做好项目竣工财务决算审查批复。国家有关部门下达我省的国债转贷资金由省政府与财政部签订"转贷协议"。省财政厅作为省政府的债务人代表,负责对财政部的还本付息工作。为建立有效的还贷机制,确保按时还贷,各自治州、市人民政府,各地区行署,省有关部门利用国债转贷资金,要与省财政厅(代表省人民政府)签订"再转贷协议"。各级财政部门作为本级政府国债转贷资金债权、债务人的代表,要在本级政府的领导下,平衡全地区综合财力,提前做好还本付息的资金需求预测和准备工作。接到上级财政部门应付国债转贷本息通知书后,应及时通知有关部门和单位,并督促其筹集资金,按时归还转贷资金本息。四、利用国债转贷资金的项目单位,要做好还本付息的准备工作。有关单位要在年初安排资金计划时,预留一定比例资金作为"国债偿贷准备金",用于偿还项目的到期本息。偿还转贷资金来源包括:(1)项目实施单位收益;(2)预算内安排的基本建设、技术改造、农林水、教育卫生等专项资金;(3)纳入预算内管理的政府基金;(4)预算外资金用于建设的部分;(5)其他资金。对到期不能归还的转贷资金,按逾期转贷资金处理,并按"再转贷协议"约定的利率加倍计收利息。属于各地、州、市的项目,省财政厅将如数扣减对各地、州、市财政的税收返还或转移支付;属于省级的项目,省财政厅将如数扣减省级预算内安排的基本建设、技术改造、农林水、教育卫生等专项资金(有约定的按约定办理),直至还完本息。五、各级人民政府、各有关部门要切实加强对国债专项资金项目经常性的审计、监督、检查,重点检查有关项目前期准备工作情况、专项资金下达情况、配套资金落实情况、国债资金安排使用情况和项目进展情况。项目法人单位要主动、定期向上级主管部门和同级财政部门反馈有关项目信息,按时报送有关报表的报告,主动接受有关部门的审计、监督、检查。各级人民政府,各有关部门及项目单位不得擅自改变工程项目,变更工程规模,提高建设标准,改变建设内容,拖延建设工期;确需更改的,必须按程序报原批准单位审批。对挤占、截留、挪用国债资金的违规、违纪行为,或工作失职造成损失浪费的,要追究当事人和有关负责人的责任;构成犯罪的,依法追究刑事责任。

【做好利用国际金融组织和外国政府贷款工作】

为了进一步做好我省利用国际金融组织和外国政府贷款工作,贵州省人民政府办公厅于2001年7月26日以黔府办[2001]79号公布本文件。主要内容:国际金融组织和外国政府贷款(以下简称政府外债)是我省引进外资的重要渠道之一。截至2001年3月,我省共有63个项目利用政府外债,协议贷款额120 813万美元,已累计使用57,900万美元。其中:国际金融组织贷款项目27个,协议贷款额72,055万美元;外国政府贷款项目36个,协议贷款48,758万美元。这些项目分属于工业、农业、林业、教育、卫生、交通、城市供水、环保等基础设施建设和社会发展等领域。项目建设区域覆盖了全省各(州、市)、县(市、区)。各级政府、各有关部门要进一步提高认识,加强领导,抓住西部大开发中政府外债资金向西部倾斜的机遇,坚持在优化结构、注重质量和效益的基础上,有计划地争取利用更多的政府外债资金,加快我省经济和社会事业的发展。一、健全制度、强化管理。从"借、用、还"整体考虑,各级政府、各有关部门要根据本地区、本部门的实际和政府外债的投向,积极组织农业、水利、交通、能源、环保、市政建设和技术改造项目,申报利用政府外债贷款。要注重选择那些1年后即将开工建设,需要引进先进技术、设备和管理经验的项目,提前申报。省财政厅将不定期地向各地提供贷款信息。政府外债项目的申报,按照财政部划分的贷款项目转贷类型,需财政部门作为借款人或提供担保的项目,各级计委在审批和上报项目建议书时应会签同级财政部门联合上报;不需财政部门作为借款人或提供担保的项目,要征求同级财政部门的意见。由国务院行业主管部门组织的多省联合项目,如贷款债务需由地方承诺的,省行业主管部门在接到申报通知后,经省计委和省财政厅同意后,报省人民政府审定。各级财政部门要积极组织项目申报,并做好上报项目的跟踪落实工作。加强贷款项目执行的管理和监督,按期完成项目目标,保证项目工程质量。项目执行中的各项活动,包括贷款项目的招标采购、贷款的提款报账、技术援助与人员培训等,均应按照财政部和相关国外贷款机构的规定和要求组织进行。二、逐步建立债务风险管理机制。各地使用的政府外债是以同级财政预算作为还款保证的,若不能按期偿还,将受到财政部通过财政预算扣款和停止新项目准备的处罚。借用政府外债,必须经同级政府同意,各级财政部门要严格按照的规定做好再转贷、担保工作。省财政厅原则上不再为竞争性项目贷款提供转贷或担保。但属于高新技术项目、我省重要支柱产业项目或对我省经济发展有重大影响的竞争性项目的贷款,企业有偿还能力,并且反担保措施落实的,按程序报省人民政府同意后,省财政厅将继续给予转贷或担保。为减少项目债务风险,要运用现代金融手段规避汇率风险。贷款财产要进行保险。对于在建或尚未全部偿还贷款的项目,在进行经营权转让和所有权结构调整时,必须得转贷或担保机构对剩余贷款偿还安排的认可。为了避免财政风险的积累,县级以上人民政府都必须建立偿债准备金。凡属地(州、市)、县(市、区)政府(地区行署)借款或担保的项目发生欠款,省将通过对地、县的财政结算扣收;凡属省有关部门借款或担保的项目发生欠款,从省财政安排给部门的有关专款中扣收;欠款严重的地方或部门,按"旧债不还,新债不借"的原则,在还清欠款或就欠款做出省财政厅认可的还款承诺前,省财政厅暂停新项目的申报工作。三、利用政府外债的组织领导。我省利用政府外债工作按照"统一领导,归口管理,分工合作,各司其职"的原则进行。贵州省外债管理领导小组统一领导、协调、管理全省的政府外债工作。省外债管理领导小组办公室设在省财政厅,负责省外债管理领导小组的日常工作。各地(州、市)财政部门可根据本地实际情况设立专门机构,各县(市、区)财政部门要配备必要的人员,管理本辖区内利用政府外债工作。

【进一步做好金融安全区创建工作】
为了进一步做好金融安全区的创建工作。贵州省人民政府办公厅于2003年1月24日以黔府办[2003]5号公布本文件。主要内容:一、明确创建金融安全区工作的职责和要求。各级政府(行署)要成立由联系金融工作的领导任组长的创建金融安全区工作领导小组。领导小组要明确工作职责,各成员单位间要职责明确、配合有序,并根据职责要求加强协调与沟通,共同做好工作。人民银行要充分发挥在创建金融安全区工作中的主导作用。要密切关注事关防范和化解金融风险和创建工作全局的热点、难点问题,通过调研及时反映存在的问题,并提出解决的方案和意见。要进一步做好安全区测评工作,通过测评,客观、真实、全面地反映金融环境和金融发展状况,并及时将测评情况报告当地政府和有关部门。要切实履行监管职责,进一步加强监管工作,继续抓好金融机构不良贷款"双降"工作,密切关注不良贷款的变化情况,督促金融机构降低不良贷款,防止不良贷款"反弹"。要加大现场检查力度,规范金融机构信贷管理制度,对违规问题要严肃处理,督促金融机构加大清收盘活力度,及时协调有关部门支持其保全信贷资产。继续加大风险化解和处置力度,积极配合当地政府处置地方中小金融机构的风险,依法打击金融"三乱",维护社会经济秩序的稳定。依法做好市场准入、退出的行政审批工作;严把高级管理人员任职资格审批关,加强对高级管理人员的动态考核,从源头上防范风险。同时,还要积极支持金融机构按市场原则优化布局,进行业务创新。金融机构要进一步提高依法合规经营的意识,严格遵守《商业银行法》及相关法律法规,切实完善内控制和加强内部稽核力度,降低不良贷款,提高经营效益,防范和化解金融风险。要加大金融创新力度,积极拓展业务,妥善处理好自身发展与支持经济发展之间的辩证关系,力求在发展中解决金融风险问题。企业主管部门要监督企业规范破产、改制行为，不能借改制破产之机逃废银行债务，要按市场原则处理银企关系，促进新型银企关系的建立；公安、工商、司法、税务等部门要运用法律、经济、行政等手段，支持金融机构保全、清收盘活不良资产，维护金融债权；宣传媒体要加大言论宣传力度，大力宣传金融知识和金融法规政策，宣传创建金融安全区的目的、意义；健全银行同业协会组织体制，充分发挥行业自律作用，维护银行业的共同利益。二、着力营造诚信的社会环境。要在城市大力开展树立"信用企业"活动，积极树立信用企业的品牌和典型并在政策措施上给予支持，鼓励和引导企业"讲信用、守承诺"，引导更多企业走诚信之路。工商、司法、税务等部门要积极配合人民银行及金融机构做好制定"信用企业"的标准、评定办法、激励机制等工作，并使之规范化、制度化。对评定的"信用企业"要在媒体上公告，在工商登记、信贷支持、利率等方面给予支持。积极在农村开展创建信用户和信用村、乡（镇）活动。因地制宜制定实施细则，定期评定，张榜上墙。对评定的信用户或信用村、乡（镇）采取"红名单"制度或授牌制，给予优惠的信贷政策、便利的信贷服务等鼓励。积极稳妥做好征税信息体系的建设工作，利用现代信息技术将个人或企业的各种资信状况进行收集整理，做好企业、个人信息的收集和处理工作，建立诚信信息档案，以达到在一定范围内企业、个人信用信息的共享，为经济活动和金融服务提供良好的资信服务。各级政府要加强对诚信工程的领导，做好组织推动和协调工作。各金融机构要加强自身信用建设，建立健全内控制度，坚持依法合规经营，自觉维护金融秩序。要充分利用电视、报刊等媒体加大宣传力度，大力弘扬守信用典范，鞭挞失信行为，在全社会树立"讲信用光荣，不讲信用可耻"的道德观念，共同营造良好的信用氛围。三、进一步做好防范化解金融风险工作。各级政府要积极支持人民银行做好城市商业银行和城市信用社处置不良资产等方面的工作，努力提高城市商业银行和城市信用社的资产质量，进一步完善法人治理结构，增强抗风险能力。城市商业银行和城市信用社要以市民和中小企业为主要服务对象，不断完善金融服务手段，切实支持地方经济的发展。各级政府要积极支持人民银行做好农村信用社风险防范和化解工作，采取有力措施，积极支持农村信用社通过法律、行政的手段清收到（逾）期的贷款本息，依法维护农村信用社债权。通过采取机构重组、优化网点布局、加强资产清收、精简机构人员、改善经营管理、申请再贷款支持等措施，化解农村信用社风险。人民银行和金融机构要继续把降低不良贷款作为工作重点，采取有效措施，努力完成不良贷款下降目标。各级政府和有关部门要采取有效措施积极支持金融机构保全和清收资产，为金融机构处置不良资产提供较为宽松的环境。各级政府和有关部门要支持和配合人民银行依法打击金融"三乱"。任何地方和部门不得以任何名义乱集资和变相集资。要加大宣传力度，增强全社会的金融风险和金融法规意识，彻底根除滋生金融"三乱"的土壤。

三、税　　收

【贯彻国务院《社会保险费征缴暂行条例》有关问题】 为了贯彻实施《条例》的各项规定，结合我省实际，贵州省人民政府于1998年7月12日以黔府发[1998]30号文件发出本通知。主要内容：一、凡在我省行政区域内的城镇个体工商户，应纳入基本养老保险和基本医疗保险的范围，征缴基本养老保险费和基本医疗保险费。对各社会团体及其专职人员、民办非企业单位及其职工以及有雇工的城镇个体工商户及其雇工也应纳入失业保险的范围，征缴失业保险费。二、社会保险费的征缴基数，应以缴费单位工资总额作为征缴社会保险费的基数。三、各地要建立和实施社会保险登记、申报制度，尽快完成对已参加和新参加社会保险单位的登记、申报工作。一个缴费单位只能在一个社会保险经办机构办理社会保险登记。一个缴费单位按基本养老保险、基本医疗保险和失业保险等险种分别参加不同社会保险经办机构保险的，则以参加基本养老保险为主，向社会保险经办机构申请登记；基本养老保险覆盖不了的，则以参加基本医疗保险为主，向社会保险经办机构申请登记。劳动、人事、税务、银行、工会、企业主管部门要密切配合，督促机关和企事业单位按规定参加社会保险，按时足额缴纳社会保险费。对个体经济组织及其从业人员，工商部门要利用行政手段，督促其参加社会保险登记、申报和缴费。四、社会保险费由各级劳动保障行政部门的社会保险经办机构具体负责征收。各级社会保险经办机构要设立专门的社会保险费征收、结算窗口。缴费单位以货币形式缴纳和结算社会保险费。五、缴费时间从1999年1月开始，以前按有关规定计算缴费年限的，仍按有关规定补缴养老保险费；新成立的单位，其缴费时间从成立当月开始。缴纳失业保险费的时间，从《失业保险条例》发布之日起执行。六、各级劳动保障行政部门要组织开展执法检查工作。从1999年起，我省各级社会保险经办机构的所需费用应列入同级财政预算支付，各级财政应根据社会保险覆盖范围、参保人数、业务工作量的实际，给予保障。

【贵州省2002年扩大农村税费改革试点方案】 为了扩大农村税费改革试点，贵州省人民政府办公厅于2002年5月17日以黔府办发[2002]43号文件公布本通知。主要内容：一、取消乡统筹费。①取消农村教育集资等专门面向农民征收的行政事业性收费和政府性基金、集资。

取消现行按农民上年人均纯收入一定比例征收的乡村两级办学(即农村教育事业费附加)、计划生育、优抚、民兵训练、修建乡村道路费。取消乡统筹费后,原由乡统筹费开支的乡、村两级九年义务教育、计划生育、优抚和民兵训练支出,由各级政府通过财政预算予以安排。修建乡村道路所需资金,不再固定向农民收取。村级道路建设资金由村民大会民主协商解决,乡级道路建设资金由政府负责安排。农村卫生医疗事业逐步实行有偿服务,政府适当补助。原由乡统筹费开支的五项事业支出纳入乡(镇)财政预算管理,具体管理办法另行制定。②取消在农村进行的教育集资,取消专门面向农民征收的行政事业性收费和政府性基金、集资。中小学危房改造资金,由财政预算安排。③取消屠宰税。④逐步取消统一规定的劳动积累工和义务工(以下简称"两工")。决定全省用3年时间逐步取消统一规定的"两工",2002年每个农村劳动力承担的"两工"不超过改革前的四分之三,2003年不超过改革前的二分之一,2004年不超过改革前的四分之一,2005年起全部取消(三个试点县市按照去年已批准的方案执行)。在逐步取消"两工"期间,对保留的部分劳动积累工和义务工,不得强行以资代劳。"两工"取消后,村内兴办集体生产公益事业,按照"量力而行、群众受益、民主决定、上限控制"的原则,实行"一事一议",由全体村民或村民代表大会讨论,按多数人的意见决定。除遇到特大防洪、抢险、抗旱等紧急任务,经县级以上人民政府批准可临时动用农村劳动力外,任何地方和部门均不得无偿动用农村劳动力。二、调整农业税政策。①农民承包土地从事农业生产的,计税土地为第二轮合同承包用于农业生产的土地。对第二轮承包后,经国家土地管理部门批准征用的计税土地不再作为农业税计税土地,对新开垦的耕地按规定免税到期的应纳入农业税计税土地。计税土地发生增减变化时,农业税应当同步进行调整。对有纳税任务的其他单位和个人从事农业生产的,计税土地面积为实际用于农业生产的土地。②农业税计税常产以1994～1998年5年间农作物的平均产量为依据确定,并保持长期稳定。③核定的农业税计税土地面积和农业税计税常产等,必须以村民组为单位召开村民大会征求农民意见,得到农民认可,并张榜公布。④全省实行统一的7%农业税税率及20%附加比例。省人民政府根据粮食市场价和保护价,确定全省统一的农业税计税价格为每千克(中等稻谷)1.04元,一定3年不变。各县(市、区)农业税的具体计税常产和农业税征收任务,经省农村税费改革领导小组批准后执行。国有和集体农场以及有农业收入的机关、部队、企业、学校和农业科研单位的农业税征收办法,由省人民政府另行规定。其他有农业收入的单位和个人的农业税,比照当地同等税收水平征收。涉及农业税减免的,按国家政策规定执行。三、调整农业特产税政策。按农业特产税税率略高于农业税税率、减少征收环节、农业税和农业特产税严禁重复交叉征收的原则,适当调整部分农业特产税税率。对部分在生产、收购两个环节征税的农业特产品,合并在生产或收购一个环节征收。对在非农业税计税土地上从事应税农业特产品生产的,征收农业特产税。对在农业税计税土地上种植的农业特产品,只征收农业税。农业特产税附加比例全省统一为8%。涉及农业特产税减免的,按国家政策规定执行。四、村干部报酬、五保户供养、办公经费,除原由集体经营收入开支的仍继续保留外,凡由农民上缴村提留开支的,采用新的农业税附加和农业特产税附加方式统一收取。以农业税附加和农业特产税附加方式收取的村提留用于集体资金,由农业税征收机构负责征收,实行乡管村用,专户储存,专款专用,乡级经营管理部门负责监督管理。烤烟农业特产税附加,仍按现行规定征收及管理。村提留改革后,村内兴办集体公益事业,所需资金不再固定向农民收取。年初由村民委员会提出预算,经村民大会或村民代表大会讨论通过,并张榜公布,实行村务公开,民主管理,接受群众监督。筹资额严格实行上限控制,原则上每人每年不超过10元,最高不得超过15元。村内"一事一议"的集体生产公益事业筹资的提取、管理、使用情况,接受上级农民负担监督管理部门审计。村内兴办集体生产公益事业用工,严格实行"一事一议"和上限控制,不得强行以资代劳。原由乡村集体负担村提留和乡统筹费的,改革后可以采取适当方式继续实行以工补农。对不承包土地并从事工商业等活动的农村居民,按照权利义务对等的原则,在原乡统筹费和新农业税附加的负担水平内,经村民大会或村民代表大会民主讨论确定标准,由村委会收取,并纳入村内"一事一议"筹资款项统一管理和使用。农业税及附加征收实物还是折征代金,原则上由县级人民政府确定。农业税及附加、农业特产税及附加统一由农业税收征收机构负责征收,也可以由粮食等部门在收购、结算时代扣代缴,并使用财政部门统一印制的专用票据。

四、基本建设与技术改造投资

【鼓励和促进中小企业发展若干政策】 为推动我省中小企业更快地发展,贵州省人民政府于2001年11月15日以黔府发[2001]40号文件发出本通知。主要内容:(1)各地各部门鼓励和扶持科技创新型、城镇就业型、资源综合利用型、农副产品加工型、出口创汇型、社区服务型、商贸物流型等中小企业的发展。鼓励中小企业利用国内外资金和先进技术改造传统产业,以公司加农户的方式开发绿色产业,逐步推行登记设立、后置审核,重在过程监督的办法。工商行政管理部门要公开设立条件、简化注册手续,以减少创业成本和降低企业设立的审批程序。鼓励和引导中小企业以其"专、精、特、新"的优势与大企业进行专业合作,形成关联产业群体。鼓励中小企业依照公开、公平、公正和诚信的原则,参与公路、桥梁、水利、电力等公共基础设施建设项目的招投标。鼓励和吸引不同所有制性质、不同区域、不同生产要素形式的资本在我省创办各类中小企业。对党政机关、事业单位分流人员、科技人员、经营管理人员和复退军人、大中专院校毕业生、国有企业富余人员到中小企业工作或投资创办中小企业,按照规定给予优惠。鼓励中小企业向小城镇集中、中小工业企业向工业加工区集中。管好用好科技型中小企业创新基金,使基金的来源、使用、管理和考核规范化、制度化,办好省内各高新技术开发区和经济技术开发区,吸引国内外投资者和科技人员到开发区内兴办企业和从事科研工作。允许和鼓励国内外投资者以具有创造能力的人才资本(管理专长、技术专长)、有转化能力的智力成果(专利发明、科技成果)等生产要素作价入股,创办中小企业,其持股比例最高可占到注册资本的35%,全体股东另有约定的,从其约定。改制的国有、集体中小企业可将净资产增值部分按一定比例作为股份,奖励有特殊贡献的职工、科技和经营管理人员;职工所获得的股份暂时免征个人所得税,各类中小企业投资符合国家产业政策的技改项目,使用国产设备的,可享受投资抵免企业所得税。对国家级高新技术开发区内的高新技术企业,按15%的税率征收企业所得税,新办高新技术企业自投产年度起,免征所得税两年。对国家鼓励类产业的内资企业和外资投资企业,在一定期限内,按15%的税率征收企业所得税。民族自治地方的企业经省人民政府批准,可以定期减征或免征企业所得税。对高新技术企业、"三废"利用企业、新办的第三产业企业和劳动就业服务企业,可享受减免企业所得税的优惠。对个人独资企业和合伙企业投资者征收个人所得税,不再征收企业所得税。非营利性中小企业信用担保、再担保机构,对其从事担保业务并按照地级以上人民政府(行署)规定的标准所收取的担保业务收入,3年内免征营业税。国有商业银行应优先安排、重点支持中小企业的发展,提高对中小企业的贷款比例。股份制银行、城市商业银行、城乡合作金融机构,为中小企业发展提供资金支持;要改进发放贷款的审核办法,放宽对中小企业融资的准入条件。加快设立以中小企业为主要服务对象的信用担保机构,建立资金来源多元化、组织形式多样化的担保体系,扩充风险担保资金,为中小企业融资创造条件。可通过地方财政拨款(含国有中小企业资产变现收入)、中小企业出资、中外合资和社会捐赠等多种途径筹措担保资金,并建立完善的管理制度。支持县(市、区)级政府或行业投资机构设立担保机构。支持社会团体、行业协会、企业群体共同出资设立以中小企业信用担保为主要内容的服务机构,作为担保体系的重要补充,为中小企业贷款提供担保。

【加快电力建设实施西电东送有关具体问题】

为确保"西电东送"工程的启动实施,贵州省人民政府于2000年12月13

日以黔府发[2000]45号文件发出本通知。主要内容:具体目标,到2003年,全省发电装机达到900万千瓦以上,外送能力达到200万千瓦;2005年全省装机达1 400万千瓦以上,向广东送电能力达到400万千瓦以上。"十五"期间,全省开工建设电力装机1 400万千瓦,建成投产800万千瓦左右,并为"十一五"的电力发展奠定良好基础。重点:一、加快电源点建设进度。加快乌江梯级水电站开发建设进度,进度安排如下:(1)洪家渡水电站(3台×18万千瓦),2000年11月开工,2004年首台机组发电,"十五"全部建成;引子渡水电站(3台×12万千瓦),2000年11月开工,2003年两台机组投产,2004年全部建成;乌江渡水电站扩机(50万+9万千瓦),2000年11月开工,2003年扩容两台机组投产,2004年老机组增容建成;索风营水电站(54万千瓦),2001年内开工建设,2005年两台机组投产,2006年全部建成;构皮滩水电站(240万千瓦),2002年开发,"十一五"建成;(2)思林水电站(100万千瓦),2004年开工建设,"十一五"建成;光照水电站(100万千瓦),2005年开工建设,"十一五"建成。充分发挥贵州火电的优势,抓紧建设第一批"短、平、快"大型骨干坑口火电厂,在确保已开工的盘县电厂二期(2台×20万千瓦)、习水电厂(4台×13.5万千瓦)、在2001年、2002年分别建成投产(共94万千瓦)的同时,确保以下四个项目按计划开工建设和投产(320万千瓦):纳雍电厂(4台×30万千瓦):2001年7月开工建设,2003年首台机组发电,2005年全部建成;黔北电厂(4台×30万千瓦):2001年4月开工建设,2003年两台建成投产,"十五"全部建成;安顺电厂二期(2台×30万千瓦):2001年5月开工建设,2003年一台机组发电,2004年全部建成投产;贵阳电厂烟尘治理(1台×20万千瓦):2001年8月开工建设,2003年建成投产。为进一步扩大"十五"期间和今后向广东送电的规模,从2002年下半年起,第二批建设规模共计600万千瓦的项目陆续安排开工建设,并在"十五"期间投产180万千瓦。二、抓好500千伏主干网架和通道建设。"十五"期间,建成500千伏变电站5座和开关站一座(鸭溪变电站、福泉变电站、贵阳变电站、玉屏变电站、惠水变电站和安顺开关站)以形成500千伏"日"字形环网,福泉变电站再往东延伸至玉屏变电站。同时要抓紧一批220千伏输变电工程的建设。积极配合国家电力公司做好贵州—广东超高压输电工程的建设,加快天生桥—广东第三回500千伏交流输电线路的建设,2000年开工,2002年建成;加快安顺—广西柳东双回—广东佛山单回500千伏交流输电线路的建设工作,2001年开工,2003年上半年建成;抓紧贵州—广东500千伏直流输电线路的前期工作,确保2005年4月单级投运,年底全部建成,力争双极投运。保证在通道上满足向广东送电的需要。根据国家电力公司的规划,2015年前后全国将形成北部电网、中部电网和南部电网。其中南部电网由云南、贵州、广西、广东、香港、澳门以及海南电网组成,并还规划北部电网与中部、南部电网之间互联。我省在"十二五"期间应争取在福泉或玉屏修建换流站,并再架设一回500千伏直流输电线路直接向湖南和广东送电。乌江构皮滩水电站外送通道可由该电站的 500 千伏升压变电站接入福泉 500 千伏变电站进入电网;思林水电站和沙沱水电站可通过该电站 200 千伏变电站接入玉屏 500 千伏变电站进入电网,在"西电东送"中更好地发挥效益。三、抓好煤炭工业结构调整和规划建设,确保火电厂燃煤供应。按照我省"西电东送"规划要求,"十五"期间全省火电投产机组超过 590 万千瓦,到 2005 年需新增燃煤约 1550 万吨。为确保火电厂燃煤供应,"十五"期间一是要对现有国有重点煤矿进行技术改造和挖潜,增加设计年生产能力 500 万~600 万吨;二是依托老区开发新区,搞好关闭矿井的接续井建设;三是加大对低灰、低硫煤和优质无烟煤的开发强度,围绕火电厂建设大型骨干动力煤矿井,保证为电厂配套的新建煤矿投产规模达到 1 000 万吨。

五、对外经济贸易

【**大力发展对外承包工程**】为认真贯彻落实中央关于我国企业"走出去"的开放战略,主动迎接经济全球化的挑战。贵州省人民政府办公厅于 2000 年 9 月 7 日以黔府办[2000]89 号公布本文件。主要内容:我省对外承包工程近期发展目标是:争取在"十五"期间,对外承包工程境外合同额有较大增长,加上国内国际招标,承包工程合同金额争取达 1 亿美元,所有获得外经权的企业和单位力争实现境外项目零的突破。为此必须落实以下政策措施:立足周边,内外兼顾,主动开拓对外承包工程市场。积极开拓东南亚、南亚地区承包工程市场,引导外经贸企业主动追踪该地区世界银行、亚洲开发银行贷款项目,积极参与投标竞争;鼓励企业同省外大型外经企业联合,大胆承揽有效益的分包工程;参加省内外、国内外的投标竞争,采用组团出访、在外设点、参加相关组织、参加相关研讨会、洽谈会和利用电子商务手段等多种方式,建立同国内外大公司、我国驻外商务机构的联系,不断捕捉对外承包工程信息,加大市场开拓力度。我省国有大中型企业和工程建设企业要强化管理,提高资质水平,壮大经济实力,争取更多的企业获得外经权。要将对外承包工程与对外投资、对外贸易结合起来,通过对外承包工程带动我省成套设备和机电产品出口,利用境外企业和来料加工贸易捕捉对外承包工程信息。要积极将我省符合条件的外经企业列入国家援外工程协议招标范围,争取中标,利用援外机会开展对外承包工程和拓展承包工程市场。我省获得外经权的企业多数是在省内行业中属经济、技术、管理实力较强的企业,在省内工程项目招标中,同等条件下优先中标。支持外经企业加快体制改革帮助它们利用境内外上市和发行债券等方式筹措资金,鼓励外经企业采取同国内外投资者合资、合作等方式引进资金和技术,利用资产和资本运作的多种方式扩大经济规模,加速培植具有较强国际竞争能力的大型承包工程企业。外经贸企业应根据发展对外承包工程需要制订人才培养规划,通过选送到国内外进行中、短期培训、组织参加函授教育、利用现代化手段实施远程教育等多种方式,力争在2至3年内,使我省外经企业经理干部全部实现持证上岗,培养一批在国际上得到认可的高级工程管理人员,逐步形成一支通外语、懂法律、有技术、善管理的对外承包工程技术人才队伍。要采取企业出资、本人自筹、政府适当补助的办法落实培训经费,使培训工作真正落到实处。

六、外商投资

【鼓励外商和华侨、港澳台同胞投资条例】

为了鼓励外商和华侨、港澳同胞来我省投资,1992年12月10日贵州省第七届人民代表大会第29次会议通过本条例,自公布之日起施行。主要内容:外商和华侨、港澳台同胞可以下列形式进行投资:(1)举办独资企业、合资经营企业和合作经营企业;(2)承包和租赁经营企业,开发矿产资源;(3)承包开发荒山、荒坡和水面资源;(4)来料加工、来图加工、来件装配和补偿贸易;(5)购买企业的股票和债券;(6)依法取得土地使用权,从事房地产及其他开发经营;(7)法律、法规允许的其他投资形式。外商和华侨、港澳台同胞的投资或者提供的合作条件,可以是自由兑换货币、机器设备或者其他实物、工业产权、专有技术或其他财产权利。外商投资兴办企业除享受国家规定的税收减免收优惠待遇外,自投产之日起,可免征地方所得税7年。投资能源、原材料、交通、旅游和农业、林业、牧业、水利等开发性项目;兴办生产性企业、产品出口企业、先进技术企业和在开放城市、经济技术开发区、高新技术产业开发区、少数民族自治地方和边远地区兴办企业,自投产之日起,可免征地方所得税10年。外商投资企业自建或购置的自用房屋、自用车船,自建成或购置月份起,免征房产税、车船使用牌照税1至3年。外商投资企业承接国内不能生产、而我省需要进口的产品订货,经外汇管理部门批准,可以部分或全部外汇结算。对外商投资兴办企业,优先提供所需场地,并享受以下优惠待遇:(1)经营期在10年以上的企业,免缴场地使用费5至7年，免缴期满后，按有关规定计收。(2)产品出口企业和先进技术企业减半计收。(3)开发性农业、林业、牧业、水利项目，从批准用地之日起，免缴费7至10年。(4)在少数民族自治地方和边远地区兴办企业，自行开发场地的，免缴场地使用费。(5)华侨、港澳台同胞投资企业，可免征地方所得税10年；投资于能源、交通、原材料、矿产资源开发等基础工业、基础设施和农业、林业、牧业、水利等开发性项目，兴办产品出口企业，先进技术企业在少数民族自治地方、边远地区兴办企业，可免征地方所得税15年；投资企业自建或购置的自用房屋、自用车船、自建成或购置月份起，免征房产税、车船使用牌照税3年。

【下放外商投资项目审批权限和简化审批程序的暂行办法】

为加快我省对外开放步伐，简化审批程序，吸引更多外商投资，贵州省人民政府办公厅于1992年8月12日公布本办法。主要内容：凡符合国家及省规定的投资方向，建设和生产经营条件以及外汇收支不需要省综合平衡，进口原料和出口产品不涉及配额与许可证管理的中外合资、合作项目，投资总额在500万美元以下的，其项目建议书或可行性研究报告由各地区行署、自治州、省辖市人民政府或省人民政府主管部门审批；投资总额在300万美元以下的，其项目建议书或可行性研究报告由各县(市、区)人民政府审批。以上项目在审批后20日内由审批机关将可行性研究报告或项目建议书和批准文件按项目性质，属基本建设的报省计委备案，属技术改造的报省经委备案，并同时报企业主管部门备案。总投资额500万美元以上、1000万美元以下的中外合资合作要项目，或投资虽少但资金、原材料、外汇等生产经营和建设条件需由省综合平衡加以解决的项目，经省人民政府批准授权的大中型企业，可审批投资额在500万美元以下(含500万美元)、符合上述规定的中外合资、合作项目的项目建议书和可行性研究报告，并按规定于审批后20日内将有关文件报省计委或省经委备案。总投资额在50万美元以下的中外合资、合作项目，一般情况下，可只申报和审批可行性研究报告。总投资额在50万美元以上、100万美元以下的中外合资、合作项目，一般情况下，可将项目建议书和可行性研究报告一并申报，一次审批。在可行性研究报告批准之前，中外双方不得签署约束性文件。中外合资、合作项目的项目建议书和可行性研究报告经审批机关和以上授权企业批准后，由中方投资者将中外双方签订的合同、章程直接报省经贸厅审批，同时按国家规定到省工商行政管理局办理企业名称预先登记。省经贸厅在接到全部有效文件后10天内须决定批准或不批准。外商举办外资企业，凡符合国家及省规定的投资方向，建设和生产经营条件以及外汇收支不需省综合平衡，进口原材料和出口产品不涉及配额和许可证管理的，投资总额在1000万美元以下的项目，按《中华人民共和国外资企业法》及其实施细则的规定，直接向省经贸厅申请，由省经贸厅审批。各级审批机关有争议的外商投资项目，由省计委、省经委或省经贸厅上报省利用外资领导小组审议确定后由各有关部门分别办理有关手续。各部门都要树立为企业和基层服务的观念，积极认真地帮助企业创造条件。外商投资项目在整个审批过程中，属于同一内容的审批只按审批权限由某一级审批机关一次审批，不逐级审批。外商投资企业批准成立后，申请者凭有关文件及时到省工商局、贵阳海关、省外汇管理局、税务局等部门办理有关登记手续。

【做好重点项目招商引资工作】

为提高我省对外开放和招商引资整体水平，贵州省人民政府于2001年2月11日以黔府发[2001]8号文件发出本通知。主要内容：一、建立重点项目招商引资业主负责制。要充分发挥企业在重点项目招商引资中的主体作用。业主单位一把手和分管负责人要切实负起责任，组织得力人员专门负责此项工作。特别是国有企业，要把作好重点项目的招商引资工作作为一项主要任务认真抓好。二、建立重点招商引资项目主管部门和政府负责人责任制。重点项目的主管部门或所在地、州、市政府(行署)主要领导要亲自抓、亲自协调，组织企业和有关人员做好从项目前期准备到对外联系、洽谈、签约、实施全过程的工作，及时协调解决项目前期准备、洽谈和实施过程中出现的各种问题。三、重点项目招商引资工作联席会议由省招商局牵头，省计委、省经贸委、省财政厅、省贸易合作厅、省工商局、省地税局、省国税局等部门参加，每月召开一次，专题研究协调重点招商引资项目对外洽谈及合作过程中出现的问题。四、建立重点招商引资项目主管部门、地区、项目业主联络员制度。重点招商引资项目涉及的地区、部门和企业都必须确定一名联络员，负责与省招商局联系并定期向省招商局报送项目工作进展情况。五、省人民政府分管领导每个季度听取一次重点项目招商引资工作专题汇报，检查落实各项工作，并对地区、部门和企业的工作提出要求，给予指导。要学习和借鉴国际、国内的先进招商经验，充分利用国际互联网和各级政府上网工程，国际电子商务中心网络，电视广播新闻媒体宣传推介重点招商引资项目。近期要集中在中央新闻媒体、东南沿海发达地区新闻媒体和香港新闻媒体宣传贵州的投资环境、优惠政策，推介重点项目。要通过集中和有重点的宣传推介，让先进发达地区和外来投资者了解贵州，愿意来黔实地考察，寻求投资合作的商机。争取尽快从根本上改变我省交通等基础设施的落后状况，为外来投资者提供良好的硬件条件。同时，要加强软件建设，以软补硬，以软取胜，在改善软环境上下硬功夫，为外来投资者提供优质、高效、便捷的服务。

【投资软环境综合治理整治方案】

为适应西部大开发战略和加入世界贸易组织的需要，改善我省投资环境，加大招商引资力度，贵州省人民政府于2001年9月20日以黔府办发[2001]94号文件颁布施行。主要内容：(1)一是新闻媒体要大张旗鼓地宣传综合治理投资软环境对实施西部大开发战略的意义，形成"人人都是投资环境，处处都是开放形象"的社会氛围。二是由省人民政府新闻办公室牵头，有关单位参加，对综合整治投资软环境情况进行跟踪报道。重点跟踪报道13个城市、11个国家级和省级开发区、省政府"窗口"部门；要公开曝光一批外来投资者投诉的典型案例，举一反三,警醒全省。(2)以严格执法和贯彻执行国家有关政策为重点,努力营造符合国际惯例的法制环境和政策环境:由省政府法制办牵头,省计委、经贸委、财政厅、贸易合作厅、招商引资局等有关部门参加,继续对现有涉外地方性政策、法规进行清理,对不适应经济社会发展、有碍改善投资环境的政策、法规进行修改、完善,该废止的及时废止,并及时对外公布;由招商引资局牵头,有关部门参加,制定有效措施,确保对投资者的优惠政策落到实处。采取多种形式,向投资者宣传国家和省鼓励外来投资的各项优惠政策;组织工商、税务、环保、质监、海关、金融、国土等部门,深入企业调查政策落实情况,按规定兑现各项优惠政策;对以种种理由搪塞、推诿、不兑现国家和省各项优惠政策的单位和个人,在媒体上公开通报批评;由省政府法制办、省招商引资局牵头,组织计划、经贸、建设、劳动、文化、科技、卫生、环保、国土、财税、工商、质监、公安、海关、商检、金融等部门参加,根据国家实施西部大开发和引进外资的有关政策措施,制定鼓励和保障外商来黔投资的贯彻实施意见,制定《贵州省保障外来投资条例》并按程序报批后施行。(3)以规范政务管理为重点,坚决纠正部门和行业不正之风,使行政环境更加高效廉洁:由省行政审批制度改革领导小组办公室负责,组织有关部门参加,按照合法、合理的原则,清理行政审批事项,开展行政审批制度改革,切实减少行政审批环节,争取减少行政审批事项40%左右,同时制定《贵州省规范政务管理、改善投资环境的规定》,报经省政府批准后施行。(4)建立公平竞争机制和社会保障体系,使市场环境更加有序:打破地区封锁和部门、行业垄断,消除地方保护主义;查处行政机关、事业单位,尤其是垄断性行业和公用企业以价格或收费形式限制、妨碍公平竞争,阻碍外地产品或工程建设单位进入本地市场的行为;坚决予以纠正通过行政干预或巧立名目,直接或变相歧视外来投资企业的行为;坚决打击制假售假、欺行霸市、经济诈骗等扰乱社会主义市场经济秩序的行为;对偷税漏税、违规制作并发布虚假广告、非法促销、价格欺诈等不正当竞争行为予以整治;规范中介机构行为,实行中介机构市场准入制度;整顿经济鉴证服务市场,行政机关必须与所办中介机构脱钩;严肃查处中介机构出具虚假资信证明、虚假评估、虚假鉴证等不法行为,对有严惩违法违规和为的中介机构及人员实行行业禁入制度。(5)彻底治理"三乱",最大限度地放开经营范围,使投资者的经营环境更加宽松,切实为外来投资企业"减负":由省物价局、财政厅牵头,会同省监察厅、纠风办等部门,清理现行行政事业性收费项目,健全落实"收费许可证"制度,公开收费标准及政策依据,杜绝"三乱"行为;推行行政事业性收费"项目上网公示"制度,贯彻落实《贵州省行政事业性收费收支两条线管理规定》;由省政府体改办牵头,省计委、经贸委、财政厅、贸易合作厅、科技厅、工商局、招商引资局、人行贵阳中心支行共同研究制定具体措施,最大限度地放开经营范围、经营方式,拓宽投融资渠道,积极引进科技含量高的项目,帮助外来投资者降低经营成本,扶持外资企业须做大做强;由省人事厅牵头,有关部门分工负责,为外来投资者提供便利的生产、生活、文化环境;有关管理部门要提高办事透明度,建立健全人才流动的激励机制,改革劳动用工制度和完善社会保障体系,为外来投资企业职工入户、就医、子女入学等提供方便。(6)进一步理顺招商引资管理体制,建立健全招商引资服务体系,使服务环境更加规范有效:由省招商引资局牵头,推行"一站式"办公,试行"代办式"服务。在地、州、市和有条件的县(市、区)政府(地区行署)建立外商投资服务中心,开展"一条龙"服务,组织有关部门,健全外商制度服务体系;落实招商引资工作责任制、重点项目业主责任制,为外来投资企业提供配套服务,真正做到"引得进、留得住",使招商引资工作落到实处,收到实效;由省招商引资局牵头,组织有关部门推行外来投资企业和项目跟踪服务制度,在项目选择、项目审批、企业设立、项目实施、企业经营、政策咨询等方面为外来投资者当好参谋,主动帮助外来投资者协调处理项目实施过程中的有关问题。(7)以维护社会政治稳定、保障投资者合法权益为重点,使社会环境更加安全稳定:依法严厉打击侵害外来投资者合法权益的违法犯罪行为,切实保护外来投资者的人身财产安全;对外来投资者投诉的重大违法案件实行挂牌督办;涉及外来投资者的案件,要保护当事人的合法权益;加强执法监督,规范执法行为,严格执法、公正执法、文明执法;强化社会治安管理,坚决依法从重从快严厉打击严惩刑事犯罪活动,大力整治社会治安秩序;积极稳妥地处置各种社会热点、难点问题,维护社会政治稳定;全面落实综合治理的各项工作措施,增强预防和控制违法犯罪的能力,增强公众的安全感,为投资者营造良好的社会环境;健全外商投诉机构,由省监察厅、招商引资局牵头,有关部门协助,制定《贵州省外来投资者投诉管理暂行规定》,报经省人民政府审定后执行;实行公检法及行政执法部门外商投诉协调办案,及时查处外商投诉案件,通过理顺投诉渠道、公布投诉电话、公开办案结果,使外商投诉问题及时得到解决。(8)对全省投资软环境进行实时监测,建立投资软环境综合指标评估机制和公示制度:运用世界银行三期技术援助项目(《贵州省改善投资环境、加强招商引资机构建设》)成果,建立全省投资环境评价指标体系,重点对13个城市、11个国家级和省级开发区投资软环境进行实时监测和考核,定期在媒体上公布监测考核结果,为外来投资者提供参考,为各地改善投资环境提供科学依据;此项工作由省招商引资局、统计局、贵州企业调查队组织实施。

【外商投资服务中心一站式工作实施意见】

为进一步改善投资环境,提高招商引资服务水平,贵州省人民政府办公厅于2001年9月29日以黔府办发[2001]98号文件发出本通知。主要内容:一、"一站式"工作内容。主要为国外(境外)、省外投资者在我省投资下列项目提供服务,一是省级重点招商引资项目;二是由省级负责审批的投资项目;三是地州市不能协调解决,需要省统筹、协调、审批发证的项目;四是外来投资者要求我由省级审批,并在省级注册登记的项目。具体为外来投资者推荐项目、牵线搭桥、受理投资项目申请、项目审批、核准登记、注册发证等事项,提供有关法律法规和政策咨询等综合服务。二、成立贵州省外商投资"一站式"服务办公室。"一站办"由涉及外来投资的省有关部门和单位组成。主要有:省计委、省经贸委、省教育厅、省科技厅、省公安厅、省财政厅、省人事厅、省劳动和社会保障厅、省国土资源厅、省建设厅、省交通厅、省贸易合作厅、省文化厅、省卫生厅、省地税局、省环保局、省工商局、省质量技术监督局、省药品监督局、省旅游局、省外事办、省物价局、省国税局、省出境检验检疫局、贵阳海关、贵阳铁路分局、人民银行贵阳中心支行、国家外汇管理局贵州省分局、省电力公司。其中,省计委、省经贸委、省国土资源厅、省贸易合作厅、省环保局、省工商局、省国税局、贵阳海关等部门明确专职工作人员,每周固定一天到"一站办"联合办公,集中受理有关申报审批事项,向外来投资者提供咨询及其他服务;其余参加"一站式"工作的单位要明确熟悉外经贸业务工作的联络员,由"一站办"根据工作需要,随时通知参加"一站式"联合办公,协调处理外来投资涉及本部门的工作。参加"一站式"工作的单位明确一名领导同志负责此项工作。三、工作方式:(1)"一站办"是我省统一对外来投资服务的窗口,各部门、各单位参加服务的工作人员或联络员,代表本部门和单位行使相关职能。各部门的咨询、审批、办证、发证及其他对外服务工作,除必须带回本部门研究办理的以外,应尽可能在"一站办"内完成,批准文件及证书由各部门设在"一站办"的窗口发给申报人。(2)按照"统一管理、跟踪服务、限时办结、统一交付"的原则开展工作。(3)在非联合办公日,外来投资者的申报事项由省外商投资服务中心代表"一站办"负责受理。(4)"一站办"主要成员单位要本着优质、规范、高效、便捷、热诚的服务宗旨,在"一站办"明显位置公布有关工作程序、各项审批手续的申办条件和办事时限,提高工作透明度和办事效率。(5)由省招商引资局(省外协办)组织建立"一站办"例会制度,研究完善和协调解决"一站办"运作中的有关问题,不断提高"一站办"的工作质量和服务水平。(6)为了提高办事效率,"一站办"实行电脑网络化管理,建立内部管理信息系统,并逐步与国家及有关部门联网,促进"一站式"服务工作全面深入地开展。

七、土地与矿产资源

【省级经济技术开发区试行办法】

为规范贵州省经济技术开发区行为,贵州省人民政府于1992年5月26日发布本办法。主要内容:省级经济技术开发区包括:贵阳高新技术产业开发区、遵义经济技术开发区、安顺经济技术开发区。开发区鼓励香港、澳门、台湾地区及国外的公司、企业、其他经济组织或个人,省内外的公司、企业、其他经济组织或个人到开发区投资、开发、建设各项经济技术和社会事业,并享受开发区的优惠待遇。投资者可以投资兴办中外合资企业、中外合作企业、外商独资企业、股份制企业、国有企业、集体企业、联合企业和私营企业。开发区内以开办技术先进的工业项目为主,同时相应发展第三产业。鼓励投资者在开发区投资开发经营成片土地,兴建和经营供水、供气、供电、供热、排水、通讯、道路以及其他基础设施。省人民政府成立开发区工作领导小组,负责领导全省各开发区的工作。领导小组办公室设在省体改委。贵阳、遵义、安顺三市分别成立开发区管理机构,各省级开发区管理机构行使以下职权:(1)实行开发区内的行政管理;(2)制定开发区发展规划,经批准后组织实施;(3)审核、批准在开发区内的投资项目;(4)统一规划、管理开发区内各项基础设施和公共设施,制定有关收费标准;(5)统一管理开发区的进出口业务;(6)协调、监督政府有关部门设在开发区内分支机构的工作;(7)对开发区企业实行劳动行政管理,保护职工正当权益;(8)举办开发区各项公益事业;(9)对开发区内的企业事业单位依法进行监督。(10)贵州省人民政府授予的其他职权。开发区管理机构按规划统一征拨土地,向开发区内的企业事业单位提供使用场地,并收取土地使用权出让金。土地使用权出让金收费办法,根据不同土地等级、不同行业和用途,给予不同优惠。参与开发区成片土地开发经营的开发企业,可一次性取得土地使用权,期限最长为70年。在开发区开办的企业(国家银行和保险公司除外)事业,从事生产、经营所得和其他所得,采取依率征税、超出沿海特区优惠政策部分全额返还的办法。实际入库,企业所得税按15%。其中:(1)从事基础设施开发经营的企业,经营期在15年以上的,从开始获利的年度第1年至第5免收,第6年至第10年减半收取。(2)从事生产性行业的企业,经营期在10年以上的,从开始获利的年度起,第1年至第2年免收,第3年至第5年减半收。其中被省人民政府确认为先进技术企业的,第6年至第8年继续减半收。(3)从事生产性行业的企业,在按照规定减免期满后,凡企业出口产品产值达到当年企业产品产值70%以上的,当年可以只收取10%的所得税。(4)从事服务性行业的的企业,投资额超过200万美元或2 000万元人民币,经营期在10年以上,从开始获利年度起,第1年免收,第2年和第3年减半收。(5)开发区内企业新开发的高新技术产品,经开发区管理机构和税务部门审核确认,自销售之日起,1至3年内全部返还产品税和增值税。原在开发区内的烟、酒、汽车等企业,按原定办法上交税利,如与外商、外地企业合资,合资部分可享受开发区优惠政策。境外投资者从企业所获得的利润,可以从企业的外汇账户自由汇出境外,免征所得税。国内投资者从开发区内企业获得的利润,可以自由汇往国内其他地区。汇往其他地区的利润,从获利年度起10年内不再补缴所得税。境外投资者在中国境内没有设立机构而有来源于开发区的股息、利息、租金、特许权使用费等其他所得,除依法免征所得税以外,均按减10%的税率征收所得税。其中,提供资金、设备的条件优惠,或者转让的技术先进,经批准,可予以更多减征或者免征所得税的优惠。开发区内的中外合资经营企业、中外合作经营企业、外商独资经营企业和外商持有25%以上股份的股份制企业(以下统称外商投资企业)都有进出口权,其他企业批准可以有进出口权,允许有进出口权的省内外外贸企业在开发区内建立进出口公司,负责代理开发区内无进出口权企业的进出口业务。开发区内"三资"企业和经特许的企业进口自用的生产设备、建筑材料、交通运输工具和其他物料,以及办公设备物品,都免征关税和工商统一税。开发区内企业专为制造外销产品而进口的原材料、零配件,免征进口关税、工商统一税或产品税、增值税;出口产品,除国家限制出口的产品外,免征关税和工业环节的工商统一税或产品税、增值税。开发区内外商投资企业,在开办初期其内销产品和纳税有困难的,经批准,可以在一定时期内减征或者免征工商统一税或产品税、增值税。开发区内中外合资经营企业的合营各方,将从企业分得的利润进行再投资,为期5年以上,经核准,退还再投资部分已纳所得税的40%税款;如投资用于开发区内的基础设施和产品出口企业、先进技术企业,则全部退还其再投资部分已缴纳的所得税税款。不满5年撤出,应当缴纳已退税款。开发区内企业的产品,属于境外投资者提供先进工艺、技术、设备生产的,国内紧缺需要大量进口的,质量明显高于国内水平的,经有关部门批准,都可以替代进口或者扩大内销比例。开发区内外商投资企业的固定资产折旧,经批准,可以缩短折旧期限,但必须从资产投入使用年度起逐年提列折旧费。开发区内外商投资企业发生亏损,可以用下一年度的所得弥补,最长不得超过5年。在开发区工作的外国和港澳台等地区的人员的工资、薪金所得,减半征收个人所得税。凡与我国有外交关系或有官方贸易往来的国家(地区)的外国人,因开发区业务需要在贵州省内停留不超过15天的,可临时在贵阳口岸办理入境签证手续;如有正当理由需要延长在省内的停留期的,可按有关规定申办签证延期或加签手续。在开发区常驻的外国人和在开发区投资兴办企业,参加开发建设工作的外国人及他们的随行眷属,贵州省有关部门根据其申请签发前往贵州省的多次入境签证。开发区内投资者和其他企业事业单位,同时享有我国法律、法规、规章规定的其他应当享受的优惠待遇。

【贵州省土地利用总体规划】 为切实做好我省土地利用及管理工作,贵州省人民政府办公厅于1999年11月12日以黔府办发[1999]122号文件发出本通知。主要内容:(一)我省土地总面积17.6万平方千米。山地占61.7%,丘陵占30.8%,山间平坝占7.5%。是全国惟一没有平原支撑的省份,城镇化水平仅为17.21%。2000年近期目标:(1)全省耕地面积稳定在481.35万公顷以上;基本农田面积占耕地总面积的80%以上;全省改造中低产田土30万公顷,使中低产田土面积占耕地总面积的比例降至77%。(2)园地面积增加2.5万公顷;造林45.5万公顷,封山育林30万公顷,使森林覆盖率提高到25%.(3)把草地的利用率从目前的66%提高到83%,争取使改良牧草地达到已利用牧草地的10%。(4)非农业建设占用耕地不超过1.13万公顷;重点保障交通、水利、能源等用地需要;城镇及农村居民点用地面积有所增加。城镇化水平达到20.0%。(5)1997~2000年全省通过土地整理、复垦新增耕地1.06万公顷,土地开发新增耕地1.24万公顷。土地利用率达到86.66%。(6)抓好长江上游和珠江上游的水土保持工作,每年治理水土流失面积1 000平方千米。2010年规划目标:(1)全省耕地面积稳定在459.88万公顷以上;基本农田保护面积达到392.28万公顷,基本农田保护率80%。1997~2010年全省治理改造中低产田土100万公顷以上,使中低产田土面积占耕地总面积的比例降至63%。(2)植树造林74.5万公顷,全省林地面积达到874.70万公顷,森林覆盖率提高到35%。(3)全省牧草地面积达到189.15万公顷,使畜牧业成为我省农业的支柱产业之一。(4)1997~2010年全省非农业建设占用耕地量控制在3.33万公顷以内。城镇居民点及工矿用地面积控制在45.66万公顷以下,交通用地面积增加到10.68万公顷,城镇建设用地面积增至9.09万公顷;城镇化水平达到26.0%。(5)1997~2010年全省补充耕地面积7.67万公顷,其中,通过土地整理、复垦补充耕地3.53万公顷,土地开发补充耕地4.14万公顷,土地利用率达到91.69%。(6)1997~2010年全省生态退耕33.33万公顷,全省近2.1万平方千米的水土流失土地得到治理,农业生态建设初见成效,生态环境恶化的趋势得到控制。(二)2030年土地利用展望:我省人口总量将达到5300万。城镇及农村居民点用地总规模将保持稳定;林地和人工、改良草场面积增加,森林覆盖率进一步提高;土地利用集约化达到较高水平,土地的经济、社会、生态效益同步增长,生态环境显著改善。(三)土地利用结构和布局调整:到2010年,全省土地利用结构为:农用地1 555.36万公顷,占土地总面积的88.30%。其中:耕地459.88万公顷,园地14.87万公顷,林地874.70万公顷,牧草地189.15万公顷,水面16.76万公顷，分别占土地总面积的26.11%、0.84%、49.66%、10.74%和0.95%；建设用地59.61万公顷，占3.38%，其中城镇村及工矿用地45.66万公顷，交通用地10.69万公顷，水利设施用地3.26万公顷，分别占土地总面积的2.59%、0.61%和0.18%；未利用地146.55万公顷，占8.32%。稳定耕地面积，保持耕地总量459.88万公顷以上。全省必须划定的基本农田是392.28万公顷，基本农田保护率为80%。对25°以下坡耕地应采取坡改梯等措施，防止水土流失，大于25°的坡耕地退耕还林、还草。规划期间全省园地净增7.5万公顷，园地面积从7.37万公顷增加到14.87万公顷，新增园地主要靠开发利用宜园荒草地和部分退耕地。全省林地面积从754.70万公顷增加到874.70万公顷，净增120万公顷，新增林地来源主要是未利用土地和部分退耕地。全省牧草地面积，从169.65万公顷增加到189.15万公顷，净增19.5万公顷。新增牧草地主要来源是未利用土地。到2010年，水面面积增加至16.76万公顷。我省城镇化水平将达26%，预测城镇人口1 100万。城乡居民点用地总规模将由1996年的38.03万公顷增至41.84万公顷，增加3.81万公顷，其中城镇用地增加4.11万公顷，农村居民点用地减少0.3万公顷。由于城镇的发展，独立工矿用地将由1996年的1.80万公顷增至1.89万公顷，增加0.09万公顷；交通用地将由1996年的8.34万公顷增至10.68万公顷，增加2.34万公顷；水利设施用地将增加0.50万公顷。

【加强国有土地资产管理】

为防止国有土地资产流失，贵州省人民政府于2002年4月4日以黔府发[2002]7号文件发出本通知。主要内容：各级政府必须严格执行土地利用总体规划、城市(村镇)规划和土地利用年度计划，严格控制新增建设用地供应总量。要加大闲置土地消化利用力度。对依法应无偿收回的闲置土地，要采取措施，坚决收回，最大限度地减少国有土地资产的损失。要坚持政府对建设用地的集中统一供应，坚持国土资源行政主管部门对土地的集中统一管理。为增强政府对土地市场的调控能力，有条件的地方政府要试行建设用地收购储备制度，在国土资源部门内部设立土地收购储备机构，划出部分土地收益用于收购、整理土地，金融机构要依法提供信贷支持。经济适用住房以划拨方式供地。经济适用住房建设用地必须符合土地利用总体规划、城市规划和土地利用年度计划，严格控制占用耕地。要明确并严格控制经济适用住房的建设标准、销售对象及销售价格，严禁开发商以开发经济适用住房名义获取暴利。要进一步加强国有土地收益的征收和管理，保证国有土地收益足额入库。各级财政部门是土地出让金收入的主管机关，土地行政主管部门是土地出让金的征收机关，其他部门和单位一律不得代为征收。市、县人民政府收取的土地出让金按现行财政体制纳入财政预算管理，专款专用，其中60%用于城市基础设施建设，40%用于土地开发整理和土地收购储备。要进一步加强资本置换中的土地使用权转让管理，严禁以置换之名，非法炒卖土地、非法转让土地使用权，造成国有土地资产的流失。

建立土地有形市场,要通过设立固定场所,健全交易规则,提供相关服务,形成土地使用权公平、公开、公正交易的市场环境。各级土地行政主管部门应按照职能转变、政事分开、政企分开的原则,抓好各级土地有形市场建设,积极创造条件设立"土地交易中心(所)",并挂牌运作。要尽快建立健全招标、拍卖出让国有土地使用权制度,要进一步建立和完善建设用地信息发布和备案制度。商业性房地产开发用地和其他土地供应计划公布后,同一地块有两个以上意向用地者的,都必须由市、县人民政府土地行政主管部门依法以招标、拍卖方式提供。市、县人民政府出让土地使用权用于房地产开发的,须拟定年度出让土地使用面积方案,报省人民政府批准,由市、县人民政府组织实施。国有企业在改革中涉及土地权益变动的,经贸、财政等部门在审核企业改革方案时应征求土地行政主管部门对企业土地资产处置的意见。土地行政主管部门要进一步研究如何加大土地资产管理力度,制订灵活、更适宜国有企业改革的土地资产处置政策,支持国有企业改革和发展。国有企业改组、改制后涉及土地使用权交易时,不得低价售卖土地。市、县人民政府要依法定期确定、公布当地的基准地价和标定地价,争取于2002年完成全省建制镇以上的基准地价测评工作。已经确定基准地价的市、县,要尽快公布,并根据土地市场价格变化情况,及时更新公布。要以地价管理为核心,抓紧建立基准地价公布、协议出让土地集体决策、成交价申报、地价查询、土地优先购买等一系列管理制度。抓紧建立全省地价动态监测信息系统,对全省城市(镇)地价动态变化情况进行监测。要根据基准地价和标定地价,制定协议出让最低价标准。协议出让土地最低价标准一经确定,必须严格执行并向社会公开。各级政府和土地行政主管部门掌握着土地审批和资产处置权力,责任重大,必须切实加强制度建设,规范行政行为,从制度上杜绝土地资产流失和腐败行为的发生。要坚持政企分开、政事分开。土地估价、土地交易代理等中介服务机构应与行政机关及其所属企事业单位脱钩。农用地转用、土地征用、用地审批、土地资产处置、供地价格确定等,一律要经过内部会审、集体决策。各类工程指挥部、统建办等非土地行政主管部门或镇、乡实施协议、招标、拍卖出让国有土地,出让行为一律无效,由此导致的经济损失由出让方承担,有关责任人由所在单位或上级机关视情节依法给予行政处分,并应承担相应的经济赔偿责任。构成犯罪的,要依法追究刑事责任。

【进一步加强乡镇煤矿管理的决定】
为规范我省乡镇煤矿生产经营秩序,贵州省人民政府于2001年1月31日以黔政发[2001]6号文件发出本决定。主要内容:一、整顿煤炭生产秩序,搞好关井压产工作。(1)对年产能力3万吨以下的乡镇煤矿,予以关闭,由有关部门吊销证照,县级人民政府实施关闭。(2)对年产能力3万吨(含3万吨)以上的乡镇煤矿进行停产整顿,按照取得煤炭生产许可证的条件和安全生产"八不准"的规定由县级人民政府组织有关部门逐矿进行检查验收。经整顿验收合格的矿井,报地、州、市煤炭管理部门审核发生产许可证;对经整顿后仍达不到条件的,由有关部门吊销证照,县级人民政府实施关闭。关闭矿井工作于2001年3月31日前完成。(3)农村家庭为生活自用采挖的少量煤炭,省煤炭局要控制数量,由县级人民政府国土资源管理部门指定范围采挖。县煤管部门对自用煤矿点,要严格控制开采规模、范围和数量,其煤炭产品不得进入市场。同时,要加强管理,搞好安全生产和环境保护。(4)煤炭生产许可证实行一井一证,严禁一证多井,严禁搞"挂靠"和假联合。二、进一步加强煤炭管理。(1)进一步加强对煤炭行业产、供、销、运、安全"五统一"管理工作;(2)取得煤炭生产许可证的乡镇煤矿必须按照《合同法》的规定签订购销合同,其煤炭产品只能销售给直接用户和取得煤炭经营资格的企业经营。(3)对收购、承运无煤炭生产许可证和无煤炭经营资格企业经营的煤炭产品的单位和个人,一律按无煤炭经营资格证经营进行处罚。(4)乡镇煤矿与国有大矿的煤炭产品同质同价。(5)煤炭运输计划归口省煤焦市场统一管理。(6)乡镇煤矿使用的设备、器材、火工产品和安全仪器必须符合国家标准或行业标准。三、建立安全生产责任制。产煤县、乡人民政府对本行政区域内的乡镇煤矿安全生产负领导责任,实行安全生产工作领导负责制和安全生产工作考核一票否决制。各级煤炭管理部门对乡镇煤矿安全生产负管理责任,各级经贸、国土、公安、工商、监察、环保、乡企、劳动、交通等部门要在当地政府的领导下互相支持,协调配合,依法行政,加大对煤炭生产经营和安全的执法力度,各级煤炭安全监察部门要认真履行安全监督职能。乡镇煤矿维简费要按规定足额提取,专户存储,规范使用。省煤炭工业局会同监察、审计等部门组成专项检查组,负责对各产煤县所提取和上缴的乡镇煤矿维简费的收支使用情况进行检查,对违反规定的单位和负责人,要严肃进行查处。四、建立健全镇煤矿社会保险制度。(1)乡镇煤矿业主必须在当地保险机构为井下从业人员办理意外伤害保险。死亡保险赔付金额不得低于1万元/人。保险费用由业主支付。(2)产煤县人民政府要结合本地职工的工资标准,制定乡镇煤矿从业人员最低劳动报酬标准,并监督乡镇煤矿业主执行。(3)乡镇煤矿从业人员因工负伤,经当地县级以上劳动鉴定委员会作出鉴定结论后,由业主发给一次性伤残补助金。伤残补助金标准按当地县上年度职工月平均工资计算。具体为:一级24个月;二级22个月;三级20个月;四级18个月;五级16个月;六级14个月;七级12个月;八级10个月;九级8个月;十级6个月。(4)乡镇煤矿作业人员因工死亡由业主发给一次性工亡补助金。标准按当地县上年度职工54个月的平均工资计算。乡镇煤矿可按不低于吨煤2元的标准提取安全事故保证金,实行专户存储,专款专用。由乡镇煤矿所在县、乡人民政府监督实施。

【进一步做好关闭整顿小煤矿和煤矿安全生产工作的通知】

为进一步做好关闭小煤矿和煤矿安全,贵州省人民政府于2001年11月26日以黔府办发[2001]111号文件发出本通知。主要内容:各地对国有煤矿矿办小井、国有煤矿矿区范围内的小煤矿、不具备基本安全生产条件的各类小煤矿、"四证"（采矿许可证、煤炭生产许可证、营业执照、矿长资格证书）不全小煤矿、生产高硫高灰煤炭（灰分超过40%、含硫超过3%）以及年生产能力3万吨以下的小煤矿等"五个一律关闭"的煤矿，要采取有力措施，确保在今年11月底前全部予以关闭。对应予关闭的小煤矿，省各有关部门要根据各自的职责，限期注销或吊销其证照，并由县级人民政府组织实施关闭，各自治州、市人民政府和各地区行署发布公告。县、乡人民政府及有关部门要组织力量炸毁井筒，填平场地，按要求恢复植被或复垦。二、凡"五个一律关闭"之外的所有煤矿，均列入整顿的范围，其中小煤矿整顿的重点是：(1)矿井通风以及防瓦斯、防尘、防火（以下简称"一通三防"）等安全设施，必须符合黔煤安监办字[2001]55号文件规定的要求；(2)包括煤矿矿长在内的井下作业人员必须具备一定的安全专业知识，并接受国家认定的培训机构组织的安全和操作技能培训；(3)煤矿开采符合环保要求，排放污染达到环保标准；(4)煤炭资源回采率符合国家有关规定，对煤炭资源的利用合理，矿业秩序良好。各自治州、市人民政府和各地区行署要在督促小煤矿按规定进行整改的基础上，组织有关部门按照黔府办发电[2001]121号文件的要求抓紧进行验收。做好验收工作，一要切实履行第一责任人的责任；二要实行验收责任追究制度；三要对生产能力大、基础好、具备安全生产条件的煤矿优先组织验收；四要对停产整顿期间继续生产导致事故发生和经两次验收仍不合格的煤矿坚决予以关闭；五要认真落实验收意见。验收合格的，必须经省人民政府批准，由省人民政府有关部门重新核发"四证"后，方可恢复生产。全省煤矿整顿验收工作于2001年底前结束。三、规范开办程序，加强煤矿监管：(1)新开办煤矿必须布局合理，在系统、设施、回采率、环保、用工制度及意外伤害保险、开办资金、矿井规模、技术保障及构成等方面符合标准。对已验收合格、具有一定规模和条件，需要进行技改扩能的小煤矿，各地要制定规划、实施方案和具体的扶持引导。关闭整顿小煤矿期间，暂不批准新建小煤矿项目。(2)"四证"的审核发放权一律上收到省，其中省国土资源部门负责采矿许可证的审核发放；省级煤炭管理部门负责煤炭生产许可证和矿长资格证的审核发放；煤炭企业取得采矿许可证、煤炭生产许可证后，向省工商行政管理部门申请登记注册并领取营业执照。各级经贸、监察、国土资源、工商、公安、煤炭部门及供电企业在全省范围内进一步加强煤炭市场经营秩序的清理整顿工作。

【进一步加强和完善开办煤矿审批工作的通知】

为规范办矿秩序，贵州省人民政府办公厅于2001年11月28日以黔府办发[2001]113号文件发出本通知。主要内容：一、新开办煤矿必须具备的条件：(1)符合全省煤炭资源开发利用总体规划；(2)有经过省级或省级以上人民政府主管部门批准的煤矿项目建议书；(3)有经过省级或省级以上人民政府主管部门批准的煤矿可行性研究报告；(4)具备满足设计需要并经批准的地质勘探报告；(5)井田范围经过县级或县级以上国土资源管理部门核准并出具初步意见;(6)矿井规模不低于6万吨/年;(7)具备中专以上煤矿相关专业学历或初级以上职称资格的煤矿专业技术人员不得少于企业职工总数的7%,其中小型煤矿专业技术人员不得少于5人;(8)回采率符合国家产业政策,小型煤矿回采率不得低于50%;(9)环境保护、地质灾害防治、水土保持、职业危害防治、劳动保险符合有关法律、法规要求。二、进行矿井技改扩能必须具备的条件与上述新办企业相同。煤矿可行性研究报告应由具备相应资质的煤矿设计院(所)编制,内容及深度应达到《煤炭工业矿井设计规范》和《煤矿安全规程》的要求。其中应有煤矿安全大纲、环境影响评价大纲、工业卫生和消防专篇;法人(业主)落实,有明确的资金筹措方案及相关证明材料。三、申请企业据实填写《贵州省开办煤矿申请审批登记表》一式八份,并附以下附件:(1)可行性研究报告批准文件;(2)地质勘探报告或生产地质报告批准文件;(3)矿井井田范围的合法证明材料(技改扩能矿井附"四证");(4)有关业务主管部门出具的煤矿环境影响评价、取水、用地证明;(5)资金来源落实情况的证明。省开办煤矿审批办公室设在省煤炭管理部门,各地、县煤炭管理部门相应明确开办煤矿审查的具体工作部门及人员,切实做好开办煤矿企业的审查工作。各级煤炭管理部门自收到开办煤矿企业申请材料后,应当在30天内完成审批(或初、复审)工作。

【进一步治理整顿矿产资源管理秩序意见】

为进一步整顿矿产资源管理秩序,贵州省人民政府办公厅于2002年1月17日以黔府办发[2002]18号文件发出本意见。主要内容:一、对已发放的勘查许可证、采矿许可证,由省国土资源厅统一组织,抓紧进行全面清理。各地、州、市、县国土资源行政主管部门要具体落实。勘查许可证、采矿许可证持有者必须在2002年2月底前到当地县级国土资源行政主管部门进行矿权登记。二、各级人民政府、各地区行署要组织国土资源、经贸、公安、监察、工商、乡企、环保、煤炭安全监察等有关部门,对非法勘查、非法采矿、非法经营矿产品集中进行全面治理。对越界勘查开采、持勘查许可证进行开采、非法转让探矿权和采矿权的行为,要依法查处;对无证勘查开采行为要坚决依法予以取缔;对未经批准擅自进行边探边采或以探矿为名实施采矿活动的,以无证开采论处,依法吊销其勘查许可证;对违法租赁或擅自将探矿权、采矿权倒卖牟利的,要坚决依法查处。三、对由不具备设计资质单位编制的开发利用方案及环境影响评价报告的矿山,在2002年4月底前要逐步完善。对矿山企业不按批准的矿山设计、开发利用方案进行开采的,应责令其限期停产整顿;限期内整改不合格的,由原发证机关吊销或注销其采矿许可证。对采取破坏性开采方式开矿的,应从重处罚,构成犯罪的,依法追究直接责任人的刑事责任。对被安全生产监督管理部门确定为不具备安全生产条件应予以关闭的矿山,原发证机关的依法吊销或注销其采矿许可证。四、进一步建立健全严格的探矿权、采矿权审批与管理制度。申请开采大中型储量规模的34种重要矿产的采矿权,除石油、天然气、煤层气和放射性矿产以外,均由省国土资源厅报请省人民政府批准后再办理采矿权登记发证手续。在自然保护区、风景名胜区、文物古迹保护区以及国家规定限制采矿的区域申请采矿的,未经国家有关主管部门同意,不得颁发采矿许可证。要从严控制在河道勘查开采砂活动。禁止在耕地上取土烧砖瓦。在旅游风景区、城乡结合部位、铁路和省道以上公路及主要景区专用道路两侧直视一面的山体不得准许露天采矿和开采砂石。五、各级国土资源行政主管部门要在当地政府(行署)的领导下,严格按照法律法规和"三定方案"确定的职责,强化对矿产资源勘查开采活动的管理。附:34种重要矿产目录:煤、石油、油页岩、烃类天然气、二氧化碳气、煤成(层)气、地热、放射性矿产、金、银、铂、锰、铬、钴、铁、铜、铅、锌、铝、镍、钨、锡、锑、钼、稀土、钾、硫、锶、金刚石、铌、钽、石棉、矿泉水。

八、农村与农业

【进一步加强天然林资源保护工作】
为保护天然林资源,贵州省人民政府于1999年8月16日以黔府发〔1999〕38号文件发出本通知。主要内容:天然林是指未经人为措施而自然起源的原始森林和天然次生林。天然林保护分为重点保护区和一般保护区。凡确定为重点保护区的森林,一律停止采伐。从今年起,重点保护区内不再下达商品材限额和木材生产计划。禁止任何单位和个人进入重点保护区收购木材。关闭重点保护区内的木材交易市场和以天然林为原料的加工企业。当地农村居民的生产生活用材须按有关规定,经县林业主管部门严格审批。在重点保护区以外,集中连片、具有保护价值的森林可划为一般保护区。一般保护区视可采资源,经批准进行适度的经营择伐和抚育伐。重点保护区要插牌定界,设立公告性标牌,禁止在重点保护区内开垦、采石(矿)、采砂、采土以及其他毁林行为。任何单位和个人不得擅自移动和损坏保护标志。各地要坚持森林采伐限额管理和凭证采伐制度;坚持木材凭证运输、凭证销售和木材运输监督检查制度;坚持实行火车整车运输木材计划由省级林业主管部门归口管理;坚持木材由林业部门统一管理和组织进山收购、监督管理木材经营加工制度。各地政府要加强乡(镇)林业工作站、木材检查站、林业公安的队伍建设,切实解决好编制、机构、经费问题等实际问题,帮助改善工作条件。要坚持实行收支两条线制度。

【切实抓好退耕还林还草工程的通知】

为切实抓好退耕还林（草），贵州省人民政府于2001年12月21日以黔府发[2001]46号文件发出本通知。主要内容：在工程布局上，要与旅游开发、扶贫开发和建设"畜牧大省"相结合，"点、线、面"总体推进。做到"四个优先"，即25°以上坡耕地和相对集中的宜林荒山与水土流失严重、生态环境脆弱、扶贫开发任务艰巨的地区优先；地处重点城镇、风景名胜区、自然保护区、库区周围、江河源头优先；地处主要江河沿岸、国道、省道沿线的优先；能满足退一还二要求，群众积极性高，技术力量强，种苗准备充分和地方前期工作经费落实的优先。（一）认真落实国家无偿向退耕户提供粮食、现金、种苗的补助政策。补助标准为666.67平方米退耕地每年补助原粮150千克、现金20元；补助年限先按经济林补助5年，生态林补助8年计算，到期后可根据农民实际收入情况，需要补助多少年再继续补助多少年；国家给退耕户退耕还林（草）和宜林荒山造林666.67平方米补助种苗费50元。严禁以任何形式将补助的粮食折算成现金抵扣农户应交的各种税费。（二）按照生态优先的原则，退耕还林还草生态应占80%以上，经济林不得超过20%。对超过规定比例多种的经济林，国家只补助种苗费，不补助粮食。要加大针阔混交林的比例，鼓励林、草结合。林间种草的按生态林补助年限补助。（三）粮食供应的品种为玉米或稻谷，供应比例由各县（市、区）人民政府按照当地主要收购品种，本着就地就近、保证质量的原则确定。粮食运费按省、地、县4∶3∶3的比例从本级财政资金或粮食风险基金中解决，不得转嫁给农民。（四）为鼓励农民退耕还林还草，对应税的退耕地，自退耕之年起，对补助粮达到原收益水平的，国家扣除农业税部分后再将补助粮发放给农民；停止粮食补助时，不再对退耕地征收农业税。进行生态林草建设的，按国家有关税收优惠政策执行。（五）退耕还林还草科技支撑经费按宜林荒山造林基本建设投资的3%安排。省、地、县三级财政各按退耕地666.67平方米不低于3元、2元、2元的标准安排退耕还林（草）前期工作经费。（六）认真落实"谁退耕，谁造林，谁受益"的政策，实行责权利挂钩。农民承包的耕地和宜林荒山荒地，在退耕还林（草）任务完成后，承包期一律延长到60年，并由当地县（市、区）级人民政府逐户登记造册，发放林草权属证书。退耕还林还草后一律不准林粮间作。（七）扶贫开发、农业综合开发、水土保持、沼气建设等不同渠道的资金，要结合退耕还林还草工程区实际情况，统筹安排使用，提高退耕还林还草的综合效益。

九、生态环境

【城市绿化管理办法】

为加快城市绿地管理,贵州省人民政府于2000年7月12日以贵州省人民政府令第50号公布本办法。自2000年8月1日起施行。主要内容:城市绿地包括:公共绿地指向公众开放的各类公园、小陵园、陵园、风景林区、滨河绿地和行道绿化带及其他供游人游览、休闲的绿地;单位附属绿地:指机关、部队、企业、事业单位物业管理范围内的绿地;居住区绿地:指居民住宅区、庭院和屋顶的绿地;防护绿地:指用于隔离、卫生、安全、水土保持、护堤、护岸、护路等的绿地;生产绿地:指为城市绿化提供苗木、地被植物、花卉、种子的圃地。省人民政府建设行政主管部门负责管理本行政区域内城市规划的城市绿化工作;地、县人民政府建设行政主管部门负责管理本行政区域内城市规划区的城市绿化工作。法律、法规规定由林业、水利、交通等行政主管部门负责管理的绿化工作,从其规定。新建、改建、扩建的工程建设项目必须按下列标准安排城市绿化用地:(1)新建区不低于30%,旧城改造区不低于20%,其中住宅小区人均公共绿地不低于1平方米;(2)新建区的主干道不低于20%,次干道不低于15%;旧城改造区扩建的主干道不低于15%,次干道不低于10%;(3)新建医院、疗养院、学校、机关、部队、星级宾馆、度假村、公共文化设施等不低于35%,其中心区外不低于40%;(4)有大气污染的建设项目不低于30%,并按规定营建宽度不少于50米的防护林带。公园内绿地面积不得低于其陆地面积70%。城市人民政府应根据土地利用总体规划和城市总体规划的要求,安排不低于建成区面积2%的用地,作为生产绿地。城市公共绿地和城市道路绿化的建设,免收城市基础设施配套费等有关配套建设费用。新建、改建、扩建工程的绿化建设费用,必须列入建设项目的概算中,实行专款专用。企业单位附属绿地的绿化建设和绿化维护费,严格有关企业财务制度规定,进入单位生产成本,专款专用。

【森林公园管理办法】

为了规范森林公园管理,贵州省人民政府于2002年5月5日公布本办法。主要内容:森林公园是指以森林资源为依托,具有一定规模和质量的森林风景资源与环境条件,可以开展森林旅游,并按法定程序申报批准的地域。建立森林公园,应具备下列条件:(一)面积在70公顷以上;(二)森林景观为主体的自然风光优美,森林覆盖率65%以上;(三)森林、林木、林地权属清楚;(四)符合全省森林公园发展规划，具有开发前景；（五）法律、法规规定的其他条件。森林公园分为国家级、省级、县(市、区)级森林公园。建立国家级森林公园，按照国家有关规定批准。建立省级森林公园报省人民政府林业主管部门批准；建立县(市、区)级森林公园报上一级人民政府林业主管部门批准，并报省人民政府林业主管部门备案。森林公园的撤销、合并、变更及其范围、界线的调整应当报原批准部门批准。在自然保护区内的实验区内建立森林公园，须征得批准建立自然保护区的部门同意。鼓励国内外单位的个人以独资、合资、合作等方式建立森林公园和在森林公园内联合开发旅游项目和修建服务设施。在森林公园内兴建服务、文化娱乐设施、人造景点景物，必须与森林景观主体相一致，并保证质量和安全，且应征得森林公园管理机构同意，依法办理有关手续，并经有关部门验收合格后，方可投入使用。在森林公园游览中心区内，不得兴建宾馆、招待所、疗养院等；重点景区和景点周围，除必要的保护和辅助设施外，不得建其他工程设施。严格控制森林公园内的商业经营活动。进入森林公园从事商业活动的单位和个人，应到工商行政管理部门申请登记注册，领取营业执照后，按森林公园管理机构的统一规划经营。森林公园的门票和服务收费标准，按省人民政府价格主管部门的规定执行。任何单位和个人不得擅自采伐森林公园内的林木；确需采伐的，须按审批权限报相应的林业主管部门批准。森林公园管理机构应当建立、健全森林防火制度，建立义务消防组织，配备相应的消防设施器材，定期或不定期开展防火检查，消除火灾隐患。森林公园管理机构应当加强对森林病虫害的预测预报和防治工作。加强保护园内濒危、珍稀和具有独特观赏、科研、经济价值的野生动物，并定期组织调查，建立管理档案；对野生动物主要栖息地，应当设立外围保护地带或者设置保护设施。对园内的古树、大树、名木、古建筑、历史遗迹等进行编号登记，建立档案，设置保护设施，并挂牌宣传，提高游客保护意识。在森林公园内进行科学研究、影视拍摄、采集标本活动应当经林业主管部门审核同意，并将活动成果的副本提交林业主管部门。在森林公园内进行文艺演出及大型团体活动，应当向森林公园管理机构提交申请的活动计划，并到有关部门办理批准手续。在森林公园内从事导游工作，必须经有关部门培训考核发证，并经森林公园管理机构同意。国家级、省级森林公园可以建立森林公安派出所，负责维护森林公园辖区内的社会治安秩序，保护森林资源。

【关于酸雨控制区和二氧化硫污染控制区有关问题的通知】

为加强酸雨控制区，贵州省人民政府于1999年3月4日以黔府办发[1999]19号文件发出本通知。主要内容：国家确定我省的酸雨控制区为：一、贵阳市、遵义市、安顺市、兴义市、凯里市、都匀市。这些区域内的城区和近郊区为我省"控制区"的重点区域。"控制区"面积占全省总面积的31.1%，二氧化硫排放量约占全省二氧化硫排放总量的80%。二、酸雨控制区控制总目标。二氧化硫排放总量控制目标。2000年，全省二氧化硫排放总量控制在140万吨以内。各地"控制区"内二氧化硫排放总量在省人民政府下达的总量指标内,分别按各自治州、市人民政府和各地区行署下达的总量指标控制。2010年二氧化硫排放总量控制在2000年排放水平以内。环境质量目标。2000年酸雨控制在"八五"末的水平,遏制住蔓延的趋势,2002年贵阳市环境空气中的二氧化硫浓度按功能分区分别达到国家环境质量标准;2010酸雨和二氧化硫污染有所减轻,重酸雨区缩小。遵义市、安顺市、兴义市、凯里市、都匀市等城市环境空气中的二氧化硫浓度按功能分区分别达到国家环境质量标准。三、酸雨和二氧化硫污染综合防治措施。贵阳市、遵义市、兴义市、凯里市、都匀市和安顺市人民政府根据国家环境保护总局编制的《防治大纲》组织编制本辖区二氧化硫污染综合防治规划,并于1999年6月底前实施。由省计委牵头会同省煤炭厅、省交通厅等部门编制高硫煤开采、煤炭洗选加工和低硫煤、洗精煤调运计划。由省电力局组织编制全省电力行业2005年、2010年二氧化硫污染控制规划。省环保局负责编制全省二氧化硫污染综合防治规划,并报省人民政府审批后实施。重点治理燃煤火电厂污染,削减二氧化硫排放总量。不准在"控制区"内的城市(城内和近郊区)新建燃煤火电厂,新建火电厂应优先考虑布局在低硫煤矿坑口附近,要合理利用我省煤炭资源。"控制区"内新建、技改燃煤含硫量大于1%的火电厂,必须建设脱硫设施。现有燃煤含硫量大于1%的电厂,要在2000年前采取措施,在现有排放量的基础上减排二氧化硫,并做到达标排放。在2010年前分期分批建成脱硫设施并按照酸雨控制区二氧化硫污染综合防治规划的要求减排二氧化硫。"控制区"内强化环境管理。(1)行政首长负责制。(2)征收二氧化硫排污费。自1998年1月1日起全面征收二氧化硫排污费。(3)控制排放二氧化硫新污染源。(4)控制老污染源二氧化硫排放。(5)从源头抓起,促进煤炭的合理开发利用。

【贵州省环境保护目标责任制实施办法】

为保证环境保护目标责任制的实施,贵州省人民政府于1999年10月13日以黔府发[1999]45号文件发出本办法。自1999年11月1日起施行。主要内容:环境保护目标实行层层分解,分级签订"责任书":(1)省人民政府与自治州(市)人民政府、地区行署签订的"责任书",为一级"责任书";(2)自治州(市)人民政府和地区行署与其所属有关部门、县级人民政府、本辖区内重点污染源等单位签订的"责任书"及贵阳市人民政府与省人民政府所属有关签订的"责任书",为二级"责任书";(3)县级人民政府与其所属有关部门、乡(镇)人民政府、本辖区内有关污染源单位签订的"责任书",为三级"责任书"。一级"责任书"的考核指标:环境保护工作;组织管理;环境建设情况;生态环境保护;环境管理及环保能力建设;政府办环保实事;人民群众对环境保护工作的满意程度。二、三级"责任书"考核指标除参照县级市、市辖区人民政府签订的"责任书"外,还应当包括:环境质量指标;污染控制指标;环境建设指标;环境管理指标。"责任书"每5年签订一次,在政府换届后的3

个月内签订。省人民政府在一级"责任书"签订的第3年和第5年,应组织检查考核组对其执行情况进行检查考核。自治州(市)人民政府、地区行署的自查结果应于次年一季度前上报省人民政府环保目标考核办。二、三级"责任书"执行情况的检查考核每年不少于一次。省人民政府组织的检查考核组由省人民政府有关领导及省环保、监察、计划、经贸、财政等部门的负责人和有关专家组成。环境保护目标实行分级考核,总分为1 000分。总分不满600分的为不合格,被考核单位及其责任人应向考核单位写出书面检查,由考核单位给予通报批评,对责任人依法给予行政处分;总分达600至699分的为合格,不奖不惩;总分达700至899分的为良好,分等级奖励;总分达900分以上的为优秀,除给予奖励外,由考核单位以通报表彰。"责任书"考核奖励费用的来源为污染源治理补助资金;从污染源治理补助资金中提取的考核奖励费用,不得超过当年超标排污费和排污水费总额的5%,用于奖励环境保护责任目标的完成者;从省属和中央驻黔企事业单位污染源治理补助资金中提取的部分,30%用于省人民政府对全省环境保护责任目标的检查、考核等工作。

【加快发展环保产业】

为加快我省环保产业的发展,贵州省人民政府办公厅于2000年11月9日以黔府办发[2000]154号文件发出本通知。主要内容:我省环保产业的发展重点:(1)大气污染防治技术。重点推行清洁能源、洁净设备、技术和装备,发展烟气脱硫、粉尘治理、发动机尾气净化、消声技术和装备,提高技术含量,形成规模化生产。(2)废水处理技术和设备。开发高浓度废水、有机废水处理及循环再用技术和装备,城市污水集中处理技术和装备,向高技术化、系列化、成套化的方向发展,提高国产化水平,满足市场需求。(3)综合利用技术和设备。以粉煤灰、煤矸石、黄磷渣等工业"三废"的大宗高附加值利用、各类冶炼电炉可燃性气体的高附加值利用为重点,发展资源综合利用领域的高技术和产品;发展城市生活垃圾处理利用技术和设备;开发共生伴生矿资源利用技术和设备、再生资源利用技术和设备。(4)生态环境保护技术和设备。开发推广水土保持与石漠化防治技术和设备;新能源与再生能源开发利用技术和设备;节水技术与设备等。(5)环境监测技术和设备。根据市场需求逐步发展废水排放测量系统技术和设备、污染源在线监测仪器仪表、便携式监测仪器、污染治理自动化控制系统及配套仪器仪表等。(6)环保技术服务体系。以高等院校、科研(设计)单位、生产施工企业为主体,加快环保科技成果转化,完善成套服务能力,形成环境科学管理、污染控制技术、自然保护、工程设计、项目环境咨询评价等领域的环保产业服务体系。

【实施西电东送工程中切实加强环境保护】

为了在实施西电东送中加强生态环境保护和建设,贵州省人民政府于2001年2月7日以黔府发[2001]1号文件发出本通知。主要内容:(1)各地、各部门要大力发展科技先导型和资源节约型产业和产品,从根本上消除结构型污染和破坏。凡列入国家《工商领域制止重复建设目录》和《禁止外商投资产业目录》的建设项目,一律不得批准建设;凡列入国家《淘汰落后生产能力、工艺和产品的目录》的生产线、设备、技术和工艺,必须在规定的限期内予以淘汰,不准异地转移使用。对国家明令取缔、关停的"15小"和"新5小",要彻底取缔、关停。省电力系统要对国家明令关停的小火电机组在规定的限期内全部关停。在西部大开发中实施的"东西合作工程",一定要高标准、严要求,不得引进严重污染环境的技术、工艺和设备。(2)煤炭部门要努力建设好优质煤炭基地,加快开发织纳煤田、松河煤田和水城格目底煤田等重点大型矿井,尽快为大型火电厂和其他骨干企业提供充足的优质煤;要采取有效措施,限制高硫分、高灰分煤炭的开采。新建的高硫分、高灰分的煤矿,必须建设配套的煤炭洗选设施,使煤炭中的含硫分、含灰分达到规定的标准。现有的高硫分、高灰分煤矿,要按照规定要求,分期分批补建煤炭洗选设施,使煤炭中的含硫分、含灰分达到规定的标准。同时,要采用洁净煤技术,大力发展煤化工、水煤浆等煤炭深加工,加快煤层气的开发利用。(3)充分发挥我省煤炭资源的独特优势,在黔北、黔西北、盘县等低硫优质煤炭产区建设坑口电站。在酸雨控制区内新建改建燃煤含硫量大于1%的电厂以及在中心城市城区的现有电厂必须建设脱硫设施,在酸雨控制区外新建的电厂可以暂不上脱硫设施,但必须预留脱硫设施场地,并采用低硫煤,确保二氧化硫排放达标。今后中心城市城区不再新建燃煤电厂,现有电厂也必须采取措施,确保二氧化硫达标排放。(4)新建电厂和其他企业必须有污水处理设施,确保污水达标排放。新建火电厂的灰场要合理选址,应尽量避开岩溶发育地带,严防灰水渗漏污染水源;同时要防止灰场的扬灰污染。企业要做到污水排放稳定达标,并制定和落实粉煤灰及其他废渣的综合利用规划和方案。电力、建材、科技等部门要共同抓好脱硫副产品的综合利用。(5)在城市大力推广使用洁净燃料,逐步建设无燃煤区,加快建设烟尘控制区,提高城市气化率。广泛采用液化石油气、煤气、轻柴油等替代小煤炉、分散锅炉的生活、生产燃煤,积极发展电采暖,鼓励使用热水、采暖电器设备,并积极开发利用其他清洁能源。在城市的燃煤供热区应统一解决热源,集中供热。在广大农村,要大力推广使用沼气,千方百计帮助和引导农民开发利用沼气能源、搞好农村生态环境保护。

【进一步加快绿色通道建设】

为进一步加快我省绿色通道建设,贵州省人民政府于2001年10月29日以黔府发[2001]37号文件发出本通知。绿色通道建设是国土绿化重要组成部分,主要任务是对公路、铁路、河道、堤坝沿线进行绿化美化。主要内容:我省绿色通道建设的目标是:到2005年,全省所有的高等级公路和以贵阳为中心通往八个地、州、市的干线公路以及铁路、主要江河和堤坝实现基本绿化。到2010年,力争全省所有可绿化的全部绿化,基本上形成层次多样,结构合理,功能完备的绿色走廊,使绿色通道与生态环境,城乡绿化美化融为一体,构建起我省国土绿化的新格局。我省到2010年绿色通道建设的重点,公路部分包括所有国道干线和以贵阳为中心,通往八个地、州、市政府(行署)所在地的交通干线,并延伸至相应的出省处,即"两衡、两纵、四连线":遵崇公路、贵新公路、320国道麻江至大龙段、玉铜公路、贵毕公路、贵水公路、关兴公路。铁路部分包括:川黔线、黔桂线、湘黔线、贵昆线、南昆线、内昆线、渝怀线、水柏线。江河堤坝主要为:乌江、南北盘江、红水河、都柳江、清水江等。2001年要全面启动贵新、贵毕路高等级公路绿色建设工程,2005年前与公路的改、扩建一并竣工验收。县乡公路的绿化与改造同步规划,力争5年绿化1 500千米,每年绿化不低于300千米。2003年以前完成川黔、湘黔、贵昆、黔桂四条铁路剩余的150千米绿化里程,每年绿化里程不低于50千米。到2005年,力争乌江、南北盘江、红水河、都柳江、清水江沿岸的绿化达到80%以上。国道主干线,应以防风固土,美化环境为主要功能。原则上新建、改建、扩建的道路沿线两侧绿化带的宽度每侧不少于5米;道路两侧及1千米内的第一面坡的宜林荒山荒地必须绿化。县乡(镇)公路沿线绿化应以防风固土,改善环境为主要功能。原则上坪坝地区新建、改建、扩建道路的绿化带宽度每侧不少于3米,山区和丘陵地带,道路两侧及第一面坡的宜林荒山荒地必须绿化。河渠、堤坝、水库沿线绿化应以保持水土、护坡护岸涵养水源为主要功能。

【加强城市绿化建设】

为进一步提高城市绿化水平,改善城市生态环境、景观环境,贵州省人民政府于2002年8月5日以黔府办发〔2002〕74号文件发出本通知。主要内容:一、城市绿化工作的指导思想是以加强城市生态建设,创造良好的人居环境,促进城市可持续发展为中心;坚持政府组织、群众参与、统一规划、因地制宜、讲求实效的原则,以种植树木为主,努力建成总量适宜、分布合理、植物多样、景观优美的城市绿地系统;目标是:到2005年全省城市规划建成区绿地率达到30%以上,绿化覆盖率达到35%以上,人均公共绿地面积达到8平方米以上,城市中心区人均公共绿地面积达到4平方米以上,道路绿化普及率达到90%以上,其他各项绿化指标达到《省级园林城市评选标准》,争取每个县城都建有城市公园;到2010年,省内现有的13个设市城市规划建成区绿地率达到35%以上,绿化覆盖率达到45%以上,人均公共绿地面积达到10平方米以上,城市中心区人均公共绿地面积达到6平方米以上,道路绿化普及率达到100%,城市河道每侧留出10~40米建设绿地,城市主干道绿带面积占道路总用地比率不低于20%,城乡结合部建设30米宽以上的绿化带,城市规划区内的公路、铁路旁的防护林带应按每侧不低于30米进行规划建设;主要任务是:尽快改变城市建成区绿地不足的状况,做好居住区和单位的绿化工作,使城市中心区绿化明显改观;与建设绿化通道工作相配合,加快城市规划区范围内道路、铁路和河渠、堤坝沿线的绿化,因地制宜抓好城市中的"山体"绿化建设;建成一批规模适当、分布合理的综合性公园、植物园、森林公园、儿童公园等;大力推进城郊绿化,在城市功能区的交界处形成较大规模的绿化隔离带;推进城市绿化科技进步,提高城市绿化规划、设计、施工和养护管理水平,加快城市绿化植物材料产业化建设进程;保护好城市古树名木文物古迹;规范城市绿化市场;制定完善的城市绿化规章制度、行业规范和技术标准。二、采取有力措施,加快城市绿化建设。一是加强和改进城市绿化规划编制工作;二是严格执行《城市绿地系统规划》;三是加大城市绿化资金投入,建立稳定的、多元化的资金渠道;四是保证城市绿化用地;五是切实搞好城市建成区的绿化;六是城市绿化建设要因地制宜,注重实效;七是加快城市绿化植物材料基地建设;八是加强城市绿化科研和设计工作;九是规范城市绿化市场;十是加快城市绿化法制建设,加强对城市绿化工作的明确责任。各级人民政府要建立健全城市绿化管理机构,稳定专业技术队伍,保证城市绿化工作的正常开展;各级人民政府要组织好城市全民义务植树,广泛组织城市适龄居民参加植树绿化活动;继续做好创建园林城市工作。

【加快花卉产业发展】

贵州省人民政府于2001年以黔府发[2001]43号文件发出本通知。通知指出,花卉产业是生态农业、观光农业和创汇农业的重要组成部分。我省雨量充沛、气候温和,植物资源丰富,发展花卉具有优越的自然条件。全省仅适宜作园林花卉的植物就有180多科、880多属、2 500多种,经国家首批公布的珍稀植物有67种。独具特色的兰花、杜鹃、苏铁、蕨类植物以及类型各异的草本、木本、藤本植物已逐步形成商品,远销国内外市场,为我省花卉产业发展奠定了基础。我省花卉产业的发展目标是:到2005年,全省花卉种植面积从现在的1 000公顷发展到3 334公顷,年产鲜切花1亿支,盆花、盆景2 000万盆,观赏苗木1亿株,花卉及配套设施总产值达到10亿元;到2010年,全省花卉种植面积发展到6 666.7公顷,年产鲜切花2亿支,盆花、盆景1亿盆,观赏苗木4亿株,花卉及配套设施总产值达到25亿元,同时建成一批花卉种苗公司、花专业市场、花卉科研机构和花卉龙头企业,使花卉产业成为我省农村经济的重要产业之一。从我省花卉产业发展处于初级阶段的实际出发,重点建立以贵阳为中心的花卉基地和市场网络体系,通过辐射带动,逐步建成"贵遵"、"贵黄"、"贵新"三条花卉产业带。我省花卉产业要以发展地方优势品种为重点,优先发展观赏苗木、盆花和盆栽植物,辅以发展盆景、鲜切花以及其他花卉品种,大力抓好能够形成贵州特色的花卉产业和园林花卉品种的研究开发力度。加快花卉产业发展的政策措施:1.一步完善组织管理体系,切实加强宏观指导。2.依靠科学技术,大力提高花卉产业的科技含量。3.培育龙头企业,强化市场网络体系建设。4.多形式增加投入,加强花卉产业基础设施建设。5.制定优惠政策,加快花卉产业发展。

十、教 育

【加快职业教育改革和发展】
为加快我省职业教育的改革和发展,贵州省人民政府于1999年以黔府发[1999]27号文件发出本决定。主要内容:我省职业教育发展的主要任务是:(1)加强初等职业教育,加大"绿色证书"培训力度,继续普及农业实用技术。(2)以初中后分流为重点,以内涵发展为主,加大扶持力度,扩大中等职业学校招生规模,提高办学质量和效益。到2000年,每个县都要建设好1所多功能、综合性、示范性中等职业学校(职业教育培训中心),全省各类中等职业学校在校生人数占高中阶段学生总数的比例要努力达到60%。普及九年义务教育的市(县)要努力达到65%。(3)充分利用现有教育资源和设施,积极发展我省经济建设急需的高等职业教育,到2000年,全省要办好1~2所职业技术学院,并在部分高等院校、有条件的重点中专学校、技工学校开办高等职业教育(班)。(4)广泛开展行业、企业职工职业培训,建立健全职工培训、考核与使用、待遇相结合的制度。坚持"先培训、后上岗"的原则,实行就业准入和国家职业资格证书制度。积极组织和开展各种形式的职业培训;积极组织下岗职工学习职业技能;普遍实行劳动预备制度,积极推进对未升入上一级学校的城乡初、高中毕业生进行1~3年职业培训的步伐。

【深化教育改革扩大普通高中招生规模改革收费等有关问题】
为进一步扩大普通高中招生规模,贵州省人民政府于1999年以黔府发[1999]29号文件发出本通知。通知提出,1999年全省普通高中招生规模比原定计划扩大25%~30%。贵阳市要在30%以上,各地、州、市所在地不低于30%,县城在25%左右。各级政府要立即按此幅度,逐校组织落实。普通高中教育属非义务教育,普通高中学生应逐步做到缴费上学。对住校生应收取住宿费,住宿费标准由当地教育主管部门会同物价部门提出意见报当地政府批准。高中收取的学费、住宿费属财政性收入,必须纳入学校财务统一收取,统一管理。学费主要用于学校公用经费的开支和改善办学条件;住宿费主要用于学生宿舍的维护和管理。高中除收取学费、住宿费和按教学大纲开出的教材代收费外,不得再收取其他任何费用,对过去以各种名目收取的费用要进行清理,坚决取消各种不合理收费。各地应按照国家和省的有关规定,建立贫困学生和优秀学生的助(奖)学金制度。学校应从财政拨款中划出不低于收费总额20%的经费,用于建立减、免(减免学费)、补(补助贫困学生)、助(助学金)、奖(奖金)基金,作为高中扩招和收费改革的重要配套措施。

【普通中等专业学校实行招生并轨】

为加快我省普通中专学校实行并轨招生,贵州省人民政府办公厅于1999年4月29日以黔府办发下发[1999]47号文件。主要内容:从1999年新学年起,我省普通中等专业学校全部实行招生并轨,统一实行一种招生计划,并统一录取标准,学生缴费上学。学生毕业时多数在国家就业方针、政策指导下,在一定范围内自主择业。为满足少数民族地区、边远贫困地区、艰苦行业对人才培养的特殊需求,实行招生并轨后,可安排一定比例的定向招生计划。我省普通中等专业学校全部实行招生并轨后,各学校的收费标准均按黔府办发[1998]29号文件执行。农业、林业、畜牧学校及民族行政管理学校(以下简称"农、林、牧、民中专学校")实行招生并轨后,学生可酌情减免学费。学生的住宿收费标准按黔府办发[1998]29号文件执行。学费和住宿费用由学校财务部门统一收取。学生粮户关系凭当年省计委、省教育厅下达的普通中等专业学校招生计划、录取三联单和录取通知书办理有关迁移手续。学校在本校总招生计划不突破的前提下,征得原生源所在地和跨地区招生部门的同意后,可调整招生计划,同时报省计委、省教育厅备案,计划调整后录取的学生,不得降低录取标准。全省农、林、牧、医等普通中等专业学校及专业,并轨前已实行单独招生的,继续实行统一考试、单独录取的招生办法,并按省招生委员会的具体规定执行。对报考农业、林业、水利、煤炭、地矿、石油、测绘、气象等艰苦行业的定向考生,在生源不足的情况下,可适当降低分数投档。定向生录取分数线确定后,原则上不能再降低分数录取。

【中小学布局结构调整意见】

为深化基础教育改革,合理布局中小学校,贵州省人民政府办公厅于2000年8月21日以黔府办发[2000]80号文件发出本通知。通知指出,我省中小学布局结构调整的原则是:科学规划、合理布局、规模办学、质量为本、注重效益、实事求是、积极稳妥。目标任务是:到2005年,通过合理布局结构调整,全省基本完成中小学相对集中、扩大规模、方便入学、改善条件、集中师资、提高质量和效益。(1)重点办好管理区(片区)和乡(镇)中心小学以上完小,完善办学条件,扩大办学规模,配备相应教师,开办寄宿制,逐步减少现有村小,保留居住分散山区的少数教学点。2002年基本取消复式班,2003年基本取消教学点,2004年村小减少50%以上。(2)提倡打破村、乡(镇)界限,实行联村、联乡(镇)办学。原则上不新办村小,可数村联合办完小,每所完小覆盖人口5 000人左右。最小规模12个班,在校生达到500人左右。乡(镇)中心完小最小规模18个班,在校生达到800人左右,服务人口8 000人左右。(3)在管理区、乡(镇)完小服务半径3千米以内的区域,不能有(或新建)其他小学和教学点。(4)学前班逐步从小学中剥离出来。从2001年秋季起,县城所在地小学一律不再举办学前班,乡(镇)所在地要加快幼儿园的发展步伐,凡已办幼儿园的,乡(镇)中学小学不再举办学前班，到2003年，乡（镇）中心完小以上学一律不再办学前班。（5）人口较少的小乡（镇）可举办九年制学校，其他小学一律不再办附设初中班，大部分完全中学实现高、初中分离办学。中小学布局结构调整中应当注意的几个问题：（1）要通过布局调整，实现学校的规模化、集约化，使办学条件不断改善、教师队伍不断优化；同时要加强薄弱学校建设，创建"示范性学校"，为全面实施素质教育创造有利条件。（2）要创造条件，建设寄宿制学校，解决好部分偏远山区不便走读需要到校住读学生的吃、住和安全问题。同时，要通过多渠道筹措助学资金，开展勤工俭学、开辟生产基地等帮助特困学生解决学习和生活的困难。有条件的地方，可安排解决交通工具接送学生。（3）要深化学校内部管理体制改革，建立激励竞争机制，推行教师聘任制。

【进一步做好计算机教育工程】

为进一步做好计算机教育工程，贵州省人民政府办公厅于2002年2月28日以黔府办发[2002]23号文件发出本通知。主要内容：一、从2002年起，"工程"领导小组办公室要会同已通过招标确定的各硬、软件供应单位，共同完成全省县及县以上的普通小学、初中、高中、中等职业学校（普通中专、成人中专、职业高中）和乡（镇）中心学校"工程"，以后逐步扩大到乡（镇）以下学校，到2010年，全省基本普及中小学信息技术教育。二、由要求实施"工程"的学校向教育行政主管部门提出申请，逐级上报至地、州、市教育行政部门，地、州、市教育行政部门审查汇总后，报省"工程"领导小组办公室审批。"工程"竣工并经省"工程"领导小组办公室审查验收合格后方能交付使用。经审查验收合格的学校，由省"工程"领导小组命名为"贵州省计算机教育工程学校"。三、"工程"项目学校在开展计算机教育工作中，应按教育教学工作的实际需要，坚持硬件和软件同步配置的原则。"工程"项目学校应配置招标确定的计算机和网络设备，PC机用联想机（教师机和学生机），由联想（成都）有限公司供货。网络教室采用NT网，能运行WINDOWS98及以上系统。PC机和网络设备以后不再另外进行招标。网络教室由服务器、教师机、学生工作站（带软驱）和组成多媒体网络教室所需的设备等组成，每一计算机学生工作站原则上为30台。（1）计算机教学软件（CAI课件、信息技术课软件）：使用经省教育厅电教教材审查委员会审定推荐的计算机教学软件。鼓励学校学科教师和电教、计算机教师自制各门学科的计算机教学软件（CAI课）。（2）PC机（学生机、教师机）售后服务：由同创振华信息产业有限公司组建的贵州兴建计算机教育工程服务公司负责安装的325所学校，其售后服务工作由该公司负责；由集成公司负责安装的46所学校，其售后服务工作由集成公司负责。同创振华按3年每台PC机（学生机、教师机）150元提供售后服务费并提供配件一并交给集成公司。从2002年起，新安装集成及其售后服务服务工作由联想（成都）有限公司负责。网络设备售后服务，由贵阳兴教计算机教育工程服务公司承担325所学校、集成公司负责46所学校。从2002年起，"工程"学校新安装的集成及其售后服务工作由联想（成都）有限公司负责。(3)有计划地开设计算机课程(信息技术教育课)。"工程"项目学校应将计算机课列为学生的必修课。小学三年级至六年级开设计算机课,高、初中在一、二、三年级开设。学生学习时间(含上机时间)按教育部规定执行。(4)"工程"项目学校可按照省物价局、省财政厅、原省教委《关于我省实施"计算机教育工程"相应提高实施学校学杂费标准的通知》(黔行事[2000]25号)的规定,收取一定的计算机教育成本补偿费,收费严格实行收支两条线管理。各"工程"项目学校收取的费用首先偿还计算机网络教室的本息、支付一定的维护费用,偿还完货款后,要专项用于计算机教育项目。(5)由省计算机"工程"领导小组办公室确定适宜我省教学的电脑教室配置方案。各地、州、市的中小学计算机学科骨干教师由省"工程"领导小组办公室统一组织进行培训,各县中、小学计算机学科教师的培训,由相关地、州、市负责,省可派专家进行指导。"工程"学校教材的选用,应遵循"在统一基本要求的前提下,实行教材多样化"的方针,在省教育厅的指导下进行。

十一、科技扶持

【科学技术奖励办法】

为了实施科教兴黔战略,贵州省人民政府于2001年9月30日以贵州省人民政府令第56号公布本办法,自2001年10月1日起施行。主要内容:省人民政府设立省科学技术奖,含省最高科学技术奖、省科学技术进步和省国际科学技术合作奖。省最高科学技术奖的条件之一:(1)在科学技术创新、科学技术成果产业化中取得特别重大经济效益和社会效益的;(2)在当代科学技术前沿取得重大突破或在科学技术发展中做出重大贡献,在国内外产生重大影响的。省最高科学技术奖不分等级,每年授予人数不超过2名。省科学技术进步奖:(1)运用科学技术知识在产品、工艺、材料、技术、装备及系统等方面做出重大技术发明的;(2)在技术开发项目中,完成重大科学技术创新,实现科学技术成果转化,创造显著经济效益的;(3)在引进、消化、吸收、推广先进适用科学技术成果或促进高新技术成果产业化中,取得显著经济效益或社会效益的;(4)在实施重大工程项目中,其技术和系统管理方面有较大创新,工程达到国内领先水平,取得显著经济效益和社会效益的;(5)在基础研究和应用基础研究中阐明自然现象、特征和规律,做出重大科学发现或有创新方法的;(6)在社会公益项目中,对科学技术基础性工作和社会公益性科学技术事业做出重要贡献,取得显著社会效益的。省科学技术进步奖分为一等奖、二等奖、三等奖3个奖级,每年奖励项目总数不超过80项。省国际科学技术合作奖。(1)同贵州省公民或组织合作研究、开发,促进科技成果产业化并取得显著经济效益和社会效益的;(2)向贵州省公民或组织传播先进科学技术、培养人才,成效特别显著的;(3)为促进贵州省与其他国家在国际科学技术交流与合作方面,做出重大贡献的。省国际科学技术合作奖不分等奖,每年授奖项目总数不超过2项。省科学技术奖每年评审一次。由下列单位或个人推荐:(1)自治州、市人民政府和地区行署的科学技术行政管理部门;(2)省人民政府有关部门;(3)中央驻黔单位;(4)经省科学技术行政管理部门认定,具有推荐资格的单位或科学技术专家。省科学技术行政管理部门负责推荐项目的评审组织工作。涉及国防、国家安全秘密的科技项目,应按规定向国家有关部门推荐。省科学技术奖,由省科学技术行政管理部门组织专家评审。省最高科学技术奖经省人民政府审定后,由省长签署并颁发荣誉证书和奖金,奖金数额为50万元。

十二、人事与户籍

【积极推进劳动预备制度加快提高劳动者素质】 为推进劳动预备制度,提高劳动者素质,贵州省人民政府于1999年11月15日以黔府办发[1999]124号文件发出本通知。主要内容:一、培训对象:(1)有劳动能力和就业愿望的城镇未能继续升学的初、高中毕业生;(2)农村未能继续升学并准备从事非农产业工作或进城务工的初、高中毕业生;(3)城镇失业人员、企业下岗职工。目标:(1)1999年在全省9个地、州、市所在地全面施行劳动预备制度,同时在各地、州、市辖区内选择1～2个有条件的县(市)进行劳动预备制度工作试点;(2)2000年在全省城镇全面施行劳动预备制度,再经过3～5年时间的发展,争取全省城乡当年未能升学的初、高中毕业生都参加劳动预备制度培训。二、实施劳动预备制度的保障措施。(1)成立贵州省劳动预备制度工作领导小组,组长由分管劳动工作的副省长兼任,成员由省劳动厅、省教育厅、省计委、省工商局、省经贸局、省财政厅、省人事厅的负责同志组成。办公室设在省劳动厅。省劳动预备制度工作领导小组负责制定实施劳动预备制度的政策、措施,检查、督促、协调全省劳动预备制度工作的实施。各自治州、市人民政府,各地区行署要成立相应的工作机构、负责本行政区域内的劳动预备制度工作的实施。

(2)严格实行就业准入制度,劳动预备制人员必须经职业技术培训并取得相应职业技能培训合格证或职业资格证后方可就业。各职业介绍机构对未经培训和未取得的培训合格证书或职业资格证书的劳动预备制人员,不得为其办理求职登记手续,更不能推荐到用人单位就业,劳动保障厅不得为其办理用工手续,用人单位不得招收聘用。(3)对通过培训并取得培训合格证的待业青年和下岗职工就业创办的实体及对承担劳动预备制人员培训机构利用自身的实习场所开展勤工俭学的,按省发[1998]17号文件的有关规定,享受有关优惠政策。三、劳动预备制培训经费,原则上由个人、用人单位承担,政府给予必要支持。用人单位委托培训机构进行定向培训的,其培训费可在职工教育经费中列支。省和地、州、市、县每年要从财政拨付一定的经费,用于劳动预备制培训补贴及工作业务开支。劳动预备培训收费标准,可参照技工学校或职业技术学校收费标准收取。对家庭经济确有困难的可酌情减免培训费用。四、劳动预备制培训机构,培训形式、招生办法和有关毕(结)业待遇:(1)中等职业学校、就业训练中心要积极主动承担劳动预备制人员培训任务;其他培训机构通过评估资格认定取得劳动预备制培训许可证后也可作为劳动预备制人员的培训机构;企业办的各类培训机构要充分利用现有的培训设施,挖掘培训潜力,对尚未经过职业培训的职工进行岗位培训。(2)承担劳动预备制人员培训的机构应根据市场需求设置专业。培训内容要有针对性和适应性,具有职业教育特色,并实行产教结合,按照职业分类和职业技能标准,培养学生具有必要的理论知识和较强的实践能力及熟练的职业技能。(3)劳动预备制培训形式可采取全日制、半日制、学分制、学时制等多种形式相结合的培训形式。培训时间为:城镇初中毕业生初级技能培训期限为1年,中级技能培训期限为2年;城镇高中毕业生中级技培训期限为1年,高级技培训期限为2年。特殊职业(工种)的培训期限,按国家有关规定执行;一般岗位新生劳动力的培训期限可适当缩短;农村新生劳动力一般就地参加劳动预备制培训,已实现流动就业的人员可在就业地参加培训,培训期限参照城镇新生劳动力要求进行;在省地参加非农产业培训的,培训期限可根据实际情况确定,但不得少于6个月。(4)参加劳动预备制培训人员,原则上实行免试入学,需要经过文化考核和能力测试的,由培训机构报经县级以上劳动和教育部门批准后施行。(5)参加劳动预备制培训人员,学完规定课程、课时及学分的,经考试合格发给相应的职业技能培训合格证书,经职业技能鉴定合格发给职业资格证书,被用人单位聘用后享受相应的有关待遇。其中按照中等专业学校、技工学校、职业高中教育规定入学的,学习期满并经考试合格的颁发相应的中等专业学校、技工学校、职业高中证书,被用人单位录用的享受中专、技校、职业高中毕业生的有关待遇。

【进一步加强和改进知识分子工作】

对此,中共贵州省委于2000年2月23日下发了省发[2000]3号文件。主要内容:1.凡到贫困县的乡、镇、村工作的大中专毕业生转正定级后,可向上浮动一级工资,连续工作6年的浮动工资转为固定工资,继续工作的,从第7年起可再向上浮动一级工资;对在县以下工作做出突出贡献、工作业绩显著的专业技术人员,在评定专业技术职务任职资格时,要优先评聘,破格晋升。2.鼓励专业技术人才用智力、技术成果和管理才能入股分红及以多种形式参与经济建设,建立省内优秀专业技术人才合理流动机制,加大奖励力度,重奖有重大科技发明、有突出贡献的专业技术人才,对通过研制开发新产品、推广应用技术成果获得重大经济效益的,从取得的收益中提取一定比例,用于奖励项目完成人员。凡获得国家自然科学奖、国家技术发明奖、国家科学技术进步奖和国家哲学、社会科学优秀成果一、二等奖和国家级文学艺术大奖的,省里再按中央标准的50%左右发给奖励;3.进一步深化职称改革,发挥职称的导向作用,职称评审要注重业绩及贡献,不搞论资排辈;4.切实改善高层次专业技术人才的生活条件,提高其生活待遇。对在我省工作的在职两院院士、博士生导师、博士后、博士以及经省知识分子工作领导小组确定急需引进的其他高层次人才,由省有关部门按相应标准提供1套住房。取得上述资格并在我省工作满10年的,个人可获得住房完全产权;对部分在职高层次专业技术人才实行岗位补贴,并享受厅局级医疗保健待遇;5.改善高层次专业技术人才工作条件,各用人单位要为在省工作的高层次专业技术人才免费开设因特网有权用户,并提供每月30小时的上网费用;要为高层次的学科、学术带头人配备得力的科研助手并提供科研启动经费。对来我省工作的国家级重点学科带头人、省部级带头人,由同级政府分别提供10万~30万元,5万~10万元的科研启动经费。省级行政事业单位引进人才的可将启动经费从优秀科技教育人才省长专项基金中支出;6.各级部门要着力抓好中青年专业技术人才的培养和选拔,加快博士、硕士等高层次人才的培养工作。重大生产、建设、经济、科技项目的主要参加人员应有一名以上的青年专家;省科学技术基金、哲学社科、科学规划课题经费要重点资助中青年课题主持人。要有计划的选送高层次科技人才到全国重点科研单位挂职锻炼或进修学习;7.积极引进各类专业技术人才,鼓励国内外科技人才到贵州从事科技活动。可聘请或邀请国内外专家、学者来我省任职、讲学;对单位急需,符合贵州产业发展,具有大学本科以上学历的人才,要敞开门户积极引进和吸收。对引进的高层次专业技术人才,均享受我省高层次专业技术人才有关工作、生活条件方面的待遇,有关部门要为其家属的工作调动、子女入学给予照顾,实行特事特办。对于以辞职、退职等形式来黔工作的高层次专业技术人才,经批准,承认其原来的专业技术职务,工龄连续计算;对学有所长,自愿来黔工作的允许来去自由,可以跨地区兼职,也可以实行季节工作制、流动工作制,有关部门和单位要为他们提供必要的工作、科研和生活条件。

【加快农村乡土人才开发】

为加快我省的人才开发,贵州省人民政府办公厅于2000年11月28日以黔府办发[2000]166号文件发出本通知。

主要内容:(1)获得农民技术职称或"专业技术证书"、"绿色证书"的农民专业技术骨干;(2)乡镇企业中的专业技术人员和经营管理人员;(3)农村科技示范户、专业生产示范户、专业技术协会(研究会)中的骨干;(4)具有一技之长的能工巧匠;(5)为农村科技成果转让、农产品销售、劳动技能等牵线搭桥的农民经纪人;(6)带领农民致富取得明显成绩的农村村、组干部;(7)在推动农业和农村经济发展中取得明显成绩的具有高中以上文化程度的回乡知识青年;(8)其他人员[含村卫生室医务人员、广播员,在外地打工经商对家乡公益事业有显著贡献或回乡创业,并在安置村(居)民就业方面成绩突出者等]。开发乡土人才,在全面落实"四个一工程",即从2000年起每年全省培训乡土人才10万名,认定专业技术资格并颁发证书1万名,省、地、县、乡联系、扶持1 000名,省里表彰拔尖乡土人才100名。在开发乡土人才工作中,要多层次、多渠道、多形式、大批量培训、培养乡土人才。各种培训不得以赢利为目的,对确有困难的可适当减免有关费用。有条件也可采用合理收费、以训养训的方式。要鼓励乡土人才积极参加各种培训,对经过较长时间正规培训并取得职业技术教育结业证书的,在一定范围内可视同相当毕业生对待,在政策上实行倾斜。乡土人才专业技术证书由省人事厅统一印制。今年首批颁发乡土人才专业技术证书为每县(市、区)100~150人,以后逐步增加。省、地、县人事部门及乡人民政府要建立乡土人才库(册),对其中成绩突出的优秀拔尖乡土人才要重点联系、扶持,要做好拔尖乡土人才的选拔表彰工作。2000年省人事厅表彰100名拔尖乡土人才;各地、州、市人事局要在12月30日前将推荐人选报省人事厅评审,以后每年表彰1次。

【深化贵州省大中专毕业生就业制度改革】

为了扩大我省大中专毕业生就业制度的改革,贵州省人民政府于2001年6月20日以黔府发[2001]24号文件发出。主要内容:1.我省大中专毕业生就业制度改革的目标任务是建立集教育、管理、指导和服务等功能为一体的毕业生教育市场和服务体系,最终实现"双向选择、不包分配、竞争上岗、择优录用"的毕业生就业制度的改革目标;2.两年内省内大中专院校和各级毕业生就业市场均要设置并完善毕业生就业信息服务网络,并逐步与省劳动力市场、人才市场和全国高校毕业生就业信息网连接,实施网上双向选择、供需见面和就业方案认定的现代化远程服务;3.积极鼓励、支持大中专毕业生到非公有制单位、企业及小城镇就业。支持毕业生自主创业、科技创业、艰苦创业。到非公有制单位就业的毕业生档案转至其工作单位注册地政府人事部门所属地人才交流服务中心管理,户籍关系转至接受单位注册地的公安派出所单独立户,城市户口毕业生到基层或乡镇就业的,保留城市户口;4.实行缓派申请登记制度,并鼓励大中专毕业生到县以下单位工作;5.继续实行择优就业的原则。对定向的优秀毕业生可按一定比例享受非定向待遇,对自愿来我省工作的省外院校硕士以上毕业生,要特事特办,积极帮助推荐就业,提供和落实良好的工作和生活条件,其户口可以不转,来去自由;6.要切实保证硕士研究生、博士研究生的接收安置。满编的机关、事业单位接收硕士研究生、博士研究生,可按"先进后出"的办法予以安置,今后逐步调减单位的超编人员;7.各级行政机关接收毕业生,要经省级政府人事部门同意后,严格按照《国家公务员暂行条例》和《国家公务员录用暂行规定》,坚持公开、平等、竞争、择优的原则,通过考试考核录用。

【高校毕业生志愿服务西部的八项政策】

根据2003年6月12日《光明日报》(A2版)刊载,为鼓励高校毕业生积极参加大学生志愿服务西部计划,团中央、教育部、财政部、人事部联合作出决定,参加计划的志愿者除享受国家规定的高校毕业生就业优惠政策外,还可以享受八项优惠政策:

一是志愿者服务期间,中央财政给予必要的生活补贴(含交通补贴和人身意外伤害、住院医疗保险)。其中生活补助每月600元/人(在西藏服务的,每月800元/人),交通补贴每年1000元/人(在西藏、新疆服务的,按国家有关规定另行确定)。

二是服务期间计算工龄,党团关系转至服务单位。本人要求户口和档案保留在学校的,按规定保留两年,在此期间,档案管理机构对保管其档案免收服务费;本人要求将户口转回入学前户籍所在地的,公安机关按照规定为其办理落户手续,人事、教育部门所属人才交流机构负责办理相关手续,人事部门所属人才交流机构提供人事代理服务。服务期满落实工作单位后,公安机关按有关规定办理户口迁移手续。

三是服务期间可兼职或专职担任所在乡镇团委副书记、学校及其他服务单位的管理职务。

四是服务期满考核合格的,报考研究生给予加分,在同等条件下,优先录取,具体规定在当年的研究生招生政策中予以明确。

五是服务期满考核合格后报考党政机关公务员的,可适当加分,同等条件下,应优先录用,具体规定由省级公务员考试录用主管机关在当年招考中予以明确。

六是服务期满将对志愿者进行考核鉴定,并存入本人档案;考核合格的,颁发证书,作为志愿者服务经历和就业、创业的证明。

七是服务单位应向志愿者提供住宿等必要的生活条件;在录用党政机关公务员和新增国有企事业单位专业技术人员、管理人员时优先录用、招聘志愿者。

八是服务期为1年、服务期满考核合格的,授予中国青年志愿服务铜奖奖章。服务期为2年、服务期满考核合格的,授予中国青年志愿服务银奖奖章,表现优秀的授予中国青年志愿服务金奖奖章,表现特别优秀的推荐参加中国青年五四奖章、中国十大杰出青年、中国十大杰出青年志愿者、国际青少年消除贫困奖等评选。

【调整部分户口政策】

根据《国务院批转公安部关于解决当前户口管理工作中几个突出问题意见的通知》,结合我省实际,贵州省人民政府于2000年5月9日下发了黔府发[2000]18号文件。主要内容:1.凡在我省工作的获得省部级以上荣誉称号或科研成果奖的主要完成者及有突出贡献的中青年专家、被聘任为高级专业技术职务的人员、县处级以上管理人员、博士学位获得者和工作满1年的硕士学位获得者,解决夫妻两地分居的户口迁移问题,不受年龄、分居时间和指标等方面的限制;2.凡在1994年6月(含6月)以后出生的婴幼儿在全省范围内,根据自愿原则,可以随父或随母在城市、城镇登记常住户口;3.凡在我省城市、城镇购买建筑面积60平方米以上(含60平方米)的商品房,手续完备、证件齐全的,购房者及其共同生活的直系亲属,可以随迁办理城市、城镇常住户口;4.凡到我省参与从事经省科技行政主管部门认定的高新技术成果转化项目的省外科技人员,只要本人自愿,可按户口审批程序办理所在城市或城镇的常住户口。省外专业技术人员和管理人员到我省各类企业工作的,按当地县以上人事部门所属人才交流服务机构有关规定办理引进手续后,按户口审批程序报同级公安户政部门审批办理入户手续。企业经批设立集体户口的,可落入集体户口;本人有合法固定住所的,可在其居住地单独落户;不具备办理集体户口或单独落户的,可落入人才服务机构的公共户内。

十三、其 他

【"西部大开发"国家鼓励类产业企业的管理】

为配合落实《国务院办公厅转发国务院西部开发办关于西部大开发若干政策措施实施意见的通知》(国办发[2001]73号)和省人民政府的有关政策规定,做好省内"国家鼓励类产业企业"的确认工作,规范落实"减按15%税率征收企业所得税"的政策,贵州省经贸委于2002年以黔经贸产业[2002]578号文件发出本通知。《通知》主要内容:一、确认国家鼓励类产业企业的目的,引导、推动我省各类所有制企业加强管理,诚信经营,积极运用高新技术,积累发展能力。二、确认国家鼓励类产业企业的依据:(一)产业政策:依据国家发展计划委员会,国家经贸委联合发布的《当前国家重点鼓励发展的产业、产品和技术目录(2000年修改)》(第7号令),确认国家鼓励类产业的内资企业和外商投资企业。《中西部地区外商投资优势产业目录》(第十八号令)中贵州省的项目,确认鼓励类的外商投资企业。(二)企业管理。三、申请确认国家鼓励类产业企业的7个必要条件,才能提出"确认国家鼓励类产业企业"的申请。四、确认国家鼓励类产业企业的工作程序。(一)地、县企业按属地关系,省属企业按隶属关系申报,各地经贸委(局)和省资产经营公司进行企业申报材料的初审后,报送省经贸委;中央在省企业与股份制企业、民营企业、外资(合资)企业等可直接向省经贸委申报。(二)对企业的申报资料,由省经贸委产业政策处牵头负责审核,对基本达到确认条件的企业,产业政策处拟制批复文稿,报送委领导批准。五、确认国家鼓励类产业企业工作的监督及处理事项,在批复企业的申请前,通过省经贸委的"政务公开"电子屏幕进行为期3天的公示,以接受社会的监督。确认"国家鼓励类产业企业"不实行终身制。附:国家经济贸易委员会 国家发展计划委员会 国家对外经济贸易部第十八号令 ——[中西部地区外商投资优势产业目录](贵州省部分)为实施国家西部大开发战略,鼓励利用外资,引进先进技术、设备,发展中西部地区比较优势产业和技术先进的企业,促进产业结构的优化升级,带动中西部地区经济整体素质的提高,依据国家产业政策,制定本目录。1.粮食、蔬菜、水果、禽畜产品、水产品的储藏、保险和加工。2.林木营造及林木良种引进。3.竹资源的综合利用。4.水资源的综合利用。5.公路、独立桥梁和隧道的建设、经营。6.煤炭加工应用技术开发及产品生产。7.钛冶炼、加工企业技术改造。8.低品位、难选冶金矿开采。9.钡盐生产企业技术改造。10.磷矿开采、高浓度磷复肥、磷化工产品生产。11.新型电子元器件开发、制造。12.中药材、中成药半成品及成品生产。13.旅游景区(点)及配套设施的开发、建设和经营。

Ⅷ 企业信息

一、省市企业概况

【企业概述】

贵州省的企业分布主要以贵阳、六盘水、遵义、安顺为中心，形成了多个工业生产基地。企业包括37个门类，200多个行业。根据《2002年上半年贵州省工商行政管理局统计信息》：全省现有内资企业共59 708户，其中法人企业25 703户，国有企业21 852户，集体企业24 850户，公司10 726户（有限责任公司6 345户）。外商企业共有672户，注册资本115.036亿元。国有大中型企业以能源、原材料、机械电子和轻工业为主，其中机械电子工业等一些高科技产业，以航空、航天、电子工业为骨干，拥有一批实力雄厚、技术先进、开发能力强的大型企业，生产的工程机械、磨料磨具、精密光学仪器、大型精密机床、卫星通讯系统等，在国内外市场都占有一定地位。此外，微型轿车、轻型汽车的生产已初步形成批量生产能力。乡镇企业以农副产品为原料的加工、生物医药、民族医药、有较高科技含量的资源加工、原材料加工为主，涌现出一批新兴的名牌民营企业。进入21世纪以来，国有大中型企业进一步加快了改革的步伐，以建立现代企业制度、搞活国有企业为目标的企业改革和以企业为主体的技术创新体系建设进一步推进，30多户国有大中型企业规范改制取得进展，组建了赤天化、振华电子等18户重点企业技术创新中心。20户国有大中型骨干企业深化了"三项制度"改革；红星发展、盘江煤电、贵州茅台、贵航股份等企业成功上市。乡镇企业在发展中不断提高，固定资产已达308.8亿元。全省有经农业部批准的东西合作示范区8个，有乡镇企业工业小区85个。乡镇企业出现一批名牌优质产品，其中获部优、省优、行优产品93个，获省以上名牌产品42个。2001年全省工业增加值完成335亿元，比2000年增长10.2%。其中国有及年销售收入500万元以上非国有工业企业完成增加值235.9亿元，比上年增长9.8%。大中型企业仍是全省工业的重要骨干力量，完成增加值142.8亿元。在列入统计范围的119种主要工业产品中，有60.5%的产品产量增长，轻工业中食品、医药制造以及重工业的建材、冶金、有色、化工等产品产量增长较快。企业整体效益显著改善。全省非国有工业企业实现净利润16.9亿元，比上年增长49.2%。其中国有及国有控股企业实现利润15.4亿元，增长43.5%。

【贵阳市企业概述】

贵阳市已建立门类较多的工业体

系,轻重工业结构基本合理,目前共有有色、冶金、烟草、化工、机械、电子、食品、医药、电力、建材、轻工、纺织和煤炭13个大行业。全市企业具有年生产卷烟86万箱、钢材35万吨、电解铝24万吨、氧化铝50万吨、轮胎外胎250万套、水泥335万吨、改装汽车1.3万辆的能力,铝、磷、卷烟、轮胎、磨料磨具、大型精密数控机床、精密光学仪器仪表、汽车零配件、特钢、电子信息产品、生物制药一些优势拳头产品,在全国市场占一定的份额,在国际市场也有较强的竞争力。冶金、有色、烟草、化工和电子等5个行业是重要工业支柱;医药行业特别是非公有制医药企业正在崛起;市属工业以化工和医药为主导行业。截至2001年底,全市规模以上工业企业565户,其中大型企业49户,中型企业43户,小型企业473户。2002年上半年全市规模以上工业总产值(按1990年不变价格计算)完成132.05亿元,同比增长20.34%,比全省高5.95个百分点;规模以上工业增加值(现价)完成50.42亿元,同比增长16.87%,比全省高4.27个百分点。工业从业人数24.72万人,其中国有工业13.86万人。

【六盘水市企业概述】

六盘水有丰富的煤炭资源、水能资源,为电力工业发展创造了良好的条件。经过30多年的开发建设,六盘水拥有了盘江煤电(集团)有限责任公司、水城矿务局、水城钢铁(集团)公司、盘县发电厂、乌蒙山水泥发展实业有限责任公司等一批大中型骨干企业。其中水城、六枝两个矿务局和盘江煤电(集团)有限责任公司共有23对矿井;水城钢铁(集团)公司、乌蒙山水泥发展实业有限责任公司、六盘水煤机厂等企业,已形成年产原煤2 160万吨、生铁135万吨、钢120万吨、钢材120万吨、电力装机100万千瓦、水泥120万吨、精锌锭6万吨、金属镁锭1 000吨及生产轻工、医药、保健食品、保健饮料的生产能力。六盘水现有钟山、红果、平寨3个经济开发区和双水工业小区。

【遵义市企业概述】

遵义市曾获得中国"酒文化名城"称号,有"名酒之乡"的美称。拥有贵州茅台酒、董酒、习酒、湄窖、珍酒等国家名优酒和习水大曲、鸭溪窖酒、小糊涂仙、小酒仙等20多个部优、省优酒。其工业已初步形成以烟酒为支柱,包括电力、煤炭、机械、化工、电子仪器、食品加工等在内的体系。有各类工业企业2 000多户,并有一批知名度较高的企业和优势产品:遵义铁合金集团公司为全国最大的集采、选、冶于一体的锰系列合金生产企业;贵州钢绳厂是全国最大的钢丝绳专业生产厂;遵义钛厂是全国最大并惟一具备全流程工艺的海绵钛生产厂;长征电器集团公司是全国五大低压电器生产基地之一;贵州赤天化集团有限公司是国家引进的13套大型合成氨成套设备厂家之一;中国江南航天集团是拥有科研、设备、人才力量雄厚的军工生产基地。

【安顺市企业概述】

安顺市共有670多家企业。五金、酿酒、制革、染织为其传统工业;飞机、微型轿车、机械、轴承、电力、建材、机电、印刷、冶金、医药、化工、轻纺、食品等为其新工业。它的发展是以旅游业为中心,能源以煤、水电为重点，地方民族工业以名优特产品和医药工业产品为重点，原材料以钡盐、硅酸盐、铁合金为重点。1996年成立的安顺经济技术开发区，位于安顺市西郊，可开发利用土地26.7平方千米，是省级开发区之一，享受沿海开放城市的优惠政策。其"开发区管理委员会"在土地、建设、工商、劳动、外贸等方面，行使省级相应业务部门的审批权。

开发区经过6年的建设，迄今为止，已批准300余个项目，签订合同协议金额10亿元。设立了三资企业40家，其中合资企业27家，外商投资企业13家。实际利用外资6 302万美元；省际间经济联合项目690个，吸纳区外资金10.15亿元。青岛红星集团、山西南风日化、河南金星啤酒厂等已在开发区落户。

二、企业简介

(一)煤炭企业

【盘江煤电(集团)有限责任公司】

是由原盘江矿务局改制组建的国有独资公司，于1997年按公司制运行，1998年划归贵州省管理，主管部门为贵州省煤炭工业局。盘江矿区始建于20世纪60年代中期。是在党和国家建设"大三线"战略思想的指引下开发建设的。矿区煤田地质面积706平方千米，分为34个勘探井田，煤炭资源丰富，已探明地质储量95亿吨，远景储量383亿吨；煤种齐全，有气煤、肥煤、焦煤、瘦煤、贫煤和无烟煤；煤质优良，低硫、低灰、微磷、发热量高。贵昆铁路盘西支线、南昆铁路威红段、水柏铁路穿过矿区，320国道、两水公路通过矿区，交通便利。经过近40多年的建设，公司已发展成为以原煤开采和煤炭洗选加工为主导，融掘进施工、建筑安装、地质勘测、机械制修、设备租赁、橡胶制品生产、乳化液生产、建材生产、锚杆及锚固件生产、低热值燃料发电、后勤服务、文教卫生、养殖种植为一体的综合发展的大(一)型国有煤炭工业企业。现有5对生产矿井、1对在建矿井、6座选煤厂，年原煤生产能力930万吨，选煤厂年入洗能力785万吨，水泥年生产能力达6万吨，发电装机(容量)3.75万千瓦。近几年来，盘江煤电集团公司原煤产量为500万~600万吨，年产冶炼精煤200万吨左右。2001年末，资产总额44.49亿元，净资产额14.27亿元。盘江矿区是我国南方地区重要的大型炼焦煤、动力煤和出口煤生产基地，是国家520户大型企业之一。地址：贵州省六盘水市盘县红果镇　邮政编码：553536　电话：(0858)3700258　3700669

传真:0858)3700800。

【贵州水城矿业(集团)有限责任公司】

是水城矿务局经贵州省人民政府于1999年9月批准整体公司制改制而成的国有独资大(一)型煤炭企业。矿区面积6 800平方千米,地质储量138亿吨,现有生产矿7个,8对生产矿井,选煤厂3座,另有机电总厂、自备电厂、医院、学校等下属单位26个。原煤设计生产能力640万吨/年,核定生产能力618万吨/年,设计原煤入选能力500万吨/年。截止到2001年底,资产总额为264 371万元,其中:固定资产174 319万元,流动资产81 014万元。有职工28 498人,其中管理人员4 889人,工程技术人员4 201人。水城矿区始建于1964年,为国家大三线建设的重点项目之一。1970年组建矿务局,属中央在黔南直属企业。1998年下放贵州省管理,2001年11月正式挂牌成立贵州水城矿业(集团)有限责任公司。建局投产以来,截止到2001年底共累计生产原煤10 634万吨,洗清煤2 624.63万吨;创产值516 095万元。1999年以来,年销售收入始终保持在60 000万元以上。在"十五"期间,原煤生产能力达到1 000万吨/年,实现煤炭年销售收入10亿元,非煤产值3亿元。再经过5~10年的发展建设,实现企业销售收入和总产值在"十五"期间的基础上翻一番,使企业在西南地区乃至全国煤炭行业具有重要地位。地址:贵州省六盘水市钟山区开拓路16号 邮政编码:553000 电话:(0858)8779806

【贵阳矿灯厂】

建于1965年,1966年10月正式投产。1992年迁至现址,隶属贵州省煤炭工业局。拥有资产额9 386万元;职工977人,其中各类专业管理技术人员71名;各种生产设备215台。是煤炭系统最大的防爆机车电池专业生产单位,全国较大的矿灯生产厂家之一。年生产能力矿灯50万盏、蓄电池6万只、矿灯充电架500台,主要产品有"黔阳牌"酸性系统各种型号矿灯、矿灯充电架、各种型号特殊型防爆机车电池和起动用铅蓄电池。产品达4个系列20多个品种,部分产品性能达到国内外先进水平。地址:贵州省贵阳市花溪区关口 邮政编码:550025 电话:(0851)3871533

(二)石化企业

【贵州开磷(集团)有限责任公司】

贵州省国有大(一)型化工骨干企业,1994年进入全国百家现代企业制度试点,改制为国有独资公司。现已形成矿业、磷化工、房地产及建筑安装三大产业,拥有年产250万吨磷矿石(含磷矿砂、磷矿粉)、20万吨磷酸一铵、24万吨磷酸二铵、12万吨重过磷酸钙、20万吨普通过磷酸钙、8万吨合成氨、13万吨硝铵、2万吨饲料级氢钙、2万吨黄磷的生产能力,年房地产开发能力3万平方米,年出口创汇2 500万美元以上。矿业开发是开磷集团的基础产业,拥有得天独厚的资源优势,已探明的磷矿石储量为4.13亿吨,在国家规划矿区内集中了全国78%以上的优质磷矿石,五氧化二磷平均含量高达33.73%,是国内惟一不经选矿就可直接用于生产高浓度磷肥和复合肥的重要原料,对我国磷复肥工业的发展有着举足轻重的作用。开磷集团在20世纪80年代末就确定了"矿肥矿化结合"的发展战略，凭借资源优势，大力发展磷化工业，现已拥有磷酸一铵、磷酸二铵、重钙、三元复混肥、饲料级氢钙、黄磷、普通过磷酸钙等磷化工系列产品。这些产品用自产优质磷矿石作原料，质量上乘，在国际、国内市场享有较高声誉。开磷集团1994年获自营进出口权后，各类产品在国际、国内市场树立了良好的信誉，年出口创汇2 500万美元以上。随着中国加入WTO，开磷集团将按照"在发展中做强，在做强中发展"的指导思想，进一步发展磷化工业，提高产品市场竞争力，不断壮大集团实力，为中国的化工发展做出应有的贡献。地址：贵州省贵阳市中华南路203号海天商厦8楼、12楼　邮政编码：550002　电话：(0851)5863164　5872030　传真：(0851)587313

【贵州水晶集团】

综合性的国家大(一)型化工企业。是贵州最大的有机化工和煤化工基地。至今已有30多年的历史。水晶集团母公司为贵州水晶有机化工(集团)有限公司，有子公司7家、分公司4家、驻外公司13家，固定资产原值6亿元，职工5 000人，各类专业技术人员1 500人。主要产品有电石、冰醋酸、醋酸乙烯、醋酐、酸乙烯醇、季戊四醇、白乳胶、高速卷烟胶、纸管胶、实木拼板胶、晶化胶、AVS外墙乳胶漆、醋酸酯类等20多种化工产品和水泥、碳化砖、止血纤维等建材产品和医药产品。聚乙烯醇、季戊四醇、缩丁醛胶片、溶解乙炔、醋酸乙酯为省优、市优和省名牌产品，"苗岭"牌水泥获"中华水泥精品"和省优产品称号。地址：贵州省清镇市　邮政编码：551402　电话：(0851)2561355　2561544　传真：(0851)2561222

【贵州轮胎股份有限公司】

前身为贵州轮胎厂，始建于1958年，1965年与上海大中华橡胶厂内迁部分合并扩建，1996年改制为上市公司，简称"黔轮胎"，是全国十大轮胎公司和国家520户重点企业之一。现有职工4 000余人，其中管理人员489人，技术人员352人。固定资产137 774万元，流动资产130 457万元。主要生产前进牌汽车子午线轮胎、汽车斜交轮胎、工程机械轮胎、工业车辆轮胎、农业轮胎和实心轮胎，年生产能力350万套。产品获中国轮胎产品认证委员会的质量认证、美国交通部DOT安全标志认证和欧共体ECE标准认证；质量管理体系通过中国CQC质量认证中心的ISO9001标准认证。建有国家级企业技术中心。产品除行销全国外，还出口到欧洲、北美、非洲、中东等地40多个国家和地区，年出口量占总产量的50%。为适应市场需要，顺应世界轮胎发展方向，公司将进一步发展子午线轮胎、工程机械轮胎、大型农用轮胎、军用轮胎、各类特种轮胎以及汽车空气弹簧，扩大轮胎的配套与出口，参与国内外市场竞争。地址：贵州省贵阳市百花大道41号　邮政编码：550008　电话：(0851)4816316

【贵州西众塑胶股份有限公司】

于1989年创建，投资额为900万美元，股东为中国包装进出口总公司、香港合联投资股份公司和中国包装进出口贵州公司，目前总资产已逾2亿元，净资产近 1.2 亿元，年销售额超过 1 亿元。1994年被定为中国烟草物资总公司烟草配套材料生产基地定点企业，1998 年被评为"贵州省高新技术企业"，2000 年 2 月通过 ISO9002 国际质量体系认证。公司现有 4 个车间和 6 个部（室），员工 300 多人，其中工程技术人员占 21%，大专以上人员占 32%。公司拥有由日本三菱重工引进的 BOPP 生产线两套，该设备具有 20 世纪 80 年代末 90 年代初世界先进水平，年生产能力为 6 000 吨，主要生产烟膜、热封膜、光膜、珠光膜、消光膜、白膜等六大系列 15 个品种。地址：贵州省贵阳市云岩区丰收路 17 号　邮政编码：550018　电话：(0851)6607246

【贵州永力橡胶(集团)有限公司】

于 1997 年 7 月经贵阳市人民政府筑府通字(1997)29 号文批准成立。是由原贵州橡胶(集团)公司进行规范重组，由贵州橡胶工业公司、贵州申一橡胶厂、贵州橡胶配件厂、贵州华成橡胶厂、贵阳化工厂、贵阳化工原料厂 6 家法人企业组成。公司现有职工 4 917 人，技术人员 598 人，拥有固定资产 5.3 亿元，流动资产 2.6 亿元。公司主要生产经营各种规格橡胶制品、胶管、胶带、胶鞋、汽车橡胶配件及化工原料、民用炸药系列产品、精细化工产品和酒店旅游服务业。地址：贵州省贵阳市瑞金北路 150 号　邮政编码：550004　电话：(0851)6819227

【贵州宏峰塑胶制品有限公司】

成立于 1994 年，初始注册资本 100 万元，现有资本 4 000 万元。有员工 80 人，其中技术人员 20 人。主要生产经营塑胶系列产品及铝塑复合系列产品。公司自成立以来，一直坚持以质量求生存、以信誉求发展、以管理出效益的宗旨，在客户中树立了良好的质量信誉，年产值由开始 100 多万元增加到现有的 1 000 万元以上。公司现拥有 ASY600 型组距式彩印机、FT-102B 全自动电脑分切机、GF600 干式复合机、CBD-300 全自动电脑制袋机、旋转模头吹膜机组等成套设备的两条包装生产流水线，形成了以五大类产品为主的产品结构。原贵阳地区的软装塑料袋全由省外供应，该公司生产后，改变了靠进口软袋的被动局面，贵阳市味莼园食品公司、贵阳市乌当奶牛场、瀑布冷饮制品公司等所用的包装均属该公司产品。公司一直注重新产品开发，不断开拓省外市场，与昆明、重庆等 20 多家客户建立良好的合作关系，取得良好的经济效益，特别是铝塑复合系列产品的开发，为公司开辟省内外建筑装饰材料市场提供强大竞争力，为公司发展增强了后劲。地址：贵州省贵阳市宅吉路 70-1 号　邮政编码：550004　电话：(0851)6850764　传真：(0851)6859509

【贵阳白云化盐有限责任公司】

是中国特大型企业贵州铝厂与贵阳市白云区国资投资公司联办的中型化工股份企业，是西南地区惟一的氟化盐系列产品生产厂家，为贵州铝厂等铝工业企业提供原料。现有员工 400 人，其中具有中高级职称的技术人员近 100 名。现年产无机氟化盐产品 15 000 吨，主要有氟化铝、冰晶石、氟化钠、氟化镁、氟硼酸钾、氟钛酸钾、氟硅酸钠、氟硅酸钾、硫石膏等系列产品。其中主产品氟化铝和人造冰晶石已完全达到国标一级品，部分指标已优于国标一级标准，其余无机氟化盐产品可以根据用户要求生产，自行研制用户所需的无机氟化盐产品。目前产品销往全国20多个省、市、区,并出口欧洲、非洲和日本等国家和地区。其中氟化铝产品荣获贵州省最畅销产品金奖。公司管理已完全实现计算机联网,具有完备先进的检测手段。2001年实现了ISO9001:2000版质量体系认证。地址:贵州省贵阳市白云区大坝　邮政编码:550014　电话:(0851)4350541　传真:(0851)4350349

【遵义双源化工(集团)有限责任公司】

前身是贵州省人民制药厂,建于1950年,1953年从贵阳迁址遵义并与遵义人民制药厂合并。1956年更名为贵州省遵义化工厂,2000年底改制为遵义双源化工(集团)有限责任公司。拥有职工1 124人,技术人员220人,资产总额1.67亿元,其中固定资产原值1.286亿元,净值1.1087亿元。2001年工业总产值8 808万元,利税1 370万元,其中利润360万元,年出口创汇400万美元。主要产品有高锰酸钾和电解二氧化锰,高锰酸钾生产规模为年产3 000吨,电解二氧化锰生产规模为年产15 000吨,年销售量为100%。电解二氧化锰于1964年研制,1968年批量生产,是国内最早的生产厂家。品种有普通级、碱锰级和无汞级,是干电池生产的主要原料。产品除供国内干电池生产需求外,从1970年开始出口,主要销往日本、东南亚、美国和欧洲。高锰酸钾1952年研制,1953年批量生产,品种有工业级、医药级、流沙级、食品添加级及片剂等。产品质量达国际先进水平,从1958年开始出口,远销西欧、东欧、北欧、拉美、大洋洲和日本、东南亚等国家和地区,在国内外享誉甚高。地址:贵州省遵义市红花岗区新舟路29号　邮政编码:563000　电话:(0852)8935665

【贵州红星发展股份有限公司】

1994年4月经贵州省人民政府批准成立,募集资金3.8亿元,是贵州省东西部合作诞生的首家上市公司。公司的拳头产品碳酸锶和碳酸钡年产销量20万吨,占世界产销量的三分之一,已成为世界钡盐"单位生产量第一、同行业生产环境最好、产品选题稳定性第一、产品成本最低"的生产厂家。2000年4月国务院副总理温家宝参观后,高度评价为"东西部协作的成功典范"。2000年完成产值3.25亿元,销售收2.53亿元,实现利税1.09亿元,出口创汇2 208万美元。碳酸锶和碳酸钡是生产电视机显像管、计算机显示器、工业监视、电子元器件的重要原料,还被广泛应用于电子信息、化工、轻工、冶金、陶瓷等10多个行业。同时公司的钡、锶产品已经在世界各大玻壳企业中占据了主要份额,产品80%出口,远销亚洲、欧洲、美洲等20多个国家和地区,在同行业中有"亚洲锶王、世界钡王"之称。公司以完成ISO9002质量体系的认证为契机,依托母体公司青岛红星化工多年来形成的信誉、市场、技术、管理等优势,同西部丰富的资源结合起来,走东西结合、优势互补、低成本扩张的道路,建设成以市场为导向,以电子、磁性材料、橡胶、塑料新型高效助剂、绿色植物的提取等项目为支柱的高科技多元现代企业,把企业打造成为具有"一流的职工队伍、一流的管理、一流的机制、一流的质量、一流的环境、一流的效益"的经典公司。地址：贵州省镇宁布依族苗族自治县红旗镇　邮政编码：531206　电话：（0853）6780066　传真：（0853）6780074

【贵州南风日化有限公司】

中外合资企业，隶属于南风化工集团企业，目前拥有职工332人。公司主要生产奇强系列洗涤用品。年设计生产能力5万吨，1999年共生产洗衣粉5.52万吨，实现销售收入2.1亿元。生产的"奇强"牌洗衣粉是一个极富荣誉的民族工业品牌，1992年荣获"国货精品奖"，1998年荣获北京地区"质量性能比第一产品"，是国家六部委评定的"最具竞争力的民族品牌"，是中国消费者协会"推荐产品"。"奇强"1999年被国家工商局列为重点保护商标，2000年初被评为中国驰名商标。地址：贵州省安顺市经济开发区歇凉岩　邮政编码：561000　电话：（0853）3410249　传真：（0853）3412558

【贵州宏福实业开发有限总公司】

公司的骨干企业——瓮福磷矿、瓮福磷肥厂是国家"八五"、"九五"期间建设的中国最大的现代化磷矿肥基地，总投资58.5亿元，拥有年产300万吨磷矿石、210万吨磷精矿的磷矿山和年产60万吨磷酸二铵、20万吨磷酸一铵、100万吨硫酸、36万吨磷酸、1.4万吨氟化铝的磷肥厂。公司综合了世界磷化工最先进的工艺技术，引进了国外最新设备，是一个以高科技为基础，产供销、科工贸相结合的大型现代化磷化工企业。公司主要产品有磷酸二铵、磷酸一铵、BB肥、NPK复合肥、普钙、黄磷、磷矿石、磷矿砂、饲钙、氟化铝、亚磷酸二乙酯、六偏磷酸钠等。公司坚持以人为本、依法治企、以德治企和科技兴企的方针，通过体制创新，管理创新、技术创新，提升质量水平，提升科技含量，提升规模效益，降低成本，降低增量投入，实施可持续发展战略，不断提高参与国际竞争的实力和发展后劲，努力为国内外用户提供更多更好的产品和服务。高效复合化、功能细分化、有机生物化、环保绿色化是宏福肥料发展的方向。地址：贵州省福泉市马场坪镇　邮政编码：550501　电话：（0854）2188888　2184122　2444191　传真：（0854）2444478　网址：http://www.hong-fuphos.com

【贵州剑峰化工股份有限公司】

公司（黔南自治州五钠厂）位于都匀市大坪镇，是1992年在原电子工业部38研究所的旧址上国家投资3 074万元建设起来的黔南自治州骨干企业。现已成为年产五钠10万吨、并已通过ISO9002质量体系认证的国家大（二）型企业。主产品"剑峰"牌三聚磷酸钠（俗称五钠），主要用作合成洗涤剂的助剂，同时还用于纺织、造纸、食品、石油等工业；85%磷酸主要用于磷肥、磷酸盐、电镀、制药、食品和化学试剂等工业，另外还用作制糖工业的澄清剂；磷酸主要用于食品、磷肥、磷酸盐、电镀和化学试剂等工业，另外还用于制糖工业做澄清剂。公司能生产高Ⅰ型、低Ⅰ型、高密度、低密度、超细等特殊质量要求的产品，并能生产热法食品级磷酸和高水合低砷五钠，生产工艺居全国领先水平。"剑峰"牌三聚磷酸钠质量符合GB9983-88一级品标准，质量优良，性能稳定；磷酸质量符合GB2091-80一级品标准，产品多次荣获"贵州省名牌产品"称号。从1996年起，

"剑峰"牌三聚磷酸钠在产量、销量、主要原料消耗、利税等多项指标上均居国内同行业前列。1998年至2001年产量、销售量、出口量、出口额位居全国同行业首位,公司成为全国轻工行业的重点企业。产品销往联合利华、山西南风集团、浙江纳爱斯、中国宝洁、上海白猫、徐州汉高、桂林汉高等国内各合成洗涤剂厂,及中东和东南亚的伊朗、约旦、马来西亚、印度尼西亚、越南、菲律宾及南非、澳大利亚等地区和国家。地址:贵州省都匀市大坪镇区　邮政编码:558013　电话:(0854)8540017　传真:(0854)8540090　网址:http://www.jfhg.com　电子邮箱:qnwn@public.gz.cn

【贵州省福泉磷肥厂】

系隶属于贵州省监狱管理局的一家中(二)型企业。创建于1950年,先后从事钢铁和钙镁磷肥生产。先后创办了包装分厂、贵阳市白云区沙文分厂和开阳县金中分厂,年生产能力为25万吨,成为贵州省化肥生产骨干企业,产量、质量均列贵州省同行业首位,居全国第5位。现有职工826人,拥有固定资产2 700万元,流动资产5 600万元。"福泉牌"钙镁磷肥多次被评为"省优"、"部优"称号,成为"贵州名牌产品"和"广大用户信得过产品",在市场竞争中一直保持良好的销售势头。产品大部分销往全国20多个省、市、自治区,特级产品还远销日本、韩国、巴西等国家和东南亚地区,成为"贵州地产最畅销产品"。1988年至今连续7次获得贵州省化工行业"钙镁杯"劳动竞赛评比第一名,1995年"福泉牌"钙镁磷肥获得"采用国际标准产品标志证书",被批准使用"采用国际标准产品标志",1996年获得俄罗斯圣·彼得堡国际博览会金奖。2001年"福泉牌"钙镁磷肥通过ISO9002国际质量体系认证,产品质量达到国际水平。地址:贵州省福泉市龙昌镇　邮政编码:550506　电话:(0854)2333015　2333006

【贵州省岑巩县精细化工厂】

是1982年由贵州省轻工厅在黔东南自治州扶持建设的第一家天然香料厂,注册资金162万元,属集体所有制轻工企业。经过近20年的香料专业生产,积累了丰富经验,形成了技术力量雄厚的群体,开发出的新产品多次荣获部、省、州奖。目前拥有固定资产400万元,职工52人。2001年产品销售收入670万元,实现利税122.8万元。化工厂经过多年反复探索和研究,研制出一种以杉木树根、树蔸中提取有效成分的新工艺,提取的 α-柏木烯、β-柏木烯经检测分析及用户使用后评价认为可取代柏木油,其各项成分指标可达到高品位柏木烯的水平。这项工艺于1997年申请国家发明专利,取得国家发明专利受理通知书的申请号为:[97101545.X],1999年1月已公布进入实质性审查程序。1998年通过黔东南自治州科技局组织的科学技术成果鉴定,1999年在贵州省科技情报研究所出具的《贵州省科技项目、成果查新报告书》中被认定为国内独有的实用新技术。后经贵州科专无形资产评估事务所评估认定其无形资产价值为79万元。国家经贸委将该产品列为2000年国家级新产品。1998年该厂进行了批量生产,产品出口到德国、日本、美国、法国、瑞士等国。本项目开发生产的杉木精油、柏木烯属天然香料,是生产香料的中间体原料,用杉木精油、柏木烯生产出的香料,主要用于化妆品、香皂、牙膏、洗涤剂、香水、副食品、医药、喷雾杀虫剂等生产领域,用途十分广泛,国内外市场开发潜力巨大,竭诚欢迎中外客商投资、合作。项目拟建规模为年产杉木精油 400 吨、柏木烯 800 吨。项目经费预算:项目总投资 1 100 万元,固定资产投资 560 万元,流动资金 540 万元。预期经济效益:年产值 3 140 万元,年税收 280 万元,年利润 828 万元。地址:贵州省岑巩县思旸镇胜利路 45 号　邮政编码:557800　电话:(0855)3512430 3513704

【贵州毕化有限责任公司】

公司(原毕节地区化肥厂)创建于 1966 年,现有职工 1 178 人,其中大专以上 238 人,总资产 4.6 亿元。是国家中(一)型企业,省、地化工重点骨干企业。现年生产能力为 10 万吨合成氨、15 万吨尿素,并兼生产碳酸氢铵、复混肥等产品,主产品"毕化"牌尿素为贵州省名牌产品。公司托管的毕节灵丰复合肥有限公司(原毕化公司复合肥分厂)是国家烟草专卖局烟草专用肥点生产企业,年生产能力为 10 万吨,主要生产烤烟、水稻、玉米、小麦、油菜、洋芋、辣椒、果疏、花卉等多种复混肥。公司自 1978 年以来 23 年连续盈利,近 10 年来,企业先后荣获化工部授予"全国化肥生产先进单位"、"为小氮肥工业发展做出突出贡献先进单位",获贵州省"五一劳动奖状"、"贵州省消费者信得过企业"等 60 多项荣誉称号。目前,年产 6 000 吨食品用 CO_2 生产线已建成投产,年产 1 500 吨碳酸丙烯酯项目已进入设备安装阶段。一个具有一定规模的综合型化工基地正在黔西北崛起。地址:贵州省毕节市头步桥　邮政编码:551700　电话:(0857)8267395

(三)冶金企业

【中国七砂集团有限责任公司】

是由原机械工业部重点骨干企业中国第七砂轮厂、第三砂轮厂、第六砂轮厂于 1995 年组建设立的企业集团。目前拥有 5 个全资子公司、7 个控股公司、10 个参股公司和 7 个分公司。是上市公司"中国七砂"(代码 000851)的控股股东。有职工 4 000 余人,高中级专业人才 300 余人。系国家大(一)型企业,是世界上著名的磨料生产企业,拥有世界磨料行业的知名品牌——"山牌"。是一个集科、工、贸于一体的,以磨料磨具和工业材料生产为主的大型企业集团,有资产总额 11.3 亿元。除生产磨料磨具、耐火材料外,还涉足科研、外贸、房地产开发、汽车出租、标准件生产、服务等行业,年营业额 5.5 亿元以上。公司装备有世界先进水平的倾倒式电弧炉、气落式自磨机等设备,工艺先进、检测手段齐全。主导产品棕刚玉磨料获国家银质奖。1995 年通过了 ISO9002 质量认证。公司技术力量雄厚,近年来研制出科技含量高、技术附加值高的新产品 20 余项,如锆刚玉磨料填补了国内空白,达到世界同类产品先进水平。公司磨料年生产能力达 10 万吨,产品畅销世界 30 多个国家和地区,年出口创汇达 2 500 万美元以上,跻身于世界磨料行业前五强,是中国乃至亚洲最大的磨料专业化生产企业,是中国惟一被美国磨料工程学会和美国国际陶瓷学会吸收为会员的企业,也是国家宏观管理和重点扶持的1 000家企业之一。公司发展方向:把企业建成国家基础材料和新材料基地。地址:贵州省贵阳市清镇占街　邮政编码:551402　电话:(0851)2550114(总机)　2550001　2550002　网址:www.Chinagishaha.com

【贵州红枫铁合金股份有限公司】

创立于1993年,于1997年在贵州铁合金厂的基础上进行改制后的国家大(一)型企业,是贵州最早从事硅铁生产的厂家,是我国生产和出口硅铁、锰硅、碳素锰铁的重要基地,现有员工1 100多人,冶炼电炉7台,电炉总容量5万千伏安,固定资产达1.9亿元,年产铁合金4万吨以上,出口创汇1 000万美元以上,主要产品有75硅铁、低铝硅铁、锰硅合金、碳素锰铁、碳素铬铁、高硅硅锰及硅微粉、电炉、粗锌各种牌号电石等。产品畅销美、日、英、法、德、港、台等18个国家和地区。地址:贵州省贵阳市清镇　邮政编码:551416　电话:(0851)2527705　电子邮箱:gaic@sitech.com.cn

【贵州省黄金集团公司】

2000年组建的省级直属国有资产经营公司,前身为贵州省黄金管理局(贵州省黄金公司)。公司主要负责国有资产的经营和管理,并拥有一定数量的黄金资源勘探、开发项目储备。共有职工34人。目前,与澳大利亚中矿公司合作的烂泥沟金矿项目已进入实施阶段。同时,集团公司正着手对贵州省兴义黄金冶炼厂进行技改建设,拟使其成为滇黔桂地区第一家集黄金试验、检测、冶炼、精炼为一体的技术中心。地址:贵阳市宝山南路564号附1号　邮政编码:550005　电话:(0851)5512859

【水城钢铁(集团)有限责任公司】

始建于1966年,是以钢铁业为主、多种配套产业为辅的国有大型钢铁联合企业。现有资产总额45亿元(固定资产21亿元、流动资产24亿元)。2001年底,有在职职工2.69万人,管理人员3358人,各类专业技术人员5300人。主要产品有螺纹钢、高速线材、普通线材、铸造生铁、炼钢生铁、水泥、焦炭及焦化副产品等20余种。其中螺纹钢为国家免检产品。企业于1999年顺利通过ISO9002质量管理体系认证。主体生产设施具备年产铁160万吨、钢180万吨、钢材165万吨的综合生产能力。1997年至2001年,累计完成工业总产值72.22亿元,实现销售收入108.5亿元,实现利税13.37亿元,其中利润1.66亿元。地址:贵州省六盘水市钟山区巴西中路　邮政编码:553028　电话:(0858)89227955　传真:(0858)8950067。

【遵义钛厂】

始建于1965年,是我国惟一的海绵钛全流程冶炼生产企业,设计能力为年产海绵钛2 000吨、工业硅10 000吨。占地66万平方米。主要产品有海绵钛、工业硅、金属镁和钛粉,海绵钛产量在国内名列榜首,工业硅产量国内并列第一。遵义钛厂是国家大(一)型企业,职工2 400人,有研究生、本科生、大中专生500余人。先后获原中国有色金属总公司和贵州省质量管理奖、质量教育先进企业奖。"闪光牌"工业硅、"飞天牌"钛粉及QC成果多次获省优、部优称号。"航天牌"海绵钛获国家银质奖。1998年开展ISO9000质量系列贯标工作,小粒度海绵钛已正式用于军工领域。2002年5月,通过GB/T 19001-2000-ISO 9001:2000质量体系认证。"七五"国家重点科技攻关项目"倒U型还原-蒸馏联合法5吨/炉生产海绵钛工艺设备研究"获国家科技进步二等奖,1988年转化为生产力,使海绵钛生产能力在原厂房设施条件下净增1.5倍。1998年该工艺创转产以来海绵钛产量、质量、电耗的最好水平。"攀矿钛渣无筛板沸腾氧化炉(Φ1200毫米)工艺设备研究"获原有色金属总公司科技进步三等奖。"海绵钛生产串联式联合法5吨/炉工艺设备研究工业试验"获贵州省科技进步二等奖。"电光牌"特级硅填补了国内空白,获国家科技进步三等奖。遵义钛厂通过自身力量于20世纪90年代中期新建3台Φ3 100毫米竖式镁氧化炉,填补了贵州镁工业生产空白。通过技术改造和更新设备,老牌产品钛粉从年产5吨发展到200吨,出口到美国、日本等国家。金属镁、钛粉与主导产品海绵钛、工业硅已成为遵义钛厂驰骋市场的四大支柱产品。投资4 600万元兴建的镁车间示范节能易地改造项目已竣工形成生产能力。遵义钛厂主要产品均达到先进国家的质量标准,产品畅销国内20多个省、市、区,远销美、英、法、德、日本、卢森堡、罗马尼亚、香港等国家和地区,累计出口创汇8 000万美元。地址:贵州省遵义市舟水桥　邮政编码:563004　电话:(0852)8415302

【贵州钢绳(集团)有限责任公司】

建于1996年4月,是我国钢丝、钢丝绳最大专业企业之一,国有大(一)型工业企业,国家冶金行业重点大中型企业100家之一,占地100万平方米。现有职工5 387人,专业技术及管理人员1 200余人,固定资产3.41亿元,流动资产6.32亿元。公司金属制品的生产设备、工艺技术、产品质量、生产能力、检测手段和市场占有率等综合能力,在国内处于领先地位,研制和生产特长、特粗、特殊结构、特殊用途钢丝绳具有突出的优势,在国内尚无替代厂家。供应的钢丝直径范围为Φ0.15~7.0mm,钢丝绳直径范围为Φ0.6~110mm,其中品种、规格是全国最齐的一家,产品销售率100%。公司坚持实施以技术创新为核心的发展战略,创建国家级技术中心,全面推进技术进步,加大技改投入,引进、吸收国外先进技术,提升品牌形象和质量档次。加快产品结构调整,增加产品科技含量,力争到2005年使该公司成为生产技术保持国内领先和接近国际先进水平、产品升级换代率85%以上、年产量20万吨的国家级金属制品基地之一。地址:贵州省遵义市红花岗区桃溪路47号　邮政编码:563000　电话:(0852)8419283　传真:(0852)8424678

【遵义铁合金(集团)有限责任公司】

中国最早的铁合金企业之一。公司1950年建厂,先后更名为八五厂、贵州铁合金公司、遵义铁合金厂、遵义铁合金有限责任公司,1998年9月30日正式挂牌成立遵义铁合金(集团)有限责任公司。1993年经国家外经贸部批准获进出口权,成立了以企业为依托的遵义铁合金进出口公司。现拥有铁合金冶炼电炉27台,是中国惟一具有采、选、烧、冶一条龙生产线的锰系铁合金及硅铁生产企业。年生产能力22万吨,其中:锰系铁合金17万吨,硅铁5万吨。工厂占地面积190万平方米,职工8 000余人。公司是中国生产锰系铁合金和硅铁的大型企业,8万吨硅铁、锰硅合金生产线全套设备从德国引进,1993年建成投产,在中国铁合金行业中现代化程度最高,被誉为铁合金行业的"宝钢"。年产硅铁5万吨,锰硅合金3万吨。公司始终坚持科技是兴企之举,质量是立企之本,品种是强企之路的方针,用世界一流的铁合金装备和生产技术、一流的管理、一流的产品,不断为用户提供一流的服务;始终坚持"质量第一、信誉至上"的宗旨,本着互利互惠的原则,广交天下朋友,携手并进,共谋发展。公司在中国同行业中创下了3个"第一":第一家研制生产锰硅合金;第一家研制生产中低碳锰铁;第一家研制成功金属锰。研究、试验、改进、推广新技术、新工艺、新方法100多项,获国家、部、省科技成果奖20余项。地址:中国贵州省遵义市舟水桥　邮政编码:563004　电话:(0852)8410080　传真:(0852)8420262

【贵州龙腾铁合金有限责任公司】

亚洲最大的铁合金企业,始建于1994年7月,现拥有13台矿热炉,变压器容量超过4万千伏安,固定资产4 000多万元,年产硅铁、硅锰、碳素锰铁等达20万吨。公司现有员工近2 000余人,本科和大中专专业技术人员近百人。企业已通过ISO9002国际质量体系认证。各品级优质铁合金产品畅销韩国、日本等东南亚国家,国际合同信任度较高,产品供不应求。公司的发展带给了当地可观的经济和社会效益,带动了当地相关行业的发展,连续6年分别荣获省、州、县、镇四级先进企业、先进科技企业、纳税先进企业和县级特别贡献企业称号。地址:贵州省龙里县龙山镇茅草冲10号　邮政编码:551200　电话:(0854)5632878　传真:(0854)5632868

(四)有色金属企业

【贵州铝厂】

始建于1958年,现有在岗职工2 468人,拥有总资产11亿元,净资产6亿元,资产负债率为43.51%。经过40多年的不断发展壮大,截至目前为止,拥有氧化铝、电解铝、碳素制品和铝型材四大产品系列39个品种,形成年产电解铝23万吨、碳素制品17万吨、氧化铝50万吨、铝土矿140万吨、石灰石矿65万吨和多种高附加值产品的生产能力,主要生产过程实现了计算机控制,电解铝技术跻身国际先进水平,氧化铝技术经济指标居全国领先水平,电解铝规模和产量居全国第一。中铝股份贵州分公司现有职工15 209人,拥有总资产57.24亿元,股东权益25.25亿元。中铝股份贵州分公司的发展规划:到2005年形成年产氧化铝80万吨、电解铝40万吨、碳素制品27.2万吨、铝土矿160万吨、石灰石矿135万吨、金属镓10吨的综合生产能力,工业总产值达到40亿元。同时,主要技术经济指标达到国内先进水平,高附加值产品产值率达到20%以上,进一步推进企业信息化建设,实现生产经营管理计算机网络化,提高产品质量,降低产品成本,力争年销售收入达到60亿元以上,年实现利税12亿元左右。地址:贵州省贵阳市白云区龚家寨　邮政编码:

550014 电话：(0851)4898033 传真：(0851)4861128

【遵义铝业股份有限公司】

前身为遵义铝厂，是由法人持股的国有新型企业，1985年由遵义市国有资产管理局、遵义县财政信用资金管理所、贵州省资源开发总公司、中国有色金属工业总公司、贵阳公司、贵州铝厂、中国电子物资总公司、贵州省对外经济协作中心、贵州省黔能电力企业(集团)公司等单位共同投资近1亿元建成，建有92台60kA自焙槽。1988年正式投产，年产能为1.35万吨电解铝。1996年，遵照贵州省"九五"规划和发展贵州能源优势，实施铝电联营，加快贵州有色金属发展的战略目标，由贵州乌江水电开发(集团)有限责任公司、贵州省贵财投资有限公司、遵义市国有资产管理局共同投资1.9亿元兴建二期工程，并于1997年度完成投资，建成102台70kA自焙槽，投入运行，自此年产能为3.2万吨电解铝。2000年9月改制为遵义铝业股份有限公司。公司净资产4.5亿元。全公司员工1 403人，其中中高级职称的工程技术人员66人，大中专以上学历者191人。公司主要产品包括"黔星"牌重熔普通铝锭、电工用铝锭、铸造铝硅合金及磷化铝、碱式氧化铝等。1993年投资约10万美元，从美国贝尔德公司引进先进的光电直读光谱仪，对产品质量严格把关，产品合格率保持在100%，一级品率达95%以上，质量稳定，是省优质产品。老用户把公司产品列为免检产品。依靠加强内部管理和推进技术进步，1988至2000年，累计生产铝锭200 213吨，实现利税29 752万，其中利润16 152万元。从1992至今，连续9年盈利。已跻身行业百强、省百强之列，1995年名列中国工业企业综合评价最优500家第372位。1999年公司荣获贵州省"五一劳动奖状"和省文明单位称号。公司确定今后的发展方向是：环境治理、技术改造、扩大规模。在一、二期已形成年产能3.2万吨电解铝的基础上，将多渠道筹集资金建设三期环保节能技改工程，拟建当前国内技术水平较高的200kA大型预焙阳极电解槽的电解铝工程，分步实施，实现生产能力10万吨。现三期环保节能技改工程已全面展开，公司将成为一个年产电解铝20万吨的大型企业。地址：贵州遵义市延安路　邮政编码：563000　电话：(0852)8838242。

【安吉铸造厂】

创建于1966年，系中国航空工业总公司所属的专业化铸造厂，国家大(二)型企业。企业资产达1亿元，其中流动资产4 000多万元。工厂技术力量雄厚，设备精良，拥有各类铸造、金切及检测设备约600台。其中有20世纪90年代国际先进水平的汽车铝合金低压铸造生产线和20世纪90年代国际先进水平的钛铝精铸生产线，以及国内一流水平的真空凝壳炉真空焙烧炉、铝合金熔化炉等多台新型铸造设备，是综合性大型专业化铸造企业。工厂组建有铸铝、铸镁、精密铸钢、钛精铸、铝精铸6个铸造分厂和模具制造、机修、动力供应、机械加工4个辅助生产单位以及1个理化计量测试中心。生产的合金种类有钛合金、铝合金、镁合金、耐热钢、不锈钢、结构钢、铜合金和合金铸铁等，共生产过70余种合金材料牌号的铸件产品。拥有砂型铸造、离心铸造、熔模精密铸造、陶瓷型铸造、双金属铸造以及低压铸造等多种工艺方法。并且特种检测手段齐全，质量保证体系完备，是国家二级计量合格单位。工厂在1983年以前主要是承担中国航空工业总公司飞机、航空发动机和机载设备铸件的生产。1986年以来，开发了以引进汽车(各种轿车、轻型汽车)的汽缸盖、进气歧管和工程机械发动机缸盖为主体的铝合金铸件的生产。并且通过"七五"和"八五"期间的技术改造，现已形成年产10万辆汽车缸盖等铸件的生产能力。近年来还向美国、德国、日本等国家和我国香港、台湾等地区出口钛合金高尔夫球头铸件及铝合金铸件等；并已形成8万只高尔夫球头铸件的生产能力。地址：安顺市蔡官镇　邮政编码：561000　电话：(0853)3395205　传真：(0853)3398003

(五)机械企业

【中国贵州航空工业集团有限责任公司】

军民结合型大型企业集团。是国家首批试点企业集团之一，也是国家重点扶持的512家大型企业之一。集团公司拥有全资子公司50多家、控股子公司6家、参股公司8家。职工6万多人，总资产83亿元。集团设有进出口公司、财务公司、供销公司、投资管理公司和国家认定的技术中心，具有国家授予的国有资产经营权、自营进出口权、简化外事审批权及对外开展承包工程和外派劳务人员等业务，具备强大的集团综合功能。集团公司以生产歼击教练机及其发动机、微型轿车及其发动机为主要产品，有飞机、发动机、机载设备、锻、橡胶、标准件、工具、地面设备等专业化工厂，各厂均有自己的专业技术优势和科研生产能力。集团公司研制生产了性能精良的航空和其他民用产品，涡喷系列航空发动机在国内居领先地位；云雀微型轿车是国家批准立项的八大轿车项目之一，已形成批量生产规模；所生产的歼教－7系列高空高速歼击教练机曾在第37届法国巴黎航空航天博览会上被誉为"亚洲明星"，并参加过中国国际航空航天博览会。地址：贵州省贵阳市38号信箱　邮政编码：550009　电话：(0851)3808094　传真：(0851)3808084。

【贵州红阳机械(集团)公司】

中国航空工业系统惟一的非金属制品专业化企业。职工1 200人。公司经过30多年的非金属制品专业化发展，已在航空橡胶、塑料制品的研制、生产等方面积累了丰富的经验，成为航空、航天、导弹武器领域密封产品的主要配套厂家。近10多年来，公司通过技术改造和企业改革，已由单一的军品生产厂家发展成为以在同行业有巨大影响的"红阳"品牌汽车门窗密封条为支柱民品的军民结合型企业，被誉为汽车零部件"小型巨人"。连续10年被评为贵州省"重合同、守信用"单位、贵州省先进企业，连续5年被国家统计局评为行业、地区最佳经济效益企业，被原中国航空工业总公司评为"航空工业精神文明建设暨航空凝聚力工程先进单位"。拥有从橡胶配方研究、模具设计与制造、原材料和成品检测到成品设计制造等一整套科研生产体系和完善的质量保证体系，年销售额达

2亿元，1996年通过ISO9002标准认证，2000年通过VDA6.1、QS9000标准认证。目前公司改革的新步伐：树立军品发展主业地位，剥离汽车密封条优良资产重组上市，实行股份制改造，同时积极开发军用航空密封件新品、高速列车密封条、汽车发动机密封产品等。向多品种、大规模、新技术、高起点，勇于创新、生机勃勃的国有大企业集团的目标前进，努力为中国航空工业和汽车工业的发展做出新的贡献。地址：贵州省贵阳市花溪区清溪路6号　邮政编码：550025　电话：(0851)3851141　传真：(0851)3852944。

【贵州天力柴油机有限责任公司】

原为贵州柴油机总厂，系原机械工业部定点生产高速柴油机的国有大(二)型企业。现有工程技术人员1 024人，各类机床设备1 194台(套)。集毛坯生产、零部件加工及总装测试为一体，具有年产各型柴油机及发电机组8 000～10 000台的生产能力。公司生产的"天力牌"135系列、138系列、"永威"牌D28系列高速柴油机及发电机组，共有170多个品种。柴油机功率范围48～330千瓦，柴油发电机组功率40～275千瓦。产品广泛用于发电、工程机械、船舶、农业排灌等，以省油、可靠性好著称于国内外，其中6135AG、6135AD型柴油机曾3次荣获国家银质奖。公司按照ISO9001标准建立了质量体系，于2000年10月通过了中国进出口质量认证中心的认证审核，并获得该中心颁发的质量体系认证证书。公司产品销往世界52个国家和地区，中国南极长城站长期选用本公司所产发电机组。公司于1996年引进德国MAN公司生产许可证，生产具有国际20世纪90年代先进水平的D28系列柴油发动机，是MAN公司在中国生产经营D28系列柴油机的惟一许可单位。公司最新研制的6138系列柴油机，具有功率大、油耗低、排放指标先进等优点，是用户理想、可靠的配套动力。地址：贵州省贵阳市小河经济技术开发区黄河路314号　邮政编码：550009　电话：(0851)3833121　3809845　传真：(0851)3833120

【南方汇通股份有限公司】

1999年经国家经贸委国经贸企改[1998]459号文批准设立的。注册资本19 000万元。公司的前身是贵阳车辆厂，原名铁道部贵阳车辆厂，1975年建成投产，1994年3月更名为贵阳车辆厂。贵阳车辆厂是国家大(一)型企业。是中国铁路机车车辆工业总公司的全资企业，是铁道部重点大三线企业之一。主要从事铁路运输货车的大修、改造；铁路特种专用货车的开发、制造，铁路车辆"提速重载"专用高柔弹簧及锻铸件制品的生产、销售，铁路车辆配件的制造与修理；同时，开发了一批服务于铁路机车车辆工业的边缘产品，建立了棕纤维弹性材料分厂、中外合资贵州迅达电器有限公司等10多家全资和合资企业。1999年，经铁道部和财政部批准，中国铁路机车车辆工业总公司以贵阳车辆厂的主体经营性资产投入股份公司，独家发起，并向社会公开募集7 000万元人民币普通股，以募集设立方式设立了南方汇通股份有限公司。并将贵阳车辆厂的主体经营性资产，包括车架一、二车间，台车、货解、货车、配件、制材、铸工、锻工、机械车间和棕纤维弹性材料分厂、运输处以及相关处室重组进入股份公司。剥离后余下的贵阳车辆厂控股子公司、参股企业及非经营性资产如职工住宅、学校、医院、托儿所等间接为生产服务的资产,仍由贵阳车辆厂经营、管理。南方汇通股份有限公司拥有独立的财务核算体系,拥有完整的生产、管理、经营体系。股票代码0920。地址:贵阳市都拉营　邮政编码:550017　电话:(0851)4470493　44701132　传真:(0851)4470141

【普天万向物流技术股份有限公司】

原名贵阳普天通信机械厂,系原邮电部批准建设的中央企业,直属中国普天信息产业集团,已有32年的历史。企业现有在职员工464人,其中技术人员161人,管理人员82人。1998年销售收入突破1亿元大关。2000年被列为贵州省高新技术企业。2001年,由贵州省科技厅批准组建"贵州省物流工程技术中心"。资产总额为1.2亿元,固定资产1 914.6万元。公司开发的产品主要有带式高刷分拣系统、推式悬挂输送系统、托盘式分拣系统、容器传输系统、物件快速处理系统、鳞片式物件传输、皮带传输系统、钢带式分拣传输系统、物流运输车辆、物料提升设备等20类品种、40个系列产品。地址:贵州省贵阳市百花大道240号　邮政编码:550008　电话:(0851)4720053　4720022　传真:(0851)4720467

【贵阳万江航空机电有限公司】

始建于1996年,主要生产研制航空机载设备、轿车零部件和摩托车零部件。现有职工2 000余人,其中各类专业技术人员600余人,拥有各类设备700多台(套),企业总资产3.2亿元。是中国汽车联合会成员、上海汽车工业集团共同体成员和中汽联零部件联营公司理事单位。公司重组构建了母子公司管理体系,形成以航空机电产品为本,轿车零部件研制为主业,并向工装模具设计制造、摩托车零部件研制生产、运输服务、物业管理、资源回收利用、委托机械加工等行业渗透发展的全新战略格局。公司加大技改力度,先后投资1.5亿元进行了4期较大规模技术改造,从德国、美国、意大利、日本引进高新设备和先进生产流水线20多台套,建成了以计算机为主要设计手段的技术中心、以多功能数控设备为主的精加工车间、拥有三坐标测量仪等先进检测设备的检测中心、以进口设备为主要设备的多条装配流水线,使公司具有了较强的开发、制造能力和先进、可靠的加工、检测手段。地址:贵州省贵阳国家高新技术产业开发区24-8号　邮政编码:550018　电话:(0851)6303341　传真:(0851)6303456

【贵阳电线厂】

创建于1967年,由上海6家电线专业制造厂联合搬迁组建而成。该厂有先进的生产设备、完善的检测手段,集30多年的生产技术和工艺,经过大规模的技术改造及引进国外先进的生产设备,已形成了年产钢芯铝绞线15 000吨、塑胶线80 000千米、电磁线2 000吨的生产能力。主要产品有铝绞线、钢芯铝绞线、铝合金绞线、钢芯铝合金绞线、自阻尼导线、电气设备用电线电缆、电力电缆、电磁线等,品种规格齐全。产品多次为国家大型重点工程招标所采用,并连续多年出口美国、非洲、澳洲及东南亚各国等20多个国家和地区。该厂塑胶线1999年再次通过国家强制安全认证,是贵州惟一通过安全认证的生产厂家。1991年，电线厂三大类产品获机电产品出口质量许可证，并获得企业自营进出口权。1993年取得生产许可证，多次荣获省优质产品称号，1995年获省名牌产品称号，1998年通过ISO9002质量体系认证，1999年获得贵州省建设厅质量安全可靠的产品称号，并向全省城乡推荐使用。

地址：贵州省贵阳市小河经济开发区　邮政编码：550009　电话：(0851)3761067　传真：(0851)3762704

【贵州红湖机械厂】

创建于1965年，隶属于中国航空工业第一集团公司，是从事航空产品和汽车系统产品(排气管消声器和汽车尾气净化器)科研、开发、生产为一体的国家大二型军民结合企业，是国家环保总局最佳环保实用技术"汽车排气消声器总成"项目的A类技术依托单位，全国环保科技先进企业，中国环保产业骨干企业，曾获"中国明星企业"、"中国环保产业百强企业第四名"等称号。工厂占地41万平方米，资产总值4.1亿元，各类设备1 500台，现有职工2 700人，其中工程技术人员330人，具有较为完善的质量保证体系和生产、技术、经营管理体系，航空产品已通过国家ISO9002质保体系公证，民用产品通过QS9000和VD6.1质量标准认证。工厂擅长钣金、冲压、焊接、机械加工等工艺，具有较强的模具设计、制造能力。主要产品为涡喷系列航空发动机零部件和汽车排气管消声器及汽车排气尾气净化器。工厂拥有航空发动机零部件、汽车零部件的出口权和设备、仪器的进出口权。工厂目前已经为上海大众桑塔纳系列和POLO系列、上汽芜湖奇瑞系列、江铃集团江铃系列、风神蓝鸟汽车系列、悦达汽车系列、厦门林德叉车系列轿车、轻型车配套生产排气管消声器及排气尾气净化器总成。地址：贵州省平坝县102信箱　邮政编码：561104　电话：(0853)4875016　传真：(0853)4875688

【虹山轴承总公司】

是中国贵州虹山轴承(集团)有限公司(HS)与日本国日本精工株式会社(HSK)共同组建的合资公司。公司拥有精良的设备、精密的检测装置。公司引进日本精工先进的管理模式，建立有完善的员工教育培训体系，员工素质良好。公司生产的"HS – NSK"品牌球轴承，具有低噪音、高精度、寿命长、性能可靠等特点，并通过ISO9002认证，2001年获得国家轴承监督检验中心精品轴承评定，达到NSK同等水平，是摩托车、电机、电动工具、家用电器提高档次和替代进口的理想配套产品。地址：贵州省安顺市东郊　邮政编码：561000　电话：(0853)3524018　传真：(0853)3522722

【贵州云马飞机制造厂】

隶属于011基地，始建于1965年，1969年正式投产，为大(一)型飞机部装企业。2000年末职工人数为5 305人，其中工程技术人员612人，高级职称者155人，中级职称者429人。有生产工人1 905人，辅助生产工人1 880人。该厂主要承担前后机身、机翼等三大部件的生产准备、零件制造、部件装配、全机动静力试验及提供全机装配、协调等任务，在飞机批量生产中承担全机制造约72%的工作量。另外，还开发生产环卫专用车、客车、西式肉制品加工机械成套设备等非航空产品。该厂创建以来,累计研制和生产了多个机种的部件,累计完成工业总产值22亿元,其中军品14.5亿元;累计实现利税6 750万元。该厂先后获"贵州航空工业创建三十周年重大贡献企业"、"全国CAD/CAM应用示范企业"、"全国500家最大交通运输企业"。地址:贵州省安顺市 邮政编码:561000 电话:(0853)3385000 传真:(0853)3385200

(六)国防企业

【中国江南航天集团】

1964年建立起来的配套完善、生产能力较强的航天产品科研生产基地,是国家首批57家大型试点企业集团之一。拥有企业自营进出口权和外事审批权。其核心企业中国江南航天工业集团公司是隶属于中国江南航天工业总公司的国有独资公司。30多年来,中国江南航天集团已发展成为军民结合、技工贸结合的综合性大型企业集团。拥有23家专业生产厂、2个研究所、1个技术中心、2个专业技术中心、3所院校及其他企事业单位。拥有固定资产值20亿元,资产总值38.6亿元。还拥有中外合资、合作企业4家。在北京、天津、上海、深圳、广州、苏州等地设立分公司11家。现有员工25 000人,其中各类专业技术人员8 300人,高级工程师860人。集团所属企业涉及机械、电子、电源、电机、电器、化工、冶金、建材等行业,形成了专业化分工和协作配套的完整体系,具有雄厚的经济、技术实力和强大的整体优势,可以承担航天产品的研制及批量生产。同时,还开发生产了航天牌轻型汽车、农用车、摩托车零部件、注塑机、微特电机、金属拉拔设备、液力机械变速器、卫星地面接收天线、油井测量仪器、医疗设备及家用电器等民用产品。以正负电子对撞机、重离子回旋加速器、同步辐射加速关键部件等为代表的20多种高科技产品,在国内享有很高知名度及信誉,许多产品已达到20世纪90年代世界同类产品的先进水平。有7项产品获国优称号,89项产品获省、部优质产品称号,369项科技成果获国家和省、部重大发明奖及科技进步奖。地址:贵州省遵义市北京路36号 邮政编码:563000 电话:(0852)8611147 8612618 传真:(0851)8611192

【贵州黎阳航空发动机公司】

中国航空工业第一集团公司贵航集团所属的国家大型企业,是目前国内生产航空涡轮喷气发动机的主要厂家。公司组建于1981年,现有职工1.2万余人,其中专业技术人员4 251人,拥有雄厚的科研、生产、制造技术力量,形成了毛坯锻铸、精密机械加工、化学加工、热表处理、冲压焊接、模具制造等配套齐全的群体科研开发体系和技术优势,拥有包括高精尖设备在内的各类设备6 570余台,固定资产原值8.2亿元,资产总额27亿元。2001年完成工业总产值13.55亿元,实现销售收入12.66亿元,实现利税5 611万元。公司从1970年起生产航空涡轮喷气发动机,现已形成WP-7、WP-13两大系列10多种型号的发动机批量生产和科研体系。1996年起,黎阳公司和法国汽车零部件SNECMA公司建立了CFM56发动机零部件转包生产合作关系,并通过了法国民航总局的适航性检查。1985年起,公司先后开发出汽车零部件、柴油机尾气净化器、石材机械、燃气灶具、全自动燃烧机、铝塑管及管接头等数十种非航空产品,部分产品开始向国外出口。其中轿车消声器排气管和汽车变速器已形成了年产40万套的规模。地址:贵州省平坝县5号信箱　邮政编码:561104　电话:(0853)4692037　传真:(0853)4692288

【贵州新安航空机械有限责任公司】由原建于1970年的中国贵航集团新安机械厂改制而成,是中国航空工业第一集团公司所属的飞机刹车机轮及附件的专业化生产厂家。公司注册资本2 068万元,现有员工983人,其中各类工程技术人员135人,管理人员129人。公司多年来始终坚持"军民结合"的方针,利用军工技术研制生产的轿车双向电磁阀、单向阀、汽车制动附件、火车闸瓦、闸片及粉末冶金构件达到了国外同类产品的水平。双向电磁阀、单向阀系列产品配套于上海大众桑塔纳、一汽大众捷达、长安之星、东风风神、上汽奇瑞等多种车型。经国家"双加工程"技术改造后,已达到年产100万套的生产能力。粉末冶金火车闸瓦和高速列车闸片等产品被铁道部列为定点配套厂家,为"东风"系列车型配套,产品具有较好的发展前景。公司于1996年通过ISO9001质量体系认证,目前正在进行QS9000和CDA质量保证体系认证工作。地址:贵州省安顺市西秀区蔡官镇　邮政编码:5610003　电话:(0853)3390520 3390588

(七)电力企业

【贵州省电力公司】1994年1月成立,前身为贵州省电力工业局。是国家电力公司的全资子公司,是贵州省的国有特大型电力企业集团,共辖大、中型企事业单位40余个,从事贵州省内电力工业的发电、供电、电力调度和电力规划、勘测、设计、试验,以及电力建设施工、修造、物资供应、教育、医疗、多种经营等经营活动。2000年底公司共有职工26 833人,其中工程技术人员7 717人,拥有固定资产净值150亿元,实现销售收入73.4亿元。2001年末,公司拥有发电装机容量558.87万千瓦(其中水电159.47万千瓦),年发电量330.21亿千瓦小时,售电量295.5亿千瓦小时,连续实现发、售电量两位数9年增长。电网覆盖全省86个县、市、区,乡(镇)通电率达到100%,村通电率达到90.09%,户通电率达到85.72%。为贯彻落实西部大开发的战略部署,实现"西电东送",公司制定了贵州实施"黔电外送"的蓝图,2000年11月和2001年11月,"西电东送"(南线)的两批电源项目共520万千瓦和黔粤"两交一直"500千伏输电通道工程开工,确立了贵州在"西电东送"中的重要地位。经黔粤两省政府2001年确定的"十五"时期送电计划,2002年贵州实现向广东送电100万千瓦,2003年200万千瓦,2004年300万千瓦,2005年400万千瓦。"十一五"时期再继续扩大送电规模。用10年左右的时间建成我国南方重要的能源基地。地址:贵州省贵阳市滨河路17号　邮政编

码:550002　电话:(0851)5593552

【贵州乌江水电开发有限责任公司】
是1990年经国务院同意、由原国家能源部、国家计委批准成立的我国第一个按流域组建的水电开发公司。主要任务是开发贵州省境内乌江河段及其支流水力发电资源。1999年7月,国家电力公司和贵州省人民政府对乌江公司进行改制,组建贵州乌江水电开发有限责任公司,国家电力公司占51%的产权,贵州省占49%的产权,由国家电力公司控股。公司目前经营管理装机63万千瓦的乌江渡发电厂(设计年发电量33.4亿千瓦小时)和装机51万千瓦的东风发电厂(设计年发电量24.2亿千瓦小时),公司总资产43亿元。按照流域梯级、滚动开发的方针,公司拟对规划中的洪家渡、索风营、构皮滩、思林、沙沱梯级电站进行滚动开发,预计用15年左右的时间建成总装机容量1 000万千瓦级的乌江水电能源基地。公司按照公司章程和现代企业制度的要求,提出了符合党的十五届四中全会精神和西部大开发战略的工作指导思想和乌江水电开发的战略目标——"十五"期间建成3个工程项目:洪家渡电站、乌江渡电站扩建、索风营电站。洪家渡电站装机54万千瓦(3台×18万千瓦),乌江渡电站扩建装机62万千瓦(2台×25万千瓦+增容3台×4万千瓦),索风营电站装机54万千瓦(4台×13.5万千瓦)。"十五"期间开工构皮滩电站、思林电站,"十一五"期间投产,构皮滩电站装机300万千瓦,思林电站装机100万千瓦。地址:贵州省贵阳市新华路9号乌江水电大厦　邮政编码:550002　电话:(0851)5784588　5784589　传真:(0851)5784555。

(八)电子企业

【贵州移动通信公司】
隶属中国移动通信集团,现有在职员工1 797人,拥有资产超过20亿元,在省会贵阳市和8个市州地及72个县市设立了分公司,还设立了4家直属公司。截至2002年6月底,网络规模拥有基站374个,交换机总容量70.25万门,信道数超过2万个,网上用户已近40万户,网络覆盖全省县以上城市以及部分发达乡镇地区、主要风景旅游区和高等级公路,开通了全国范围内的自动漫游。目前,已与世界上81个国家和地区的180个GSM移动电话运营公司的网络实现自动漫游的功能,形成了纵横交错、四通八达的139、138、137、136、135统一网号的GSM无线通信网络。公司的经营范围包括:移动电话业务、移动数据业务以及与上述业务相关的信息服务、技术服务、设备销售等;国家批准或委托的其他业务;为贵州省的移动通信实行普遍服务。全省自办和委托代办的移动通信终端销售、修理、交费、办理业务的营业点(厅)已达233处。公司已开展中英文短消息业务、呼叫转移、呼叫等待、主叫号码显示、多方通话、国际漫游、语音信箱、预付费SIM卡、"神州行"、WAP、172拨号上网、IP电话、电路型数据业务和听广播送话费业务。在此基础上,还将不断推出新的业务功能,开发1258秘书服务、信息点播、移动声讯、手机银行、"神州行"亲密号码等业务。预计到2005年,全省移动交换机总容量将达到280万门,信道总数超过10万个,用户总数达到180万户。地址:贵州省贵阳市中华南路　邮政编码:550001　电话:(0851)5808236

【中国振华电子集团有限公司】

是一个跨地区、跨行业,集科、工、贸、金融于一体的综合性产业集团。2001年12月末,集团拥有总资产40.83亿元,净资产17.63亿元。在贵州有30家企业,在深圳有16家企业,现有在岗工人10 000多人,管理和工程技术人员3 000多人(其中专职研究开发人员600多人,享受政府特殊津贴26人)。集团拥有国家批准的技术中心和博士后科研工作站,是国家863计划成果产业化基地。2001年实现利税超亿元。公司主要产品为三大类:以程控交换机、电子电话机(移动、无绳及可视电话机)为代表的通信整机;以片式钽电容器,片式电阻器,片式电感器,片式二、三级管,厚膜混合集成电路和高压真空开关管为代表的新型电子元器件;以电力自动化控制系统为代表的光机电一体化设备等。产品通过了ISO9000系列质保体系认证和国、军标质量认证。地址:贵州省贵阳国家高新技术产业开发区新天大道150号　邮政编码:550018　电话:(0851)6300087　传真:(0851)6301354　网址:www.czelec.com　电子邮箱:zhjt@publicl.gy.gz.cn

【贵阳海信电子有限公司】

成立于1997年,为青岛海信集团公司与贵阳华日电器公司合资组建的东西部合作股份制企业。现有员工791人,其中工程技术人员188人,主要产品为36～86厘米彩色电视机,已从年产5万台、收入近亿元发展至年产35万台、收入过6亿元,业务区域涵盖黔、桂、川、滇、陕,拥有18个直属销售分支机构、近2 000个销售网点,产品在西南地区的市场具有一定占有率。贵阳海信不仅盘活了4 000万元的国有存量资产,同时有效地带动了地方配套企业的发展,带动数十家企业实现年产值过3 000万元,延伸解决了上千名地方人员的就业问题,有力地促进了地方经济的发展。在国家级贵阳经济技术开发区内投资4.5亿元的海信工业园,2001年第一期工程结束后,贵阳海信将成为年产彩电100万台、空调50万套、年收入40亿元、年产值72亿元的现代化大型企业,同时也将成为西部地区技术最先进的家用电子消费品生产基地。地址:贵州省贵阳市沙冲路47号　邮政编码:550007　电话:(0851)5971239-201　传真:(0851)5964607　电子邮箱:gyajb@hisensetv.com

【贵阳仪器仪表工业公司】

国有企业。下属有永青示波器厂、永胜电表厂、永光仪表压铸件厂、永恒(跃)仪表厂、永新仪表专用装备厂,公司和所属厂1966年前后分别由上海内迁。1990年后下放贵阳市,隶属贵阳市经贸委。总资产15 590万元,现有职工2 091人,科技经营人才306人,其中高中级职称119人,拥有各种生产设备约500台(套)。2000年完成工业总产值2 594万元,完成销售收入1 995万元。主要产品有安装式记录仪、台式记录仪、记录电表、数字显示仪表、巡回检测仪、电子示波器、频率计、光线示波器、工程机械电子控制装置、电量变送器、指针和数字安装式扳表、精密电表、电源装置、塔机安全仪表和装置、IC卡预付费冷水水表、指针式万用表、锅炉节能装置等,其中TD1000系列电量变送器和LN100系列小长图记录仪20世纪80年代末分别由美国和德国引进,具有国际先进水平,国产化后分别获贵州省科技进步二等奖,产品获省优称号,广泛应用于电力、石油、化工、冶金、轻工、科研等行业,享有较高的知名度。近几年又发展自动化系统成套设备和电气成套设备,用户已拓展到省内外,产值逐年上升。新开发的工程机械电子控制仪表和安全检测仪表具有国内先进水平,被国内大用户采用。公司还具有铝压铸件、注塑件、EPS各类产品包装件、烟苗盘件等生产能力。地址:贵州省贵阳市花溪大道北段400号 邮政编码:550003 电话:(0851)5115260 传真:(0851)5114261

【贵州长征电器股份有限公司】

经中国证券监督管理委员会证监发字495号文批准,于1997年10月31日在上海证券交易所上网发行,并于同年11月27日在上海证券交易所挂牌交易,简称"长征电器",股票代码"600112"。公司属机械电工行业,现有职工6 243人,是西南地区惟一的大型电器生产企业,各项主要经济指标在贵州省机械电工行业居首位。公司主要生产、销售高、低压电器元件和高、低压电器成套装置两大类产品。高、低压电器元件以高、低压有载分接开关、高压真空断路器、低压框架式智能型断路器、低压塑壳智能型断路器、电磁式漏电断路器为主,高、低压电器成套装置主要以35千伏以下(包括35千伏),继电保护可达110千伏的各种高、低压开关柜及配电柜、控制柜等为主。公司被贵州省经济贸易委员会确认为"国家鼓励类企业"。公司以市场需求和国家产业政策为导向,不断开发新技术、新产品;在夯实实业经营的基础上,积极实现主业的延伸和拓展、探索,提高资本运营水平,力争把公司办成国内质量一流、管理一流的现代企业。地址:贵州省遵义市上海路100号 邮政编码:563002 电话:(0852)8622952 传真:(0852)8626701

【贵州永安电机总厂】

系1956年从上海内迁企业,贵州省骨干企业,是一个具有年生产25万千瓦电机和40万千伏安电力变压器能力的集科研、生产、经营于一体的专业电机企业。现有职工1 210人、管理人员122人、技术人员125人,固定资产3 832万元、流动资产3 902万元,年工业总产值2 500万元、销售收入1 650万元、利税120万元。总厂下辖6个生产经营单位,主要产品为Y系列电机、YD和YH系列电机、YZTD系列变极多速电机、塔式起重专用电机及机构、S9系列变压器等19个系列230种规格,产品分销于西南、东北、华北、华东、华南等地区,其中塔式起重专用电机及机构的技术处于国内同行业领先水平,主导产品中的11个系列分别获得国家经贸委及贵州省人民政府的科技成果奖、优秀新产品奖、贵州名牌产品奖。连续11年被评为省级"重合同、守信用"单位,被授权常设"贵州省中小型电机变压器行业产品质量监督检测站"。企业注重机制创新,先后优化了劳动组织结构,实行全员竞争上岗制度,形成了职工能进能出的竞争机制;改革了收入分配制度,将工资收入与企业效益和职工实际贡献挂钩,形成了收入能增能减的激励机制。注重技术创新,自主研发的Y系列产品的节材设计、YZTD系列产品的技术改进以及作为新研发的YTWE112-4系列涡流调速力矩电机进入性能测试阶段。为提升技术装配水平和工艺水平,已启动350万元改造关键设备和检测设备。面对西部大开发的历史机遇,企业将依托自身优势,推进企业管理信息化,将业务流程进行系统整合,以促进管理创新。同时加强国内外市场营销研究,提高市场占有率,实施投资多元化战略,竭诚欢迎中外客商投资、合作。地址:贵州省惠水县高镇　邮政编码:550601　电话:(0854)6328470　6328300

(九)轻纺企业

【贵州凯里纺织有限责任公司】

公司(原贵州凯里棉纺织厂)于1985年7月正式投产,1993年3月获自营进出口权,1997年11月改制为国有独资公司,中(一)型企业。是黔东南苗族侗族自治州骨干企业,贵州省重点工业企业和全省纺织龙头企业,全国少数民族用品定点生产企业。现有职工2 800余名,固定资产15 237万元,"1515-56"织布机540台,捷克BD200SN气流纺纱机7台1 400头,台湾金鸡350型剑杆织机111台,精梳机4套8台,浆染联合机1台,漂染生产线1条,牛仔布生产线1条,纱锭33 280枚,线锭2 280枚。生产能力为:年产粗、中、细环锭纺纯棉、涤棉纱5 800吨,气流纺纱3 000吨,纯棉、涤棉布1 700万米。注册商标"潕阳牌"。公司工艺先进,技术监测手段齐全。生产的21支、32支、T/C45支、42支/2纯棉、涤棉纱线,20支×20支纯棉布和45支×45支涤细布,分别被评为省优、部优产品,畅销国内,远销港澳、东南亚、韩国、日本、加拿大、美国等十几个国家和地区。公司一贯致力于提高产品质量,注重开发新产品,强化内部管理,素质不断提高,是省级先进企业,全省、全国纺织系统设备、管理、绿化、体育运动等先进企业。1996年12月被国家纺织总会授予"全国纺织工业企业双文明建设优秀企业"称号。地址:贵州省凯里市环城南路39号　邮政编码:556000　电话:(0855)8121045　8120748　传真:(0855)8120950　8120951

(十)轻工企业

【贵州新华印刷厂】

成立于1950年,系国有控股(独资)企业,属国家大(二)型企业,是书刊印刷国家定点企业。固定资产1.6亿元,职工1 500多人。拥有进口和国产主要印刷先进设备100多台(套),年制版能力5万块,书刊印刷能力50万令,彩色印刷能力100万色令,书刊装订量50万令,凸彩生产能力10万四开千印,塑封生产能力5万四开千印。2000年通过ISO9002国际质量保证体系认证,2002年开展2000版转版工作,能满足不同客户、不同品质产品生产周期的印制要求。承担着贵州省中小学教科书70%以上的印制任务。贵州新华印刷厂控股或投资的下属子公司有8个,经营范围包括印刷、制版、商品包装设计制作、多色印刷上光、销售计算机及配件、计算机维修和计算机技术培训、销售种类印刷物资和设备、生产卫生纸系列产品、房屋写字间出租、房地产开发、宾馆、餐饮业、娱乐业等,并拥有培养印刷专业人才的贵州省印刷技工学校。地址:贵州省贵阳市友谊路186号　邮政编码:550001

【贵州黄果树烟草(集团)有限责任公司】

由贵阳卷烟厂和遵义、余庆、开阳、修文、息烽、清镇五县一市的烟草公司及复烤厂改制组成,属国家大(一)型企业。至1999年止,集团总资产达77.39亿元,在册员工1万余人,年卷烟生产能力100万大箱。集团是集烟叶生产、加工、卷烟生产、经营以及印刷、包装材料、房地产开发、旅游业等多元化经营的企业集团。目前集团拥有国际一流的烟叶复烤生产线、制丝生产线和卷、接、包配套设备;拥有年生产120万担的优质烟叶基地,拥有8万吨烟叶复烤能力和10万平方米的仓储能力;拥有目前国内先进机型组建的纸质包装生产线。1999年,集团共生产卷烟84.2万大箱,入库税费18.8295亿元,实现利润10.463亿元。黄果树集团的卷烟产品,具有几十年生产历史,国内外享有盛名的"黄果树"、"遵义"、"贵烟"、"西牛王"、"金熊王"等系列品牌的香烟,畅销全国31个省市区,并远销东南亚。产品多次荣获国家和部级、省级的奖励,被誉为全国名牌和名优产品。1999年,软包装"黄果树"、软包装"遵义"、"精品遵义"、"翻盖西牛王"再次被评为"全国名优卷烟"。集团是全国500强工业企业之一和行业利税十强之一。地址:贵州省贵阳市如意巷25号　邮政编码:550001　电话:(0851)5961188 5961288　传真:(0851)5962791

【贵州驰宇烟草(集团)有限公司毕节卷烟厂】

国家大(二)型企业,拥有固定资产7.8亿元,职工1 700人,其中各类专业技术人员652人,年生产能力45万大箱。在"八五"期间和"九五"的前二年,企业投入5亿元资金进行技术改造,使企业在市场竞争中不断发展壮大,成为全国知名的国有大中型企业,1989年到1994年连续6年进入全国500家最大工业企业和最佳经济效益企业,在全国卷烟行业中名列29位,1989～1998年的10年间,上缴税金36.9亿元,占同期毕节地区财政收入的59.14%,为毕节地区的脱贫致富做出了一定的贡献。所生产的"特醇驰"牌被评为全国名优卷烟、全国优等品,"驰"牌、"大洋"、"圣火"、"红杏"被评为贵州省名牌产品、贵州省优质产品、贵州省群众喜爱产品,获"杜鹃杯"金奖等。产品在20多个省、市、自治区具有良好的市场基础。地址:贵州省毕节市望城坡　邮政编码:551700　电话:(0857)8303540

【贵阳第二玻璃厂】

系生产各类包装瓶的专业厂家。始建于1956年,1959年批准为国营,并与贵阳制药厂合并,1960年与贵阳制药厂分离出来更名为贵阳化工玻璃厂,1982年更名为贵阳第二玻璃厂,1997年11月改制为股份合作制企业。该厂现有在岗总人数486人,其中生产人员391人,工程技术类、财会类、经济类等人员94人,非生产人员95人。从"七五"时期开始进行技术改造,特别是采用QD6型列式制瓶机及13型全煤气发生炉生产后,产值、产量逐年上升。到2001年,年产玻璃制品达2万吨,工业总产值2 441万元,总资产2 109万元,净资产260万元。产品有酒类、饮料、罐头、酱菜、菌种等用玻璃容器100多种,产品分别销往云南、四川、湖南、广东、甘肃等省市区和省内各地,1995年获省标准计量管理"三级企业",1996年获国家技术监督局"计量验收合格证",1998年获中国工商银行A级信用等级证。地址:贵州省贵阳市三桥南路50号　邮政编码:550000　电话:(0851)4842813　48422339　4848329　传真:(0851)4842813

【贵州瀑布啤酒(集团)有限公司】

成立于1971年,是贵州省规模最大的啤酒生产企业,贵州省重点企业之一。目前拥有职工1 144人,总资产为2亿元。公司拥有保加利亚、原联邦德国和广轻啤酒灌装线各1条,有直达厂区内的铁路专用线1条,大型多功能冷库1座,啤酒年生产能力为12万吨,占贵州省总产量的54%以上,2000年销售收入1.06亿元。主要产品有"黄果树瀑布"牌瀑布啤酒、金牌瀑布啤酒、沃特发全麦啤酒、瀑布黑啤酒、瀑布花生皇饮料、瀑布清啤。瀑布啤酒多次被评为省优、部优及全国优秀食品、中国名牌产品及中国旅游名牌产品,历届贵州省著名商标和贵州名牌产品。1999年获中国食品工业协会推荐品牌;1999年10月被国家内贸局确定为全国重点支持和发展的十大酒业品牌;2000年11月,获中国食品工业协会安全优质承诺食品称号;2000年12月,获第三届贵州名牌产品称号,公司成为贵州省啤酒行业惟一连续三届蝉联贵州名牌产品称号的企业;2001年获中国食品工业协会"中国名优食品"称号。地址:贵阳市解放路15号　邮政编码:550001　电话:(0851)5525267　5507875

【贵州茅台酒厂有限责任公司】

现有员工6 000余人(其中股份公司3 496人),拥有总资产26.45亿元。是国家一级企业、特大型企业,全国白酒行业惟一荣获金马奖的企业,是全国质量效益型先进企业之一。集团公司以中国贵州茅台酒厂有限责任公司为核心企业,有3个全资子公司(进出口公司、香港茅台贸易公司、习酒有限责任公司),5个控股公司(贵州茅台酒股份有限公司、贵阳茅台大厦、茅台威士忌公司、遵义啤酒有限公司、茅台装饰公司),5个参股公司(贵州久远物业公司、珠海龙狮瓶盖有限公司、保健饮品开发公司、尊荣贵宝公司、南方证券公司)。茅台酒历史悠久、源远流长,先后14次荣获国际金奖。现在,茅台酒产量已达到年产6 000吨能力,并形成了多品开发、全方位发展的格局。43°、38°、33°茅台酒拓展了茅台酒家族的发展空间;茅台王子酒、茅台迎宾酒、茅台醇、茅台不老酒满足了大众消费群的需要;15年、30年、50年、80年茅台酒填补了我国极品酒的空白。地址:贵州省仁怀市茅台镇　邮政编码:564501　电话:(0852)2386004　2386037　传真:(0852)2386005

【贵州茅台酒厂(集团)习酒有限责任公司】

是贵州茅台酒厂(集团)于1998年10月成立的全资子公司,享有独立法人资格,实行独立核算,自主经营,自负盈亏。公司的前身贵州省习水酒厂创建于1962年,公司现属国家大(二)型企业,在册职工1 700余人,其中大中专毕业生和各类专业技术人才600余人。占地面积近184公顷,建筑面积35万多平方米,年生产能力15 000吨。公司产品主要有星级系列习酒、茅台液、习水大曲、东方之子、盛世名酒、六冠王等20多个品牌。在全国白酒行业中公司首创了"星级质量管理模式",推出了5年陈酿三星习酒、10年陈酿五星习酒等星级品牌,并完善了一星、二星、四星及其他习酒、习水系列产品品牌。企业曾获全国"五一劳动奖状"并荣列中国工业企业500强,主导品牌"习酒"、"习水大曲"系列先后荣获国内外各种大奖40余次。地址:贵州省习水县习酒镇　邮政编码:564622　电话:(0852)2691188　2691017　传真:(0852)2691017

【贵州振业董酒股份有限公司】

前身为贵州遵义董酒厂,建于1957年。1994年进行了股份制改造,成立了贵州振业董酒股份有限公司。现有职工2 000人,属国家大(二)型企业。公司所生产的董酒有别于酱、浓、清、米香型酒,因舒适药香和爽口微酸而别具一格,根据国家评委意见,将董酒列为"其他香型"代表,并以此制定"其他香型"酒国家标准。1959年董酒即被评为贵州名酒,轻工部优质产品。1984年获轻工出口产品金奖,中国首届文化节中国文化名酒称号,首届中国食品博览会金奖。1963年在全国第二届评酒会上,被评为中国名酒,跨入中国八大名酒行列,荣获金质奖。1979年在全国第三届评酒会上,以"其他香型"之首,再次评为中国名酒,荣获名酒证书。1983年国家将董酒工艺、配方列为科学技术保密项目"机密"级,1984年在全国第四届评酒会上第三次评为中国名酒,荣获金质奖。1989年,在全国第五届评酒会上,董酒第四次被评为中国名酒,荣获金质奖。1996年国家保密局又重申董酒工艺、配方为国家机密。近几年,董酒公司着重调整产品结构,大力开发新产品,目前已成功的研制出董酒浓香型系列产品和董香型新品——"黔龙出山",今年上市的百年二代董酒新品,以"黔龙出山"为代表。随着市场的拓展和科技水平的提高,系列新品将在近期内相继问世。地址:贵州省遵义市　邮政编码:563000　电话:(0852)8223320　8228983　传真:(0852)8227319

【贵州青酒集团有限责任公司】

位于风光秀丽的中国风景名胜㵲阳河畔的全国历史文化名城——镇远,现有职工2 500余人,占地面积54公顷,其中绿化地14公顷。公司一直坚持以"产业布局合理化,产品结构多元化"的开拓道路,以酒业为龙头,多元化经营,形成以生物工程、包装物生产、运输、种植、养殖及食品加工、旅游、广告、房地产开发、餐饮食宿服务等一体化的产业结构,优势互补,增加企业实力,壮大经营规模,具有十分广阔的发展前景。现公司产值7.4亿元,税利1亿余元。2000年"青酒"完成了国营到民营的机制转换,完全根据市场经济的需要建立了新的运行机制,并根据市场激烈的竞争要求逐步建立符合时代要求的现代企业管理模式。目前,万吨白酒扩建工程已基本完成,企业的经营内容已经拓展到生物工程、生态建设、服务业、娱乐业、房地产开发、电子商务等方面，多门类多行业多种经营的综合性集团公司的雏形已初具规模。公司的战略发展目标是：在连续保持几年黔东南苗族侗族自治州第一利税大户的前提下，力争有更大的提高；5年内完善企业结构并上市融资；美化公司厂区建设，把厂区建设成为西南地区著名的生态工业示范园区；在10年内发展成为国内著名的集团公司并争取进入全国500强。地址：贵州省镇远县　邮政编码：557700　电话：（0855）5822158　5822088

【贵州醇酒厂】

成立于1984年，目前拥有职工3 000多人，总资产10亿元，平均每年上交国家税收5 000余万元。从1985年开始，酒厂进行了全方位改革和大规模技术改造，成功地将35°低度白酒贵州醇全面推向市场。1991年更名为贵州醇酒厂。在35°贵州醇酒的基础上，先后推出了28°、35°银装贵州醇，38°、42°金装贵州醇，52°、54°精酿贵州醇，42°南盘江酒等系列产品。2000年，奇香贵州醇产品获全国食品工业科技进步优秀新产品奖和全国食品工业科技进步优秀项目奖；2001年，奇香贵州醇通过了国家级鉴定；2001年，奇香贵州醇经国家食品质量监督检验中心检测和中国白酒创新品牌鉴评委员会评定，符合中国白酒创新品牌的荣誉称号。酒厂投资1亿多元建设的万吨贵州醇酒厂于1993年全面投产。1999年又投资3 000余万元，新建了3个生产车间，使年生产能力达到2万吨。酒厂目前在国内建有30多个销售公司。贵州醇酒厂1994年度被评为中国500家最佳经济效益工业企业饮料制造业第16位，中国贵州最大工业企业第28位，中国贵州最佳经济效益工业企业第6位；1998年获得中国进出口商品质量ISO9001认证证书；2002年建立的环境管理体系获准中国环保总局华夏环境管理体系审核注册，同时取得国家认可的国内认证证书（证书编号：5200/981774）和UKAS皇冠标志公司认可的国际认证证书（证书编号：147），标志着贵州醇酒厂通过了ISO14001国际环境管理体系认证，为企业进入国际市场获取了一张"绿色通行证"。目前贵州醇酒厂还发展了医院、铁路货场、建材公司、养殖场、果园、包装彩印厂、宾馆、商场、房地产开发公司、汽车运输等多种产业。地址：贵州省兴义市贵醇路60号　邮政编码：562400　电话：（0859）3218188　传真：（0859）3218002。

【贵州都匀毛尖茶集团公司】

成立于1998年，拥有近1 400公顷良种茶园和配套的茶叶加工厂房、名茶制作车间及茶机设备，是融农、工、贸一体化，生产、加工、销售一条龙的茶叶产业化集团公司，注册资金5 180万元。公司以生产全国十大名茶之一的"都匀毛尖茶"为主导产品，并生产高山绿茶、花茶、野生苦丁茶等系列产品。都匀毛尖茶是贵州省历史名茶，原产于贵州省都匀市之团山、黄河、高寨一带，分布于海拔1 100～1 400米的高山峡谷之间或缓坡丘陵地带，终年云雾缭绕，得天独厚的气候环境造就茶树新梢的持嫩性强，内含物丰富。早在明清期间"都匀毛尖"茶即为朝廷贡品，1915年获巴拿马万国博览会金奖，1982年在长沙全国名茶评比会上评为"中国十大名茶",1993年又获国际抗衰老食品博览会金奖,补誉为"茶中极品"。公司监制出品的三大系列产品均严格执行 DB52/336-91 国家标准,统一采用"黔匀"牌注册商标。地址:贵州省都匀市　邮政编码:558000

(十一)建材企业

【贵州水泥厂】

始建于1958年,是全国大型水泥生产企业和贵州省目前最大的水泥生产企业。全厂现有职工2 700余人,各类工程技术人员及管理人员300余人。拥有 $\varphi 4 \times 150$ 米、$\varphi 3 \times 100.98$ 米湿法回转窑生产线各1条,罗马尼亚引进 $\varphi 3 \times 88.68$ 米湿法回转窑生产线4条,设计能力年产普通硅酸盐水泥81.3万吨。年产42.5、42.5R型普通硅酸盐水泥81.3万吨,生产的42.5、42.5R型普通硅酸盐水泥双双获得贵州省名牌产品称号,并获得"采用国际标准产品标志证书"。同时,PO42.5、PO42.5R、PC32.5水泥的质量管理体系通过中国建材质量体系认证中心依据ISO9002标准进行的质量体系认证,"乌江"牌 PO42.5R 普通型硅酸盐水泥通过中国水泥房建材料产品质量论证中心的产品质量认证。产品远销沿海地区及东南亚各国及地区。多次荣获"重合同、守信用"单位称号,先后被评为贵州省优秀企业、全国水泥产品质量百佳企业、全国环保先进企业。为迎接西部大开发,为在西部大开发中寻求企业的大发展,本厂决定在黔东南自治州玉屏县大龙镇投资兴建年产20万吨的水泥粉磨站,以填补黔东南地区没有高标号水泥生产的空白,以满足黔东南自治州在西部大开发中的水泥需求。第一期工程10万吨,总投资1 000万元,投资回报率19%,投资回收期5.36年,现该项目已经启动,预计4个月建成投产。这是一个投资少、见效快的项目,诚望愿参加西部大开发的各界人士把握商机,与本厂[联系电话:(0851)3719051 3812760]合作投资共建贵州水泥厂大龙粉磨站。地址:贵州省贵阳市南明区花溪大道中段　邮政编码:550006　电话:(0851)3719094　3719061　3719086　传真:(0851)3812760　3813549　电子邮箱:cement@public.gz.cn　网址:http://www.chinesecement.com

【贵州水城水泥股份有限公司】

是由原贵州水城水泥厂改制而成的法人实体,始建于20世纪60年代末。经扩建后,现拥有62万吨的年生产能力,职工2 000人左右,属建材大(二)型企业,是目前贵州省实际生产能力最大的水泥生产企业。近30年来,该公司坚持不懈狠抓质量管理,形成了自己的品牌——"乌蒙山"牌系列水泥。公司拥有较强的技术力量,制定了完善的质量保证体系,并使之有效运行,确保从生产到服务的全过程处于受控状态,因而取得了显著的成绩——出厂水泥合格率、标号合格率、袋重合格率、认证产品P.O525R优等品率长期保持100%。公司自1983年开展QC活动以来,共有40多项QC成果在国家建材系统及省市QC成果发布中分别获得一、二、三等奖;1989年和1994年,该公司先后两次通过国家产品质量认证。1998年至今,公司大力开展贯标工作,按ISO9002建立了质量保证体系,于1999年12月通过了质量体系认证和第三次产品质量认证。地址:贵州省六盘水市钟山区响水河　邮政编码:553027　电话:(0858)8745202　传真:(0858)8745231　网址:http://www.gzscsn.gz.cn

(十二)交通、水利企业

【中国铁道部第五工程局(集团)有限公司】

前身是铁道部第五工程局,始建于1950年,是国家大(一)型建筑施工企业,拥有15个控股子公司、8个分公司。公司总资产近50亿元,有各种国产和进口大型机械设备约4 000台,总价值7.2亿多元,总功率22万多千瓦。公司年生产能力50亿元以上,主要从事铁路、公路、机场、水利、市政工程、工业与民用建筑等各类土木工程和铁道电气化、建筑装修、给排水、通信、信号、电力等建筑安装工程施工,享有对外经营权。公司先后成立了旅游公司、药业公司、网络公司、房地产开发公司,参股厦门雅迅公司、海通证券公司,并投资参股渝临公司的开发建设,为公司的发展奠定了良好的基础。于1999年底通过ISO9000国际质量体系认证。1994年,公司被评为全国建筑行业"百强企业",在全国100家最大经营规模的铁路、公路、桥梁、隧道行业企业中名列第6位。1997～1998年、1998～1999年连续两次在国家统计局公布的"全国建设系统经营业绩百强企业"中名列第2位。1998年7月,公司受到国务院表彰,成为全国14家先进企业和单位之一。1999年4月,获"全国优秀施工企业"和15年来"全国最佳施工企业"称号;5月,荣获全总"五一劳动奖状";同年被评为中国形象AAA企业。2000年被中国施工企业管理协会评为"全国质量效益型先进施工企业"。在50年的发展历程中,公司承建的衡广复线南岭隧道获国家建筑行业最高奖——鲁班奖,衡广复线全区段获国家建设工程银质奖;京九铁路麻城区段站等工程被树为优质样板工程,参建的阜九段获鲁班奖。公司创造了本行业中的一系列"第一":有集高瓦斯、高地应力、大涌水为一体的"天下第一险洞"南昆铁路家竹箐隧道;有世界最长、半径最小的我国首座铁路弯梁桥板其二号大桥;有挡墙高度、锚索数量及土石方量均为世界第一的石头寨锚拉式桩板墙;有瓦斯含量居全国公路隧道第一的成渝高速公路中梁山隧道;有当时跨度居亚洲公路隧道第一的广州白云隧道和亚洲第二大悬灌连续梁桥嘉陵江马鞍石特大桥;有东南亚最大的上海扬高路煤气柜座等。地址:贵州省贵阳市枣山路23号　邮政编码:550003　电话:(0851)6823392　电子信箱:twxin@pubicl.gy.gz.cn

【中国水利水电第九工程局】

前身为贵州省猫跳河水电工程指挥部,建立于1958年7月。1959年水电九局完成了由贵州省水电厅直属水电建设管理机关向水电施工企业的过渡。1965年6月8日,经水利电力部水电总局批准,贵州水利电力厅水电工程局正式并入水利电力部直属企业建制,1969年7月,"水利电力部贵州水力发电建设公司"更名为"水利电力部第九工程局"。1998年作为水利电力部的子公司企业直属其管理，正式更名为"中国水利水电第九工程局"，属一级水电施工企业，全国500家最大规模建筑企业之一。拥有职工12 000余人，专业技术人员1 800余人，教授级高级工程师、高级工程师、高级经济师、高级会计师130余人，拥有大中型施工机械设备3 000台(套)，总资产9亿元。在长期的建设实践中，水电九局逐步形成了以水电施工为主，工业与民用建筑、公路、堤防、机械加工多业并举的经营格局，发展成为一个技术力量雄厚、施工经验丰富、装备先进、能够从事多种产业的大型企业，并积累了一整套在岩溶地区修建水电站的施工经验，能够承担大型水电站土建、机电、金属结构与安装工程，大型调压井及地下洞室群施工，火电厂建筑与安装工程，220千伏输变电站设计、施工和安装工程，大型压力钢管制作与安装工程，公路、桥梁、工业与民用建筑施工工程等。40多年来，水电九局成功地完成了贵州岩溶发育的猫跳河全流域梯级开发，建成了红枫湖、百花、李官、修文、窄巷口、红林、红岩7座坝型各异、质量上乘的、被称为水电博物馆的梯级水电站；参与了乌江渡和天生桥一、二级等大型水电站建设；在全省范围内建成了10余个中小型水利水电工程；以总承包方式，独立完成了国家重点工程——东风水电站建设任务，创造了一年投产两台大型机组的国内最好成绩；还转战祖国大江南北，参与了青海龙羊峡、四川渔子溪、龚嘴、吉林白山、红石等大型水电站的建设，完成了湖北朝阳寺水电站、王甫洲枢纽工程、三峡专用公路、云南海棠水库、玉溪红旗水库、平甸河水库、海南通什梯级电站、浙江温州赵山渡水利枢纽、湖南湘江大源渡枢纽、河北丰宁水电站等建设任务，并远征伊拉克、突尼斯、刚果、伯利兹等国，完成了多个援外工程建设任务。地址：贵州省贵阳市　邮政编码：550000　电话：(0851)6851139　传真：(0851)6850338　电子邮箱：gzwjgs@china.com

【贵州省公路工程总公司】

国家建设部核定的公路工程施工总承包一级企业，交通部主营公路施工一级资信登记企业，前身是交通部第一工程局第一、第二工程处。2001年施工产值近12亿元。公司现有任职工1 616人，其中技术人员653人，获高级职称技术人员37人，中级技术人员167人，拥有从总资产达6亿多元。所建项目一次验收优良率达100％。1999年通过ISO9002国际质量体系认证。资金信用被中国建设银行贵州省分行评为AAA级企业。1999年被授予"全国五一劳动奖状"。2001年10月经国家外经贸部批准，获对外经济技术合作经营权和进出口权。2002年4月被中国资信评价中心、中国调查统计事物所评为"中国建设系统AAA"级企业。是贵州交通战线上一支能征善战的钢铁劲旅。地址：贵州省贵阳市白云大道南段305号　邮政编码：550008　电话：(0851)4840868　传真：(0851)4842885。

【贵州省桥梁工程总公司】

始建于1959年，隶属于贵州省交通厅公路局，是公路工程施工总承包特级企业。主营公路、桥梁、隧道等。公司有对外经营权。现有固定资产3.57亿元，注册资金3亿元。从业人员2 710人，各类专业人员483人，其中具有高、中级职称321人。有各类大型公路、桥梁施工机械1 500余台(套)。先后修建了各种等级的公路41余条，隧道6个，各类大、中型桥梁188座，优良率均在85%以上。1999年通过ISO9002国际质量标准体系认证。公司创造性的筑路建桥技术多次荣获国家和省级科技成果奖。其中：贵州江界河大桥，主跨330米，是目前世界上最大跨径的预应力混凝土桁式组合拱桥，获1997年国家科技进步二等奖、1996年贵州省科技进步一等级、2000年首届"中国土木工程(詹天佑)大奖"；广东南海的三山西大桥，主跨200米，为中承式钢管混凝土拱桥，当时属国内同类型桥梁之首，其吊桥式缆索吊装施工方法获1997年贵州省科技进步二等；贵遵公路中段的乌江大桥，是当今世界上第一座PFG连续加劲梁双塔双索面吊拉组合预应力薄壁箱梁桥，广州东西环线的广州丫髻沙特大桥，其主跨360米在世界同类桥梁中名列第一，在国内也属首例。公司是一家在国内具有一定影响的桥梁公路建筑施工企业。地址：贵州省贵阳市黔灵西路36号　邮政编码：550001　电话：(0851)6850987。

【贵阳市公共交通总公司】

始建于1951年，当时名称为："贵阳市公共汽车管理处"，后为"贵阳市人民汽车公司"、"贵阳市公共汽车公司"，1995年改名为"贵阳市公共交通总公司"。公司现有职工7 200余人，总资产218 414.10万元，拥有运营汽车1 383辆，市、郊线路73条。2001年完成营运里程9 769万千米，客运28 633万人次，票款收入1.96亿元，多种经营收入3 641万元。公司实行三级行政管理、一级财务核算的管理体制，从1995年至今，公司先后进行了生产建制、乘车方式、成本管理、服务质量、用工制度、精简机构、分配制度、保修体制、财务体制、安全管理"十大改革"，取得了较好的经济效益和社会效益。职工人年均收入从1995年的3 800元上升到2001年10 000元，妥善安排了1 400多名职工转岗再就业。没有一个职工下岗，没有将一个职工推向社会。1998年全国省会城市及直辖市31家公交公司只有3家有利润，本公司被人民日报称为"共和国城市公共交通史上的奇迹"，中央电视台曾4次专程采访报道。地址：贵州省贵阳市瑞金南路95号　邮政编码：550004　电话：(0851)5962093

(十三)制药、食品企业

【贵州神奇集团】

创建于1990年。当时是一个生产单一产品的小厂，现发展为大型集团企业。有职工2 000余人，其中具有高级职称的技术人员及管理人员136名，大专以上文化程度员工占正式职工人数的55%以上。公司总资产超过20亿元，拥有11个子公司。集团麾下五大药品生产基地均按GMP标准设计及建造，其中具备GMP生产系统的神奇制药总厂贵阳基地以生产中成药为主，迄今为止已开发出16个剂型、200多个品种，药品年销售额达7亿元、生产规模已突破10亿元。公司产品除全国知名的"脚癣一次净"、"枇杷止咳冲剂(露)"外，还拥有16个剂型近170个品种，产品荣获国内国际大奖50余项，并出品远销30多个国家和地区。其中,公司所生产的"神奇止咳露"已通过 EDA 进入美国市场。公司以高科技为方向,在继承、发展民族药,实现中药生产全面现代化的同时,积极提高产品的科技含量,不断追求产品结构的最大优化。公司几年前建立了自己的药物研究所,引进了全国数十位药学专家在此进行新产品的研制、开发工作,迄今已开发出包括治疗心脑血管疾病药物(如复方丹参制剂)、抗肿瘤特效药(如奇宁注射液)、消化系统药物、呼吸系统药物、头孢系列粉针剂等在内的多种新特药品。公司注意横向联合,与国内外许多科研机构和大专院校建立了长期的科研、技术合作关系。1999 年底生产厂通过了国家药品监督管理局 GMP 认证。已跻身于全国大型制药企业行列,从而使贵州神奇集团成为以制药为龙头,跨多个行业经营的集团公司。目前的神奇集团已形成多元化、国际化的良好发展格局,在美国和香港等地设立了公司,拥有了四星级的贵阳神奇假日酒店及三星级的神奇星岛酒店,业务已涉及化工、电子、印刷、房地产、酒店、百货、饮料等行业,1998 年集团产值达 5.8 亿元,实现利税 0.8 亿元。集团未来计划:①将在贵州铜仁地区建立 6.67 万公顷中药种植园,形成种植、采集、深加工和规范化包装的中药现代化生产基地,占领中药原药的国际市场。②在贵阳市建立我国第一家集科研、生产、科普、旅游观光为一体的中药博物馆。③新建全国 OCT 队伍,计划投入 10 个以上 OCT 产品,使 OCT 销售额在 3 年内达 5 亿元。④逐步争取集团公司 11 个子公司中能有一个上市。地址:贵州省贵阳市北京路 1 号　邮政编码:550004　电话:(0851)6768888　传真:(0851)6770701

【贵州老来福药业有限公司】

是国际化天然药物制造企业,制造四大系列、20 多个品种的中、西成药和保健品。公司已成功地进入国际市场,创办了澳大利亚 LONG LIFE 药业公司、美国 LONG LIFE 公司,承接海外业务,并与日本著名企业株式会社 NXT 进行全面技术合作,共同开拓欧洲市场。目前,产品已销往日本、美国、韩国、加拿大、澳大利亚、德国、俄罗斯、蒙古、泰国等国家和我国香港、台湾等地区。主要产品有黑骨藤追风活络胶囊、爱福宁合剂、老来福口服液、得尔胶囊、泻停胶囊等。其中黑骨藤追风活络胶囊是世界中医骨伤科联合会推荐产品,获多项国内外大奖,市场占有率居同类品种前列。爱福宁合剂是国际活性抗癌物质研究中心的监制推荐产品,由日本国株式会社 NXT 提供活性保鲜技术,是理想的天然抗癌药物,是我国少数获准进入欧洲临床应用的药品之一。得尔胶囊是从美国引进处方的抗感冒新药。泻停胶囊是治疗腹泻、痢疾的良药,畅销于全国各地。公司立足于利用贵州山区丰富的野生药物资源,开发高科技含量的新产品。公司采用现代化工艺设备,是国家和省全面质量管理达标企业、民族医药工业重点企业、重合同守信用单位。地址:贵州省贵阳市花溪大道南段　邮政编码:550025　电话:(0851)3623333　传真:(0851)3623888　网址:www.longlife.com.cn　电子邮箱:llf@public.gz.cn。

【贵州益佰制药责任有限公司】

新型的药品生产、经营高新技术企

业,现有职工468人,其中高级技术人员6人,本专业技术人员48人,大专以上文化298人。现有总资产1亿元,净资产4 800万元。公司以发展民族制药工业为主,主要产品分为八大类别、3种制剂共20余种产品,有克咳胶囊、胃肠灵胶囊、丹灵心舒胶囊、灵芝胶囊、奥林胶囊、紫珠止血片、布洛咖啡片、产后逐瘀片、爱迪注射液、杏丁注射液、复方退热注射液等。地址:贵阳市白云大道220－1号　邮政编码:550008　电话:(0851)4849586　4849590　传真:(0851)4851519　网址:www.yibai.com

【贵州益康制药有限公司】

集医药产品研究开发、生产和销售为一体的专业化股份制公司,1999年5月在贵州医药行业首家通过国家GMP认证。独家承办了由国家药品监督管理局及所属中国药学会主办的"'99中国药学会学术学会"。公司下设贵州益康医药销售公司和贵州益康制药厂,现以贵阳为经营管理、销售中心,建起全国29个省、市、区逾百个地区城市的销售网络。1998年7月经中华人民共和国对外贸易经济合作部批准获准自营进出口权。"益康制药"立足于云贵高原优质野生中药材,先后开发生产了EAKAN(益康)"全天麻胶囊"、"杜仲胶囊"、"肝舒片"、"血脉通"、"益康升血肽"和"盐酸曲马多缓释胶囊",现正进行国家一类新药的临床研究。面对现代医药科技的迅猛发展,"益康制药"不断加强自身建设,努力学习,更新观念,建立严谨的管理体系、科学的管理模式,运用现代手段对公司实行全方位微机管理。公司适时调整发展战略,逐步形成以制药业为主导,带动相关行业发展,并汇聚一定规模的集团化企业,不断增强市场竞争力,力争进入中国制药业先进企业的行列。地址:贵州省贵阳市延安东路3号智诚大厦A座7层　邮政编码:550001　电话:(0851)6856018　6855718　6855332　6854318　传真:(0851)6836945　电子邮箱:eaknco@publicl.gy.gz.cn

【贵州奔驰动物药业有限责任公司】

贵州奔驰动物药业有限责任公司于1995年3月经贵州省农业厅批准成立,是集科研生产、销售为一体的兽药、饲料、添加剂生产企业。为了充分开发利用贵州丰富的中草药资源,公司成立伊始,即以省内著名的10余名兽医专家教授为依托,经原贵州省省科学技术委员会(95)32号文件批准,成立"贵州奔驰兽用中药研究所"。到目前为止,奔驰动物药业公司已研制、开发、利用40余个疗效高、成本低、经济效益显著的兽用中草药针剂和散剂。公司现有固定资产600余万元,职工280余人,其中教授4人,现生产70余种产品,其中创新产品中药制剂复方氨胆、热毒清和消炎注射液分别获得原国家科委1995年中国国际新技术名优产品博览会金奖、银奖和铜奖。地址:贵州省贵阳市花溪区小碧乡营盘村柏腊山16－1号　邮政编码:550005　电话:(0851)3900699　3900688

【贵州润丰(集团)实业有限公司】

国家中型企业,以塑料加工及制药业为主业。此外,还有房地产、药品包装等相关行业。全公司现有固定资产净值1.2亿元,自有流动资金5 600万元。1999年各类产品产值共1.65亿元,实现销售收入1.6亿元,利税987万元。贵阳润丰制药有限公司建立于1992年10月,是贵州润丰(集团)实业有限公司与贵阳医学院联办的"产学研结合"的生产基地,属股份制乡镇企业。现有技术管理人员18人,其中有高级职称者4人,中级职称者7人。在生产工艺、技术管理、技术开发等方面具有较强的实力。1999年销售收入1 000多万元。制药公司生产药品及保健药品22种,其中有5种丹蓝系列口服液通过了美国食品药品管理局(FDA)、新西兰医药管理署、巴林卫生署、香港卫生署验证,批准进入美国、新西兰、中东及香港市场。这些药品自1996年6月开始进入美国市场以来,每月均有恒定出口,为国家创汇30多万美元,被贵州省科学技术厅评定为高科技产品,并获贵阳市科技奖。英国市场已于1999年12月开始启动,澳大利亚市场也相继拓展,国际市场迅速扩大。1998年公司获国家药品监督管理局批准生产4种国药准字号药,即心可宁胶囊、腰息痛胶囊、热炎宁冲剂、石淋通片。前两种药品已投入国内市场,1999年销售额达3 500万元。此外,公司的其他产品的销售量也正迅速增长。为了适应国家对药业的要求,求得进一步的发展,公司正按GMP的标准进行改建。地址:贵州省贵阳市金关　邮政编码:550008 电话:(0851)4850915　传真:(0851)4841714

【贵州信邦制药股份有限公司】

创建于1995年。公司立足于传统中医药学,以贵州高原纯天然中药材资源为优势,用国际先进的制药高科技,运用现代化生物工程和先进制剂技术,开发研制生产的防治心血管病的新药。2000年年初,信邦制药率先在省内制药行业完成了股份制改造,成为制药行业第一家股份有限公司,同年完成GMP生产线技改,获GMP标准体系认证证书。2001年公司进入上市辅导期,现即将正式上市。龙头产品有"银杏天宝"、"益心舒胶囊"、"六味安消胶囊"等。其中,银杏天宝是以银杏叶中的天然活性物质为原料,参照德国斯瓦贝公司、法国益普生公司有关技术标准,利用高新技术研制的纯天然药物。是国家二级中药保护品种,国家基本药物——中药制剂品种,荣获"贵州省名牌产品"称号。地址:贵州省贵阳市瑞金北路75号天源大厦　邮政编码:550001　电话:(0851)6836510 6836501　传真:(0851)6839494　网址:http://www.xinbang.com　电子邮箱:xinbang@xinbang.com

【贵州威门药业股份有限公司】

贵州威门药业股份有限公司是一家集科研、生产、销售为一体的股份制高新技术企业,位于贵州省贵阳国家高新技术产业开发区内,注册资本3 200万元,总资产12 000万元。公司现有员工370多人,具有大专以上学历的260多人。公司自1996年12月创建以来,始终坚持"为人类健康奋斗不息"的目标,明确了"威门人"的基本行为规范,做事讲"诚信",做人讲"仁爱",把它们永远贯穿于"威门人"的工作和生活中,从而保持了健康、稳定的发展势头,每年均以较大的增幅高速成长。拥有控股公司:贵州威门医药销售有限公司;贵州威门苗族医药研发有限公司;贵州威门大药房有限责任公司。拥有国家中药保护品种"威门热淋清颗粒"、"威门胃药胶囊"、"威门慢肝养阴胶囊"和国家社保甲类药物产品"威门川芎茶调颗粒";有按 GAP 规范种植的中药材示范试验基地;产品营销网络健全,并拥有自营进出口权,在中国除台湾地区外 30 多个省、市、自治区的 300 多个大中城市均有办事处或销售点,产品在销往东南亚国家和地区的同时,积极向其他国际市场推进。由于公司自成立以来,每年平均以较高的增长实现了跨越式发展,被贵州省中药现代化领导小组纳入"十·五"期间重点支持和培育的企业之一。根据公司的发展现状及社会的需求,公司制定了"以深层开发贵州独有的道地中草药资源为一条主线,以 GAP、GCP 及 GLP、GMP、GSP、资本运作为联动,实现特色化、规范化、标准化、产业化、国际化、高效化"的发展战略。保证公司实现可持续跨越式的发展。推动我国中药现代进程。地址:贵州省贵阳国家高新技术产业开发区新天园区　邮政编码:550018　联系电话:0851 - 6300666　　6303189　传真:0851 - 6300777　网址:www.warmen.com　电子信箱:xmb@warmen,com

【贵阳南明老干妈风味食品有限责任公司】

成立于 1996 年,注册资金 1 000 万元。企业厂房占地 5 000 多平方米,现有职工 300 余人,其中具有中级以上职称的管理、技术人员 20 余人,大专以上文化程度 26 人。公司已建成日产 15 万瓶辣椒制品的生产体系,成为以生产风味豆豉、风味油辣椒、鲜牛肉末辣椒、风味腐乳为主,在省内有近 10 余个系列辣椒制品的生产及销售企业,成为贵州省辣椒制品企业的龙头,在全国都具有较高的知名度。1997 年至 2000 年,企业销售收入累计实现 3.4 亿元,4 年上缴国家税收共计 4 379 万元。"陶华碧牌老干妈"已成为在全国享有较高知名度的品牌,产品畅销全国各地,并在北京、天津、石家庄、广州、长沙、上海、大连、哈尔滨、南京、重庆、成都、武汉、福州、海口等 65 个大中城市设有省级、市级代理。并成功出口美国、意大利亚、加拿大、日本、德国、东南亚等国家和地区。企业不仅在自身发展,同时还带动了玻璃制品、纸箱、印刷、油菜、辣椒种植等相关配套产业及地方特色产业的发展,为贵州的地方经济建设做出了贡献。公司在全省众多辣椒制品企业中一枝独秀,成功地走出了一条顺应市场、发展"轻量化"终端产品的道路。2000 年分别被中国农业部、中共贵州省委、省人民政府评为"全国乡镇企业质量管理先进单位"、"贵州省发展非公有制经济明星企业"、"贵州省 1999 年度发展乡镇企业先进企业"。迈进新世纪,企业以"巩固国内市场,扩展国际市场"、"争创全国一流产品"为经营思想,继续深化企业内部管理,加大企业内部整改力度以适应市场的需要,力争继续保持良好的势头,为使公司进入全国优秀民营企业行列而努力奋斗。地址:贵阳市南明区龙洞堡见龙路 138 - 15 号　邮政编码:550012　电话:(0851)5400468　5402220　传真:(0851)5402220

【贵州贵宝(集团)股份有限公司】

成立于 1996 年。注册资本 5 000 万元。下属 4 家子公司总资产达 2 亿多万元,净资产 5 000 多万元,有 1 000 余名员工。其中,贵州贵宝绿色产业股份有限公司是 1997 年成立的,并于 1998 年 4

月兼并了贵州省最大的饮料厂——贵阳龙泉食品厂,形成了年产8 000~10 000吨饮料的生产能力。贵宝绿色产业公司在原有猕猴桃果汁、刺梨果汁、高维果汁的基础上,于2000年6月、2001年初相继推出ACE果汁、野木瓜果汁、葡萄汁3种新品,目前贵宝系列产品已销往全国十几个省市区,实现销售收入近5 000万元。自该公司成立以来,贵宝系列产品先后荣获"中国名牌产品"、"贵州省名牌产品"、"国家质量达标产品"等称号,并于1999年2月通过ISO9002国际质量认证。贵州贵宝药业有限公司是通过收购贵阳奇正制药厂成立的,目前已开发生产"贵之宝"含片、"贵之宝"牛黄解毒胶囊等系列产品。贵州贵宝猕猴桃产业有限公司主要从事基地建设及原浆供应,目前通过自建、联建、联营等方式形成了2 533.3公顷的猕猴桃基地,为公司的饮品生产提供了原料保障。贵州贵宝生物新技术开发有限公司是由日本岛本酵素菌株式会社与贵宝集团共同投资成立的,主要生产"贵宝"牌酵素菌肥料系列产品。公司运用先进的经营理念和独特的经营模式,大力开发以猕猴桃为主的绿色资源,成为一个现代化企业集团,是贵州省绿色产业的龙头企业。贵州贵宝(集团)股份有限公司已取得较好的社会效益和经济效益。在中共贵州省委、省人民政府的支持下,公司正向农业产业化上市公司迈进。地址:贵阳市中华中路152号驰宇大厦16楼　邮政编码:550001　电话:(0851)5805688　传真:(0851)5805756

【遵义天楼野木瓜有限公司】

位于贵州省正安县,是中国惟一的自己拥有333.3公顷原料基地和专业化、产业化开发野木瓜的私营企业。公司从1992年开始,在当地政府的大力支持下,建立野木瓜种植基地105个,种植面积333.3公顷,覆盖2万多农户7万多人口,公司以20年保护价包收包交的合同方式与农户建立了产销关系。1996年,国务院发展研究中心、中国特产专业委员会授予正安县"中国野木瓜之乡"称号。野木瓜高效示范基地被国家农业部列入2001年南亚热带作物专项事业经费项目计划。基地从1997年起开始逐年进入产果期,预计2006年,基地野木瓜鲜果产量可达5万吨。公司总投资3 500万元,建有6 000平方米标准生产厂房和1 800平方米附属建筑,已建成年产100吨蜜饯生产线和6 000吨饮料的生产线各1条。工厂占地17 000平方米。公司现有总资产6 800万元。现有管理干部、技术人员和生产工人150人,设有7个管理部门。公司与建立在北京的专家组合作,利用高科技手段开发野木瓜系列产品。现生产野木瓜系列产品10余种,其中主要产品天楼牌野木瓜饮料、天楼牌野木瓜蜜饯是农业部绿色食品发展中心批准的绿色食品。野木瓜系列产品因产自贵州无污染的深山,以其纯天然、营养丰富、风味独特、无添加剂的特性,深受消费者青睐,多次在全国和香港获奖。公司计划总投资2.8亿元,发展种植13 333.3公顷野木瓜,使20万农户致富,为西部产业化开发生态农业,为长江流域水土保持工程做贡献,并为地方政府提供5 000万元的特产税,创工业产值40亿元,税利10亿元。公司愿与国内外同仁本着互利互惠的原则共同开发利用中国西部独有的中药野生资源，欢迎有实力的合作伙伴，共同开发野木瓜，创造世界级品牌。地址：贵州省遵义市正安县上坝开发区　邮政编码：563400　电话：(0852)6422470　6420888　传真：(0852)6422492

【贵州牛来香实业有限公司】

属股份合作制企业，目前拥有职工180人，企业所获主要荣誉有：贵州省著名商标，全国食品科技进步优秀项目，全国食品行业质量效益型先进企业。企业经营范围：牛肉干系列产品加工，橡胶，塑料、机械加工。主要生产"牛来香"牛肉干系列产品，年产500吨；"牛来香"真空软包装系列产品，年产300吨。产品先后评为贵州省名牌产品和第一至四届中国农业博览会名牌产品。地址：贵州省安顺市西航大道　邮政编码：561000　电话：(0853)3412400　传真：(0853)3410966

【贵州永红食品有限责任公司】

股份制企业，1984年创建，注册资金1 000万元。公司立足于多元化、集团化发展战略，以牛头牌牛肉干生产经营为主业，涉及酒店业、建材业和房地产业，下辖粤红房地产开发公司、永发分公司、金穗酒店、惠龙酒店等6家企业，年销售额逾5 000万元，总资产达1.1亿元，初步构成了集团化的框架。公司采用产、学、研模式，组建了永红食品科研所。该科研所云集省内各高等院校食品工程、食品科学和肉制品研究的专家，并以他们的技术为依托，积极开展技术攻关和新产品研发方面的工作。公司在当地政府的帮助和指导下，采取"公司加政府加基地加农户"、公司带基地、基地带农户的现代农业产业化经营模式，建有667公顷育肥场。该育肥场远离城区，地处高山平台地势，无公害、无污染，天然的草山、草坡及牧草资源十分丰富，一年能为公司提供20 000头优质肥牛，进一步提高和稳定了产品质量，增强了产品的竞争力，同时还带动了当地群众走上了脱贫致富之路，有效地促进了地方经济和扶贫事业的发展，被中共贵州省委、省人民政府命名为贵州省农业产业化经营重点龙头企业。公司生产的"牛头牌"牛肉干系列产品，采用贵州高原鲜活牛肉配以10余种天然辅料精制而成，并经严格的检疫、检验，达到国家食品卫生各项指标。从开创品牌至今，享有"牛肉干三联冠"的美誉。产品畅销全国，远销俄罗斯等国家与地区。"牛头牌"系列产品由中国人民保险公司给予质量保险，长期被中国国际航空公司选定为国际航班的上机食品，上海浦江游览有限公司指定为中外游客上船配送食品，成为贵州省著名商标、贵州省名牌产品。近年来，公司又推出了辣椒系列产品。"牛头牌"系列产品在国内外食品权威部门举办的多次展评活动中喜获丰收，获金奖、银奖等奖项40多次，并被中共贵州省委、省人民政府连续三年评为"重合同守信用"单位、"2001～2003年贵州省名牌产品"、纳税百万元企业和贵州省著名商标等荣誉。公司将把握机遇、求实创新、真抓实干，争取5年内把"牛头牌"牛肉干系列产品打造成中国休闲食品行业中的知名品牌。地址：贵州省惠水县南门桥　邮政编码：550600　电话：(0854)6221888　传真：(0854)6222888

【贵州东峰集团独山盐酸菜厂】

成立于1956年,是一家已有40余年专业生产酱腌菜食品经验的企业,所生产的独山盐酸菜是用无公害、无污染的原料,经传统工艺融合现代科学的配方精制而成,是地地道道的纯天然食品。独山盐酸菜曾荣获国家轻工部等多项奖章,享有"中国第一素菜"的美称。1997年与独山东峰锑矿厂合并,参与组建贵州东峰集团有限公司后,借助集团公司的优势,在机械设备、土建工程、企业管理等方面有了长足的进步,并从贵州大学食品科学系、贵州工业大学轻工业系等招来数十名毕业生,与贵州大学食品科学系等共同组建独山东峰工业设计研究所,独立完成产品的市场调研、产品研制、试验、试用及电脑平面设计等,在不到一年的时间内推出独山风味菜、高原雪菜王等新产品,受到市场的欢迎;儿童健胃酸甜菜丁、辣椒酱、牛肉干等系列新产品即将推向市场。地址:贵州省独山县城关镇小河 邮政编码:558700 电话:(0854)3221320 3233598

【贵州潕阳神植物油有限公司】

系贵州省目前最大的油脂加工企业及食品生产厂家。拥有固定资产5 400万元,下设五里牌、蕉溪两个油脂加工厂及制瓶厂、纸箱厂、保健食用油厂、多种经营公司、贵阳进出口分公司。全套引进欧洲20世纪90年代最先进的生产设备及技术,能对菜籽、花生、黄豆、玉米等绿色植物的籽实进行深加工,其精炼产品的理化、卫生指标均达国际标准。能年产高档食用油14 250吨,其生产规模、管理水平、技术质量、监测系统、产品质量在贵州乃至全国油脂行业中均居于领先地位。公司拥有自营进出口权。公司下属的蕉溪分厂系专门用于桐油生产的厂家,1988年起就形成一条龙流水线生产规模,现年产优质桐油3 000吨,其产品远销欧美、日本、香港等国家和地区。食品公司具有贵州目前最先进的生产设备,能年产油辣椒1 200吨,红油及风味腐乳500吨,其他香料油150吨。"潕阳神"牌高级菜籽烹调油、高级调和油是选用苗岭山区绿色食品基地纯天然优质油菜、花生等为原料生产的集营养、保健为一体的植物油精品,该产品经脱胶、脱色、脱酸、脱蜡、脱臭、脱过氧化物等杂质精炼而成,内含丰富的维生素E、高度不饱和脂肪以及人体必需的氨基酸,不含黄曲霉素、胆固醇,各项理化、卫生指标均符合国家标准。曾先后荣获"中国公认名牌产品"、"中国妇女儿童喜爱产品"、"贵州省名牌产品"、"贵州省地产最畅销产品"、"中国食品行业名牌产品"称号和"中国第二届农业博览会金奖"、"96韩国第三届国际行业畅销产品博览会优质产品金奖",并被国家农业部授予"绿色食品"称号。地址:贵州省镇远县潕阳镇五里牌 邮政编码:557700 电话:(0855)5722596 5725197 5721898 传真:(0855)5722741

(十四)建筑、房地产企业

【贵州鸿基(集团)房地产开发有限公司】

系中外合资企业,是一家以房地产经营开发为主业的包括建筑、物业管理、广告、娱乐、木业、内燃机配件、汽车客运、IT产业等产业多元化的企业集团。

公司拥有资产近1.27亿元,年产值超过亿元。至2000年止,已累计完成开发面积超过10万平方米,近期约25万平方米地产开发项目正处于运作之中。目前,鸿基集团拥有员工总数近1 500人,公司本部设有七部一室,并下设建安公司、娱乐公司(曼哈顿城)、广告公司、物业公司、建材公司、木业分公司、内燃机配件分公司等7个分、子公司,并参股贵阳市客运有限责任公司(原贵阳市客运总公司改制),成为该公司的主要股东之一。同时,成立了以ERP管理软件开发为主的IT企业——深圳市索思科软件有限公司,公司开发建设了5万多平方米的鸿基花园品牌住宅小区;1998年,公司投资与贵阳市房屋经营开发建成贵阳市中心区首创欧陆风情三段式高层楼盘精品——富水花园;2000年起,又陆续投资开发位于贵阳市枣山路的鸿基都市花园一期项目——鸿基景苑、馨苑、桂苑(其中景苑26层,馨苑、桂苑为多层),并陆续实施占地5万多平方米、总建筑面积约20余万平方米的鸿基都市花园二期,小区位于黔灵山麓的新加坡滨海风情高尚社区;同时,位于贵阳市小十字的国际文化大厦也正处于土建施工阶段。1996~2000年连续5年被贵阳市人民政府授予"重合同、守信用"房地产开发企业。1997~1998年度被贵阳市人民政府评为"十佳外商投资企业"。2000年"鸿基都市花园"被贵阳市媒体及公众投票评选列入"十大明星楼盘"之一,目前正在开发的鸿基都市花园已荣获"第二届全国优秀人文环境社区"和在中国(贵州)房地产成功经营模式典范活动中推介为"高尚社区成功开发模式"两项荣誉称号。地址:贵阳市枣山路22号(贵运大厦3楼)　邮政编码:550003　电话:(0851)8103008　传真:(0851)8103078　网址:http://www.hjjt.com.cn　电子邮箱:great@public.gz.cn

【贵州虹祥房地产开发有限公司】

贵州省桥梁工程总公司的一家控股企业,成立于1993年,现已成为国家二级房地产开发资质企业。下属企业有贵州虹祥物业管理有限公司。虹祥地产先后成功开发了马王庙龙坝巷住宅小区8栋4万平方米;延安巷住宅小区6栋3万平方米;贵州交通监控中心17层大楼2万平方米;虹祥大厦32层大楼3万平方米;新华大厦22层大楼2万平方米;白云七彩湖B地块项目(待建)7万平方米。虹祥地产坚持"稳健、规范、创新、双赢"的经营理念,全体员工秉持"创精品物业,树人本服务"的企业宗旨,在贵阳房地产市场的激烈竞争中开创着自己的企业风格,树立了良好的市场口碑与品牌形象。地址:贵州省贵阳市黔灵西路36号桥梁大厦7楼　邮政编码:550001　电话:(0851)6851664　6850224　电子邮箱:hx@gzhx.sina.net

(十五)其他

【贵阳市供水总公司】

国有大(二)型公益性企业。有职工1 018人,其中管理人员172人,技术人员57人;固定资产3.1亿元,流动资产5.8亿元。市区DN100以上的输水干管740余千米,日供水能力65万吨,供水面积54.86平方千米,出厂水水质综合合格率99.5%。公司始建于1938年,当时名称为"贵阳市水利林牧股份有限公司",1953年更名为"贵阳市自来水公司",1996年更名为贵阳市供水总公司,1998年、1999年动工新建了日供水40万吨的西郊水厂和日供水10万吨的北郊水厂,2003年全市日供水量将超过100万吨,2005年实现贵阳供水"一户一表"制。地址:贵州省贵阳市延安中路16路

邮政编码:550001　电话:(0851)5283186　传真:(0851)5280769

IX 历史文化信息

一、贵州史事

【唐蒙通夜郎】

汉武帝建元六年（公元前135年），番阳令唐蒙奉命出使南越，在当地尝到蜀产枸酱，当即联想到政治军事方面的问题。后唐蒙上书汉武帝，提出通夜郎伐南越、以夷制夷的计策。汉武帝很欣赏唐蒙的计策，即封他为中郎将，带领1 000多名随行人员和大量粮食、缯帛（绸缎）出使夜郎。唐蒙会见了夜郎侯多同，"喻以威德，约为置吏，使其子为令"。夜郎侯及旁小邑贪汉缯帛，又认为"汉道险"，不会长期据有夜郎地，因此表示听从约束，让汉王朝派遣官吏。唐蒙还报汉武帝，计划一面设犍为郡，以鳖为郡治，一面开辟交通，设置邮亭。鉴于汉和夜郎之间的道路遥远，山川阻隔，为了加强统治，唐蒙奏请汉武帝同意，调巴、蜀数万兵卒修筑从僰道（今四川宜宾西南）直指牂牁江的道路。可是因山崇岭峻，气候和生活条件恶劣，花费巨万钱财，经过两年，道路还是没有修通，遭到朝廷官员和蜀民的批评，不得不停止。唐蒙的筑路计划虽未全部实现，但道路交通略有改观，尤其是沿交通线设置邮亭这种官方通讯机构，加强了中央与夜郎地区的联系。这以后，西汉王朝对夜郎的控制时紧时松。汉武帝元朔三年（公元前126年），西汉政府曾采纳御史大夫公孙弘等人的建议，暂时放弃西夷，在南夷地区设置夜郎、且兰两县，由一都尉管理。夜郎西南面的南越曾一度以财物役属夜郎，夜郎的统治者也曾对其有所依仗。汉灭南越后，汉武帝于元鼎六年（公元前111年）再次派唐蒙出使夜郎，开牂牁，以吴霸为太守。唐蒙以重币喻告诸侯王，夜郎王为形势所迫，只好迎降，和滇王一起接受了汉朝的封号。迎降受封的夜郎即传说中的竹王。受封后降而不顺，"渐骄恣"，阻碍牂牁郡的设置，不久就被西汉政府借故斩杀。唐蒙通夜郎，汉朝廷在贵州设置郡县，具有重大历史意义。随着郡县制的设立，原来诸侯林立相互攻伐的机会减少了，增加了贵州各民族之间、各民族与内地人民之间相互接触和交流的机会，这无疑对贵州的发展产生了一定的推动作用。

【诸葛亮平定南中】

蜀汉建兴元年（223年），对吴战败后的蜀国又遇刘备新死，南中地区（今云南、贵州、四川西南一带）的豪强势力乘机发动叛乱。益州豪强雍闿杀蜀国太守正昂，通过保据岭南一带的土燮求附于吴，同时派郡人孟获到各地煽动。牂牁郡郡王朱褒也起兵响应雍闿反蜀。一时间，除永昌郡外，各郡"并皆叛乱"，蜀汉政权面临严重的威胁。建兴三年（225

年），经过充分准备，诸葛亮亲自南征。蜀军分三路：一路由诸葛亮亲率，攻越巂（今四川西昌）；一路由马忠率领，攻牂牁；一路由李恢率领，攻建宁（今云南曲靖、沾益一带）。蜀军南征，符合西南各族人民维护统一、渴望安定的愿望，加之，南征过程中蜀军纪律严明，又采取了"攻心为上，攻城次之；心战为上，兵战为下"的策略，对叛军进行分化、瓦解，故军事进展迅速。不久，攻克越巂。又渡泸水，以七擒七纵降服在当地人民中享有较高声望的孟获。马忠一军也迅速将牂牁的叛乱平定。在这场战争中，黔西北的彝族首领济火，献粮、通道以迎蜀军，在协助擒拿孟获后，又在平定牂牁的战斗中勇立战功，被封为罗甸王。此后，济火的后人世代相袭，长期掌握着贵州西部地区的统治权。诸葛亮平定南中，对巩固统一，加强各族人民的文化交流和友好往来，对南中社会经济的发展都起了良好的作用。诸葛亮南征的史迹，遍于贵州各地。在潕阳河水道上，有一风景胜地——"诸葛峡"，相传诸葛亮曾在此操演水军，与叛军大摆战阵。关岭布依族苗族自治县以东红岩山上的摩崖称为"诸葛碑"。贵州各地曾建造过数以十计的武侯祠。有关他的传说在贵州民间长期流传。

【播州土司的兴衰】

唐僖宗乾符三年（876年），太原人杨端击败南诏，收复播州，从此杨氏世代盘踞其地，至两宋，都与中央王朝保持较密切的关系。元统一全国后，为了加强对西南少数民族地区的统治，规定"能率所部归附者，官不失职，民不失业"，并在当地设"蛮夷官"，即土司的开始。至元十四年（1277年）播州首领杨邦宪以地降，授安抚使。1281年，升播州安抚司为宣慰司。中间隶属关系一度变化，曾降为播州军民安抚司，隶顺元等路宣慰司，属湖广行省。1291年，改为军民宣抚司，直隶四川行省。元末复为播州宣慰司。领黄平府（今黄平旧州）及32长官司，治今遵义红花岗区。其辖地除包括川黔交界地区及播州原领属的黔北一带外，又领有乌江以南今黄平、余庆、瓮安与福泉、贵定之间的地区。明洪武五年（1372年），元播州宣慰使杨铿、同知罗琛等归附明朝，仍置播州宣慰司，隶属四川行省。杨铿、罗琛仍任原职。同时，明王朝从多方面加强对该地区的统治。如规定每年交纳田税、筑播州城、派官军协同士兵戍守、要求杨氏派子弟进京入国子监学习等。从明太祖洪武年间到明神宗万历初年（1573年），前后200多年，播州土司与明王朝之间仍保持较密切的关系。1573年，杨应龙世袭播州统治。初时，对明王朝杨应龙表现得很恭顺，随着万历中期明王朝日渐衰败，杨应龙趁机扩充实力，称霸一方。到万历二十七年（1599年）5月发动大规模叛乱。明政府调四川、贵州、湖广军队20多万，于1600年初齐集后分8路对杨应龙进行围歼。经过激战，明军攻入播州城内，突破娄山关及乌江一带防线，杨应龙退守海龙屯。由于该地地势险要，易守难攻，双方相持40多天后明军才于6月初攻破海龙屯。杨应龙自杀身亡。至此，历时半年多的平播战争以明军的胜利而结束。杨应龙之乱平定后，明王朝于万历二十九年（1601年）废播州宣慰司，将原播地改设遵义、平越二军民府，遵义军民府属四川,平越军民府隶贵州,从而宣告播州土司制度的结束。

【宋隆济抗暴】是贵州各族人民抗元斗争中规模最大的起兵事件。元朝大德四年(1300年),朝廷采纳湖广右丞刘深之计,由湖南、云南发兵2万征讨"八百媳妇国"(今缅甸南掸邦至泰国清莱府、清迈府一带)。刘深沿途征调"丁夫、马匹",迫令雍真、乖西(均在今开阳境)等部出马百匹及粮饷夫役若干。这是当时人民所无法承受的负担。史载:"驱民转饷谿谷之间,一夫负粟八斗,率数人佐之,数十日乃达,死者亦数十万"。加上军队经过八番等地,"纵横自恣,恃其威功,虐害居民",贵州各族人民决心起来与元军展开斗争。大德五年(1301年)5月,雍真葛蛮土官宋隆济以"反派夫"相号召,率顺元路一带的苗族、仡佬族正式起兵抗元。6月,攻下杨黄寨,烧雍真总管府。次年,宋隆济屡攻围贵州(今贵阳),烧官粮,杀知州张怀德,至此,北达播州(今遵义)南至新添(今贵定)的广大地区,均为宋隆济所控制。同年3月,水西蛇节也率兵响应。面对反抗,刘深"不能制乱,反为乱所制,军中乏粮,人自相食,计穷势促,仓皇遁走"。反抗斗争虽取得了一定的胜利,但因各支队伍在战斗中缺乏统一行动,这就给元王朝以各个击破之机。元政府急调湖广、云南、四川兵力3万,思、播二州士兵1万,委湖广行省平章政事刘国杰率领前往镇压。在采取"剿抚"相兼未奏效的情况下,集中力量先对付抗暴军的主力。1302年11月,元军与播州兵攻蛇节。次年初,蛇节被俘杀。宋隆济部因内部出现分化,力量削弱,最终因其侄出卖被俘。以宋隆济为首的抗暴斗争历时3年,最后虽然失败了,但给元朝在贵州的统治予沉重的打击。元政府不仅停止了对"八百媳妇"的征讨,下令处死刘深,还于大德七年(1303年)免去了顺元路、播州、思州等地一年的税粮。更主要的是,这次起兵事件中,贵州、云南、广西等地的各族人民都投入到斗争中,显示了各族人民反压迫、反掠夺的力量和不畏强暴的精神,"急之则相救",促进了各族人民的团结与友谊。

【明成祖开设贵州】明朝统一全国之初,对贵州的地方治理仍袭元朝旧制,分属湖广、四川、云南3省。当明王朝政权逐步巩固之后,为避免地方权力过大、形成割据,遂将行中书省改为三司(承宣布政使司、提刑按察使司、都指挥使司)。贵州三司是分3步设置的。明洪武十五年(1382年)始置贵州都指挥使司,命平凉侯费聚、汝南侯梅思祖署司事管理贵州军事。在贵州历史上首次建立了省一级军事机构,领有:贵州、永宁、普定、平越、乌撒等18卫及安南、安龙、平彝等千户所。永乐十一年(1413年),思南宣慰使田宗鼎和思州宣慰使田琛因争夺沙坑地,攻战不休。为解决双方争执,明成祖曾派行人蒋廷瓒前往勘问,并亲自接见田琛,严诫他"慎勿搆衅起兵端"。但田琛归去后与田宗鼎仇杀如故,屡禁不止。明成祖遂决定派镇远侯顾成率兵5万深入其境,将二人逮赴京师问罪。二田被处死后,为加强对这一地区的统治,决定将原两土司的领地分为8府4州,设贵州布政使司,以蒋廷瓒为布政使。从此,贵州作为全国 13 布政使司之一，正式成为行省。贵州布政使司辖思南、镇远、铜仁、乌罗、思州、新化、黎平、石阡、新开 8 府及普安、永宁、镇宁、安顺 4 州。永历十四年（1416 年），明王朝又设贵州提刑按察使司，任命成务为按察使。至此，贵州三司完全建立起来，贵州有了一套完整的地方统治机构。贵州行省的建立，是贵州历史上的一件大事。对于从政治上进一步巩固我国多民族国家的统一，从经济上加强贵州与中原的联系，促进贵州各族经济文化的发展，都有重要意义。建省以后，各地方机构专司本省事务，经济发展速度明显加快。同时，各府、州、县相继建学，文化教育的发展比以往任何时候都快。明初，大批汉族移民进入贵州。建省后，移民数量进一步加大。他们与贵州当地各族人民一起，开荒种田，这对贵州社会经济文化的进一步发展，促进各族人民的友好团结，都起着积极的作用。

【王阳明与贵州文化】

王阳明是我国明代著名的哲学家、政治家、军事家、教育家和文学家，其思想和精神不仅在中国，而且在世界上都有广泛的影响。王阳明对贵州的开发做出过重大贡献。明正德元年（1506 年），王阳明在南京任兵部主事时，因上疏营救南京科道员戴铣等，被宦官刘瑾陷害，廷杖四十下狱，同年 12 月谪为贵州龙场（今贵阳修文）驿丞，于正德三年（1508 年）3 月到达贵州，五年（1510 年）初离开。王阳明谪居龙场 3 年，潜心"悟道"，成就了他著名的"心即理"和"知行合一"学说，并萌发了"致良知"思想。又创办龙冈书院，主讲贵阳文明书院，大力传播儒家文化，宣传其心学思想，培养了数百名学生，他们中不少人在先师兴文重教、艰苦创业的精神鼓舞下，在贵州各地大办社学和书院，终明之世，贵州的书院增至近 30 所，书院讲学之风盛于中原。通过黔中王门和客籍王门弟子的大力弘扬，至晚清时期，贵州遂形成全国王学的重镇。王阳明在贵州讲学，给贵州教育留下了宝贵的精神财富。其艰苦创业的精神、兴文重教的思想、建立平等的师生关系的主张以及一系列教学管理制度和原则，成为贵州许多后继者教育学生的准则。贵州是一个多民族的省份。王阳明谪贬到龙场后，即和当地的少数民族开始了交往，后来通过办书院讲学，尤其是与当地少数民族首领书信和诗文的交往中，对贵州的政治、文化产生了较大的影响，促进了民族的团结和进步，增强了贵州民族地区的稳定和发展，与贵州少数民族结下了深厚的情谊，在贵州民族史上留下了一段千古佳话。王阳明的思想、人格和精神，对贵州近代各个时期的人物都产生了潜移默化的作用。虽然有的人并没有直接论述心学的言论，有的也并非完全赞同王阳明的思想观念，但均无不受其影响。他们根据自己所处的时代，从不同的角度汲取王学精神，将王学改铸成反传统意识、解放思想、力倡革新的思想武器。王阳明在贵州生活达 3 个年头。其间，他寄情于贵州的山水，参观游览了贵州很多的风景名胜古迹，留下了大量的诗文；离开后又在贵州留下了很多遗迹，使贵州成为保留王阳明遗迹最多的省份，至今它们皆已成为贵州名胜古迹和旅游景点。

【郑、莫、黎与沙滩文化】

沙滩位于遵义县新舟镇。该地在清代晚期成为全国知名的文化区,影响深远。当时的沙滩,自然环境优美,经济繁荣,极大地促进了文化教育事业的兴盛。自黎氏家族于明万历二十九年(1601年)迁居该地后,孕育和成长为闻名遐迩的沙滩文化。沙滩文化繁盛100多年,不仅是遵义地区文化的代表,而且足以代表该时期的贵州文化。沙滩文化的主体是黎氏家族。黎氏家族累代耕读,谨守儒家礼法。黎安理(1751~1819年)是沙滩文化的奠基人。他幼继家学,工诗文,精心教授子弟,使黎氏之学日渐显闻。黎安理有二子:黎恂、黎恺。在沙滩文化的发展中,黎恂是承前启后的关键人物。其在清嘉庆19年(1814年)中进士,任浙江桐乡知县5年,以薪俸购书10余担运回沙滩,一面开馆教授子弟,一面潜心治学。从师者百余人。其中杰出者有郑珍、莫友芝、黎兆勋、黎庶昌等。郑珍与莫友芝均研治汉学、宋学。前者精于《三礼》、《说文解字》;后者长于音韵学、版本目录学、金石学。二人著述颇丰,成就也高,被誉为"西南巨儒"。二人也工诗词与古文,郑珍诗歌造诣尤高。黎兆勋则专攻诗词,词的成就超过郑、莫。黎兆勋之弟兆熙、从弟庶昌、莫友芝之弟庭芝等及郑珍之子知同、女淑昭,一起构成沙滩文化的第4代。其中以黎庶昌成就为高。他曾任外交官出使西欧,又两次出使日本,在日本搜罗散佚的宋元古籍,辑刻成《古逸丛书》运回国,深受赞誉。他工古文,为桐城派后期著名作家,地理学也有造诣。他与郑、莫合称"郑、莫、黎",三人的学术成就与诗文造诣不仅为黔中之冠,而且名扬海内,在我国学术史和文学史中均占有一席之地。沙滩文化在整个发展过程中,善于汲取多方面的文化营养丰富自己,且能因时宜变适应潮流。如黎庶昌在西欧任职期间,留心考察各国政俗民风、经济社会,著《西洋杂志》,介绍了资本主义国家的文化,面对差距提出改革,"酌用西法"。沙滩文化在教育、科学、学术及文学艺术方面所创造的辉煌业绩,在推动全省文化发展方面所做的贡献,永不磨灭。

【严修视学贵州】

严修是我国近代著名的教育家,也是对近代贵州思想界、教育界产生过较大影响的人物。严修(1860~1929年),天津人。23岁中进士,授翰林院编修,光绪二十年(1894年)出任贵州提督学政。在任3年,除认真履行学政职责、巡回各属、认真考选、整饬士林等例行公务外,还倡导关心国家命运、讲求实用、砥砺品德、钻研学问的风气;整饬考政,剔除积弊,严惩徇私者,使贫寒子弟获利;捐出俸银,创设官书局,"设书肆于贵阳资善堂,售经、史、子、集及新学各书"。最突出的是他改革书院,鼓吹并带头学习西方的科学文化知识,奏请开设经济特科,促成了废科举、兴学堂的巨大转变。在筹备改革学古书院时,人们普遍担心事无先例可循,而贵州无论师资、经费等又不具备为天下先的条件,心存疑虑。严修引用王夫之"人之初生,不食而死;人之幼稚,不学则愚"的名言,强调时不我待,若不思变通,决难振作民气,以说明办学堂的重要性。严修手订《学古书院肄业条约》,聘绥阳人雷廷珍为山长主持书院。从各属选拔40名高材生为经世学堂的住校生,加上原先学古书院就读的学生,一并成为新学堂的首批学生。学堂除要求学生完成每日功课外,还必须写日记、札记,月终呈阅。优秀者奖给书籍,以示鼓励。1897年3月30日,经世学堂正式开学,先后开设经、史、时务、数学、英语、格致、地理等课程。严修主张"中学为本,以经义为主;西学为用,以数学入门"。数学是经、史以外惟一必考的科目。由于严修的倡导,经世学堂出现了数学热,随着数学热,贵阳城中掀起了学习西方科技文化的热潮。经世学堂的创办,不但有助于开化贵州风气,培养了一批粗通数学、物理、化学、英文等方面的人才,而且开通了西方科学文化在贵州传播的道路,开辟了在贵州鼓吹维新变法的第一块阵地。严修在贵州督学虽仅3年,但影响是巨大、深远的。经世学堂培养出来的学生不少成为贵州的知名人士,为贵州的发展做出了不少的贡献。

【护国运动在贵州】

1915年12月25日,蔡锷、唐继尧等通电全国,宣布云南独立,组成护国军讨袁。举国上下掀起了轰轰烈烈的以反对袁世凯复辟帝制为主要目标的护国运动。当时执掌贵州大权的刘显世,立即通电声明"所有滇省通电列有显世名衔者,均系由滇冒列,显世均不负责"。向袁世凯表示忠诚。后来,随着贵州人民反帝制斗争的发展,在王文华等青年将领的推动下,1916年1月27日贵州宣布独立,举刘显世为都督,通电讨袁。云南、贵州合组护国军,原黔军第一、二、三团组成护国军东路支队,王文华任司令,进攻湘西;由原黔军第五、六团与戴戡统率的滇军合编为护国军右翼军,由戴戡任司令,出兵四川。王文华率领的东路黔军分中、左、右三路向湘西推进。王率中路军兼程赶路,2月3日占领晃县全境,司令部从玉屏的大鱼塘移至龙溪口。接着,在湘西与马继增率领的4个北洋军混成旅(步、骑、炮兵种约3万多人)展开激战,先后攻克黔阳、洪江、芷江、麻阳、会同、蒲市等地,马继增失地折军,被迫自杀,从此黔军威名大震。北路黔军于2月14日攻占綦江,重庆大受震动。不久,又在桥坝河与敌激战,4天歼敌2 000多名。因敌军不断有援军,双方鏖战一月未分胜负。3月6日以后,黔军根据战略部署,退守川黔交界一带。3月27日,袁世凯在全国人民的一片讨伐声中被迫取消帝制。6月,袁世凯气急败坏而死。贵州参加护国战争,在战略上起到了云南屏障的作用,使其避免了北洋军从四川、贵州、广西三面夹击,并且给湖南、四川两地的北洋军予沉重的打击。在政治上壮大了护国运动的声势,加速了袁世凯帝制的崩溃。这是贵州人民在维护辛亥革命后在中国开创的资产阶级民主共和制度作出的贡献。

【文通书局与贵州近代企业】

文通书局由华之鸿筹创于光绪二十年(1898年)。先后派员到日本学习印刷技术,采购机器,聘请了日本技工3名指导生产、培训学员。先后投资20万两白银,于宣统三年(1911年)秋正式对外营业。该书局有职工100名,实行月薪制,生产方面分工务、事务两部,工务部又分铅印部、石印部,各部设教习一员,负责教导技术。该书局是当时贵州惟一使用动力和机器生产的企业,能承接相当技术难度的业务,"能印五彩博物图、地图、古今书籍、学堂凭照、银票、钱票、商标、广告"。文通书局是19世纪末20世纪初贵州带有资本主义性质的民营工业企业的代表。据清政府农商部规定,"凡一户之制造品,有7人以上工作者,均得称工厂"的标准,1911年贵州有从事各类生产的工厂120家,工人1 578人,平均每个工厂雇工13人左右。其中包括制丝、制棉、制线、纺织、织物、刺绣、成衣、染房及漂洗、编物的织造工厂49家,工人654名;包括器具、金属品的器具工厂4家,工人57名;包括瓷窑、造纸、制漆、制油及蜡、制药、火药、火柴、染料颜料、杂业等的化学工厂43家,工人636名;包括酿造、制糖、烟草、鸦片加工、制茶、糕点、罐头、碾米制粉等的"饮食物工厂"22家,工人207名;包括印刷刻字、纸制品、制革、木材藤棕柳制品等"杂工厂"2家,工人24名。在这120家工厂中虽然使用动力生产的只有一家,其他都属于手工劳动,但这些工厂已具有资本主义性质,工厂里的工人与厂主之间的关系已完全是雇佣关系,因而可以说贵州近代工业确已起步,且在向前发展。不过,由于这些工厂缺乏资金、技术和经营能力,且在外国资本的压迫和国内封建势力的束缚下,大都未能独立发展进入近代机器生产的行业。

【遵义会议】

1935年1月,中国工农红军第一方面军长征到达贵州遵义。1月15～17日,中共中央在这里举行了政治局扩大会议,即遵义会议。出席会议的有中央政治局委员毛泽东、朱德、陈云、周恩来、张闻天(洛甫)、秦邦宪(博古);候补委员王稼祥、邓发、刘少奇、何克全(凯丰),红军总部和各军团主要负责人刘伯承、李富春、林彪、聂荣臻、彭德怀、杨尚昆、李卓然,《红星报》主编邓小平列席了会议,共产国际驻中国军事顾问李德(华夫)、翻译伍修权也列席了会议。会议开始由博古作关于反对敌人第五次"围剿"的总结报告,他在报告中为导致第五次反"围剿"失败军事领导的严重错误进行辩护。周恩来作了副报告。毛泽东在会上作了重要发言。他对错误军事路线进行了切中要害的分析和批评,正确阐述了中国革命战争的战略问题。他的发言得到与会大多数同志的拥护。张闻天、王稼祥、朱德、刘少奇等都作了旗帜鲜明的发言。经过讨论,会议通过了《中共中央关于反对敌人五次"围剿"的总结决议》。决议明确指出,红军第五次反"围剿"的失败以及退出苏区后遭到的严重损失,其主要原因是博古和李德在军事上犯了一系列严重错误,肯定了毛泽东等关于红军作战的基本原则。会议推选毛泽东为政治局常委,取消李德、博古的最高军事指挥权,由周恩来、朱德指挥军事。会后根据会议精神,常委分工决定由张闻天代替博古负总责,决定"以毛泽东同志为周恩来在军事指挥上的帮助者"。在以后行军途中,又组成毛泽东、周恩来、王稼祥参加的三人军事指挥小组。遵义会议集中全力纠正了当时具有决定意义的军事上的错误,并在组织上作了调整,确立了毛泽东在红军和党中央的领导地位,使红军和党中央得以在极其危急的情况下保存下来,并且在以后能够战胜张国焘的分裂主义,胜利地完成长征,打开中国革命的新局面。这在党的历史上是一个生死攸关的转折点,为以后革命事业的发展开辟了前进的道路。

【贵州的三线建设】

20世纪60年代中期开始的三线建设,是中共中央主要根据对战争爆发的可能性和紧迫性的估计而作的一项重大战略决策。当时按照地理区域在全国划分了一、二、三线。三线地区是全国的战略大后方,既有丰富的地藏资源和动力资源,又适宜战备需要。贵州是三线建设重点省份之一。贵州的三线建设,首先是从修建铁路开始的。1964年8月,中共中央、国务院决定迅速修建川黔铁路、贵昆铁路和成昆铁路。1964年,煤炭部根据中共中央建设大三线的战略方针,确定大规模开发六盘水地区的煤炭资源,主要任务是建设与四川攀枝花钢铁基地相配套的大型煤炭基地。贵州三线建设的重点是国防科技工业,包括航空工业、航天工业和国防电子工业三大工业。此外,还有兵器工业部、中国人民解放军总后勤部、空军后勤部分别安排的部分建设项目。除了在以上三个方面进行大规模的基本建设外,在电力、冶金、化工、机械、建材等工业方面也都有一批项目建成投产,扩大了生产能力。贵州的三线建设从1964年下半年拉开序幕,到1978年底基本结束,国家集中了大量的人力、物力和财力,进行了以国防工业和铁路建设为重点的大规模基本建设,对贵州经济社会发展产生了重大而深远的影响:(1)固定资产大量增加,产业结构发生了很大变化,综合经济实力显著增强。全省国民生产总值由1965年的24.42亿元增加到1978年的46.62亿元。(2)随着川黔、贵昆、湘黔三条铁路干线以及一批铁路支线、专用线的建成通车,加上原已建成通车的黔桂铁路,贵州已形成一个以贵阳为枢纽的铁路运输网,路网密度已超过全国平均水平。(3)随着一大批工业企业的建成投产,全省的工业布局和工业的内部结构有了较大的改变,扩大了工业生产能力。(4)由于一部分科研单位、教学单位和一大批工业企业内迁,给贵州带来了大批科研、教学、工程技术人员和大量较为先进的设备,大大增强了贵州科技实力。(5)随着三线建设的完成,不仅原有的一些城镇增强了经济实力,同时还形成了新的城市和一大批功能不同、各具特色的工矿镇。

二、贵州古代桥文化

【古代桥文化概述】

贵州各族人民,在长期开发黔山大地的历史进程中,因地制宜,修建了各种不同类型的桥梁,创造了丰富的桥梁文化,为丰富中华民族的文化宝库做出了独特的贡献。贵州的桥具有鲜明的地方特色和民族特色。桥建于何处,用何种材料,取何种造型,作何种装修,主要由桥的使用功能、自然环境和技术条件决定。绝大多数桥梁的主要功能是为了交通便利,此类桥梁多建于方便两岸居民交往处。由于贵州岩溶地貌非常典型,众多河流穿行于深山狭谷中,故人们往往在峡谷较窄处架桥,不少桥梁,因地制宜,就以两岸崖壁当桥墩或桥石,架设木桥、石桥或索桥。有些桥梁,除交通功能外,还有别的用途,如装点风水、迎来送往、小憩纳凉、聚会等。这类以满足民俗文化需要为主旨的大小桥梁,多建于村头寨角,田边地角,其选地原则上掌握在巫师、寨老一类德高望重的人士手中,具有神秘的文化内涵。贵州境内石头较多,故在古桥中最多的是石桥,有形状各异的碇步桥、石板桥、石梁桥、石拱桥等。在雨水特别丰富、森林茂密的地区,如武陵山区和苗族山区,多架木桥,即使是石桥,桥上也多建桥屋或桥廊。木桥中,几乎无桥不廊(凡桥面建廊者统称风雨桥)。在这些地区,由于盛产竹子,也架竹桥。在山高雨少的西部地区,桥不多。很少有用砖建桥。桥梁的造型与装修,是建桥工艺的集中体现,具有强烈的社会性。石桥的修建,需要一定的经济基础和较高的艺术水平,因石桥本身就体现出工艺水平,有些石桥的栏板、望柱等部有线刻、浮雕等作品,桥头竖立吉祥动物雕像者时有所见。相比较而言,木桥装修胜过石桥。东部地区风雨桥上建有桥楼,大都有彩绘,琳琅满目,故又称"花桥",具有鲜明的地方特点和浓郁的民族特色。几乎所有桥梁建成后,都要刻碑勒石,以记其盛。之所以把桥作为文化看待,是因为人们在长期历史发展进程中逐渐认识到,桥是历史的年鉴,文化的结晶。贵州古代桥梁,作为古建筑的一员,它是许多重大历史事件和重要历史人物活动的实物见证,具有珍贵的历史价值。桥梁建筑是社会发展到一定阶段的产物,反过来又推动社会向前发展,具有鲜明的社会性。通过桥梁建筑,我们可以了解到贵州经济社会,尤其是民族地区经济社会的发展和丰富多彩的文化内涵。贵州古代桥梁,可以分为以下几种类型:浮桥、梁桥(木梁桥)、索桥、拱桥(从单孔石拱桥到不同跨度的多孔联拱石拱桥),其中又以"小石梁"、"石梁"、"小石桥"、"小桥"及"巨石梁"等单孔石拱桥为数最多。另外,还有奇特罕见的桥上桥。

【毕节七星关桥】

是贵州最早的浮桥。据《应星桥记》,明永乐十四年(1416年)前,该桥系"竹篾为缆,排船为桥,以通滇南之要冲"。但一遇雨季涨水,必解缆拆桥。为方便通行,于农历8月24日重建,农历9月初9告竣。由御关武略朱昊指挥,建设者主要是镇守七星关之将士,"鸠工立炉,冶造铁缆贰拾伍丈,斤重壹仟贰百;铁柱贰,重陆佰",造船5艘。后因"铁索缆舟为浮桥,时有倾覆",遂于明弘治年间(1488~1505年)始建木桥,明嘉靖,清顺治、康熙、乾隆、咸丰、同治及民国年间,屡建屡毁。1939年修筑川滇公路时改建为石礅钢架桥。1965年改建为长50米、宽6米的六孔石拱桥。

【盘江索桥】

位于今安顺市关岭布依族苗族自治县与黔西南布依族苗族自治州晴隆县交

界的北盘江上。该桥是贵州见诸文献最早的铁索桥。是布政司右参政、监军朱家民,捐出自为官以来积蓄之薪俸,于明崇祯元年(1628年)开始修建,至崇祯三年(1630年)告竣。桥长120米,桥面使用30根铁索以承重,上铺木板,每边3根共6根铁索作桥栏。为固定护栏,"两崖之端,各有石狮两座,高三四尺,栏链具从狮口出。"清顺治十五年(1658年)因兵乱遭破坏。清顺治十六年(1659年),加以维修,次年"加建木梁",至康熙五十年(1711年),木梁桥屡建屡毁达5次。康熙五十年(1711年),贵州巡抚刘荫枢重建铁索桥,工程浩繁。该桥最大的特点是使用了6根"坠桥楼过江大铁索",也就是在兜底铁索之上,栏杆索之外,尾部嵌于山崖内,再穿过坠桥楼于桥中兜住桥面以借力。1940年被侵华日军飞机炸毁,后改建为铁梁吊桥,长50米、宽4米、净垮30米。桥头尚存"桥横银汉"等数处摩崖、造像、碑刻。

【葛镜桥】

位于今福泉市城厢镇东南3千米。横跨犀江(麻哈江),南北向。为平越卫指挥葛镜独资兴建。始建于明万历十六年(1588年),均由豆腐状石块垒砌而成。建桥时,由于地势险要,屡建未成,传说一神道托梦于人,献豆腐以为石,于万历四十六年(1618年)方修成,故又名豆腐桥。该桥为3孔石拱桥,是我国古代变截面圆弧尖拱石拱桥的典型代表。桥长52.7米,宽8.5米,3孔净跨由北至南分别为19.62米、12.3米、6.26米。南北两孔各有一磴砌于崖壁,使石桥与崖壁浑然一体,既节工省料,又坚固牢实。1985年列为贵州省文物保护单位。

【混子桥】

横跨于遵义与桐梓间的混子河(双沟河)上。20世纪80年代初,桥头尚存一块小碑,上记北宋大观年间(1107~1110年)于此架桥事。据现存两通建桥碑记,清乾隆年间(1736~1795年)曾建木梁桥,嘉庆二十二年(1817年)改建为铁索桥。铁链环环相扣,坚固如锁,故称"铁锁桥"。铁链7根,长30米,上铺木板。20世纪50年代中期,在保留原来铁链的基础上,于桥面上增建极富民族特色的木结构长廊,两则安装护栏,使其成为索桥与风雨桥巧妙结合的铁索风雨桥。

三、贵州酒文化

【酒文化概述】

贵州是中国名酒之乡，贵州酒在漫长的发展历程中，积累了丰富的文化内涵，成为中国传统文化中的一支奇葩。贵州酒文化包含独特的酿酒历史和工艺、独具风采的酒俗酒礼和独占鳌头的酒类优势。贵州酒业之发达，一是由于这里得天独厚的自然环境。贵州地处云贵高原，气候温和，有利于各种谷物、水果、药材生长，到处有清泉，为贵州酿酒业的发展提供了有利条件。二是家庭酿酒活动普遍、历史悠久且技艺精湛。其历史可追溯到商末周初。时至今日该习俗仍经久不衰。其工艺手段走向成熟，酿造原料日臻完备，酿造方式颇具特色，酿造酒具品种繁多。贵州家庭酿酒为社会酒业的发展提供了可供借鉴的经验，表现了贵州人民特有的聪明才智，它是贵州酿酒史的重要特征。汉代鳛部（今赤水河流域）的枸酱、唐初贵州彝族简单的蒸馏白酒、宋代磁州（今习水土城镇）的"风曲法酒"、明代兴盛的作坊酿酒乃至茅台酒、董酒，无不是对贵州民间酿酒技术的提炼和总结。贵州，尤其是少数民族地区，不仅有令人陶醉的名酒甘醴，而且还有古朴的饮酒礼节、礼仪。贵州人民在漫长的生活中，以酒寄情，借酒托志，在节庆活动、婚丧嫁娶、祭祀礼仪、亲朋相聚等民俗活动和日常生活中，酒成了节庆活动中欢乐的使者、待人接物中友谊的纽带，成了祭祀活动中与祖宗、神灵、崇拜对象间沟通的桥梁。节庆活动中有生动的酒歌，迎送宾客有周全的酒礼，祭祀活动中有系统的祝词。另有趣味盎然的饮酒法，如咂酒（又称钩藤酒、芉儿酒、拌水酒等）、转转酒、牛角酒、交杯酒、喝双杯等。"好酒在贵州"。茅台酒特殊的酿造工艺使它名列中国名酒之冠，世界三大名酒之一。以它为轴心又形成了庞大的酱香家族，习酒、珍酒荣获国优桂冠。凭借"双曲法"和串香工艺，董酒成为其他香型代表酒，4次蝉联国家名酒称号。浓香型白酒在贵州也是值得称道的名酒。迄今为止全省获国家、部、省名优白酒名牌产品48个，形成了贵州名酒的品牌群体优势。

【多姿多彩的酒礼酒俗】

在贵州，特别是少数民族地区，不仅有令人陶醉的美酒佳酿，而且有古朴的酒礼、酒俗。苗族是一个很讲究饮酒礼仪的民族，常常以酒示敬，以酒传情，不同时间、不同地点礼俗都有所不同，如牛角酒、进门酒、双杯酒、交杯酒等，构成了苗族人民丰富多彩的酒文化。"牛角酒"是苗家最隆重的酒礼。在盛大的节日里，主寨的每家每户都作好喜迎嘉宾的准备,大家凑集上百千克的美酒放在寨中的芦笙场或铜鼓坪上。小伙子们准备好锣鼓笙箫,姑娘们身着盛装,一旦贵客到来被延请至芦笙场上,每两位姑娘就用水牯牛的牛角作盛酒的酒具,向每一位客人敬酒,数人在周围欢呼助兴,同时四周鼓乐齐鸣,好一派节日狂欢的景象。在侗族地区,客人来临,主人必然热情款待。酒是不可缺少的待客之物,侗族有"酒重于肉"的说法。喝酒时,主人总是带头饮酒,并极力劝客人多喝一些。如果主人自知酒量不及客人,那他就会请寨上的"海量"来陪客。总之要客人一醉方休,才足以表达主人的好客之情。在黔东南清水江一带,苗、侗人民在嘉宾光临时,常常以歌助酒兴,歌声满载着主人对客人的真挚友好之情,包含着对美好生活的憧憬。布依族人喜爱饮酒,在喜庆日、节日尤甚。凡婚丧喜庆、节日或有客来访时,有无好菜都以酒为先。饮酒时不用杯而用碗,并要行令猜拳、唱歌助兴。布依族用酒礼歌来表达宾主间的相互询问与祝福。较常唱的有《酒歌》、《吃酒歌》、《敬酒歌》、《谢酒歌》、《问酒歌》、《祝贺》等。水族善酿酒,是个好客的民族,待客一定要有酒。无论是节日喜庆抑或平时待客,酒都是不可缺少的。喝酒有一定规矩,主客入席,主人先用筷子蘸一滴酒点到桌上,表示敬祖先,然后端起杯子邀大家饮酒。喝酒时,主人总是带头饮酒,并极力劝客人多喝一些。一般喝酒的程序是:开始各人先喝3杯后,主人便开始敬酒。敬酒从老人敬起,在年龄相仿两人中,先敬辈分高的。敬了酒后就喝"交杯酒"。这时,每一个人都用右手把自己的酒碗端起来,递给下邻的人,又用左手接住上邻递过来的碗,每只碗均由两人共同端着,这样连成一个圆圈。准备好后,大家齐喊"秀"(水语"喝"、"干"的意思)便同时将递过来的酒喝完,一次喝不了的分3次喝干。喝"交杯酒"时,自己喝的碗是由别人端着的,每个人都想让下邻一口喝干,欢声不断,气氛热烈。喝完"交杯酒",酒量小的人设法退出席场,剩下的"海量"们就可以尽兴地喝,一醉方休。在招待贵宾的"联桌饭"上,为了使气氛更为浓烈,水族妇女还会唱着酒歌向客人敬酒。贵州各民族有很多趣味盎然的酒礼酒俗,从中可以看到人们重情守义、重礼仪亲人和、豪放而有节制的风貌。

四、贵州历史文化名人

【奢香】

奢香(1363~1396)彝名舍兹,生于元顺帝至正二十三年(公元1363年),系四川蔺州宣抚使、彝族恒部扯勒君长奢氏之女。明洪武十年(公元1377年),年方十四,嫁与贵州彝族默部水西(今大方)君长、贵州宣慰使霭翠为妻。奢香自幼聪明能干,婚后成为霭翠的内助,经常辅佐丈夫处理宣慰使的许多政事。洪武十六年(公元1383年),霭翠病逝。由于子尚年幼,奢香毅然克忍居孀抚孤之痛,代袭贵州省宣慰使一职。当时贵州都督马晔"欲尽灭诸罗,以代流官",视奢香为"鬼方蛮女",借机将奢香抓到贵阳,用彝族最忌讳的侮辱人格的手段"叱壮士裸香衣而笞其背"以激怒奢香。洪武十七年(公元1384年)奢香率部走诉京师,禀报朱元璋,马晔被治罪,西南遂告安定。奢香回到贵州后,一面宣扬朝廷的威德,使"诸罗大感服",人心安定;一面履行诺言,开山通道,组织人力,开辟偏桥、水东、西达乌蒙、乌撒,偏桥达容山、草塘等道路,又在境内设立龙场九驿,即龙场驿、陆广驿、白崖驿、层台驿、金鸡驿、谷里驿、鸦阁驿、奢香驿、水西驿,每年供给粮食和马匹。从此川黔古道畅通,西南边区商业贸易日益繁荣。奢香摄政期间,多方结识中原内地的才人学士,聘迎汉儒到贵州兴办宣慰司学,传播汉文化;招来能工巧匠,传授先进的耕织技术,开置农田,发展生产;倡导彝汉融合,安居乐业。洪武二十三年(公元1390年)将独子阿期陇的派到金陵,入京师太学读书。洪武二十五年(公元1392年)阿期陇的学成而归,朱元璋赐予三品朝服并袭衣、金带等,并钦赐姓"安",汉名叫安的。同年十月,奢香派遣子媳奢助及把事头目允则陇,带上被朱元璋赐名曰"飞越峰"的水西名马60匹入朝献恩。明太祖朱元璋曾称:"奢香归附,胜得十万雄兵"。洪武二十九年(公元1396年),年仅32岁的奢香不幸病逝。明太祖朱元璋特派使臣到水西,参加奢香的葬礼,加谥奢香为"大明顺德夫人"。奢香墓坐落在贵州省大方县城以北的雾龙坡(图138)。道光十三年(公元1833年)奢香后裔安淦辛禀请大定知府、黔西知州修垄、树碑、建祠、后圮。1985年重建墓,呈圆形,高3.75米,径6米,墓裙有龙凤石雕九块,墓高3米,上用彝、汉文并刻墓主之名。

【王守仁】

王守仁(1472~1528)字伯安。曾筑室于绍兴阳明洞中,后又创办阳明书院,被称为阳明先生。公元1472年生于浙江省余姚县龙泉山一个官宦世家。其父是明代状元,曾任礼部左侍郎。王守仁28岁中进士,先后授刑部和兵部主事。明正德元年(公元1506年)宦官刘瑾为排斥异己,把南京给事中御史戴铣等多人逮捕入狱,兵部主事王守仁挺身相救,因而触犯了当权的太监刘瑾,王守仁被打了40大板,贬为龙场驿丞(今贵州省修文县城)。公元1508年戊辰正德三年,王守仁到修文龙场,住在龙岗山东洞,后人称为阳明洞。他在此大悟格物致知之旨,史称"龙场悟道"。公元1509年己巳正德四年,受提学副使席书聘请主讲贵阳文明书院。王守仁自幼是宋代程朱理学的信徒,后"醒悟"理学的僵化,转向陆九渊的心学。他认为事物之理即在心中,离开了心就谈不上理,心之本为性,性即天理。天理的灵觉为知,知也就是心之本体。因而心、性、理、知实为一回事,"知是行之始,行是知之成",提出"知行并进"、"知行合一"说,把知和行混为一谈,成为主观唯心主义哲学家。公元1509年庚午正德五年,太监刘瑾事败,王守仁迁庐陵知县,后任右佥都御史,巡抚江西的赣州、南康,并先后镇压福建、江西的农民起义。正德十四年。宁王朱宸濠在南昌谋反,他征集湖广、赣南30万兵马,直捣南昌,活捉了朱宸濠。嘉靖六年(公元1527年),又左督两广军务,镇压广西少数民族起义。因镇压农民起义"有功",受到明王朝的重用,迁升为南京兵部尚书,封"新建伯"。王守仁到晚年自诩平生只作了两件事:第一件事是"破山中贼",即镇压农民和少数民族起义;第二件事是"破心中贼",即其"心学"。嘉靖年间,修文龙岗山和贵阳相继修建了阳明洞、君子亭和阳明书院等。清康熙后,对这些地方进行扩建、重修,成为重要的名胜古迹。龙岗山的阳明洞门上方有一石刻为隆庆年间贵州宣慰使安贵荣所题"阳明先生遗爱处",右侧是万历年间云南参政罗汝芳书刻的"阳明别洞"四字,另还有明清两代的题刻多处。洞口右侧的"何陋轩"是王守仁的卧室和书房,有《玩易窝记》、《何陋轩记》等碑刻14处。贵阳阳明祠即"王文成公祠",系嘉靖年间贵州监察御史赵锦将龙岗书院改建而成,以后又多次增修、改建,成为一个四合院建筑。贵州青酒也因王阳明的"蓝菊花万朵朵朵争艳,清溪酒三滴滴滴醉人"佳联而出名。

【何腾蛟】

何腾蛟(1592～1649)字云从、祥升,贵州黎平县德凤镇人,出身于仕宦之家。明天启元年(公元1621年),考取举人,初任山西榆次县教谕,后历任山西介休、汾阳,河南南阳、陕西大兴等县县令。崇祯十一年(公元1638年),任兵部职方主事,晋升员外郎。崇祯十五年春,奉命出任湖北郧阳兵备道。崇祯十六年(公元1643年)三月,任右佥都御史,代王聚奎巡抚湖广。顺治元年(公元1644年)八月,福王任命何腾蛟为兵部右侍郎,兼抚湖南。十一月,又命何腾蛟以原官总督湖广、四川、云南、贵州、广西军务。顺治二年(公元1645年),唐王又加督师的官衔给他,立拜他为东阁大学士兼兵部尚书,封定兴伯,总督豫、楚、秦、蜀、粤军务。并饬令先收复江西,然后收复南部。何腾蛟联合农民军约10万余人,并将其改编为荆襄十三家军,共同抗御清兵。1646年春天,清政府派兵进攻湖广,何腾蛟领大军由长沙出发,大败清军于岳州,不久在藤溪、湘阴等地打了几次胜仗,使清军一时不能再向南侵入,隆武政权在福州得以从容立国。1646年,桂王朱由榔即位,拜何腾蛟为武英殿大学士,加太子太保。1647年11月,清兵逼全州,何腾蛟督五将共同御敌,亲自到营溶江口。次年五月,何腾蛟指挥三军进攻全州城,八次大战,五次进攻,收复了全州,史称"全州大捷"。接着又攻占永州,连克宝庆、衡州、常德,以前所失的土地,渐次恢复,几乎收复了湖南全境。顺治六年(公元1649年)正月,何腾蛟带随身30名士兵前往衡州,不幸被俘。清军将他的家属40余口带来胁迫他投降,但他死不就范。公元1649年春正月二十六日何腾蛟自缢于流水大埠桥边,终年58岁,全家40余口同时被清军杀害。何腾蛟死后,桂王遂追赠他为"中湘王",谥号文烈,设位于肇庆天马寺,并授其子何文瑞为金都御史,袭定兴侯。康熙十四年(公元1675年),清廷表彰已故明臣,谥何腾蛟"忠诚",建祠于黎平城内神鱼井旁,名"何忠诚公祠"。次年何腾蛟侄子(起蛟子)往湘潭扶榇归里,安葬于黎平西门外之西佛崖。后几经修建,命名为"明谥中湘王何腾蛟陵园"。

【周渔璜】

周渔璜(1665~1713)名起渭,字桐野,号载公。康熙四年生于贵州省贵阳市白纳长官司骑龙寨(今花溪区黔陶乡骑龙寨)。其父为贵阳府学生员,周渔璜6岁起在家就读私塾。康熙二十年,周渔璜到贵阳参加乡试,中副榜第三。后在修文县龙场学馆设帷执教。康熙二十六年,他再次应试秋闱,名列榜首中解元。康熙三十一年,参与编撰《贵州通史》。康熙三十二年冬,考取三甲进士,以赐同进士出身身份,参加馆选,取为庶吉士,入翰林院学习。在翰林院3年学习期间,饱览各类藏书,做诗200余首。康熙三十五年,选编诗作《稼雨轩诗》5卷集。康熙三十六年,经考试留任翰林院检讨。康熙三十八年,探亲返乡,并为《黔灵山志》作序,使黔灵山渐成名胜,获"黔灵第一山"美誉。康熙四十年,周渔璜返京入翰林院续任检讨一职。康熙四十三年,参与编纂《皇舆表》。康熙四十四年,选任浙江主考,录取了方婺如等举人。康熙四十九年,升侍读学士,出任顺天学政,主持京畿附近各州县学童、生员考试。同年,奉皇命参与编修《康熙字典》。康熙五十一年,兼任日讲起居注官。翌年,升任詹士府詹士。同年五月,奉命赴会稽代表皇帝祭禹陵,至金陵祭明孝陵,并达安庆等地阅江淮驻军,后因积劳成疾,八月十七日卒于京都。次年,移灵返筑,葬于骑龙寨前,至今犹存。康熙五十五年,赐御书五龙头满汉文黄绫祭帐一幅,封周渔璜乃父为"八柱"。周渔璜"学诗于王士祯、陈廷敬",是清初誉满京城的著名诗人,其《万佛寺大钟歌》震动当时诗坛,"翰林能诗者必以公为首"。周渔璜诗作有《回青山房诗集》、《桐野山人遗诗》、《稼雨轩近作》、《桐野诗集》。贵州学儒郑珍称周渔璜为"一代文宗",称其"诗当康熙,如日正中。起向汉大,唯渔璜公"。现在骑龙寨建有"桐野书屋",陈列文物,供人瞻仰。

【郑珍】

郑珍(1806~1864年)字子尹,号柴翁,别号子午山孩、五尺道人、晚号且同亭长。原籍江西吉水,明万历年间,七世祖郑益入黔屯垦，留居遵义。郑珍于1806年3月10日出生在遵义西乡天旺里（今鸭池乡）河梁庄郑氏故宅，5岁由祖父启蒙，8岁能熟背《毛诗》，11岁入私塾，12岁到遵义湘川书院就读。1818年全家搬到东乡乐安里的尧湾，靠近其外公家居住，郑珍便师从大舅父黎恂就读禹门寺黎氏教馆。17岁补县学子弟员（即秀才）。1825年，侍郎程恩泽督办贵州学政，择优选拔他为贡生。次年程恩泽任湖南学政，便招他为幕宾，于是便借游幕以游学。两年后，为参加乡试返黔。落第后便在家潜心研读汉学著作，自学七八年后，终于闯开了汉学大门。道光十六年（1836年）春，郑珍去黎恂所在的云南平彝县作幕宾，次年返黔，应聘为遵义启秀书院讲席。同年秋，郑珍膺乡试推荐而成举人。同年冬，与莫友芝进京会试落第南归。道光十八年（1839年）冬应聘与莫友芝一起编撰后被梁启超称为"天下府志第一"的《遵义府志》。道光二十三年（1843年）冬，郑珍进京应试，因病白卷出场。后以"大挑"二等作教职回省补用。道光二十四年冬，郑珍代理古州厅（今榕江县）儒学训导10个月。道光三十年（1850年）秋出任镇远府学代训导。咸丰四年（1854年）初夏，任荔波县训导，次年秋回遵义居家著述。同治元年（1862年），受聘遵义湘川书院讲席。同年冬，被征发江苏知县，因病未赴任。同治三年（1864年）九月十七日卒于禹门子午山。1936年在子午山建郑珍祠，是四排三间悬山式建筑。内祀郑珍遗像和牌位，陈列着大竹箱，贮存他的各种版本的著作和纪念物。郑珍在经学和文字学方面的主要著作有《巢经巢说》1卷、《仪礼私笺》8卷、《轮舆私笺》2卷、《凫氏为钟图说》1卷、《亲属记》1卷、《说文逸字》2卷、《附录》1卷、《说文新附考》6卷、《汉简笺正》8卷、《深衣考》、《老子注》、《辑论语三十七家注》、《说文大旨》、《说文谐音》、《转注考》、《释名证读》、《说隶》，等等。在史学和文学方面，更显示了他杰出的才能。除了同莫友芝一起撰修《遵义府志》外，著作还有《郑学录》、《荔波县志稿》和《世系一线图》。

【莫友芝】

莫友芝（1811~1871）字子偲，号邵亭，晚号眲叟。是独山翁奇兔场上街人，1810年出生在贵州独山县一个书香之家。父亲莫与俦，清代嘉庆四年进士，曾任翰林院庶吉士、四川盐源知县和贵州遵义府学教授。莫友芝3岁识字，7岁读《毛诗》、《尚书》。道光三年（公元1823年），莫友芝随父到遵义，在湘川书院就读。道光八年（1828年），莫友芝考取秀才。道光十一年（1831年），在省应辛卯恩科乡试，考取第11名举人。他先后6次去北京参加礼部主持的春试，都没有被录取。道光十八年至二十一年（1838~1841年），莫友芝和郑珍合作，撰成被称为"天下第一府志"的《遵义府志》。道光二十二年（1842年），莫友芝继承父业，主讲遵义湘川书院。咸丰九年至十年（1859~1860年），莫友芝49岁时，曾获得"截取知县"的机会，但他却猝然离京，到太湖做了曾国藩部下胡林翼的幕僚。咸丰十一年（1861年），莫友芝先后在安庆、苏州、杭州、南京、上海住过，有机会浏览和搜购珍籍善本，同治二年（1863年），获《唐写本说文》残卷，经校勘，写成《唐写本说文解字木部笺异》，对文字学做出了重要贡献。同治四年（1865年），莫友芝任金陵书局总编校，定居金陵。同治九年（1870年），任扬州书局主校刊。同年，李鸿章、张之洞邀莫友芝为武昌书院主讲，他以衰老为由推辞不就。次年，到扬州、兴化一带访求遗书，病发不治，逝于船中。后其弟祥芝护送灵柩返回遵义东乡青田山墓地。莫友芝著述甚多，精通汉、宋两学，工于尔雅、故训、六经、名物、制度以及金石、目录。他的《宋元旧本书经眼录》及附录、《知见传本书目》、《恃静斋藏纪要》，为目录版本学者所重视；《韵学源》、《唐写本说文木部笺异》1卷等，为声韵、训诂研究做出了贡献；他的文学作品有《郘亭遗诗》8卷，收集诗作546首，《郘亭诗抄》6卷，收401首，《影山词》2卷，外集1卷，收集词作百余阕，另有《素阴杂记》1卷、《樗茧谱注》1卷，《资治通鉴索隐》等。此外，他还收集了贵州266家诗人的诗2 290余首，编成《黔诗纪略》33卷。莫友芝的书法四体皆工，小篆和隶书完全脱出了古人窠臼。他所搜集的汉代碑头篆刻有百余通之多，他自己的篆书就是仿照汉代碑头篆刻而成，在当时书法名家中，他自成一体。《清史稿》记载说，他"真行篆书不类唐以后人，世争宝贵"。

【丁宝桢】

丁宝桢（1820～1886）字稚璜，贵州省平远（今贵州省织金县）牛场人。其先祖从江西迁徙到牛场，世代书香。丁宝桢4岁发蒙，24岁中乡试举人第20名。咸丰3年（1853年），第四次入京应试，连中三榜，授庶吉士，后因母丧，便回乡丁忧。丁忧期间，适逢桐梓县杨隆喜起义，丁宝桢便将家财散尽用于操练乡勇，咸丰五年（1855年），丁宝桢亲自率领乡勇八百名守护平远州城，3年告捷。事后被赏五品花翎，授编修。咸丰十年（1860年），又以军功补授湖南岳州知府。同治元年（1862年）正月调任长沙府，后调任山东按察使、山东布政使、山东巡抚，在山东为官14年。光绪二年（1876年）冬，升授四川总督，加光禄大夫头品顶戴太子少保兵部尚书部察院右都御史衔，督川10年。光绪十二年（1886年）四月二十一日卒于成都，终年67岁。当时因山东父老所请葬于山东历城（今济南市）华山。卒后清廷赠"太子太傅"，谥文诚，赐祭葬，祀贤良祠入国史传，人称"丁宫保"、"丁文诚公"。丁宝桢留有《丁文诚公奏稿》26卷、《十五弗斋文存》1卷传世。丁宝桢任山东巡抚时，以"宦官私出，非制"的罪名将慈禧宠信安德海斩首弃市，陈尸3日，当时朝廷上下莫不震惊，天下仰颂，丁宝桢名噪一时。同治末年，丁宝桢派人到天津、上海访求枪械制造方法，到广东购办机器，招雇工匠，保举薛福成、黎庶昌等人调来山东创办了山东机器局。丁宝桢还十分注重水利建设，在山东14年，前后上书210折，其中专言水利的有50折。在川期间，兴洋务、改革盐业制度、重视教育。1878年春，建成投产四川机器局，1884年能造各种枪3 050支，枪弹18万余发，铜帽628万枚，铅弹53万发，黑火药3万余千克，构成了四川近代工业的发端。丁宝桢对四川省井盐实行场岸挂钩，消除了川盐运销积弊，使盐路畅通，川盐向贵州倾销，免除了盐荒盐贵之苦。丁宝桢在四川办锦江、尊经两书院，聘请著名学者王闿运为尊经书院山长，为四川培养了数以千计人才,对近代教育的发展做出了不可磨灭的功绩。

【黎庶昌】

黎庶昌(1837~1896)字莼斋,贵州遵义新舟沙滩(图55~56)人,是我国晚清时著名的外交家和散文家。6岁丧父,家贫多疾,但却刻苦攻读,寒暑不懈。十四五岁时能赋诗作文,在府、县考试屡获第一。21岁即成为府学廪贡生。1861年,黎庶昌离遵义赴北京参加顺天府乡试,两试不中。1862年,因应诏上万言书《上穆宗毅皇帝书》,论说时事,受到朝廷重视,被赏为知县,派往安庆听候曾国藩调遣,黎庶昌便与张裕钊、吴汝纶、薛福成同为"曾门四弟子",踏上了仕途,在江南大营和江南各地作小官吏达13年之久。光绪二年(1876年),黎庶昌以参赞身份先后随郭嵩焘、陈兰彬出使英、法、德、西班牙等国,开始他一生的外交活动。光绪七年(公元1881年),黎庶昌奉调回国,"晋级道员,赏二品顶戴",以钦差大臣的身份两次出使日本国,日本天皇特为他颁赐一等旭日绶章。中日甲午之战前夕,中日关系极度紧张,黎庶昌表示愿意东渡日本排难解纷,当局未准。中国战败,他忧愤成疾。光绪二十二年(1896年),黎庶昌称病辞职返乡,十二月二十日长逝于沙滩,葬于渔塘。黎庶昌在文化方面的贡献,主要是编印了《古逸丛书》,全书共26种计200卷,是黎庶昌在日本利用外交事务之余,将我国早已散佚而流存日本的唐、宋、元、明珍贵古籍,以高级纸张影印编辑而成。黎庶昌的著作还有《拙尊园丛稿》6卷、《续古文辞类纂》28卷、《入都纪程》2卷、《西洋杂志》8卷、《曾文正公年谱》12卷、《曾太傅毅勇侯传略》1卷以及《黎氏家谱》、《全黔国故考》、《牂牁故事》、《使东文牍》、《拙尊园画存录》、《孔诗》、《莼斋笔记》等。黎庶昌故居占地面积2 914平方米,建筑面积1 335平方米,为木结构高架瓦房,一楼一底,悬山式顶。门楼、过厅、中厅、正堂,均随山势而建,依次坐落在中轴线上,形成三重天井。"钦使第"内,现存有黎氏生前使用过的部分家具、文具和介绍他的生平事迹、著述的文字资料,还存放有黎庶昌出使日本期间收养日本女士孤女藤野贞子撰书黎氏夫人赵曼娟的墓志铭,都是极其珍贵的文物。

【赵以炯】

赵以炯(1857~1900)字仲莹,贵州省贵阳市青岩堡(今青岩镇)人。赵以炯于1879年中己卯科举人。1886年,与其弟赵以奎赴京会试,兄弟二人同中丙午科进士,同年又参加殿试,获一甲第一名,成为滇、黔两省"以状元及第而夺魁天下"第一人。赵以炯中状元后,授翰林院编修。光绪十四年(1888年)出任四川乡试副考官。光绪十七年(1891年)出任提督广西学政。光绪二十一年(1895年)出任顺天考官。后回乡讲学,终老故里。现在青岩镇内建有"赵以炯状元府第",陈列文物,供人参观。赵以炯的"状元府"为两进院,由朝门、过厅、正房及前后两进厢房构成封闭式四合院。据称前院西厢为赵以炯读书处。正房前檐台阶下,左右对称建有两口水井,称"聪明井"。人说赵以炯自幼饮用"聪明井",长大后才成为了贵州自明代有科举以来第一个状元。

五、贵州典故

【"宫保鸡"】

宫保鸡丁是以白嫩的鸡脯肉丁为主料,佐以花生米、红辣椒干等,以急火爆炒而成的一味具有悠久历史的贵州名菜。"宫保"二字源自于清朝官制中的一种称谓。清朝官阶有"九品十八级"。在当时的口头语及书面语中,对每一级的官员都有一定的尊称。"宫保"即是对正二品的地方最高长官——总督的尊称。官从二品的巡抚加"太子少保"之衔,也可称之为"宫保"。丁宝桢曾任山东巡抚、四川总督,后封"太子少保",人们又称他为"丁宫保"。宫保鸡丁的菜名就是用丁宝桢的官衔来命名的。据传说,丁宝桢小时候喜欢吃鸡,家里的厨师常做清蒸鸡给他吃。一天,他到结拜兄长王小勤家,王小勤家杀鸡款待他,但因忙吃来不及炖,便将鸡肉切成丁块,配上干辣椒段、橄榄油、蒜苗,用鸡油爆炒,丁宝桢吃后觉得香味无比,从此便喜欢上这一吃法。丁宝桢任四川总督后,接王小勤到任所。一日大宴群僚,席间摆上此菜,众僚吃后均大加称赞,席上的番台问此菜叫何名,丁宝桢一时答不上来。王小勤目不识丁,也想不出名字。这时,丁宝桢的义子王藕丰说道:"愚以为凡菜之名皆因味、色、形、技等,各地均有不同。其实此菜义父早已命名为'宫保鸡',不知是否确切,还请众位大人斧正。"众人一听,拍手叫好。从此,宫保鸡这道菜便随着丁宝桢的声誉而出名。不久,这味菜的制作方法传入了清朝宫廷,成为宫廷菜系中的一味佳肴。由于宫保鸡丁口味鲜美,肉质细嫩,花生酥香,油而不腻,辣而不燥,很快便传遍全国各大城市,现已风靡全国。各地的品种略有差异,并有将鸡丁演化为肉丁的宫保肉丁等。

【夜郎自大】

此典故最早出自司马迁的《史记·西南夷列传》:"滇王与汉使者言曰:'汉孰与我大?'及夜郎侯亦然。以道不通,故各自以为一州主,不知汉广大"。后来,"夜郎自大"被用来比喻某人妄自尊大,"夜郎国"被人们误以为单指今天的贵州。最早有史籍记载的夜郎国,指战国末到秦、汉时期"南夷"地区的古夜郎。其范围大致相当于今天的贵州(除东北部)、广西西北部、云南东部、四川南部一带,相当于汉朝时期的20几个县。当时,汉王朝在西南少数民族中实行土流并治的政策,一个县即为一大部族或一国,夜郎国是其中较大的一个。《史记·西南夷列传》记载:"西南夷君长以什数,夜郎最大","独夜郎、滇受王印"。夜郎国常常入朝受封,在"南夷"诸国中具有领袖地位。它的政治经济中心在今天的贵州安顺一带。生活在夜郎的民族有越、濮及部分氐羌系民族和汉人。古夜郎国从战国末到西汉时期，大约经历了200多年。公元前28年到公元前25年，古夜郎国灭亡。到了唐、宋时期，在夜郎的本土，仍有夜郎县、夜郎郡的设置和夜郎遗民的聚居地。贵州历史上叫过夜郎的地方有好几处，就是在唐代也至少先后有过三个夜郎。第一个是竹王夜郎，即福泉县的竹王城。《后汉书》记载："夜郎者，初，有女子浣于遁水，有三节大竹流入足间，闻其中有号声，剖竹视之，得一男儿，归而养之。及长，有才武，自立为夜郎侯，以竹为姓。"第二个就是"夜郎自大"典故中的夜郎，在贵州西部，安顺、六枝、贞丰、兴义等地都有许多遗迹和传说。第三个就是黔北桐梓夜郎，现今还保留有"夜郎坝"的地名。历史上有传说，大夜郎国消亡之后，夜郎人被迫从北盘江流域迁徙，其中一支先迁至黔东湘西，后又迁至桐梓中部蒙山北侧夜郎坝，建起的夜郎部落。唐朝大诗人李白曾流放于此，并留下许多直接描写夜郎的诗句："我悉远谪夜郎去，何日金鸡放赦回？"。"而我谢明主，衔哀投夜郎。""去岁左迁夜郎道，琉璃砚水长枯槁。""适遭云罗解，翻谪夜郎悲。""君为长沙客。我独之夜郎。""汉埔闻奏钧天乐，愿得风吹到夜郎。""夜郎天外怨离居，明月楼中音信疏。""辞官不受赏，反谪夜郎天；夜郎万里道，西上令人老。""传闻赦书至，却放夜郎回。""万里南迁夜郎道，三年归及长风沙。"等。从过去到现在，在当地出现许多对李白的物化纪念，有太白故宅、谪仙楼、太白书院、太白泉、太白望月台、太白闻莺处、太白冢、怀白堂等。

【黔驴技穷】

这一典故比喻本来没有多大能耐，仅有的一点点本事也已经用完了。最早出自柳宗元的《三戒·黔之驴》："黔无驴，有好事者船载以入。至则无可用，放之山下。虎见之，庞然大物也，以为神。蔽林间窥之，稍出近之，慭慭然，莫相知。他日，驴一鸣，虎大骇，远遁；以为且噬己也，甚恐。然往来视之，觉无异能者；益习其声，又近出前后，终不敢搏。稍近，益狎，荡倚冲冒。驴不胜怒，蹄之。虎因喜，计之曰：'技止此耳！'因跳踉大𠹗，断其喉，尽其肉，乃去。"许多人误把黔驴当成贵州的驴子，其实唐朝时代的"黔"，不仅仅指今天的贵州，当时主要辖地在今天的四川。贵州简称"黔"，可追溯到春秋时期，当时在今贵州境内有牂牁古国。战国时期，"黔中"地属楚国，包括今天的湘西、黔东及四川、湖北的一部分。秦始皇统一中国后，贵州分属巴郡、蜀郡、黔中郡和象郡管辖。唐王朝时期，在今贵州设黔中道，建黔州郡，设黔州都督府。直至明朝，才正式建制为省，以贵州为省名。民国初年，贵州省又一度被分为黔中、黔西、黔东三道。这就使得贵州的历史总与"黔"字有关。

附 录

一、驻外办事机构

【贵州省人民政府驻外办事机构一览表】

机构名称	地址	联系电话	邮政编码
贵州省人民政府驻北京办事处	北京三环东路17号（和平里西街北口）	(010)64433161	100101
贵州省人民政府驻上海办事处	上海市普陀区中山北路2650号	(021)62571029	200063
贵州省人民政府驻天津办事处	天津市南京路305号联合中心大厦14层	(022)27313718	300052
贵州省人民政府驻广州办事处	广州市环市中路327号	(020)83595013	510060
贵州省人民政府驻重庆办事处	重庆市市中区道门口16号	(023)63847480	630011
贵州省人民政府驻深圳办事处	深圳市春风路联城锦星1座	(0755)85110199	518002
贵州省人民政府驻南宁办事处	南宁市望州路北二里13号	(0711)3315637	530001
贵州省人民政府驻海南办事处	海口市大同路一横路大同楼A701	(0898)6777020	570001
贵州省人民政府驻湛江办事处	湛江市霞山区解放西路17号	(0759)2162588	524013
贵州省人民政府驻珠海办事处	珠海市拱北丽景花园4栋	(0756)8885695	519020
贵州省人民政府驻北海办事处	北海市贵州路	(0779)3032681	536000
贵州省人民政府驻福建办事处	厦门市湖滨路西段官任路18号	(0592)5052708	361012
贵州省人民政府驻新疆办事处	乌鲁木齐市西北路234号1栋	(0991)4832115	830002
贵州省人民政府驻大连办事处	大连市中山区武昌街铁山巷25号	(0441)2306331	116001

二、各类市场

【贵州省各市州地主要购物商场一览表】

市州地	名称	地址	电话
贵阳市	贵州华联旅业集团有限公司商业总公司	中华中路	0851－5844223
	贵阳百货大楼集团有限公司	中华中路246号	0851－5822047
	贵阳友谊集团股份有限公司	延安东路	0851－6781102
	贵阳友谊集团友谊大楼	延安东路	0851－6786356
	贵阳友谊集团友谊大厦		0851－5970105
	贵阳友谊集团时代广场	中华中路	0851－5864302 5823529
	贵阳星力百货(广场)有限责任公司	中山西路	0851－5867878
	贵阳市喷水池商厦连锁经营有限公司	中华北路	0851－6824685
	贵阳万国大厦	中华南路	0851－5847551
	神奇百盛购物中心	中华南路1号	0851－5875548
	贵州大昌隆仓储式购物有限公司	解放路	0851－5775609
	诺玛特仓储购物有限公司	外环城东路	0851－6775409
	贵阳红华家电超市有限公司	中华南路	
	贵阳国鼎家电超市有限公司	瑞金中路	
	北京华联贵阳宅吉店	盐务街	0851－6822823
遵义市(驻地红花岗区)	遵义市纺织品公司商店		0852－8823611
	遵义市东方百货公司	桃源路	0852－8825811
	遵义市第二百货公司	解放路	0852－8234438
	遵义市百货大楼股份有限公司	中华路	0852－8237052
	遵义市百货公司		0852－8823680
	遵义市荀家井市场综合大楼		0852－8820647
	贵州升义祥仓储购物有限公司	香港路	0852－8634640
	遵义宏信购物有限公司	碧云路	0852－8222666
六盘水市(驻地水城)	六盘水市百货大楼	民族路	0858－8322398
	六盘水康乐购物中心	康乐北路	0858－8324046
	六盘水新国道超市有限公司	康乐南路	0858－8324862

续表

市州地	名称	地址	电话
安顺市（驻地西秀区）	安顺市百货大楼		0853-3223794
	安顺市西秀区百货公司	塔山西路	0853-3223915
	贵阳市百货大楼安顺商厦	南华路	0853-3348220
	安顺市蜡染商场	中华东路	0853-3221886
	安顺市金玛特超市	民主路	0853-3322745
	安顺市家家旺超市	南华路	0853-3220321
黔东南自治州（驻地凯里市）	凯里百货供应站	韶山南路	0855-8223300
	怀化市佳惠百货有限公司凯里分公司	商场街	0855-8268932
	凯里市供销大厦	韶山北路	0855-8237818
	凯运总公司隆丰商贸城	文化北路	0855-8510332
黔南自治州（驻地都匀市）	黔南自治州百货公司	民族路	0854-8223359
	黔南自治州民族贸易公司	剑江中路	0854-8223906
	都匀商业大厦	剑江中路	0854-8231572
黔西南自治州（驻地兴义市）	黔西南自治州百货公司	铁匠街 建设路	0859-3224464 0859-3222405
	黔西南自治州群和经贸服务商场	盘江西路	0859-3223983
	兴义市百货公司	沙井街	0859-3223686
	兴义市柯沙综合商场	柯沙路	0859-3221835
	黔西南自治州兴客隆仓储购物有限公司	盘江东路	0859-3246216
	兴义市大不同购物中心	铁匠街	0859-3293069
	兴义市金城购物中心有限责任公司	瑞金南路	0859-3111800
毕节地区（驻地毕节市）	地区百货大厦	桂花路	0857-8232770
	地区百货公司	松山路	0857-8223023
	市百货公司	中华路	0857-8222235
	小商品批发市场	威西路	0857-8223378
	邮购超市	麻园路	0857-8302778
	市购物中心	威宁路	0857-8223234
铜仁地区（驻地铜仁市）	铜仁地区百货公司	新华路	0856-5222309
	铜仁市百货公司	大庆北路	0856-5222285
	铜仁百货大楼	共青路	0856-5222029
	铜仁市纺织品市场	民主路	0856-522285
	东太商城有限责任公司	铜新路	0856-5215215
	铜仁市万客隆百佳超市	民主路	0856-5220168

【贵州省各市州地文化用品商店一览表】

地州市	名称	地址	主要经营项目	电话
贵阳市	贵阳友谊集团文化分公司	中华中路	钟表、照材、文体用品、文具笔类	0851－5813729
	贵阳云岩坤亮眼镜店	中山东路	眼镜	0851－5874143
	贵阳亨得利大十字眼镜专业店	中山西路88号	眼镜	0851－5808060
	贵州摄影器材服务部	山林巷	摄影器材	0851－6834065
	中国乐凯胶片公司销售公司	花溪大道北段	照相材料	0851－5972318
	贵州大家视听摄影器材公司	中华北路	摄影器材	0851－6859855
	贵阳西湖创艺摄影器材中心	中华南路	摄影器材	0851－5866003
	中北文化用品店	市西路	文教用品	0851－5943063
	贵阳市会计图书账表用品公司	文化路	文教用品、会计账簿	0851－5814981
	贵州力力文体用品商店	北京路27号（六广门体育场）	体育用品	0851－6816485
	贵阳新兴文体用品商场	中山东路	体育用品	0851－5820570
	贵阳紫林文化用品专营商场	瑞金中路	文教用品	0851－5973366
遵义市	遵义市开发区文具店	火车站广场	文教用品	0852－8224195
	市宏业演出器材公司	香港路	乐器	0852－8635033
	遵义市健身设备总汇		健身器材	0852－8856917
六盘水市	无			
安顺市	安顺市卫星文具商店		文教用品	0852－3223029
	安顺市文教办公用品商店	塔山西路	文教办公用品	0852－3225478
黔东南自治州	凯里市文化用品商贸有限公司	北京路	文化用品	0855－8238818
	凯里市文化体育用品有限公司	北京东路	文体用品	0855－8236595
黔南自治州	文峰体育用品商店	新华路	文体用品	0854－8224087
	黔南自治州百货公司文化用品分公司		文体用品	0854－8223921
黔西南自治州	无			
毕节地区	无			
铜仁地区	无			

三、主要宾馆

【贵州省主要宾馆一览表】

名称	星级	客房数	床位数	地址	电话
贵州饭店	4	379	708	贵阳市北京路66号	0851-6823888
贵阳神奇大酒店	4	230	266	贵阳市北京路1号	0851-6771888
贵阳金筑大酒店	4	181	302	贵阳市延安东路2号	0851-6825888
锦江鲜花酒店	4	246	403	贵阳市中华南路1号	0851-5867888
贵州柏顿酒店	4	254	367	贵阳市延安东路18号	0851-5827888
百成大酒店	4	160	300	贵阳市中华南路246号	0851-5866888
贵龙饭店	4	163	316	贵阳市神奇路52号	0851-5592888-880-3884
贵阳腾龙大酒店	3	201	381	贵阳市延安中路88号	0851-5286088
华城大酒店	3	131	242	贵阳市中华北路67号	0851-6830666 6820666
贵州华联酒店	3	142	261	贵阳市中华中路137号	0851-5821534 5810999-5404
贵阳山林大酒店	3	154	280	贵阳市山林路118号	0851-6523000 6523111
黔灵大酒店	3	152	273	贵阳市北京路226号	0851-8271668
金阳宾馆	3	138	266	贵阳市白云区白云公园左侧	0851-4602555
金桥饭店	3	135	240	贵阳市瑞金南路2号	0851-5829951 5814872
黔贵大酒店	3	26	40	贵阳市浣沙路5号	0851-5958888
云岩宾馆	3	74	164	贵阳市北京路169号	0851-6851666 6855977
燕安大酒店	3	60	166	安顺市贵黄路5千米处	0853-3228988
安顺黄果树宾馆	3	175	350	安顺市黄果树风景区内	08513-3592317
遵义宾馆	3	180	329	遵义市石龙路3号	0852-8224902

续表

名称	星级	客房数	床位数	地址	电话
金城大酒店	3	150	256	遵义市香港路中段	0852-8621666
兴义宾馆	3	70	130	兴义市瑞金南路	0859-3111101
贵州侨谊大酒店	2	194		贵阳市南厂路1号	0851-5509931
贵州通达饭店	2	220		贵阳市遵义路102号	0851-5790562
贵州盛安酒店	2	52		贵阳市中山东路180号	0851-5822898
贵阳河滨饭店	2	96		贵阳市瑞金南路118号	0851-5841485
贵阳科苑宾馆	2	137		贵阳市新添大道火炬大厦	0851-6846098
贵州新联大厦	2	107		贵阳市外环东路227号	0851-6765555
贵州红阳宾馆	2	46		贵阳市花溪区150号	0851-3853306
贵州紫林宾馆	2	48		贵阳市延安中路110号	0851-5863000
安顺虹山宾馆	2	56		安顺市虹山东路42号	0853-3223453
镇宁黄果树宾馆	2	172		镇宁黄果树风景管理处	0853-3592110
安顺民族饭店	2	62		安顺市塔山东路67号	0853-3222500
安顺西秀山宾馆	2	73		安顺市南华路63号	0853-3224838
遵义湘山宾馆	2	80		遵义市中山路103号	0852-8224991
都匀龙潭宾馆	2	169		都匀市环东中路44号	0854-8221820
凯里宾馆	2	52		凯里市广场路3号	0855-8234660
凯里营盘坡宾馆	2	132		凯里市营盘坡东路53号	0855-8234600
六盘水钟山宾馆	2	138		六盘水市中山西路52号	0858-8223285
兴义盘江宾馆	2	139		兴义市盘江西路4号	0859-3223456
铜仁锦江宾馆	2	85		铜仁市锦江南路8号	0856-5222341
贵州八角岩饭店	1	91		贵阳市北京路64号	0851-6827910
贵州体育宾馆	1	65		贵阳市遵义路新体育馆内	0851-5798779
贵州仁达饭店	1	112		贵阳市中华北路319号	0851-6829102
贵州君安宾馆	1	87		贵阳市黔灵西路62号	0851-6837087
贵州邮电宾馆	1	52		贵阳市延安东路1号	0851-5929650
遵义遵铁大厦	1	173		遵义市北京路134号	0852-8222925
遵义碧云宾馆	1	172		遵义市玉屏路15号	0852-8225327
都匀云星大厦	1	102		都匀市剑江北路152号	0854-8223152
都匀昌顺酒店	1	160		都匀市河滨路134号	0854-8221178
毕节银鹤酒店	1	38		毕节市桂花路39号	0857-8221919转

四、旅行社

【贵州省旅行社一览表】

名称	地址	电话	邮政编码
贵州省海外旅游总公司	合群路7号达哼大厦11楼	0851-5823433 5825328	550001
贵州省中国国际旅行社	贵阳市合群路1号龙泉大厦7楼	0851-5862072 5825292	550001
贵州省中国青年旅行社	贵阳市延安中路36号	0851-5282919 5283196	550002
贵州省中国旅行社	贵阳市中山东路188号	0851-5824139 5820220	550002
贵阳中国旅行社	贵阳市瑞金中路34号金桥饭店内	0851-5830066 5830626	550002
贵州省中国国际体育旅游公司	贵阳市遵义路省体育馆内	0851-5798777 5798776	550002
贵州铁路国际旅行社	贵阳市遵义路通达饭店裙楼2楼	0851-5790825 5798776	550002
黔东南中国国际旅行社	凯里市云盘坡宾馆内	0855-82222547 8229441	556000
安顺中国国际旅行社	安顺市塔山东路东方公寓3楼	0853-3224379 3224537	561000
贵州天马国际旅行社	贵阳市解放路76号	0851-5810464 5822809	550002
遵义国际旅行社	遵义市湘山宾馆内	0852-8226509 8224991	550002
贵阳市花溪国际旅行社	贵州省政协大院内	0851-6812579 5824511	550001
中国金桥旅游贵阳公司	贵阳市花溪大道128号B栋7楼	0851-5962304 5961279	550000
贵州文化旅行社	贵阳市瑞金北路58号贵橡大厦	0851-6824266 6836424	550001

续表

名称	地址	电话	邮政编码
贵州光大旅行社	贵阳市富水中路 16 号天业大厦 B 座 5 楼 5 室	0851－5867880 5811216	550002
贵州航空旅行社	贵阳遵义路 264 号民航售票处	0851－5810967 5823233	550002
贵州民族旅行社	贵阳市盐务街 148 号	0851－6892817	550004
贵州青年文化旅行社	贵阳遵义路 101 号朝阳影剧院内	0851－5828033 5842674	550002
贵州教育旅行社	贵阳市瑞金南路 48 号	0851－5826652 5842674	550002
贵州江河旅游发展有限责任公司	贵阳市西湖路 32 号	0851－5928148 5928985	550002
贵州山水旅行社	贵阳市北京路 76 号	0851－6821004 6851687	550004
贵州新联旅行社	贵阳市外环东路新联大厦一楼	0851－6766597	550001
贵州康辉旅行社	贵阳市延安中路 56 号 5 楼	0851－5810427 5817940	550001
贵州红枫旅行社	贵阳市青云路 231 号市公交外事旅游车队	0851－5839187 5845880	550004
贵州 P.H 旅行社	贵阳市北京路贵州饭店内	0851－6823888 6814978	550004
贵州天龙旅游公司	贵阳市外环东路 27 号	0851－5501552 5507396	550005
贵州华联旅行社	贵阳市中华中路 137 号	0851－5864579	550001
贵州通达旅行社	贵阳通达饭店内	0851－5790263	550002
贵州半岛假日旅游公司	贵阳市中山西路 38 号	0851－5872502 5814038	550002
贵州华贸旅行社	贵阳市中华北路 315 号	0851－6837095 6837313	550001
贵州春秋旅行社	贵阳市富水北路 103 号	0851－5860147	550001
贵州诚信旅游有限公司	贵阳市外环东路 215 号	0851－6764345 6764333	550001
贵州贵橡旅行社	贵阳市瑞金北路 58 号贵橡大厦内 5 楼	0851－6764345 6764333	550001
贵州神奇旅游有限公司	贵阳市延安东路新 1 号智诚大厦	0851－5813991	550001
贵州省邮电旅游公司	贵阳市延安东路 1 号邮电宾馆内	0851－5933688	550002
贵阳旅行社	贵阳市市南路 275 号	0851－5861406 5861405	550002

续表

名称	地址	电话	邮政编码
贵阳金筑假日旅行社	贵阳金筑大酒店内	0851－6820601 6825888	550001
贵州清镇市旅行社	贵阳清镇市市委大院内	0851－2522022	551400
贵阳腾龙旅行社	贵阳市延安中路88号腾龙大酒店	0851－5826088	550001
贵阳市凌云旅行社	贵阳市三林路1号	0851－6850078	550003
贵阳河滨阳光旅行社	贵阳市瑞金南路118号河滨饭店	0851－5814608	550003
安顺市阳光旅行社	贵州安顺宴安酒店内	0853－3228885	561000
安顺市旅行社	贵州安顺塔山东路63号	0853－3224875 3325282	561000
安顺华谊旅行社	贵州安顺南街黄果树商城7栋2层	0853－3225900 3320591	561000
安顺龙宫旅行社	贵州安顺塔山东路63号	0853－3228816 3228866	561000
安顺假日旅行社	贵州安顺地区行署大院内	0853－3225106	561000
安顺黄果树旅行社	贵州安顺建军路2号	0853－3229696	561000
贵州镇远县中国旅行社	贵州镇远县西门街26号	0855－5722916	557700
贵阳仙乐旅游有限公司	贵阳市瑞金北路143号	0851－6831996 6833660	550003
贵州施秉县旅行社	贵州施秉县东街花园	0855－8221988	556200
贵州凯里市旅行社	贵州凯里市人民政府大院内	0855－8221943	556000
贵州兴义市旅行社	贵州兴义市云南街36号	0859－3223492	562400
黔西南自治州云海旅行社	贵州兴义市遵义路（云海宾馆内）	0859－3222236 3222682	562400
贵州荔波县旅行社	贵州省荔波县樟江路大街	0854－3610359	558400
黔南中国旅行社	贵州都匀市文峰路4号	0854－8223532 8226236	558000
贵州遵义旅行社	贵州遵义宾馆内	0852－8231364	563000
贵州赤水旅行社	贵州赤水市东门码头航管大楼内	0852－2821788	564700
六盘水旅行社	贵州六盘水市钟山西路52号	0858－8222597 8225639	553001
贵州铜仁市旅游公司	贵州铜仁市钟山路126号	0856－5223764 5223531	554300
贵阳市公交旅行社	贵阳火车站公交楼	0851－5775157 5775596	550002
贵州花溪宾馆旅行社	贵州花溪宾馆内	0851－3851129	550025
贵州大通旅游有限公司	贵阳市瑞金南路总工会内	0851－5905508	550002
贵州华阳旅游贸易发展有限公司	贵阳市盐务街35号		550003

续表

名称	地址	电话	邮政编码
贵铁潾阳旅游有限公司	贵阳市双峰路18号	0851-6866788 6866499	550003
贵阳职工旅行社	贵阳市遵义路8号市工人文化宫	0851-5814913 5828877	550002
贵州外运旅游有限责任公司	贵阳市延安东路智诚大厦内	0851-6811899 6836713	550002
贵州红枫湖风情旅行社	贵阳市黔灵东路99号康发大厦	0851-5974362	550001
贵州贵旅招商旅游有限公司	贵阳市瑞金北路75号天源大厦15楼	0851-6830717 6835196	550001
贵州织金洞旅行社	贵阳市瑞金北路50号	0851-6872025 6822458	550003
贵州宏泰旅游发展有限公司	贵阳市省府路8号外贸粮油大厦6楼	0851-5845804 5849291	550001

本书图片摄影：石俊生　夏文琦　夏同珩　胡廷夺　张　彪　潘　浩
　　　　　　　申　军　赵家荣　吴正光　李贵云　罗新群　袁　华
另有部分图片由《兴志》杂志社提供